◎ 湖南省社会科学成果评审委员会重点课题（XSP22ZDI022）资助出版

集体林区资源异质性农户林业生产行为及差异研究

◎曹兰芳 著

中国矿业大学出版社

China University of Mining and Technology Press

·徐州·

图书在版编目（CIP）数据

集体林区资源异质性农户林业生产行为及差异研究 / 曹兰芳著 . —徐州：中国矿业大学出版社，2021.11

ISBN 978-7-5646-5224-1

Ⅰ.①集… Ⅱ.①曹… Ⅲ.①集体林－产权制度改革－影响－农户－林业生产－研究－中国 Ⅳ.① F326.2

中国版本图书馆 CIP 数据核字 (2021) 第 239943 号

书　　名	集体林区资源异质性农户林业生产行为及差异研究
	JITI LINQU ZIYUAN YIZHIXING NONGHU LINYE SHENGCHAN XINGWEI JI CHAYI YANJIU
著　　者	曹兰芳
责任编辑	章　毅
出版发行	中国矿业大学出版社有限责任公司
	（江苏省徐州市解放南路 邮编 221008）
营销热线	（0516）83884103　83885105
出版服务	（0516）83995789　83884920
网　　址	http://www.cumtp.com　E-mail：cumtpvip@cumtp.com
印　　刷	湖南省众鑫印务有限公司
开　　本	710 mm×1000 mm　1/16　印张 18　字数 332 千字
版次印次	2021 年 11 月第 1 版　2021 年 11 月第 1 次印刷
定　　价	88.00 元

（图书出现印装质量问题，本社负责调换）

曹兰芳 女，管理学博士，中南林业科技大学教授，硕士生导师，美国奥本大学访问学者，湖南省优秀青年骨干教师。主要研究方向为林业政策与行为。以第一作者身份在《资源科学》《农业技术经济》《生态学报》《经济体制改革》等重要学术期刊发表论文20余篇，以独著身份出版专著1部。主持国家社科基金1项，主持省级课题9项。自2011年至2018年持续作为主要成员参与原国家林业局集体林权制度改革跟踪监测项目在湖南省的入户调查，具有丰富的社会调查经验和较强的科研组织能力。

前　言

党的十八大以来，治理生态环境、实现"双碳"目标、改善三农问题等成为国家战略的重要组成部分。林业在生态文明建设、实现"双碳"目标、实施乡村振兴战略中承担着重要职责，同时林地也是林区脱贫致富的重要发展资源。占我国林地六成的集体林区在2012年底基本完成"确权到户"的集体林权制度主体改革（简称"林改"）（赵树丛，2013）。林改使农户成为集体林区的主要林业生产经营主体，这使得集体林区农户林业生产行为与我国生态文明建设、实施乡村振兴等国家战略问题紧密相连。

集体林区主要指集体林分布区域，既有集体林集中连片的含义，也是林业经营的一个经济概念，是一个与国有林区相对的概念。根据第九次全国森林资源清查结果，集体所有的林地面积为13 385.44万公顷，占全国林地面积的61.34%。集体林主要分布在我国传统南方集体林区（包括湖南省、湖北省、江西省、安徽省、浙江省、福建省、贵州省、广西壮族自治区、广东省和海南省）和其他集体林占林地比重较高的省、市、自治区（如云南省、四川省、江苏省、河北省、河南省、山东省、内蒙古自治区等）。

中华人民共和国成立以来，集体林区林权制度经历数次"分"与"合"的变迁。改革开放之前，我国集体林权制度改革主要经历了两个阶段：一是集体林权私有化阶段（1950—1953年）；二是集体林权形成阶段（1953—1978年）。改革开放后，我国进行了两轮集体林权制度改革变迁：第一轮集体林权制度改革的主要内容是"林业三定"改革（1981—1986年）；第二轮集体林权制度改革的主要内容是"明晰产权、放活经营、减轻税费、规范流转"。截至2012年年底，明晰产权、承包到户的集体林权制度主体改革任务基本完成。第二轮集体林权制度改革使家庭承包经营成为集体林区商品林和公益林林地的主要经营形式，农户林业生产行为成为集体林区林业绩效的重要驱动力。

基于以上研究背景，本书以资源异质性农户为研究对象，主要从以下几个方面展开研究：一是林地确权、林改配套政策对资源异质性农户林种选择意愿的影响规律；二是第二轮集体林权制度改革以来资源异质性农户造林行为、管护行为、采伐行为、林业投入行为的趋势分析和判断；三是林地确权、林改配套政策对资源异质性农户造林行为、管护行为、采伐行为、林业投入行为影响的实证研究；四是从宏观和微观两个视角揭示集体林权制度改革作用于农户林业生产行为产生的经济绩效和生态绩效，并实证研究两类资源异质性农户林业生产行为对林业经济绩效和生态绩效的影响及差异；五是根据研究结果提出引导两类资源异质性农户林业生产行为的政策建议。

本书的理论价值在于打破了将集体林区农户作为同质整体的传统假设，以商品林农户和公益林农户为研究对象，客观揭示两类资源异质性农户林业生产行为规律及差异。具体来说，从生产过程视角，围绕资源异质性农户林业生产过程中的造林行为、管护行为、采伐行为进行系统研究，突破了以往仅限于单个林业生产行为研究的局限性；从投入产出视角，围绕异质性农户林业投入产出进行系统研究，阐释了林业生产行为在"政策-绩效"这一"黑盒子"中的作用。本书的实践价值在于，国家明确的林业分类经营理念和政策导向奠定了集体林区农户林业资源异质性基础，决定了农户林业生产行为的多样性、差异性。掌握集体林区资源异质性农户林业生产行为规律及差异可为相关政府部门完善林业分类经营管理体制及林业政策体系提供决策参考，进而促进资源异质性农户持续积极地进行林业生产，更好地发挥林业生态和经济绩效，承担起林业在建设生态文明、实现"双碳"目标、实现乡村振兴中的重要职责。

本书在撰写和修改的过程中得到了众多学者和前辈的指点，在校对环节由我的硕士研究生团队多轮校正，在此一并致谢。本书还存在许多不足，有待今后进一步的探索与研究。书中疏漏之处，恳请各位专家和读者批评指正！

曹兰芳

2021年11月于长沙

目　　录

第1章　绪论 ··· 1
　　1.1　研究背景 ·· 1
　　　　1.1.1　集体林区林权制度改革历程 ···················· 1
　　　　1.1.2　林业分类经营管理体制 ························ 6
　　1.2　研究目的和研究意义 ·································· 8
　　　　1.2.1　研究目的 ···································· 8
　　　　1.2.2　研究意义 ···································· 8
　　1.3　核心概念界定 ·· 9
　　　　1.3.1　集体林与集体林区 ···························· 9
　　　　1.3.2　集体林权与林地承包经营权 ···················· 12
　　　　1.3.3　商品林与公益林 ······························ 12
　　　　1.3.4　农户、资源异质性农户 ························ 14
　　　　1.3.5　资源异质性农户林业生产行为 ·················· 15
　　1.4　研究内容、研究思路及研究方法 ························ 16
　　　　1.4.1　研究内容 ···································· 16
　　　　1.4.2　研究思路 ···································· 18
　　　　1.4.3　研究方法 ···································· 19
　　1.5　研究数据来源 ·· 20

第2章　文献综述 ··· 21
　　2.1　关于集体林权制度的文献研究 ·························· 21
　　　　2.1.1　改革开放后集体林权制度变迁解析 ·············· 21
　　　　2.1.2　集体林权制度变迁后的相关配套政策研究 ········ 28

2.1.3 集体林权制度变迁评价 ………………………………………… 31
2.2 关于农户林业生产行为的文献研究 ………………………………… 32
2.2.1 农户经济行为研究 …………………………………………… 33
2.2.2 农户林业生产行为研究 ……………………………………… 36
2.3 集体林权制度改革绩效评价 ………………………………………… 40
2.3.1 集体林权制度改革作用于农户造林行为 …………………… 40
2.3.2 集体林权制度改革作用于农户管护行为 …………………… 41
2.3.3 集体林权制度改革作用于农户采伐行为 …………………… 42
2.4 研究评述 ……………………………………………………………… 44

第3章 集体林区农户林种选择意愿研究 ……………………………… 46
3.1 林业分类经营管理思想的理论背景 ………………………………… 46
3.2 农户林种选择意愿：问题的提出 …………………………………… 49
3.3 理论分析与研究假设 ………………………………………………… 51
3.3.1 理论分析 ……………………………………………………… 51
3.3.2 研究假设 ……………………………………………………… 54
3.4 构建计量模型、估计方法及数据来源 ……………………………… 55
3.4.1 构建计量模型 ………………………………………………… 55
3.4.2 估计方法 ……………………………………………………… 57
3.4.3 数据来源 ……………………………………………………… 60
3.5 集体林区农户林种选择意愿描述性分析 …………………………… 61
3.5.1 集体林区农户二分类林种选择意愿 ………………………… 61
3.5.2 集体林区农户商品林林种选择意愿 ………………………… 63
3.5.3 集体林区资源异质性农户林种选择意愿及差异 …………… 65
3.6 集体林区农户林种选择意愿实证分析 ……………………………… 67
3.6.1 二分类林种选择意愿影响因素实证分析 …………………… 67
3.6.2 商品林林种选择意愿影响因素实证分析 …………………… 70
3.7 本章小结 ……………………………………………………………… 73

第4章 集体林区资源异质性农户造林行为及差异研究 ……………… 76
4.1 理论分析与研究假设 ………………………………………………… 77

          4.1.1 林地确权与资源异质性农户造林行为 …………………… 77
          4.1.2 政府干预与资源异质性农户造林行为 …………………… 78
    4.2 构建计量模型、估计方法及数据来源 ……………………………… 81
          4.2.1 构建计量模型 ……………………………………………… 81
          4.2.2 估计方法 …………………………………………………… 85
          4.2.3 数据来源 …………………………………………………… 87
    4.3 主要研究区域基本概况 ……………………………………………… 88
          4.3.1 主要研究区域集体林权制度改革及配套改革基本概况 …… 88
          4.3.2 主要研究区域人工造林概况 ……………………………… 92
          4.3.3 主要研究区域农户承包林地造林履责基本概况 ………… 93
    4.4 资源异质性农户造林行为描述性分析 ……………………………… 96
          4.4.1 资源异质性农户样本分析 ………………………………… 96
          4.4.2 商品林农户造林行为描述性分析 ………………………… 96
          4.4.3 公益林农户造林行为描述性分析 ………………………… 97
          4.4.4 资源异质性农户造林行为比较 …………………………… 98
    4.5 资源异质性农户造林行为实证研究分析 …………………………… 99
          4.5.1 检验假设1：林地确权与资源异质性农户造林行为 …… 100
          4.5.2 检验假设2：政府干预与商品林农户造林行为 ………… 100
          4.5.3 检验假设3：政府干预与公益林农户造林行为 ………… 101
    4.6 本章小结 …………………………………………………………… 104

第5章 集体林区资源异质性农户管护行为及差异研究 ……………………… 106
    5.1 理论分析与研究假设 ……………………………………………… 107
          5.1.1 林地确权与资源异质性农户管护行为 …………………… 107
          5.1.2 政府干预与资源异质性农户管护行为 …………………… 108
    5.2 构建计量模型、估计方法及数据来源 …………………………… 110
          5.2.1 构建计量模型 …………………………………………… 110
          5.2.2 估计方法 ………………………………………………… 112
          5.2.3 数据来源 ………………………………………………… 113
    5.3 研究区域林业管护基本概况 ……………………………………… 113

5.4 资源异质性农户管护行为描述性分析 …… 116
5.4.1 商品林农户管护行为描述性分析 …… 116
5.4.2 公益林农户管护行为描述性分析 …… 116
5.4.3 资源异质性农户管护行为比较 …… 117

5.5 资源异质性农户管护行为实证结果分析 …… 118
5.5.1 检验假设1：林地确权与资源异质性农户管护行为 …… 119
5.5.2 检验假设2：政府干预与商品林农户管护行为 …… 119
5.5.3 检验假设3：政府干预与公益林农户管护行为 …… 120

5.6 本章小结 …… 123

第6章 集体林区资源异质性农户采伐行为及差异研究 …… 125

6.1 林木采伐管理制度变迁 …… 125

6.2 理论分析 …… 130
6.2.1 完全竞争情景下的农户采伐行为 …… 130
6.2.2 林地确权、政府干预与资源异质性农户采伐行为 …… 134

6.3 构建计量模型、估计方法及数据来源 …… 136
6.3.1 构建理论模型 …… 136
6.3.2 估计方法 …… 137
6.3.3 数据来源 …… 138

6.4 研究区域林业采伐基本概况 …… 138

6.5 资源异质性农户采伐行为描述性分析 …… 141
6.5.1 商品林农户采伐行为描述性分析 …… 142
6.5.2 公益林农户采伐行为描述性分析 …… 143
6.5.3 资源异质性农户采伐行为比较 …… 144

6.6 资源异质性农户采伐行为实证分析 …… 145
6.6.1 检验假设1：林地确权与资源异质性农户采伐行为 …… 145
6.6.2 检验假设2：政府干预与商品林农户采伐行为 …… 146
6.6.3 检验假设3：政府干预与公益林农户采伐行为 …… 148

6.7 本章小结 …… 150

第7章 集体林区资源异质性农户林业生产投入行为及差异研究 152

7.1 研究框架与研究假设 153
7.1.1 研究框架 153
7.1.2 研究假设 156

7.2 构建计量模型、估计方法及数据来源 156
7.2.1 构建计量模型 156
7.2.2 估计方法 160
7.2.3 数据来源 164

7.3 资源异质性农户林业生产投入行为描述性分析 164
7.3.1 林业生产过程视角：资源异质性农户林业生产过程投入行为分析 164
7.3.2 林业生产要素视角：资源异质性农户林业要素投入行为分析 171

7.4 资源异质性农户林业生产投入行为实证分析 176
7.4.1 林业生产过程视角：资源异质性农户林业生产过程投入行为分析 176
7.4.2 林业生产要素视角：资源异质性农户林业要素投入行为分析 183

7.5 本章小结 188

第8章 集体林区资源异质性农户林业生产行为绩效研究 192

8.1 "集体林权制度-林业绩效"框架下的林改绩效评价 192
8.1.1 资源增长 193
8.1.2 农户增收 194
8.1.3 生态保护 196
8.1.4 林区和谐 198

8.2 宏观视角：集体里林区农户林业生产行为绩效描述性分析 200
8.2.1 集体林权制度改革作用于农户造林行为 200
8.2.2 集体林权制度改革作用于农户管护行为 201
8.2.3 集体林权制度改革作用于农户采伐行为 202

8.3 微观视角：集体林区资源异质性农户林业生产行为绩效描述性分析 ………………………………………………………………… 203
  8.3.1 集体林区资源异质性农户林业生产行为的经济绩效及差异 … 203
  8.3.2 集体林区资源异质性农户林业生产行为的生态绩效及差异 … 216
8.4 集体林区资源异质性农户林业生产行为对林业绩效的实证分析 … 228
  8.4.1 构建计量模型 …………………………………………………… 228
  8.4.2 估计方法 ………………………………………………………… 228
  8.4.3 数据来源 ………………………………………………………… 229
  8.4.4 实证结果分析 …………………………………………………… 229
8.5 本章小结 ……………………………………………………………… 231

第9章 完善集体林区林业政策体系建议 …………………………………… 234
9.1 进一步明晰和稳定林权，加强资源异质性农户林权保护 ………… 234
  9.1.1 维持林业产权的持续与稳定 …………………………………… 235
  9.1.2 加强资源异质性农户权属保护 ………………………………… 235
  9.1.3 建立林权纠纷调处响应机制 …………………………………… 236
9.2 基于科学开发利用的原则引导商品林农户林业生产行为 ………… 236
  9.2.1 在保障生态安全的前提下，进一步放松商品林采伐管制 …… 236
  9.2.2 建立商品林生态补偿机制，保障商品林农户权益 …………… 237
  9.2.3 完善商品林金融政策体系，促进商品林经济发展 …………… 238
  9.2.4 拓宽商品林生产补贴范围，激发商品林农户林业生产积极性
     …………………………………………………………………… 240
  9.2.5 加强林业科技服务体系建设，提升商品林农户林业生产经营能力
     …………………………………………………………………… 241
  9.2.6 培育林业新型经营主体，发挥商品林适度规模生产经营优势
     …………………………………………………………………… 241
9.3 基于保护为主、利用为辅的原则引导公益林农户林业生产行为 … 242
  9.3.1 严格采伐管理，规范合理利用 ………………………………… 243
  9.3.2 确定科学的生态补偿标准，优化生态补偿机制 ……………… 243
  9.3.3 构筑和完善公益林金融服务体系 ……………………………… 245

  9.3.4　普及公益林生产补贴，提高公益林农户林业收入 …………246
  9.3.5　提升和完善公益林林业科技服务体系 ………………………247

第10章　研究结论与展望 ……………………………………………………249
 10.1　主要研究结论 ………………………………………………………249
 10.2　研究局限与未来研究方向 …………………………………………255

附录 …………………………………………………………………………………257
 附录1　中国集体林权制度变迁主要政策目录 ………………………………257
 附录2　2003—2018年主要集体林区省(自治区)人工造林面积 ……………259
 附录3　2003—2018年主要集体林区省(自治区)森林管护面积 ……………260
 附录4　2003—2018年主要集体林区省(自治区)木材采伐量 ………………261
 附录5　2003—2018年主要集体林区省(自治区)竹林采伐量 ………………262

参考文献 …………………………………………………………………………263

第1章 绪　　论

森林资源是中华民族永续发展的根基。随着我国"生态觉醒",党的十七大首次将"生态文明"写入工作报告,党的十九大将"生态文明"作为主题之一进行了系统论述,并提出实施乡村振兴战略。2018年,"生态文明""和谐美丽"被写入《中华人民共和国宪法》。林业在生态文明建设、乡村振兴战略中承担着重要职责,同时林地也是林区脱贫致富的重要发展资源。占我国林地面积六成以上的集体林地在2008—2012年基本完成"确权到户"的集体林权制度主体改革,并发放了全国统一编号的具有法律效力的林权证或不动产证(赵树丛,2013;刘璨,2020)。新一轮集体林权制度改革(简称"林改")使农户成为集体林区的主要林业生产经营主体,这就使得集体林区农户林业生产行为与我国生态文明建设、实施乡村振兴等国家战略问题紧密相连。

1.1 研究背景

集体林是我国森林资源的主要组成部分。第九次全国森林资源清查结果显示:中国拥有集体林地13 385.44万公顷,占全国林地面积的61.34%。我国的集体林除少数分布在北方地区以外,大部分集中分布在南方集体林区,包括:湖南省、江西省、福建省、安徽省、湖北省、广西壮族自治区、广东省、海南省、贵州省、四川省、浙江省等省(自治区)(刘璨 等,2007)。集体林区是我国森林资源分布的主要区域,也是贫困人口的聚集区域。中华人民共和国成立至今,为了提高集体林区林业资源配置效率,政府对集体林进行了多轮林改探索,农户最终成为集体林区绝对占优的林业生产经营主体。

1.1.1 集体林区林权制度改革历程

中华人民共和国成立以来,集体林区林权制度经历数次"分"与"合"的变迁。

柯水发等（2005）将我国集体林区林权制度变迁分为八个阶段，包括：土改时期、初级农业合作化时期、高级农业合作化时期、农民公社及"文化大革命"时期、林业三定时期、林业股份合作制和荒山使用权拍卖试点时期、林业产权制度改革突破时期、林业产权制度改革深化时期。赵树丛（2013）将集体林区林权制度改革历程归纳为五次制度变迁，包括：土地改革时期，分山分林到户；农业合作化时期，山林入社；人民公社时期，山林集体所有、统一经营阶段；改革开放初期，林业"三定"阶段；2008—2012年集体林确权到户。徐晋涛（2018）认为我国主要集体林权制度变迁实质只有两轮：第一轮是1981—1986年的"林业三定"改革；第二轮是从2003年试点、2008—2012年基本完成确权到户的主体改革。因改革开放是集体林区林权制度变迁的分水岭，本书以改革开放为时间节点梳理我国集体林权制度改革历程。

1.1.1.1 改革开放前主要集体林权制度改革

改革开放之前，我国集体林权制度改革主要经历了两个阶段：一是集体林权私有化阶段（1950—1953年）；二是集体林权形成阶段（1953—1978年）。这一时期林权制度变迁的政策演变请参考附录1。

第一阶段：集体林权私有化阶段。这一阶段林业产权排他性明显，农户拥有比较完整的林权。1950年6月中央人民政府颁布实施《中华人民共和国土地改革法》，标志着土地改革开始，这是一次全国范围内的土地改革和山林制度改革。在这次土地改革政策中，集体林区农户第一次获得森林、茶林、竹林等林地和林木完整的私有林权，即农户拥有林地、林木等森林资源的所有权、使用权、经营权和处置权。1951年8月13日，中央人民政府政务院发布我国第一个指导木材节约代用工作的纲领性文件——《中央人民政府政务院关于节约木材的指示》（政财字第一三五号），提出木材采伐由国家统一管理、统一采伐，农户的林木处置权受到一定限制。

第二阶段：集体林权形成阶段。我国集体林区在经历互助组时期、农业合作社时期、人民公社时期后，私有化后的林权过渡为集体林权，集体林权制度正式形成（柯水发 等，2005；张旭峰 等，2015）。1951年12月中共中央颁布的《中共中央关于农业生产互助合作的决议（草案）》明确提出逐步引导农民走集体化道路。集体林区开始出现以劳动力互助为主，从事造林、管护和采伐作业的林业互助合作组织。1953年10月中华人民共和国国务院，根据全国人民代表大会常务委员会的决议颁布《中共中央关于农业生产互助合作的决议》，农民仅保留房前屋后的零星树木和自留山的林木所有权，成片林木通过折价入社，转为合作社集体所有。

废除土地私有制,实行集体所有制。1958年3月中央政治局成都会议通过的《关于把小型的农业合作社适当地合并为大社的意见》和1958年8月中央政治局通过的《中共中央关于在农村建立人民公社问题的决议》明确,原先属于合作社的土地和农民的一切土地连同一切生产资料、公共财产都无偿地收归公社集体所有,实行统一经营管理,一大批社办林场在这一阶段形成。1962年9月,《农村人民公社工作条例修正案草案》进一步明确山林权属"三级所有,队为基础",实行乡村林场统一经营,形成集体林业的基本制度和主要经营形式。

1.1.1.2 改革开放后第一轮集体林权制度改革

伴随着1978年党的十一届三中全会开始的改革开放,家庭联产承包责任制使得农地资源配置效率和利用效率大幅提高,农民生产积极性大增,充分释放了农村生产力,农业经济绩效十分显著。为了借鉴家庭联产承包责任制的制度优势,进一步优化林地资源的配置效率和利用效率,我国开始了第一轮集体林权制度变迁,即"林业三定"。"林业三定"是指中共中央、国务院在1981年3月8日发布的《中共中央、国务院关于保护森林发展林业若干问题的决定》(中发〔1981〕12号)(简称《决定》)中确定的稳定山权林权、划定自留山、确定林业生产责任制的林业发展方针。《决定》规定,国家所有、集体所有的森林、林木和林地,个人所有的林木和使用的林地,凡是权属清楚的,均应稳定不变,由县或县以上人民政府颁发林权证书予以确认;凡有条件的地方,都要划给农民一定数量的自留山(或荒沙荒滩)植树种草,长期使用;全民所有制林场和农场集体经济组织,都要根据林业生产的特点,认真落实林业生产责任制。

现有文献研究认为"林业三定"制度变迁以需求诱致性开始,以政府强制性结束(柯水发 等,2005;刘璨 等,2013;张旭峰 等,2015)。1980年中共中央印发的《关于进一步加强和完善农业生产责任制的几个问题》鼓励专业承包、包产到户的生产方式后,1981年发布的《中共中央、国务院关于保护森林发展林业若干问题的决定》(中发〔1981〕12号)标志着"林业三定"工作启动,开始了山林包产到户的林业生产责任制。1985年中央1号文件《中共中央、国务院关于进一步活跃农村经济的十项政策》规定:取消国家对木材的统购统销,逐步开放林区木材的生产经营市场,可以进行自由买卖。这一政策标志着全国木材统购统销的计划经济安排被打破,极大地调动了亿万林农的林业生产积极性。因此,我国的木材产量在1985年陡增,达到了中华人民共和国成立以来的高峰。截至1986年年底,实行家庭承包经营的林地面积占南方集体林区集体林地总面积的69%，但各地进展极不平衡，浙江省和江西省的分林到户率分别为77%和92%，而福建省的到户率为32%（刘璨，2020）。然而，因政府对集体林区现实情况的考虑不足，这一轮集体林权制度改革后出现农户大规模砍伐森林。1987年中共中央、国务院发布了《关于加强南方集体林区森林资源管理，坚决制止乱砍滥伐的指示》（中发〔1987〕20号），提出："要完善林业生产责任制。集体所有集中成片的用材林，凡没有分到户的不得再分。已经分到户的，要以乡或村为单位组织专人统一护林，积极引导农民实行多种形式的联合采伐，联合更新、造林。"这一政策标志着第一轮集体林权制度改革结束。此后，尚未"分林到户"的集体林地不再承包给私人家庭，已经承包给私人的林地也有部分重新集体化（如江西省）。林业部门再次统管木材生产和收购。这一时期林权制度变迁的政策演变请参考附录1。

1.1.1.3 过渡期的集体林权制度改革尝试

随着改革开放后第一轮集体林权制度变迁以失败结束，我国集体林权制度改革进入漫长、低迷的过渡期。这一时期主要进行了荒山荒地拍卖和林业股份合作制的改革探索，这些探索既有来自理性经济人（农户）需求诱致性引发的改革尝试，也有政府自上而下强制性引导的改革尝试。

1995年国家体制改革委员会、林业部联合颁发《林业经济体制改革总体纲要》（林改农〔1995〕108号），允许尚未开发的集体宜林荒山（坡）、荒沟、荒滩、荒地（沙）的使用权有偿流转，允许农民和乡村林业合作经济组织引进外资合作开发山区，发展林业，允许通过招标、拍卖、租赁和抵押等形式，使森林资产变现。荒山荒地拍卖通过改变林地权属关系极大地激发了农户提高林地利用效率的信心。然而，承包权属关系不稳定、承包期与林业生产周期不匹配等原因导致荒山荒地承包主体缺乏长期投入的信心，出现包而不治、治而不管等现象，同时乱砍滥伐、破坏森林资源的短期行为也十分明显（骆友生 等，1995；张红宇，2001）。

林业股份合作制是由福建省三明市最先开始改革尝试的，这一制度创新在当时被誉为"中国农民的伟大实践"（张红霄 等，2007）。林业股份合作制通过将集体拥有的森林资产价值经评估测算后折价作股，以股票形式均分给村民，而作为实物形态存在的森林仍然保持其完整性，集体林以承包形式实现规模经营，村民凭股票实现对集体林资产收益权的一种制度形态（陈秋华，1994）。其基本特征是"分股不分林，分利不分山"。1998年修正的《中华人民共和国森林法》规定，用材林、经济林、薪炭林等森林、林木、林地使用权可以依法转让，也可以依法作价入股或者作为合资、合作造林、经营林木的出资、合作条件，但不得将林地改为非林地。从改革实践来看，林业股份合作制是集体统一经营的另一个代名词，因为经济效率低下、农户从林业股份合作制中获得收益较少等问题而消弭在集体林权制度改革的历程中。

1.1.1.1.4　改革开放后第二轮集体林权制度改革

2003年6月，中共中央、国务院颁布《中共中央　国务院关于加快林业发展的决定》(中发〔2003〕9号，简称《决定》)，福建省、江西省、辽宁省等省首先开始集体林权制度改革试点，标志着新一轮集体林权制度变迁的开始(贾治邦，2006)。同时，《决定》确立了以生态建设为主的林业发展战略，正式提出实行林业分类经营管理体制。2003—2007年，有14个省出台了林权改革政策。2008年发布的《中共中央　国务院关于全面推进集体林权制度改革的意见》，提出用5年左右时间基本完成明晰产权、承包到户的集体林权制度改革任务。截至2012年年底，明晰产权、承包到户的集体林权制度主体改革任务基本完成，集体林区林地基本落实了农民家庭承包经营制度(赵树丛，2013)。这一轮集体林权制度改革确权集体林地27.05亿亩(1亩≈667平方米)，占纳入集体林改集体林地总面积的99%。截至2017年年底，77.70%的集体林地已确权到户，共发放林权证1.01亿本，约5亿农民直接受惠(刘拓，2018)。这一轮集体林权制度改革的林地承包期为70年，70年后还可以延长，农民获得了更加完整的林地经营权，拥有了继承、转让和抵押林权的权利，这些权利被写入了《中华人民共和国物权法》。

自集体林权制度主体改革(明晰产权、承包到户)完成后，为了完善外部林业市场环境、优化林业生产要素配置，政府出台了一系列配套改革政策措施以深化和巩固林改成果，包括：2013年《中国银监会　国家林业局关于林权抵押贷款的实施意见》(银监发〔2013〕32号)；2016年《国家林业局关于规范集体林权流转市场运行的意见》(林改发〔2016〕100号)；2017年《国家林业局关于加快培育新型林业经营主体的指导意见》(林改发〔2017〕77号)；2018年《国家林业和草原局关于进一步放活集体林经营权的意见》(林改发〔2018〕47号)等。这一时期集体林区林权制度变迁的政策演变请参考附录1。

综上所述，第二轮集体林权制度改革使农户最终成为集体林区绝对占优的林业经营主体，林权制度作用于农户林业生产行为进而影响林业生态、经济绩效。

因此，集体林区农户林业生产行为成为检验集体林权制度和相关政策效果的试金石，也成为建设生态文明、实施乡村振兴战略、集体林区脱贫、集体林业可持续发展等问题的关键，必将对我国林业发展、农村发展乃至整个经济社会发展产生重大而深远的影响(李炳坤 等，2006)。

1.1.2 林业分类经营管理体制

1.1.2.1 林业分类经营管理制度变迁历程

林业主要生产两类产品：一类是有价值、有市场价格的商品，比如立木、非木质林产品等；另一类是有价值、无市场价格的生态产品，比如用以涵养水源、防风固沙、吸收二氧化碳等的公共产品(张道卫 等，2013)。在现有林地面积的约束下，这两类林产品存在此消彼长的关系。为了实现林业多重价值和功能利用，我国实施了林业分类经营管理体制，将森林资源分为公益林和商品林，其中公益林以发挥生态效益主导功能为主，商品林以发挥经济效益主导功能为主。

1995年，国家体制改革委员会、林业部联合颁布的《林业经济体制改革总体纲要》(体改农〔1995〕108号)提出："森林资源培育要按照森林的用途和生产经营目的划定公益林和商品林、实施分类经营、分类管理。"1999年，《国家林业局关于开展全国森林分类区划界定工作的通知》(林策发〔1999〕191号)要求各地开展森林分类区划工作。全国据此开展的首次森林分类区划界定，为实施林业分类经营和建立森林生态效益补偿制度打下了基础。2003年，《中共中央 国务院关于加快林业发展的决定》(中发〔2003〕9号)明确提出：实行林业分类经营管理体制。在充分发挥森林多方面功能的前提下，按照主要用途的不同，将全国林业区分为公益林业和商品林业两大类，分别采取不同的管理体制、经营机制和政策措施。改革和完善林木限额采伐制度，对公益林业和商品林业采取不同的资源管理办法。公益林业要按照公益事业进行管理，以政府投资为主，吸引社会力量共同建设；商品林业要按照基础产业进行管理，主要由市场配置资源，政府给予必要扶持。凡纳入公益林管理的森林资源，政府将以多种方式对投资者给予合理补偿。

1998年修正的《中华人民共和国森林法》设定森林生态效益补偿基金制度，规定五大林种[①]中的防护林和特种用途林与其他三类林种采取不同的采伐和流转制

[①] 1998年修正的《中华人民共和国森林法》将森林分为五类：用材林、经济林、薪炭林、防护林和特种用途林。其中商品林包括用材林、经济林、薪炭林三类；公益林包括防护林和特种用途林两类。

度，充分肯定了分类经营管理的理念和做法。2019年修订的《中华人民共和国森林法》将"对公益林和商品林实行分类经营管理"作为基本制度在"总则"中予以明确，对公益林和商品林确立不同的经营、管护制度，通过突出主导功能，发挥多种功能，实现森林资源科学经营、永续利用。

1.1.2.2　林业分类经营理念下的农户林业生产行为

新一轮集体林权制度改革将集体林区公益林、商品林林权从集体权益过渡到个体权益，农户成为公益林和商品林的主要经营主体，但政府对公益林以发挥生态效益为主、商品林以发挥经济效益为主的分类经营管理理念并未改变(吴萍，2012)。在政府林业分类经营理念下，商品林和公益林受到差异化的政策激励和约束，农户对公益林和商品林的生产经营权(林种选择权、采伐权、抵押权、收益权等方面)存在显著差异。农户作为理性经济人，无论生产经营商品林还是公益林，必然都将经济效益作为主要林业生产经营目标。这与政府分类经营管理、生态优先的集体林业生产经营目标冲突。

一方面，因公益林兼具生态公益与林权私益，生产经营公益林的农户在经济利益的驱动下，容易过度对公益林进行商业开发，公益林生态价值难以得到有效保障。为了保障公益林发挥主导功能，国家出台了一系列政策限制公益林林权，包括：《国家级公益林管理办法》(林资发〔2013〕71号)、《中国银监会　国家林业局关于林权抵押贷款的实施意见》(银监发〔2013〕32号)等。同时，政府为了弥补公益林林权限制产生的经济损失而给予农户生态补偿。另一方面，国家为了鼓励林业经营者依法自主经营商品林，林改后出台了一系列配套政策扶持林业经营者，包括《中国保监会　国家林业局关于做好政策性森林保险体系建设促进林业可持续发展的通知》(保监发〔2009〕117号)、《国家林业局关于进一步加强集体林权流转管理工作的通知》(林改发〔2013〕39号)等。同时，为保证商品林经营不破坏生态环境，政府对商品林依然采取林木采伐限额管制政策。

林业制度或政策通过作用于农户林业生产行为来影响林业绩效，农户林业生产行为是打开"林业制度 - 林业绩效"这一"黑盒子"的关键。现有文献从多维度科学研究了集体林区农户林业生产行为，并开始探索资源异质性对农户林业生产行为的影响，为客观揭示我国集体林区农户林业生产行为规律做出了重要贡献，也为本书的研究提供了理论保障和意义支撑。然而，在林业分类经营管理理念下，公益林与商品林同权不同利。差异化的林业政策体系激励、约束资源异质性(商品林和公益林)农户,必然导致农户表现出不同的林业生产行为。但现有文献研究主要把农户自身特征、经济、社会等资源异质性作为解释变量,来验证其对农户林业生产行为的影响;或者从农户家庭收入、林地规模、风险偏好等视角对农户分类后,研究其对林改总体评价、碳供给决策行为等差异(康小兰 等,2014;朱臻 等,2019)。这些研究难以解释异质性农户林业生产行为及差异问题、难以解决收入变量主观性和分类节点客观性等困难。因此,科学掌握集体林区农户的林业生产行为规律,应在根据森林资源异质性(商品林和公益林)对农户分类的基础上,分别研究各类资源异质性农户林业生产行为规律,再比较其差异,从而为林业政策更好地引导资源异质性农户林业生产行为提供科学的理论基础和实践途径,进而提高集体林生态和经济效益。

1.2 研究目的和研究意义

1.2.1 研究目的

本书以集体林区资源异质性农户为研究对象,以"集体林权制度、配套政策 - 资源异质性农户林业生产行为 - 林业绩效"为研究框架,在理论分析、实践调查、实证检验的基础上,实现以下主要目标:

(1)揭示集体林区资源异质性农户(商品林农户和公益林农户)林业生产行为的基本规律,比较和归纳各类资源异质性农户林业生产行为规律及差异。

(2)构建激励各类资源异质性农户林业生产行为的政策建议体系,为政府部门调整和完善相关政策提供科学参考,进而引导和激励各类资源异质性农户林业生产行为,实现更高的生态绩效和经济绩效。

(3)希望本书的研究成果成为我国政府完善林业分类经营管理政策体系的重要理论基础,为从事林区农户林业生产行为的相关研究提供理论参考。

1.2.2 研究意义

我国森林覆盖率、森林面积从中华人民共和国成立之初的8.6%、8 280万公顷,增至2019年的22.96%、22 044.62万公顷。虽然我国森林面积和森林蓄积不断增长,但森林资源远低于世界平均水平(田淑英 等,2017)。我国人均森林面积为0.16公顷,不足世界人均森林面积的1/3;人均森林蓄积为12.35立方米,仅约为世界人均森林蓄积的1/6。与其他大国相比,我国有更迫切增加森林资源的需求(刘璨，2020)。集体林区是我国森林资源的重要组成部分，集体林权制度改革主体改革(确权发证)基本完成后，农户成为集体林区商品林和公益林的主要生产经营主体，研究资源异质性农户林业生产行为规律及差异对我国林业发展、建设"美丽中国"、推进生态文明、实现乡村振兴等都有重要的直接影响。因此，研究集体林区资源异质性农户林业生产行为规律及差异是一个既具有理论价值又有现实意义的课题。

(1) 理论意义：农户林业生产行为规律是微观应用经济学科体系的重要组成部分，客观认识集体林区资源异质性农户林业生产行为规律及差异，有助于农户经济行为领域进一步科学发展。同时，也为完善林业分类经营管理体制、深化林改、完善配套改革政策提供重要的理论依据，具有较高的学术价值。

(2) 现实意义：国家明确的林业分类经营理念和政策导向奠定了集体林区农户林业资源异质性基础，决定了农户林业生产行为的多样性、差异性。掌握集体林区资源异质性农户林业生产行为规律及差异可为相关政府部门完善林业分类经营管理体制及林业政策体系提供决策参考，进而促进资源异质性农户持续积极的林业生产，更好地发挥林业生态和经济绩效，承担起林业在建设生态文明、实现乡村振兴中的重要职责。

1.3 核心概念界定

1.3.1 集体林与集体林区

我国林地所有权属于国家或集体所有，林木所有权可以属于国家、集体和个人所有等。国有林属于国有产权(公共产权)，主要分布在内蒙古自治区、东北三省等国有林区；集体林属于集体产权(或俱乐部产权)，主要分布在湖南省、云南省、广西壮族自治区等南方集体林区。在我国，集体所有林地面积与国有林地面积之比约为6∶4。占我国林地面积六成的集体林区不仅为我国提供木材、非木制林产品等商品，而且在提供涵养水源、防风固沙、吸收二氧化碳等生态方面发挥着重要作用。

1.3.1.1 集体林

集体林是指山林权属于集体所有的森林。第九次全国森林资源清查显示：全国集体林面积为13 385.44万公顷，占全国林地面积的61.34%。其中乔木林面积为10 497.15万公顷、占集体林面积的78.42%，竹林面积为611.64万公顷、占集体林面积的4.57%，特灌林面积为2 276.65万公顷、占集体林面积的17.01%。全国集体林蓄积为693 521.59万立方米，每公顷蓄积51.81立方米。

按起源分，全国集体林面积中，天然林面积为6 513.52万公顷、占48.66%，人工林面积为6 871.92万公顷、占51.34%。全国集体林蓄积中，天然林为432 270.74万立方米、占62.33%，人工林为261 250.85万立方米、占37.67%。

按林种分，全国集体林面积中，防护林面积为5 245.39万公顷、占39.19%，特种用途林面积为524.25万公顷、占3.92%，用材林面积为5 542.94万公顷、占41.41%，薪炭林面积为120.74万公顷、占0.90%，经济林面积为1 952.12万公顷、占14.58%。全国集体林中，公益林与商品林的面积之比为43∶57。

按龄组分，全国集体乔木林面积中，幼龄林面积为4 650.52万公顷、占44.30%，中龄林面积为3 335.74万公顷、占31.78%，近成过熟林面积为2 510.89万公顷、占23.92%。集体乔木林的中幼林主要分布在云南省、广西壮族自治区、湖南省、江西省、广东省、湖北省、贵州省、四川省，面积合计为4 969.59万公顷、占全国集体乔木林的中幼林面积的62.23%。集体乔木林的近成过熟林主要分布在云南省、四川省、福建省、广西壮族自治区、广东省、湖南省、内蒙古自治区，面积合计为1 454.59万公顷、占全国集体乔木林的近成过熟林面积的57.93%（请参考表1-1）。

表1-1 集体所有和国有森林资源

项目	国有	集体所有
有林地面积/万公顷	8 436.61	13 385.44
有林地占全国林地面积比/%	38.66	61.34
乔木林面积/万公顷	7 491.70	10 497.15
乔木林占有林地比/%	88.80	78.42
经济林面积/万公顷	142.12	1 952.12
经济林占有林地比/%	1.68	14.58
竹林面积/万公顷	29.52	611.64
竹林占有林地比/%	0.35	4.57
森林蓄积/亿立方米	1 012 298.00	693 521.59
占全国森林蓄积比/%	59.34	40.66

注：资料来源为第九次全国森林资源清查数据。

与集体林相对的一个概念是国有林。国有林是山林权属于国家所有的森林，也是我国林业的主要组成部分。国有林所有制是单一的，即山林权属于全民所有。集体林与国有林不同，集体林所有制结构是多层次的，包括全民所有、集体所有。

1.3.1.2 集体林区

集体林区主要指集体林分布区域，既有集体林集中连片的含义，也是林业经营的一个经济概念。集体所有的林地面积为13 385.44万公顷，占全国林地面积的61.34%。集体林主要分布在我国传统南方集体林区（包括湖南省、湖北省、江西省、安徽省、浙江省、福建省、贵州省、广西壮族自治区、广东省和海南省）和其他集体林占林地比重较高的省市自治区（如云南省、四川省、江苏省、河北省、河南省、山东省、内蒙古自治区等）。其中，云南省、广西壮族自治区、湖南省、内蒙古自治区、江西省、广东省、四川省、福建省、贵州省的集体林面积较大，合计面积为9 725.31万公顷，占全国集体林面积的72.66%。云南省、福建省、广西壮族自治区、四川省、江西省、广东省、湖南省、贵州省的集体林蓄积较大，合计458 090.24万立方米、占全国集体林蓄积的66.05%。

与集体林区相对的一个概念是国有林区。我国国有林区的概念，既有集中连片森林的含义，又是人口共同地域属性的社区，也是关于林业经营的一个经济概念。国有林区主要分布在内蒙古自治区、吉林省、黑龙江省、陕西省、甘肃省、新疆维吾尔自治区、青海省、四川省、云南省等9个省（自治区）。国有林区的主体是森工企业，即现在一般统称的林业局，国有林区共有138个森工企业。森工企业既是国有林区的经营主体，从事木材采运、加工、林产化工、林机修造、运输、供销经营活动，又是国有林业的管理主体，承担党政以及社会管理职能。

集体林区与国有林区的生产经营形式和经营主体不同。新一轮林改确权到户后，家庭承包经营是集体林区的主要林业生产经营形式，农户是集体林区绝对占优经营主体，农户家庭承包林地既包括商品林，又包括公益林。

综上所述，集体林与国有林、集体林区与国有林区都是根据森林资源权属不同而区分的相对概念，本书以集体林区为研究区域。集体林区与国有林区相关森林资源状况对比请参考表1-1。

1.3.2 集体林权与林地承包经营权

1.3.2.1 集体林权

林权指森林、林木、林地的所有权和使用权,是森林资源财产权在法律上的具体体现。根据2019年修订的《中华人民共和国森林法》第二章第十四条:"森林资源属于国家所有,由法律规定属于集体所有的除外。"林地和林地上的森林、林木的所有权、使用权,由不动产登记机构统一登记造册,核发林权证。林权证是森林、林木、林地唯一合法权属凭证,是维护经营单位和林农合法权利的主要依据。

集体林权是指法律规定集体所有的森林、林木、林地的所有权和使用权。具体包括:《中华人民共和国土地改革法》规定的分配给农民个人所有的通过合作化时期转为集体所有的森林、林木、林地;集体所有的土地上由农村集体经济组织、农民种植、培育的林木;集体和国有林场等单位合作在国有土地上种植的林木;"四固定"时期确定给农村集体经济组织的森林、林木、林地;"林业三定"时期部分地区将国有林划给农民集体经济组织所有的且已由当地人民政府发放了林权证的。

1.3.2.2 林地承包经营权

集体林地承包经营权是指集体所有和国家所有依法由农民集体使用的林地(以下简称"集体林地")实行承包经营的,承包方享有林地承包经营权和承包林地上的林木所有权,合同另有约定的从其约定(根据2019年修订的《中华人民共和国森林法》第二章第十七条)。

新一轮集体林权制度改革使得亿万农户获得集体林地承包经营权。然而,"确权到户"虽然解决了公平分配林地资源问题,却加剧了林地产权细碎化。政府通过鼓励林地流转改善林地资源的配置效率和利用效率,即将集体林地承包经营权进一步分解为林地承包权和经营权。根据2019年修订的《中华人民共和国森林法》:实行承包经营的集体林地,承包方可以依法采取出租(转包)、入股、转让等方式流转林地经营权、林木所有权和使用权。虽然政府采用多种形式引导林地流转以解决林地细碎化问题,但截至2017年年底集体林地流转率仅为10.50%(刘璨,2020)。因此,农户依然是集体林区拥有林地承包经营权的绝对占优林业经营主体。

1.3.3 商品林与公益林

我国通过林业分类经营管理体制实现林业多重价值和功能的利用,即根据主导功能不同将林业分为商品林和公益林。2019年修订的《中华人民共和国森林法》

将"国家以培育稳定、健康、优质、高效的森林生态系统为目标,对公益林和商品林实行分类经营管理"首次作为基本法律制度写入"总则"一章。

1.3.3.1 公益林

公益林,也称生态公益林,是以保护和改善人类生存环境、保持生态平衡、保存物种资源、科学实验、森林旅游、国土保安等需要为主要经营目标的森林和灌木林。根据2019年修订的《中华人民共和国森林法》第六章第四十七条:"国家根据生态保护的需要,将森林生态区位重要或者生态状况脆弱,以发挥生态效益为主要目的的林地和林地上的森林划定为公益林。"

公益林由国务院和省、自治区、直辖市人民政府划定并公布。应当划定为公益林的森林包括:重要江河源头汇水区域;重要江河干流及支流两岸、饮用水水源地保护区;重要湿地和重要水库周围;森林和陆生野生动物类型的自然保护区;荒漠化和水土流失严重地区的防风固沙林基干林带;沿海防护林基干林带;未开发利用的原始林地区;需要划定的其他区域(根据2019年修订的《中华人民共和国森林法》第六章第四十八条)。

国家对公益林实施严格的保护,以发挥公益林生态效益的主导功能。2019年修订的《中华人民共和国森林法》规定:"县级以上人民政府林业主管部门应当有计划地组织公益林经营者对公益林中生态功能低下的疏林、残次林等低质低效林,采取林分改造、森林抚育等措施,提高公益林的质量和生态保护功能。在符合公益林生态区位保护要求和不影响公益林生态功能的前提下,经科学论证,可以合理利用公益林林地资源和森林景观资源,适度开展林下经济、森林旅游等。"

因公益林实施严格的保护,只能对其进行抚育和更新性质的采伐。为了弥补公益林发挥生态功能而损失的经济效益,自2001年以来中央、地方建立了森林生态效益补偿机制,中央和地方分别安排资金,主要用于公益林的经济补偿、管护支出和非国有公益林的租赁、赎买、置换等。2019年修订的《中华人民共和国森林法》第七条明确规定:"国家建立森林生态效益补偿制度,加大公益林保护支持力度,完善重点生态功能区转移支付政策,指导受益地区和森林生态保护地区人民政府通过协商等方式进行生态效益补偿。"

1.3.3.2 商品林

商品林是指以生产木材、薪炭、干鲜果品及其他工业原料为主要经营目标的森林和灌木林。2019年修订的《中华人民共和国森林法》第六章第四十七条规定："未划定为公益林的林地和林地上的森林属于商品林。"国家鼓励发展商品林，商品林由林业经营主体依法自主经营，在不破坏生态的前提下，可以采取集约化经营措施，合理利用森林、林木、林地，充分发挥林地生产经营潜力，提高商品林经济效益。

国家鼓励发展的商品林包括：以生产木材为主要目的的森林；以生产果品、油料、饮料、调料、工业原料和药材等林产品为主要目的的森林；以生产燃料和其他生物质能源为主要目的的森林；其他以发挥经济效益为主要目的的森林。在保障生态安全的前提下，国家鼓励建设速生丰产、珍贵树种和大径级用材林，增加林木储备，保障木材供给安全(根据2019年修订的《中华人民共和国森林法》第六章第五十条)。

新一轮集体林权制度改革基本实现了将集体林区的公益林和商品林确权到户，又因为我国农村土地还承载了社会保障等多重价值功能，导致集体林地流转率较低，农户成为集体林区商品林和公益林的主要生产经营主体，故农户林业生产行为直接决定商品林和公益林的经济价值和生态价值。

1.3.4 农户、资源异质性农户

1.3.4.1 农民、林农与农户

我国自古以来是一个农业大国，农民是一种长期存在的职业或从事农业的主体。中华人民共和国成立以后，我国实施二元户籍制度，根据血缘继承关系和地理位置把户口划分为城镇户口和农村户口。户籍成为很长时期以来判断农民身份的唯一标准。钱杭(2005)将农民定义为：从事农业生产的人、种植农作物的人，即农业生产劳动者。然而，改革开放后随着我国社会经济的发展，农民的定义也越来越宽泛和模糊。

林农是指主要从事森林的培育、管理、保护等工作的农民。从行业归属来看，林业属于大农业的范畴，是农业的一部分。伴随着集体林权制度变迁以及人们对林业、林区和林农"三林"问题的持续关注，为了区分主要从事农业生产的农民(或农户)与主要从事林业生产经营的农民(或农户)，林业经济领域经常使用"林农"这一名词。在我国南方集体林区，农民和林农通常是兼容的身份。因此，从广义上讲，林农就是农民，但农民不一定是林农。

农户是农村生产、生活的最基本单位,是基于家庭契约关系的一种生产组织和消费组织。柯水发(2007)在《农户参与退耕还林行为理论与实证研究》一文中将农户理解为:第一,农户是生活于农村的,家庭劳动力完全或部分从事农业生产的,并且家庭拥有剩余控制权的、经济生活和家庭关系紧密结合的多功能的基本的社会经济组织单位。第二,农户是由血缘关系组合而成的一种社会组织形式。

作为本书研究对象的基本单元,农户是指以家庭为单位、拥有森林资源、从事林业生产经营活动、常住农村、家庭成员在经济上为一个整体的单位。农民或林农是属于农户家庭单位中的组成成员。"林农"这一称谓可以反映集体林区农民林业生产生活特殊性,是本书的主要研究对象。除特别说明外,本书中农民与林农可以认为是同一概念。

1.3.4.2 资源异质性农户

2008—2012年新一轮集体林权制度改革确权到户完成后,农户成为集体林区公益林和商品林的主要经营主体,在林业分类经营管理体制和林改配套政策的激励与约束下,农户对公益林和商品林的生产经营权(林种选择权、采伐权、抵押权、收益权等方面)存在显著差异(何文剑 等,2014b)。在外部差异化政策环境引导下,集体林区农户内部必然出现分化,拥有不同林业资源的农户必然表现出不同的行为特征或规律。因此,科学掌握集体林区农户的林业生产行为规律,首先应该根据林地资源属性差异对其分类,再分别研究每一类农户的林业生产行为规律。

集体林区资源异质性农户是本书的主要研究对象。根据家庭林地资源属性的异质性,资源异质性农户分为三类:公益林农户,即农户家庭林地均为公益林;商品林农户,即农户家庭林地均为商品林;兼有林农户,即农户家庭林地兼有公益林和商品林。虽然兼有林农户包含公益林和商品林两类不同性质林业资源,但本书的最终研究目的是揭示农户商品林和公益林林业生产行为规律及差异。因此,本书将集体林区商品林农户和公益林农户作为主要研究对象。

1.3.5 资源异质性农户林业生产行为

人类从干预自然、征服自然,将自然森林资源纳入人类社会经济范畴就开始了林业生产。沈国舫(2001a)认为林业生产主要包括森林的培育(造林和抚育)和利用(采伐)两部分。张建国(2004)提出林业生产包括森林保护、造林、森林抚育、森林采伐与更新以及非木质林产品经营利用等一系列林业生产活动。以营林为基础是我国林业建设的基本方针，其基点是放在森林资源的培育与管护上，围绕培育和管护这一基点所采取的一系列科学经营森林的措施，称为林业生产。从林学角度来看，林业生产是森林培育、管护现有森林所进行的各种生产经营活动的总称。因此，本书认为林业主要生产过程包括造林、管护（含抚育）和采伐等基本环节，其中中幼林抚育等林业生产在本书研究中纳入管护环节。

从事林业生产的行为就是林业生产行为。本书研究的资源异质性农户林业生产行为主要指商品林农户和公益林农户从事的造林行为、管护行为、采伐行为。从经济学的角度来看，林业生产的本质就是投入与产出问题。林业经营主体作为理性人，其进行林业生产决策以林业投入产出效益最大化为基本原则。而林业生产过程中的造林、管护（含抚育）等环节属于投入部分，采伐行为主要属于林业产出环节，产出的过程也有劳动等生产要素投入。因此林业生产过程与林业投入产出过程是互相交融的两个维度（请参考图1-1）。

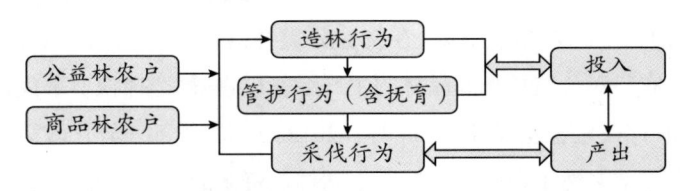

图1-1 资源异质性农户林业生产行为关系图

资源异质性农户林业生产行为是商品林农户、公益林农户在林业生产活动中的行为表现。综上所述，本书将从林业生产过程和林业投入产出过程两个维度探究资源异质性农户林业生产行为规律，并比较其差异。

1.4 研究内容、研究思路及研究方法

1.4.1 研究内容

本书以集体林区资源异质性农户为研究对象，遵循"提出问题—分析问题—解决问题"的基本思路，以集体林区为研究区域，根据农户调查数据，在理论分析的基础上，实证研究林地确权、政府干预政策对商品林农户和公益林农户林种选择偏好、造林行为、管护行为、采伐行为、林业投入行为的影响及差异，并比较资源异质性农户林业生产行为绩效差异，最后根据研究结果分别提出引导两类资源异质性农户的林业生产行为的政策建议。

本书由三部分内容组成：第一部分提出问题，包括第1章、第2章；第二部分

分析问题，包括第3~8章；第三部分解决问题，包括第9章、第10章。全书具体的内容结构安排如下：

第1章，绪论。主要介绍本书研究背景和研究基本框架结构。首先介绍了本书研究背景、研究目的和研究意义；其次，对本书的核心概念作了研究界定；最后，介绍了本书的主要研究内容、研究思路、研究方法及研究数据来源。

第2章，文献综述。为了全面、深入分析集体林区资源异质性农户林业生产行为规律及差异，这一章首先梳理和归纳了改革开放以来的集体林权制度研究文献；其次，梳理了农户经济行为研究发展脉络，总结农户造林、管护、采伐、投入等行为的文献研究和研究方法；再次，归纳总结了集体林权制度改革作用于农户林业生产行为的绩效评价；最后，对现有研究文献和方法进行了评述，并基于此提出本书的研究视角。

第3章，集体林区农户林种选择意愿研究。本章主要探索了集体林区农户对公益林和商品林的林种选择意愿及影响因素。首先，梳理和归纳了林业分类经营思想理论背景；其次，描述性分析了集体林区农户林种选择意愿及差异；再次，实证研究了林地确权、政府干预对农户两个分类林种选择意愿的影响；最后，实证研究了林地确权、政府干预对农户商品林林种的选择意愿影响。

第4章，集体林区资源异质性农户造林行为及差异研究。本章首先对资源异质性农户造林行为进行了理论分析，并提出研究假设；其次，分析了研究区域造林概况，描述性分析和比较了两类资源异质性农户造林行为动态趋势；最后，实证分析了林地确权、政府干预对两类资源异质性农户造林行为的影响，并对实证结果进行了相关分析和讨论。

第5章，集体林区资源异质性农户管护行为及差异研究。本章首先对资源异质性农户管护行为进行了理论分析，并提出研究假设；其次，分析了研究区域林业管护概况，描述性分析和比较了两类资源异质性农户管护行为动态特征；最后，通过实证分析验证了林地确权、政府干预对两类资源异质性农户管护行为的影响，并对实证结果进行了相关分析和讨论。

第6章，集体林区资源异质性农户采伐行为及差异研究。本章首先梳理和归纳了林木采伐管理制度；其次，对资源异质性农户采伐行为进行了理论分析，并提出了研究假设；再次，在分析研究区域采伐概况的基础上，分析和比较了两类资源异质性农户采伐行为动态特征；最后，实证检验了研究假设，并对研究结果进行了相关分析和讨论。

第7章，集体林区资源异质性农户林业生产投入行为及差异研究。本章主要从林业生产过程和林业要素两个视角探索了集体林区资源异质性农户林业投入行为及差异。首先，提出了集体林区资源异质性农户林业生产投入行为分析框架和研究假设；其次，描述性分析和比较了林业生产过程视角和林业要素视角资源异质性农户林业投入行为动态特征；最后，从两个视角分别实证研究了林地确权、政府干预对两类资源异质性农户林业投入行为的影响及差异，对实证结果进行了相关分析和讨论。

第8章，集体林区资源异质性农户林业生产行为绩效研究。本章主要评价和比较了两类资源异质性农户林业生产行为产生的经济绩效和生态绩效。首先，从资源增长、农户增收、生态保护、林区和谐四个方面评价了"集体林权制度－林业绩效"框架下的林改绩效；其次，在"集体林权制度－林业绩效"框架中引入农户林业生产行为，从农户造林行为、管护行为和采伐行为评价集体林权制度改革绩效；再次，评价和比较了资源异质性农户林业生产行为产生的经济绩效和生态绩效及差异；最后，实证检验了两类资源异质性农户林业生产行为对其经济绩效、生态绩效的影响。

第9章，完善集体林区林业政策体系建议。本章主要根据研究结果，从分类管理、差异化引导集体林区两类资源异质性农户林业生产行为的视角提出政策建议。首先，提出进一步明晰产权，加强对资源异质性农户的林权保护；其次，从放松商品林采伐管制、建立商品林生态补偿机制、完善商品林金融服务体系、拓宽商品林生产补贴范围、加强林业科技服务体系、培养新型经营主体等方面提出激励商品林农户林业生产行为的政策建议；再次，从公益林采伐管理、优化生态补偿机制、构筑公益林金融服务体系、普及公益林生产补贴、提升公益林科技服务体系等方面提出激励公益林农户林业生产行为的政策建议。

第10章，研究结论与展望。总结了本书理论分析和实证检验的研究结果，并提出下一步研究的展望。

1.4.2 研究思路

本书以"林权制度、配套改革政策－资源异质性农户林业生产行为－林业绩效"为研究框架，首先，根据林地资源差异将集体林区农户分为商品林农户、公益林农户两类；其次，分析两类资源异质性农户林种选择意愿、造林行为、管护行为、采伐行为、林业投入行为规律及差异，包括两类资源异质性农户动态特征描述性分析，林地确权、政府干预对两类资源异质性农户林业生产行为影响的实证研究；再次，分析和比较两类资源异质性农户林业生产行为绩效及差异；最后，根据研究结果提出引导两类资源异质性农户林业生产行为的对策体系。具体的研究技术路线参考图1-2。

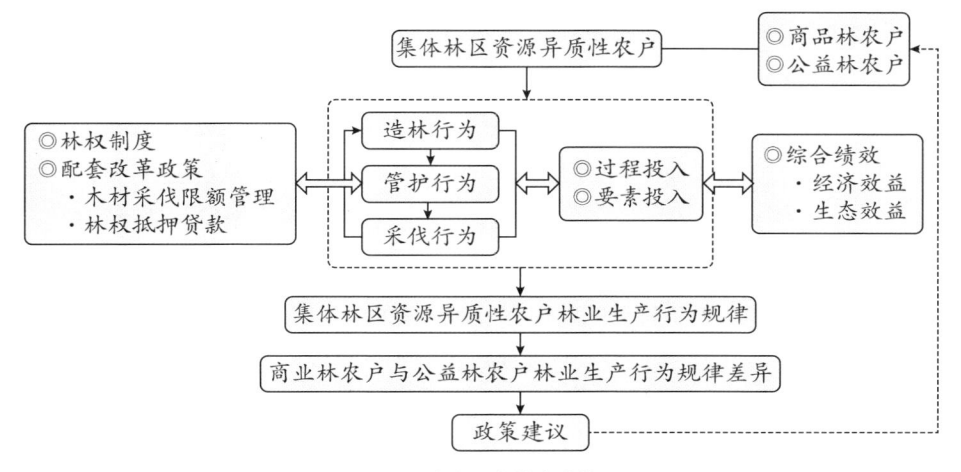

图1-2 本书研究技术路线图

1.4.3 研究方法

根据本书的研究内容，主要综合运用以下几种研究方法。

1.4.3.1 文献资料法

为全面掌握和分析国内外的研究现状，本书较为系统地搜集、整理了国内外集体林区、集体林权制度改革、林种选择意愿、农户造林行为、农户管护行为、农户采伐行为、资源异质性、林业制度变迁、林业产权、农户行为经济学、森林经营等领域的科研成果；同时，查阅了林业分类经营管理、集体林权制度改革、林改配套改革等方面的政策文件，比较深入地掌握了集体林区林业产权制度变迁，对集体林区资源异质性农户各项林业生产行为有较全面、深刻的认识，为开展相关研究奠定了基础。

1.4.3.2 专家咨询法

采用会议访谈、座谈、电话、电子邮件等方式与相关专家、政府部门进行交流探讨，探寻集体林区资源异质性农户林业生产行为背后的动机及未来的发展趋势等，探讨可能影响各类农户林业生产行为的因素。

1.4.3.3 数据处理与分析方法

本书主要根据持续跟踪采集的农户调查数据，采用 STATA 15.1 软件进行数据处理与分析。根据本书研究内容，主要数据处理与分析方法包括：

第一，对集体林区资源异质性农户林种选择意愿、造林、管护、采伐、林业投入等行为动态特征进行描述性分析，并比较其差异。

第二，运用 Logit 模型和 Mlogit 模型对农户林种选择意愿的影响因素进行实证研究。

第三，运用面板 Logit 模型和面板 Tobit 模型对两类资源异质性农户林业生产行为进行实证研究，具体包括：造林意愿、管护意愿、采伐意愿与造林规模、管护规模、采伐规模研究。

第四，运用面板似不相关回归模型（XTSUR）和三阶段最小二乘法模型（3SLS）从林业生产过程视角和林业生产要素视角对两类资源异质性农户林业投入行为进行实证研究。

第五，对资源异质性农户林业生产行为绩效采用描述性统计分析，并比较两类农户的行为绩效差异。

1.5 研究数据来源

本书研究数据主要来自两个方面：一是从《中国林业统计年鉴》《中国统计年鉴》《湖南省统计年鉴》等统计年鉴和相关政府年度发展报告中搜集数据资料；二是主要依托原国家林业局集体林权制度改革跟踪监测项目在湖南省2012—2018年采集的农户问卷调查数据。此外，本书第3章主要研究了集体林区农户林种选择意愿，因不同区域的农户选择差异较大，为了避免误差，使用了原国家林业局集体林权制度跟踪监测项目研究课题组2015年调查的7省样本农户数据。具体详细的数据来源请参考本书中每一章的数据来源部分。

第2章 文献综述

2.1 关于集体林权制度的文献研究

我国集体林在维护国家生态安全和实现乡村振兴中发挥着不可或缺的作用,让集体林权制度更好地促进林业生产力发展是政府与各方利益相关者共同努力的目标。为此,改革开放后我国政府进行了多轮集体林权制度改革。从全球来看,我国在开展林权制度改革,其他经济转型国家和发展中国家也在推行林权改革,这说明经济转型国家与发展中国家在林业生产经营方面,较为普遍地存在效率改进空间(李周,2008)。国际林业发展的经验普遍认为,通过下放森林管理公共权力以提升林业生产效率已经成为一个不可阻挡的趋势。联合国粮农组织2003年发布的《世界森林状况》,就政府的公共管理权力下放问题进行了阐述,认为政府部门下放林业公共管理权力后,将切实加强当地农户的参与、提高当地社区民众分享森林收入的比例、更好地提供森林产品以及持续提高森林经营水平。

2.1.1 改革开放后集体林权制度变迁解析

所谓制度变迁是指新制度(或新制度结构)产生、替代或改变旧制度的动态过程。制度经济学认为收益大于成本是引发制度变迁的关键。制度变迁包括自下而上的诱致性制度变迁(也称需求主导型制度变迁)和自上而下的强制性制度变迁(也称供给主导型制度变迁)两个基本类型。集体林权制度变迁就是将集体林权在不同相关行为主体之间重新界定的变迁过程,即利用国家和法律的权威,明确人们对林业资源的权力及在林业资源使用中获益、受损的边界和补偿规则。将林业产权的各项权力界定给不同的行为主体(个人、集体、国家),就可形成私有产权、集体产权(或俱乐部产权)和国有产权(公共产权)三种基本形式(罗必良,2005)。

伴随着我国改革开放,我国社会经济环境发生了巨大的变化,集体林权制度变迁是在我国整体经济大变革环境下发生的。根据本书研究背景的介绍,我国集体林权形成于改革开放前,并在改革开放后为了提高林地配置效率而进行了多轮改革。本书将改革开放以来的集体林权制度变迁分为三个阶段:第一阶段为改革开放初期的"林业三定",这一轮集体林权制度变迁改变了林业产权的排他程度、安全程度、可转让程度、收益权大小等各项特征(张道卫,2001);第二阶段为两次集体林产权制度改革过渡期,政府通过各种集体林权制度改革的尝试影响和改变集体林权收益权特征;第三阶段新一轮集体林权制度变迁对集体林的经营权、收益权、处置权等林业产权特征进行了重新界定和安排。

2.1.1.1　1981—1987年第一轮集体林权制度变迁

20世纪80年代初,为了优化农业生产要素资源配置,我国在农村全面推行家庭联产承包责任制以替代集体产权制度(农业生产合作社或农民公社体制),这一农地改革对农民生产生活乃至国民经济产生了巨大而深远的积极影响。家庭联产承包责任制的实质是打破人民公社体制下土地集体所有、集体经营的旧农业耕作模式,实现土地集体所有权与经营权的分离,确立土地集体所有制基础上以户为单位的家庭承包经营的新型农业耕作模式,即分田到户。受农业改革的影响,国家对集体林也采取了类似的改革思路。中共中央、国务院在1981年颁布《中共中央、国务院关于保护森林发展林业若干问题的决定》,拉开了第一次集体林权制度变迁的帷幕,这就是著名的"林业三定"。"林业三定"指的是(Ho,2008):其一,林权的确定和等级,以此为"自留山"的分配提供基础。其二,"自留山"的划定。"自留山"是用于满足农村家庭薪炭需要的小块荒地或退化林。截至1984年年底,我国政府共将3 100万公顷的森林划为自留山,分配给5 700多万户农民(平均每户约0.5公顷)。其三,林业承包责任制的建立。在这一制度下,"责任山"(无木土地、薪炭林和不适宜集体管理的小面积值乔林)将承包给个体农户。

制度经济学认为产权制度变迁是因为在现有制度安排下无法实现潜在利益,导致行为者产生了对新制度安排的需求,也就是说当预期收益大于预期成本时,一项新制度安排才会产生(诺思,1994)。显然,我国政府对这一轮集体林权制度变迁的预期收益大于预期成本。通过稳定山权林权、划定自留山、确定林业生产责任制的"林业三定"政策实现分山到户,是中华人民共和国集体林权制度史上第一次实现林地所有权与使用权分离、林地公有私用的产权制度。政府希望通过林地资源的公平分配激发集体林区农户林业生产经营热情,提高林业绩效。截至1984年,有77.5%的县、88.2%的生产队完成"林业三定",14.5亿亩(9 670万公顷)林地面积完成定权发证,11.8亿亩(7 867万公顷)林地建立了林业生产责任制,责任山的承包期为5~15年(刘璨 等,2015a)。这一轮集体林权制度变迁约有69%的集体林地实现家庭承包经营(陆文明 等,2002;张旭峰 等,2015;刘璨 等,2015a),"林业三定"制度基本落实。1985年中共中央、国务院颁布《中共中央、国务院关于进一步活跃农村经济的十项政策》,国家取消对木材统购统销,允许自由买卖木材,逐步开放林区木材生产经营市场,极大地调动了林区农户的林业经营热情(陈俊,2013)。

新制度经济学认为各种产权制度的效率主要取决于它所支配下的经济主体提供的将外部性较大地内在化的激励。在明确的私有产权(林业经营权、使用权、处分权)下,生产成本完全由林业经营主体承担,外部性问题完全被内在化了,这种产权形式是最有效率的。因此,通过"分山到户"实现家庭经营的"林业三定"制度对激发集体林区农户营林热情、促进林业发展有积极作用。然而,这一轮集体林制度变迁在取得像农业改革一样令人鼓舞的制度绩效期望之前,承包经营权的下放和木材市场的开放使得很多集体林区超量采伐,乱砍滥伐屡禁不止,且愈演愈烈(谭世明 等,2010;刘璨 等,2015b,2019)。1987年,中共中央、国务院颁布《关于加强南方集体林区森林资源管理,坚决制止乱砍滥伐的指示》20号文件,明确提出:"集体所有集中成片的用材林,凡没有分到户的不得再分。已经分到户的,要以乡或村为单位组织专人统一护林,积极引导农民实行多种形式的联合采伐,联合更新、造林。"20号文件强制终止了"林业三定"进程,部分已经分到户的自留山和责任山被重新收回集体,林业部门再次统管木材生产和木材收购(刘璨 等,2015a)。

"林业三定"改革停止后,学术界对"分山到户"的集体林产权制度变迁讨论并没有停止。学术界的讨论主要围绕两个问题:第一,分山到户政策是否引起了集体林区森林资源被乱砍滥伐?第二,分山到户政策为什么没有取得像分田到户的农业政策那样的改革绩效?客观来看,分山到户后出现的森林资源破坏是事实,但也有学者通过理论分析和实证检验认为,分山到户政策本身并不会引起森林资源减少,反而会促进林业发展(乔方彬 等,1998)。分山到户后出现的森林资源破坏现象有特定历史、经济原因(程云行,2004):第一,分山到户后,国家没有出台相应的保护森林资源的配套政策;第二,中华人民共和国成立后,林地产权"分"与"统"变更频繁,再加上林业生产周期长,农民缺乏林地产权安全感,导致农民容易产生短期行为；第三，林区贫穷、经济落后，劳动力机会成本低，特别是木材市场放开后，采伐林木成为林区农民获得经济收入的捷径。

第一轮集体林权制度改革被政府强制终止后，集体林区长期存在集体林权与私人林权(家庭承包经营)并存局面。那么，这一轮不彻底的集体林产权制度改革是否提升了林地资源配置效率呢？研究文献根据全国森林资源清查数据，从造林面积、有林地面积、农民收入、社会福利、经济效率、林地利用率、林地生产力等多维度比较了以家庭经营为主导的集体林权制度与国有林权制度绩效，研究结果表明集体林生产力水平相当于同期国有林地生产力水平的38%~49%，这一时期的集体林权制度绩效也低于合作化时期和人民公社集体化时期(刘璨，2008，2020)。这一研究结果显然与林业产权激励预期大相径庭。大量的研究文献表明，这一轮集体林权制度变迁虽然使部分地区明晰了林业产权，但改革并不彻底(徐晋涛，2018)。因此，这种混合的林业产权结构可能反而增加了林业交易成本，弱化了林业产权激励作用。

政府在森林产权下放过程中，怎样向各级管理部门分权以及如何向经营主体赋权是森林产权制度变革过程中的核心问题(骆耀峰 等，2012)。要提高林业资源配置效率，首先就要界定、明晰林权。然而，在正交易费用前提下，产权的界定和交易都必须花费一定成本，而且对某一特定产权而言，产权的界定费用与产权交易所需费用存在一个此消彼长的关系，即产权界定费用高，意味着产权更明晰，产权交易所需费用则低，反之则高。因此必须根据产权界定与交易所需费用最小化的原则来进行最佳产权安排。总之，这是一轮由政府主导开始，又由政府强制终止的供给主导型集体林权制度变迁(强制性制度变迁)。自此，我国集体林权制度变迁进入过渡期。

2.1.1.2　1988—2002年集体林权制度变迁过渡期

"林业三定"改革停止后，对自留山和责任山的处理有三种情形：一是维持分山到户后的家庭承包经营；二是集体赎回分山到户的林地林木，重新由集体统一经营；三是"林业三定"时期划定的自留山保持不变，集体收回责任山和扩大划定的自留山，实行集体统一经营与分户经营双层模式(刘璨 等，2019)。此后，就如何进一步深化集体林权制度改革，理论界进行了深入的探讨，并在实践中进行了各种改革尝试和摸索，集体林区出现林业股份合作制、"四荒"资源使用权拍卖、林地租赁等多种集体林经营形式(刘璨 等，2015b，2019)。

第一，林业股份合作制。为了改变集体林"分"或"统"的传统经营形式，福建省三明市提出以"分股不分林，分利不分山"为主要特征的林业股份合作制，这是集体林权制度变迁过渡期的一种重要改革尝试。林业股份合作制通过将集体所有的森林资产价值经评估测算后折价作股，以股票形式均分给村民，而作为实物形态存在的森林仍然保持其完整性，集体林以承包形式实现规模经营，村民凭股票实现对集体林资产收益权的一种制度形态(陈秋华，1994)。林业股份合作制的林业经营形式主要包含两方面内容：一是适应集体林业的村林业股东会，二是多种经营形式的联营实体(郭中兴 等，1999)。林业股份合作制被当时的主流观点认为既能解决以"统"经营集体林业产生的经营机制僵化问题，激发农民林业生产的积极性，又能解决以"分"经营集体林业产生的林地细碎化和乱砍滥伐问题。这一制度的创新首先在福建省三明市实践并向全国推广，在当时被林业主管部门誉为"中国农民的伟大实践"(张红霄 等，2007)。

"三明模式"的出现对促进集体林权制度变迁有重要的推进作用(张建国，1998)，集体林从理论上解决了森林产权归属问题，不再是传统意义上的统一经营，调动了林农营林热情，也克服了"分林到户"后林地细碎化导致的规模不经济。然而，通过几年的实践，林业股份合作制并未实现预期效果，村民因林业股份分红兑现程度不高而心存不满，这一集体林经营形式在很多地方名存实亡。学术界认为林业股份合作制失败的主要原因是集体林业并没有摆脱行政力量的干预，大部分林业股份合作制的股东实际上就是村委会成员，一套人马两个机构，股东会成为村委会的一个附属机构(陈秋华 等，1994)。集体林成为村委会的主要经济来源，在村委会(或股东)的支配下集体林收入主要用于村公共事业开支(比如修路、建学校等)，村民从集体林中获益少(张建国，1998)。张红霄等(2007)总结认为林业股份合作制是在承认集体经济制度优势的基础上演变而来的，虽然融入了股份制、合作制的制度创新，但其制度设计缺乏有效的组织保障与权力制衡和监督机制以及较为广泛的群众基础，从而在制度创立伊始就预示它可能与集体统一经营模式具有同样的命运。

第二，"四荒"资源使用权拍卖。鉴于林业股份合作制运行并不理想，伴随着社会主义市场经济的发展，20世纪90年代初在西南林区和吕梁山区的部分地方探索出一种新的集体林经营形式——拍卖宜林荒山(乔方彬 等，1998；张敏新 等，1995)。根据原农业部的定义，尚未开发的土地资源可以分为荒地、荒山、荒滩和荒沟，即"四荒"。根据《中国统计年鉴(2003)》，截至2002年，我国总共有10 800万公顷尚未开发的土地或荒地，其中3 535万公顷的土地适合进行耕作，5 393万公顷的土地则适合发展林业(Ho，2008)。"四荒"土地使用权与林地家庭承包经营权在产生的经济背景和分配基础上有本质区别。林地家庭承包经营权是作为集体林地所有人中的一分子按人或按劳动力均有原则获得，属于家庭联产承包制初级阶段的产物，而"四荒"土地使用权是本村村民或非本村村民按照公开、平等的竞价或协商取得林地使用权，"四荒"拍卖是一种市场行为(崔建远，1995)。政府对可供拍卖的荒地资源用途进行了严格的限制，这些荒地可以用来种植经济林(水果和坚果等)或放牧牲畜，但不允许进行农业垦荒活动。同时，"四荒"土地使用权在不改变土地用途的前提下允许依法通过转让、出租、抵押、入股、互换等方式进行有偿流转，实现森林资产变现。

"四荒"资源使用权拍卖源自经济当事人自发需求，具有需求诱致性制度变迁特征。通过对荒地的使用权进行拍卖的分配方式，激发了人们开发边际土地资源的信心，也为规模经济提供了发展的空间，土地不再是一种平均主义的分配方式。这一制度创新成为缓解农村贫困现象的一剂良药，"四荒"变成经济资源，在增加农民收入、农民就业、林产品的同时，生态环境也得到治理与改善(张敏新 等，1995)。然而，宁夏等地的荒地拍卖活动因农垦导致的大规模土壤侵蚀而突然中止。从全国来看，承包人在"四荒"经营中的制度绩效并不明显。在"四荒"拍卖政策初期，"四荒"资源使用权拍卖能突破集体经营或分户经营的局限，激活农民林业生产积极性，在林业规模经营、农民增收、生态环境治理等方面也确实取得了初期的制度绩效，但单纯的林地使用权承包关系带给承包人的权属利益并不明确，不明晰的产权界定、承包期过短导致承包人对"四荒"治理和长期投入热情不足，出现包而不治、治而不管等现象，同时乱砍滥伐、破坏森林资源的短期行为十分明显(骆友生 等，1995；张红宇，2001)。

从本质上来看，林业股份合作制是集体统一经营林业的继续和发展，而"四荒"资源使用权拍卖是以"分林到户"为主的家庭林地承包经营的继续和发展。因此，集体林权制度变迁过渡期的所有尝试依然是沿着林地所有权与经营权相分离的路径前进，尽管各种集体林经营形式的改革尝试在实践中因内在制度问题并未产生十分理想的制度绩效，但这些尝试具有十分重要的历史意义，为集体林权制度再一次变迁作了充分的铺垫。

2.1.1.3 2003年至今的第二轮集体林权制度变迁

随着新世纪以来我国经济长期的繁荣发展，我国农村经济也发生了翻天覆地的变化。集体林区长期存在的集体林权不明晰、林权不稳定等问题日益突出，释放集体林区林业生产活力，提升林业资源配置效率，明晰集体林区林权的需求与日俱增（张蕾 等，2002）。2003年6月，中共中央、国务院发布了《中共中央 国务院关于加快林业发展的决定》（中发〔2003〕9号），拉开了惠及亿万林农的集体林权制度改革帷幕。福建、江西、辽宁、浙江等省率先开展了以"明晰产权、放活经营、减轻税费、规范流转"为主要内容的集体林权制度改革，取得了阶段性的显著成效（贾治邦，2006）。2006年2月27日，原国家林业局局长贾治邦在国务院新闻办举办的新闻发布会上宣布：我国集体林权制度改革在总结各地试点经验的基础上，将逐步全面推开。随后，第十届全国人民代表大会第四次会议审议并通过《中华人民共和国国民经济和社会发展第十一个五年规划纲要》，在第九章深化农村改革中增加了"稳步推进集体林权制度改革"等内容。2008年6月8日，中央、国务院发布《中共中央 国务院关于全面推进集体林权制度改革的意见》（中发〔2008〕10号），明确提出用5年左右时间基本完成明晰产权、承包到户的改革任务。主要改革任务内容包括明晰产权、勘界发证、放活经营权、落实处置权、保障收益权、落实责任等。截至2012年年底，"确权到户"的集体林主体改革基本完成。全国已确权集体林地27.05亿亩，占纳入集体林改集体林地总面积的99%，林地承包期限为70年，发放林权证1.01亿本，约5亿农民直接受惠（刘拓，2018）。

新一轮集体林权制度改革包括主体改革和配套改革两个部分。主体改革是指明晰林地产权、承包到户，公平分配林地资源，提升林地资源的利用效率，进而实现资源增长和农民增收的双增目标。林改主体改革奠定了以小规模、分散的家庭经营为主的林业生产经营方式。为了进一步巩固和深化林改、保护林农利益，国家开始全面启动各项配套改革政策。集体林权制度配套改革主要从五个方面推进：第一，改革森林经营管理制度，落实经营主体对林木的处置权。对商品林采伐实施林木采伐审批公示制度，严格控制公益林采伐，依法进行抚育和更新性质的采伐，合理控制采伐方式和强度。第二，规范森林、林木和林地使用权流转。建立林木流转交易市场，健全林木林地资源资产评估制度，服务广大林农，促进林业生产要素的合理流转。第三，建立政策性森林保险制度，健全林权抵押贷款制度，拓宽林业融资渠道。第四，完善生态公益林补偿制度。第五，扶持林业合作组织发展，更好地增强农民抵御市场风险的能力，推进林业规模化、产业化、标准化、集约化经营。政府相关部门通过出台一系列政策来推进各项配套改革，比如2009年中国保险监督管理委员会和原国家林业局共同下文《关于做好政策性森林保险体系建设促进林业可持续发展的通知》（保监发〔2009〕117号），明确开展政策性森林保险业务；2009年原国家林业局发布《关于切实加强集体林权流转管理工作的意见》（林改发〔2009〕232号）；2009年原国家林业局出台了《关于促进农民林业专业合作社发展的指导意见》（林改发〔2009〕190号）；2012年财政部和原国家林业局印发《财政部　国家林业局关于开展2012年造林补贴试点工作的意见》（财农〔2012〕59号）；2012年财政部和原国家林业局印发《财政部关于拨付2012年森林抚育补贴试点资金的通知》（财农〔2012〕95号）等。

学术界认为第二轮集体林权制度变迁在本质上是对第一轮集体林权制度改革（"分林到户"）的彻底化（张海鹏等，2009；谭世明，2009）。根据制度变迁的供求规律和集体林权制度的特殊性，学术界研究认为新一轮集体林权制度变迁是由内在需求和外部现实动因共同诱发的（谭世明等，2008），主要内在需求诱因（柯水发等，2005）包括：第一，资源稀缺。林业资源的稀缺性与集体林区经济发展的迫切性决定了集体林权制度变迁的必要性。第二，经济效率的激励和利益的刺激、诱导。一方面，确权到户的集体林权制度变迁解决了林地资源公平分配问题，从而激发农户林业生产投入产出信心；另一方面，明晰林权可以降低交易费用，提高林业资源配置效率，从而激发林区农户营林热情，满足农户林业增收需求（何文剑等，2016a）。第三，需求的变化。随着我国经济的发展，人们对林业的需求和偏好从以木材、非木制林产品为主向生态需求为主转变，这也会对林业产权制度安排提出新的要求。林权制度变迁的主要外在现实动因包括：对历史、文化的理解不清和土地问题复杂性的认知不明；森林资源管理权限和方式存在纷争；林地、林木权属关系模糊，经营自主权没有真正落实；林业投入和激励的认识纷争等（谭世明等，2008，2009）。

2.1.2　集体林权制度变迁后的相关配套政策研究

以家庭承包经营为主的集体林权制度变迁基本完成后，农户成为集体林区绝对占优经营主体。一方面，集体林权制度变迁通过分离集体林地所有权与承包经营权，并且从法律上保护农户的林权权益，从而调动农户的林业生产积极性；另一方面，集体林权制度变迁后存在林地细碎化损失集体林地的经营效率、农户与政府林业经营目标冲突、集体林经营自主权与森林经营管制矛盾等一系列后续问题。为了巩固和深化林改成果，政府通过林改配套政策体系解决集体林权制度变迁后的问题和矛盾，包括鼓励林地流转、改革林木采伐管理制度、积极培育新型林业经营主体、建立森林生态补偿机制、降低林业税费、完善林业金融保障体系等。

文献研究认为集体林地生产力水平远远低于同期国有林地生产力的主要原因是：以家庭承包经营为主的集体林经营形式导致林地细碎化，损失了集体林地经营效率(刘璨，2020)。根据研究统计显示，南方集体林区农户户均林地经营面积约为1.8公顷(朱臻 等，2019)。因不同地区之间差异较大，也有学者认为农户家庭林地经营面积大于0.8公顷就应该认定为大规模经营农户(孔凡斌 等，2020)。为此，政府实施集体林"三权分置"改革，即在分离集体林地所有权与承包经营权的基础上，将林地承包经营权进一步分离为承包权和经营权。林地承包权保障了林地资源的配置效率，通过鼓励农户流转林地经营权提升林地利用效率，在维护和保障农户林权权益的同时，剥离林地的社保功能，实现林地适度规模经营目标，以克服家庭承包经营林地规模不经济问题(谢和生 等，2010；陈杰 等，2011)。同时，鼓励林地流转的政策多次写入中央一号文件。然而，截至2017年年底，集体林地流转率仅为10.50%，家庭承包经营依然是集体林区的主要林业生产经营形式(刘璨，2020；张自强，2020)。

为了解开在政府持续引导和推动下，农户依然不热衷于林地流转的困惑，学术界做了大量的研究。主流观点是林地流转并不一定能有明显的减贫效应或利益导向不明显，林地流转甚至加剧了集体林区的相对贫困，从而导致农户不热衷于林地流转(蒋宏飞 等，2012；张自强，2020)。谢屹等(2009)以江西省遂川县为例，研究了林权流转中的农户收益合理性问题，认为流转市场机制和限额采伐制度是影响农户流转收益是否具有合理性的两个关键因素，政府应确保农户的市场主体地位，完善相关配套政策，淡化中介服务角色。骆耀峰等(2013)研究认为林农自身的异质性(家庭、认知、行动层面)将会导致林改中获益的不公平，政府应该更加关注基层利益相关者由于行动能力等差异而导致的获益差别化。

同时，为了保障和突出生态优先的林业主导功能，集体林权制度变迁后政府并未放松对林木的采伐管制。集体林权制度变迁后，政府依然主要通过林木采伐管制政策等直接行政手段干预林业生产经营决策以保障林业生态目标优先，学术界认为政府应适当减少行政干预、加强经济政策手段引导农户林业生产,给予农户宽松的林业经营环境,才能真正赋权于农、提高集体林权制度改革的配置效率(李周,2008)。特别是对以发挥经济效益为主的商品林,在保障生态安全的前提下(采伐量小于生长量),要尽可能满足社会对木材和林产品的需求,进而实现农户经济效益最大化目标(李周,2008)。田明华等(2003)提出采伐限额相当于剥夺了商品林生产者的财产处置权,应当给予相应的补偿,商品林应该完全取消采伐限额管制。2014年《国家林业局关于进一步改革和完善集体林采伐管理的意见》(林资发〔2014〕61号)提出对竹子采伐暂不实行林木采伐许可发证,2019年修订的《中华人民共和国森林法》坚持森林采伐限额制度和林木采伐许可证制度,但下放了森林采伐限额审批权(重点国有林区除外),取消竹林采伐许可证制度(自然保护区除外)。

此外,各项林改配套政策与集体林区农户之间的相互影响结果也是研究热点。一方面,文献研究了林改配套政策对农户林业生产行为的影响效果。研究结果表明:林权流转、培育林业合作组织、降低林业税费等林改配套政策对农户林业生产行为有重要牵引效果;而林木采伐限额管理、政策性森林保险、生态补偿制度等对农户林业生产行为没有统计学意义上的显著效果(曹兰芳 等,2014,2015,2016),可能的原因是林改配套政策效果存在滞后性,在短期内还没有显示出政策效果,也可能因为农户本身的异质性导致其林业生产经营行为对各项林改配套政策敏感度不同。另一方面,文献研究了集体林区农户对各项林改配套政策的响应。林农是否进行林地流转,是否进行林权抵押,是否购买森林保险,是否加入林业合作组织等行为体现了林农对集体林权制度及配套改革的响应。

研究文献进一步探索了农户对林改配套政策参与和响应行为的影响因素。张文婷等(2011)实证分析了辽宁省调研数据,发现劳动力数量占家庭人口比重、非农收入占家庭总收入比重、林地地块数、采伐指标申请难易程度、是否了解林产品价格和是否知道林权交易市场等是影响林农林地流转行为的主要因素,提出政府应引导和规范林农林地流转行为,形成林业规模经营。研究文献在分析当前集体林区实施林改配套政策的内部因素和外部环境的基础上,提出政府和研究者要做的工作是提供信息,帮助林农选择,而不是代替其选择(谢和生 等,2010;李周,2008)。

2.1.3 集体林权制度变迁评价

集体林权制度改革是我国林业发展史上最重要的公共政策之一。现有文献普遍认为集体林权制度改革变迁通过明晰林权产生的产权激励效应能显著改善林地配置效率和利用效率，集体林权制度改革绩效显著（贾治邦，2006；孔凡斌，2008；张海鹏，2010）。根据2010—2018年《集体林权制度改革监测报告》，福建、江西、湖南、甘肃、辽宁、云南、陕西等样本省份的林改监测结果显示，集体林权改革在资源增长和农户增收等方面都取得了很大的成功。根据现有研究文献，林改绩效具体体现为：第一，林产品价格上涨、政府减税让利、流转收入等促进农户家庭林业收入增加。李娅等（2007）基于江西省案例村的研究，发现林改使得农户林业生产积极性提高，林业收入增加。张红霄等（2007）通过对福建省案例村实证研究得出均山制可实现森林可持续经营，促进农民利益增加。孔凡斌（2008）对江西省2 484户农户的实证研究结果认为林改短期内能明显促进农民林业收入增加，提高农户林业经营积极性。刘伟平等（2009）通过对江西省、福建省等调查数据分析，研究认为林改使农户林业收入显著增加。贺东航等（2010）通过对全国17省300户调研发现，林改后林农增收成效显著，林业收入占家庭总收入的比重提升，林业收入结构不断优化。第二，森林资源数量增加与质量提高。林地确权到户后，外部成本内在化，完备而排他的林地承包经营权能显著促进集体林区农户造林和管护意愿，集体林区农户开始大面积造林，管护积极性提高，进而促进森林资源数量和质量提高（裘菊 等，2007；杨萍 等，2013；杨扬 等，2018a）。陈永富等（2011）通过比较集体林权制度改革前后森林资源状况，研究认为林改有利于森林资源数量的增加和质量的提高。张英等（2015）通过分析我国1950—2013年森林灾害数据发现林改后全国森林火灾次数减幅高达52.66%~64.86%，森林病虫害发生面积减少25.95%~38.23%，全面推行集体林权制度改革后我国森林资源数量和质量都在增加。第三，农户对集体林权制度改革及相关政策满意度较高。集体林权制度改革在本质上是将林地资源公平分配到农户，实现以家庭承包经营为主的集体林经营形式，并且通过《中华人民共和国森林法》《中华人民共和国物权法》等法律、法规保障农户的林地、林木资源的合法权益。因此，这一改革符合农户的个体利益和需求，必然得到农户的支持。相关学者在对江西、福建、辽宁、云南4省调查中发现，评价林权改革好的农户达84.25%，农户对补贴、补助等惠林支持类配套改革政策满意度较高（张蕾 等，2008；刘炳薪 等，2019）。

然而，集体林权制度改革是否有显著绩效也存在争议。有研究认为集体林权制度改革的绩效并不明显，林改对集体林区农户增收并没有明显作用，林改对森林面积和森林蓄积增加的影响也不显著，集体林地生产力水平依然较低。比如王文烂(2009)通过对2006年福建省10县(区)调查数据分析研究发现林改并未增加农民收入。张建国(2011)提出集体林发展仅靠将经营权分权到户并不能完全解决问题，因为森林对林农而言，只是一种副业。蒋宏飞等(2012)借助洛伦兹曲线和基尼系数分析辽宁省相关林改数据，认为农户的收入不公平程度加剧，林改制度对农户收入并没有直接影响。也有学者通过比较集体林家庭经营和国有林经营绩效，研究结果显示以家庭承包经营为主的集体林生产形式运行并不理想，反而抑制了集体林经营管理水平的提高和集体林业的发展，集体林地生产力水平并没有显著提高(刘璨，2008，2019，2020)。

此外，也有观点认为集体林权制度改革的成效不能一概而论，林改结果并非只有"成功"或"失败"，文献研究应从地区差异性、改革的动态性、农户自身特征异质性等方面进一步深入、客观地评价集体林权制度改革。李周(2008)认为集体林区的林权改革调动了农民培育森林的积极性，改善了林业治理结构，但林业改革是一个长期的过程，还没有完成，南方集体林区林业的发展需以森林的科学经营为基础，重点是农户林业生产经营行为的激励和引导。刘小强(2010)通过对江西省和辽宁省的相关调查数据进行实证研究，认为：林权制度改革对林农收入增加的积极影响在不同省份表现出差异性；而林改对森林面积和森林蓄积量的影响暂时还不显著；林权制度改革对林农林业投入有一定的积极作用，林农林业投资意愿和投资规模因林种、地域不同，导致影响因素不同。刘炳薪等(2019)研究2010—2015年原国家林业局集体林权制度改革监测数据，认为集体林权制度改革有短期激励效应，但缺乏持续的长期效果，林改中后期农户家庭林业收入增长和涉林生产经营投资乏力。

2.2 关于农户林业生产行为的文献研究

农户林业生产行为是农户经济行为的一个细分领域。行为经济学是心理学与经济学的交叉学科，是通过对个人及群体行为、心理、情感的分析，来解释与预判研究对象经济决策的学科。本书首先介绍农户经济行为经典理论及具体相关研究，然后再介绍农户林业生产行为研究。

2.2.1 农户经济行为研究

2.2.1.1 农户经济行为的经典理论

农户是农村生产、生活的最基本单位，国内外学者在农户经济行为理论研究领域做了大量研究，根据其研究视角、内容的不同，形成了几种经典理论：A.恰亚诺夫倡导的组织生产理论、西奥金·舒尔茨倡导的理性小农学派、黄宗智倡导的过密化小农理论、詹姆斯·斯科特倡导的道义小农理论、加里·贝克尔倡导的新家庭经济理论和张五常倡导的新佃农理论等（胡豹，2004；高明 等，2013）。主要经典理论的具体介绍如下：

第一，组织生产流派。产生于20世纪20年代末，主要代表人物是A.恰亚诺夫。A.恰亚诺夫在《农民经济组织》一书中提出农户决策行为与资本主义企业家行为的区别主要是两个方面：一方面是农户经济发展主要依靠自身劳动力，而不是雇佣劳动力；另一方面是农户生产的产品主要是为满足家庭自身消费需求而非追求市场利润最大化。因此，农户决策行为本身形成了一个体系，遵循着自身的逻辑和原则。根据该学派的研究分析，农户异质性分化的原因是家庭周期性消费者与劳动者比例的变化，农民对某项活动的劳动时间投入直到农户认为其边际效用等于所获得商品边际效用时才停止，而非商品化带来的农户异质性分化（胡豹，2004）。

第二，理性小农学派。主要代表人物是西奥金·舒尔茨。西奥金·舒尔茨在《改造传统农业》一书中提出在传统农业中小农十分有进取精神、是能够对资源进行合理运用的人，并不像人们传统认为的那样盲目和懒惰，在一个竞争的市场机制里，小农和资本主义企业家一样都是"经济人"，两者的决策行为并没有多少区别，帕累托最优同样适合小农生产要素的配置行为，在生产分配上极少有明显的低效率。S.波普金与西奥金·舒尔茨的观点接近，他认为农户是理性的个人或追求家庭福利最大化者，并且说明"理性"指一种在权衡长期、短期利益之后，为追求利益最大化而做出的合理生产抉择。根据该学派的观点，经济制度变革的最根本目标是人力资本的增长。该学派理论似乎更能恰当地解释我国农村改革前后农业与农户经济增长绩效的变化（史清华，2000）。

第三，过密化小农理论，也称为历史学派。主要代表人物是黄宗智。黄宗智在《华北的小农经济与社会变迁》一书中综合分析了组织生产流派和理性小农学派的研究成果后，基于对明清朝代以来我国长江三角洲及华北地区社会经济历史情况的研究，认为在边际报酬低下的情况下农户仍会继续投入劳动的可能原因是农户根本没有边际报酬概念或者受家庭耕地规模制约。此外，因缺少就业机会，家庭劳动力有大量剩余，劳动力的机会成本几乎可以忽略不计。该学派以华北平原和长江三角洲为实例，重点研究了我国20世纪30年至20世纪70年代农业发展情况及农户行为，研究认为我国农民既不完全是西奥金·舒尔茨意义上的"理性小农"，也不完全是A.恰亚诺夫式的"自给自足者"，提出我国农业是"过密型的商品化"和"没有发展的增长"概念(胡豹，2004)。

第四，道义小农理论。主要代表人物是詹姆斯·斯科特·C。詹姆斯·斯科特·C (2001)在研究缅甸、爪哇等东南亚国家和地区的农民行为后，发现研究区域的小农生产的主要目标是满足家庭生计需求，故安全和生计是农户追求的首要目标，农户被称为"道义小农"。农户会选择一种传统但可靠的生产方式和技术进行生产，不考虑其生产效率，重点是安全可靠。这种观点明显区别于西奥金·舒尔茨、S.波普金理性小农理论，因此也被称为农户风险回避理论。道义小农理论解释了传统农业中许多农户"非理性"行为，从而为农户经济行为研究领域开辟了另一个研究视角。

第五，新家庭经济理论。主要代表人物是加里·贝克尔。随着经济学发展到广义经济学阶段，加里·贝克尔研究认为家庭经济理论中的家庭不仅是由多个人组成，而且还要有独立的效用函数。这种观点与传统的家庭理论(解释单个人组成的家庭)有本质区别。

第六，佃农理论。张五常建立的新佃农理论，主要是基于"新制度经济学"分成租佃理论。张五常研究认为佃农的经济决策行为与一般农户决策行为不同。农户经济决策行为不仅是单个农户的经济行为，也与农户之间的决策行为有紧密关联。

综上所述，以上经典农户经济行为理论从不同的视角和内容对农户经济行为进行了研究，为具体研究各种农户经济行为提供了理论基础，也对特定的农户林业生产行为研究提供重要的理论和实践指导。

2.2.1.2 我国农户行为研究

我国农户作为农村独立的经济主体是从实施家庭联产承包责任制后开始的。国内学术界基于我国的国情，借鉴国内外农户经济行为理论基础，对我国农户行为的基本假设、生产经营目标及影响因素等问题进行了研究，并取得了丰富的研究成果。

第一，关于农户行为的基本假设研究。从亚当·斯密到新古典经济学都把人解释为利己主义、追求自身利益最大化的"理性人"。在货币经济条件下就是追求个人利润最大化，其行为就是单纯追求个人利润最大化的经济人行为。在我国经济从计划向社会主义市场经济转变的过程中，就农户行为是否理性的问题，国内研究者们的观点并不统一。林毅夫(1998)以现代良种扩散的例子说明，农户行为是理性的，并且批评了被用来证明小农行为不是理性的典型事例恰恰是在外部条件约束下的理性表现。韩耀(1995)基于现代经济学中关于人行为的基本假设，研究认为我国农户的经济行为具有理性与非理性、经济目标与非经济目标及自给性生产与商品性生产并存等特征，提出研究我国农户经济行为应同时考虑经济因素与非经济因素。严瑞珍等(1997)研究认为在我国经济社会转型过程中，农民行为会随之变化，简单地把农民行为假设为"理性"的观点是不客观的，农民行为是理性与非理性并存。史清华(2000)认为农户经营行为决定农户家庭资源配置效率，通过对山西农村固定观察点数据资料的实证研究认为农户自然资源配置行为符合资源利用比较效率优先配置原则，农户经济行为无论是在传统农业时期还是当下都是比较理性的。

农户行为完全理性、理性与非理性并存是国内学术界存在的两种主要观点。然而完全理性必须具备三个互相联系的前提：一是具有完全的认识能力；二是完全的行为能力；三是行为本身的执行。农户家庭作为农村经济活动的基本单位，其内在具有追求利润最大化的偏好，但是农户经济行为往往受到外部环境的约束，其经济行为往往是在外部环境约束条件下的理性选择。

第二，我国农户生产经营目标的相关研究。国内学术界对农户生产经营目标存在两种观点：一种观点是我国农户生产经营目标是单一的，即追求利润最大化(宋洪远，1994；苍靖，2003)；另一种观点是农户生产经营目标存在多重性，即农户生产经营目标具有多元性，不是简单地表现为利润最大化。比如卢迈等(1987)分析我国农户现实情况后认为，农户决策目标具有收入增长和收入稳定的双重性。韩喜平(2001)强调人类活动基于多种动因，追求个人利益最大化只是其中之一。刘克春(2006)在研究我国农户农地流转行为中提出，农户农地流转是在多目标支配下进行的。

第三，我国农户生产行为及影响因素研究。随着我国经济的发展，生态环境受到越来越多的关注,近年来大量研究文献从低碳、绿色环保、亲环境等视角研究农户生产行为规律(高昕,2019;石志恒 等,2020)。文献研究认为农户生产行为是多种要素共同作用的结果,不同的文献对农户生产行为的影响因素归纳视角不同。部分文献研究认为农户林业生产行为影响因素既有直接因素,如资金、技术、利益等,又有间接因素,如信息、政策、竞争及环境等(林海,2003)。也有文献将农户生产行为的影响因素归纳为两类:一是内部因素,即农户家庭内部的人力、社会、资本、心理禀赋等因素;二是外部因素,即农户所处的外部环境,包括政策、经济、环境等因素(池泽新,2003;洪自同 等,2012)。农户根据自身各项要素禀赋和所处的外部环境,从事能产生最大化利益的生产行为。随着制度经济学的发展,也有文献将农户林业生产行为影响因素归纳为三类:一是农户个体及家庭农业生产资源特征,如性别、年龄、农地质量、土地产权类型、家庭劳动力、家庭收入及收入来源等;二是非正式制度因素,包括乡俗民约、环境影响等;三是正式制度因素,包括生产性奖励补贴政策、惩罚措施等(徐薇,1998;张怡,2015;孔凡斌 等,2019;石志恒 等,2020)。

林业属于大农业的范畴,林农是包含在广义农户群体中的一类。农户经济行为的相关研究为本书研究农户林业生产行为提供了理论基础和意义支撑。集体林权制度变迁后,集体林区农户群体结构既不同于传统的"小农"社会,也非国外生产经营规模化程度很高的农村。同时,林业生产的跨周期性、林业生态公益性等特征都与普通农业生产存在巨大差异。因此,当前我国集体林区农户林业生产行为研究应在借鉴国内外相关农户经济行为研究的基础上,立足于我国集体林区的实际情况,根据林业生产特征研究农户林业生产行为。

2.2.2 农户林业生产行为研究

农户林业生产行为是农户经济行为中一个细分领域,表现为林业生产过程中造林、管护(含抚育)、采伐等一系列生产行为(沈国舫,2001b),其中造林和管护行为是林业投入阶段,采伐行为是林业产出阶段。林业生产过程和投入产出过程是相互交融的两个维度。

2.2.2.1 农户造林行为

造林是森林营造本身,指在林业用地上采用植苗、扦插或播种等方法营造或更新森林的生产活动(沈国舫,2001b)。一般来说,种植面积较大,而且以后能形成森林和森林环境的称为造林；种植面积小，不能形成森林或森林环境的，只能称为植树或栽树，不能称为造林。造林作业包括采种、育苗、栽植(或播种)等，所形成的森林称为人工林。

农户造林行为就是集体林区农户从事森林营造生产的表现，是林业生产过程的起始环节，直接决定着森林资源的增量。现有文献对农户造林行为的测量变量主要包括造林意愿、是否造林、造林面积、户均造林面积、造林投入、树苗投入、单位面积造林资金投入、单位面积造林自投劳动力等(何文剑 等，2014a；吴伟光等，2017；左孝凡 等，2018；杨仙艳，2019；朱文清 等，2019a)。

国内外大量的研究文献通过理论分析、实证检验试图揭示农户造林行为的关键影响因素。柏方敏(2004)通过调查研究认为林业经济效益是农户是否造林的决定性因素，而外部干预、农户个体特征也对农户造林意愿有一定的影响。也有文献研究认为，林地经营主体依据林地净现值最大化决定营林努力水平(Faustmann 等，2007；Zhang et al.，2011)，除木材、非木制林产品的价格之外，市场距离、运输费用等空间因素是影响木材供给和造林决策的关键(Young et al.，1987；Hyberg et al.，1989；Machado et al.，2020；Zhang et al.，2015)。

近年来，国内学术界主要研究了集体林权制度改革后农户造林意愿、偏好及其影响因素等问题，研究认为，林改后农户造林积极性、造林面积有较大幅度增长(徐晋涛，2018)，农民更愿意在自留山上和坡度较大地块造林(王洪玉，2009)，农户家庭资源禀赋差异和林业政策(主要指造林补贴政策等)对农户造林意愿及行为有显著影响(杨萍 等，2013；杨超 等，2015)，但采伐限额管理对农户造林行为是否有显著影响尚存在争议(黄斌，2010)。

综上所述，农户家庭资源及自身特征、市场和制度因素(Zhang et al.，2001)、经营技术水平(Zhang et al.，2007)等是影响农户造林行为的主要因素。

2.2.2.2 农户管护行为研究

林业管护内容主要包括开展森林病虫害防治、森林防火、保护生物多样性、补植和抚育、禁止对森林的乱砍滥伐等(金珂丞 等，2016；陈业强 等，2017)，其中森林抚育是林业管护的重要组成部分。森林抚育是指在未成熟的林分中进行的，以改善林木生长环境条件，提高林木生长速度和林分质量，提升森林生产率的一系列人工作业，主要包括林木抚育与林地抚育两部分。林业管护对提高林分质量、降低生产经营风险有重要作用。

农户管护行为是指集体林区农户从事林业管护的表现。现有文献对农户管护行为的测量变量主要包括管护意愿、林业管护强度、管护工日、管护次数等(赵冠楠 等, 2011; 杨扬 等, 2018a; 曹兰芳 等, 2020a)。长期以来, 大部分国内外研究文献将管护行为作为营造林的一部分从投资经济学等角度进行综合研究(张道卫 等, 2013)。集体林权制度改革后, 林业管护问题开始得到重视, 学术界开始从经济学视角研究集体林区农户管护行为。相关文献对林改后农户商品林管护意愿、管护绩效及影响因素等问题进行研究: 农户对商品林的管护意愿增强, 森林资源数量和质量都有所增长(王莉娟 等, 2014; 秦涛 等, 2014a); 抚育技术、政策认知和评价等因素对农户管护意愿和绩效有显著影响。相关文献对林改后农户公益林管护意愿、管护模式、生态补偿制度等问题进行研究: 因生态补偿标准较低, 且公益林采伐比商品林受到更多限制, 农户对公益林管护意愿较弱, 建议政府应设置多层次公益林管护机制, 进一步明确农户管护公益林的权责。综上所述, 林业管护是林业生产周期的中间环节, 决定着森林的质量和增量。从技术角度对林业管护的研究文献较多, 随着集体林权制度改革后, 集体林区农户管护行为逐渐成为研究的热点, 特别是农户对于公益林的管护行为。

2.2.2.3 农户采伐行为研究

森林采伐是指在一定的森林面积上, 对生长到一定时候的人工林或天然林, 依法进行抚育、改造或更新再造等活动的总称(柯水发, 2013)。根据《森林采伐更新管理办法》, 森林采伐包括主伐、抚育采伐、更新采伐和低产林改造。森林采伐是林农林业收入主要来源之一, 采伐的主要方式有农户自行采伐和买卖青山。国内外的研究者们根据工艺成熟、数量成熟(即永续木材收获最大化轮伐期)、经济成熟(即土地期望值最大化的轮伐期)、林木价值最大轮伐期和单周期净现值最大化等建立了各种最佳轮伐期的理论与方法(Faustmann et al., 2007)。最佳轮伐期理论成为林业经济与农业经济的主要区分标志之一, 轮伐期的确定从理论上解决了林业资本有效配置问题。

农户采伐行为是指集体林区农户从事林业采伐的表现。现有文献对农户采伐行为的测量变量主要包括采伐意愿、农户是否采伐、采伐数量、采伐形式、采伐面积、采伐树种、是否采伐竹子、木材采伐量、竹子采伐量等(张英 等, 2017; 王雨涵 等, 2015; 孟记住 等, 2016; 梅雨晴 等, 2017)。

国外研究文献主要探索了农户采伐行为的影响因素。国外研究文献得出农户年龄、教育水平、家庭收入、林地条件等户主及家庭资源特征,以及外部市场和制度因素是影响农户采伐行为主要因素的结论。自我国第一次集体林权制度变迁("林业三定")以来,家庭承包经营就是集体林区主要林业生产经营方式(刘璨,2020)。为了防止农户乱砍滥伐,我国从1987年开始实施森林采伐限额管理制度,有效控制了森林资源过量消耗局面,成为影响农户采伐行为的关键政策因素,全国森林资源消耗呈现下降趋势(田明华 等,2003)。2003年以来的新一轮集体林权制度改革后,理论界对集体林区农户采伐意愿及影响因素等问题进行研究,认为:林改后农户采伐行为更加理性,更愿意在自留山上采伐林木(王洪玉,2009);农户采伐行为受木材价格、贴现率、林地面积等因素显著影响,同时对采伐限额管理制度、产权制度等十分敏感(何文剑 等,2014b);采伐限额管理制度通过农户承担的各种成本来影响采伐方式,进而使信息成本参与林业总收入分配,农户对林木采伐管理制度也有强烈的改革意愿。研究文献建议适当放松采伐管制,使林木采伐指标分配制度透明化(万志芳 等,2007;陈杰 等,2011)。

2.2.2.4 农户林业投入行为研究

林业投入行为是指集体林区农户将林业资本、劳动等要素投入林业生产过程中的表现。林业投入是林业生产的基本前提,是林业发展的保障。现有文献对农户林业投入行为的测量变量有是否投入林业资金、是否投入林业劳动力、农户林业投入总金额、造林投入、抚育投入、农户林业生产单位面积资金投入、单位面积劳动力投入、林业生产投资的规模等(王刚 等,2013;徐婷婷 等,2016;蔡娟,2016;曹兰芳 等,2017;杨铭,2017;黄巧萍 等,2020)。

国外学术界全面系统研究了农户林业生产要素(资金等)投入行为的主要影响因素,认为农户及户主特征(家庭收入、年龄、受教育程度等)、林地条件(林地面积、肥沃程度、地理位置、基础设施)、林业政策与制度(产权制度、补贴政策、技术援助等)、市场因素(木材价格、利率、地租)等是主要影响因素。

新一轮集体林权制度改革后,国内学术界主要关注了林改后集体林区农户林业生产投入意愿、投入规模及影响因素等问题,认为:林改后农户在产权激励、政策引导、家庭特征及市场环境等因素影响下,林业资金、劳动力投入意愿明显,投入规模不断增强(Xie et al.,2013;荣庆娇 等,2014)。徐晋涛等(2008)基于8省实地调查数据实证研究,认为林改后家庭投资林业的比例有很大程度的增长,造林面积增加。相关文献将农户投入行为作为关键自变量,研究其对林业绩效的影响，研究结果表明因林业投入积极，林业产出效率逐步提升，林产品产量增加（李桦 等，2015），但仍存在较大的效率提升空间。

2.3 集体林权制度改革绩效评价

评价集体林权制度改革绩效一直是学术界研究的热点。现有文献主要基于"集体林权制度 - 绩效评价"的框架，从不同的视角对集体林权制度改革绩效进行了评价。一部分文献通过比较研究集体林权制度改革前后的林业绩效，评价改革效果；另一部分文献通过比较不同林业产权制度形式下的林业绩效，评价改革效果。然而，农户林业生产行为是影响林改绩效的主要因素。在坚持集体林地所有权不变的框架下，新一轮集体林权制度赋予林农在承包期内享有承包林地的使用权、处置权和收益权，并通过林改配套政策明确每一种产权的边界，从而引导林农做出合理的林业经营决策，提高林业资源配置效率，实现资源增长和林农增收（何文剑 等，2014b），即确权到户的集体林权制度改革后，农户成为集体林区林业经营主体，其造林、管护、采伐行为直接影响资源增长、农户增收、生态保护、林区和谐的林改目标能否实现。鉴于此，本研究将引入集体林区农户林业生产行为(造林、管护、采伐行为)，探索集体林权制度作用于农户林业生产行为在"林业制度 - 林业绩效"这一"黑盒子"中的作用。

2.3.1 集体林权制度改革作用于农户造林行为

集体林权制度作用于农户造林行为，进而影响森林资源增量、改善生态环境、应对气候变化、促进就业等（柯水发 等，2010）。现有文献主要采用造林面积来测量农户造林行为（王洪玉 等，2009；何文剑 等，2014a；张寒 等，2017），通过理论分析、实地调查、实证研究等方式分析了集体林权制度主体改革、配套改革作用于农户造林行为后产生的林业绩效。孔凡斌等(2009)、康小兰等(2014)研究认为集体林权制度主体改革带来的产权激励，积极促进了集体林区农户造林行为，森林资源增长明显。杨萍等(2013)基于江西省6个案例村的调查研究认为集体林区农户造林意愿主要受到内容完整、排他性强的林地承包经营权影响，而林业补贴、减免林业税费与限额采伐制度等林改配套政策会促进或抑制农户造林意愿转换为造林行为，林权流转、林权抵押贷款等林改配套政策能放松林地、资金对农户造林行为的约束。Xie 等(2014)、于艳丽等(2017)通过问卷调查数据研究认为，林改促进了农户造林行为,进而增加了森林资源数量。何文剑等(2014a)通过5省415个样本农户调查截面数据,把产权结构(使用权、让渡权、收益权)量化成8个具体的可测量变量指标,实证检验集体林产权制度对农户造林行为的影响,研究结果表明:大多数集体林权(林地拥有权、商品林收益权、生态林收益权等)对农户是否造林决策有显著积极的影响,研究认为林改确权到户及配套改革政策体系有效激发了农户造林意愿,在实现"农民增收、林区和谐"目标上取得了阶段性的成效。

根据《集体林权制度改革监测报告(2010)》,林改后样本农户累计荒山荒地(沙)造林2.14万亩,累计人工迹地更新0.48万亩,累计低产低效林改造0.71万亩,分别比林改前增加了0.23万亩、0.02万亩和0.32万亩,增长了11.87%、3.85%和79.60%。因农户造林营林义务的履行情况关系到森林资源数量增加和质量提升,为了进一步评价林改后农户生态保护、造林履责的情况,2017年集体林权制度改革跟踪监测项目研究课题组增设了农户承包林地造林履责情况指标。根据《集体林权制度改革监测报告(2017)》,报告期2016年35.82%的样本村共有宜林地面积78.80万亩,占林地总面积的10.75%。样本农户中,有653户家庭有宜林地,占总户数的18.66%;宜林地面积共计7.17万亩,占农户家庭林地面积的23.14%。从宜林地类型来看,荒山荒地占65.72%,林间空地占15.65%,采伐迹地占8.91%。近一半的样本农户(45.48%)近两年内有造林计划,多数样本农户(84.33%)选择自投家庭劳动力造林。调查发现,外出务工导致家庭缺乏造林的劳动力是影响样本农户履责造林的关键因素。综上所述,林改后样本农户造林意愿提升、造林行为积极,但林业生产劳动力机会成本增加等影响农户对承包林地造林履责。

文献研究、统计年鉴数据和入户调查数据结果显示,新一轮集体林权制度改革及配套改革政策体系有效促进了集体林区农户造林行为,在实现森林资源增长、改善生态环境等目标上取得了阶段性的成效。

2.3.2 集体林权制度改革作用于农户管护行为

集体林权制度作用于农户管护行为影响森林资源质量。大量文献通过理论分析、丰富的调查数据或年鉴数据分析及实证检验都证实了集体林权制度改革作用于农户管护行为,降低了林业灾害,提高了林业经济绩效和生态绩效。孔凡斌等(2009)采用描述性统计分析方法,通过搜集林业统计年鉴数据比较了林改前后集体林区森林火灾发生率的变化。研究结果表明,全国火场总面积从林改前的1 123

751公顷，下降到林改后的290 633公顷，林改后火场面积下降幅度为74.14%；受灾森林面积从林改前的451 020公顷，下降到林改后的73 701公顷，林改后受灾面积下降83.66%。张英等(2015)搜集了1950—2013年省级面板森林灾害数据，采用断点回归验证了集体林权制度改革作用于农户管护行为降低森林灾害(包括森林火灾和森林病虫害等)的影响，研究结论是林改促进农户管护行为，进而大幅度降低了森林保险灾害(火灾、虫灾)面积，全国森林火灾次数降低52.66%~64.86%，森林病虫害受灾面积降低25.95%~38.23%。曹兰芳等(2015)通过采集集体林区农户数据实证研究了林改配套政策对农户抚育行为的影响，认为林业合作组织等配套政策与农户抚育行为存在显著的正相关关系。杨扬等(2018a)运用南方集体林区调查数据实证研究了事实产权、感知产权对农户管护行为影响，认为感知产权对农户管护行为有显著影响，事实产权能强化感知产权，对农户管护行为有显著的正向激励作用。

根据《集体林权制度改革监测报告(2010)》，2009年样本县幼林抚育568.32万亩，成林抚育150.28万亩，分别比林改前增长了1.87倍和1.45倍。2017年和2018年，集体林权制度改革跟踪监测项目课题组在湖南省就农户承包营林履责情况进行了专项调查。专项调查结果包括：第一，70%的样本农户对需要抚育的承包林地全部进行了抚育，30%的样本农户对需要抚育的林地尚未抚育。没有抚育的原因主要包括：缺乏劳动力；缺乏管护资金；林业收入预期低；政府封山育林；其他原因。第二，88.6%的样本农户对承包林地进行了有效管护，11.4%的样本农户对承包林地没有进行有效管护。没有有效管护的原因包括：尚未获得林权证，缺乏安全感；承包地存在林权纠纷；林地存在火烧、病虫害、被盗伐；其他原因。这说明林改后农户管护行为积极。

文献研究、统计年鉴数据和入户调查数据结果显示，新一轮集体林权制度改革及配套改革政策体系有效地促进了集体林区农户管护行为，在提高森林资源质量、降低林业经营风险、保障农户林业收入等目标上取得了阶段性的成效。

2.3.3 集体林权制度改革作用于农户采伐行为

集体林权制度作用于农户采伐行为主要影响森林资源存量和农户林业收入。一方面，林改后集体林区农户成为木材市场供给主体之一，农户采伐行为直接决定木材供给量和农户家庭林业收入；另一方面，在现有林地面积约束下，木材等林产品供给与生态产品(或服务)供给存在此消彼长的特征。文献研究认为农户林木采伐决策受到林地产权稳定性、林业管理体制等因素的显著影响(王洪玉，2009；Kant，2003)。张英等(2017)通过比较、实证研究江西省集体林区农户数据，认为集体林权制度改革促进了林区木材、竹材产量的增长；林改后，林木采伐管理制度对木材和竹材采伐的约束变小，林下资源的使用权可以延迟农户对木材的采伐。有的研究认为，林木采伐指标分配制度是林改顶层设计的最大问题，导致农户的林木处置权依然受到较大限制，集体林区普通农户获取林木采伐指标依然困难(庞淼，2012；何文剑 等，2014b；张红霄，2015)，林木采伐管制强度对农户采伐收入有显著消极影响，应将林木采伐指标由县直接落实到农户，避免采伐管制导致的设租寻租问题，从而实现生态保护、农户增收等林改绩效目标(何文剑 等，2016b)。大量的研究表明集体林权制度改革作用于农户采伐行为显著增加木材和竹材的采伐量，但稳定的林业产权安排使农户对林木财产的稳定性预期增加，不急于将林木财产采伐"变现"，而是朝着合理利用的方向经营(何文剑 等，2014b)。

《集体林权制度改革监测报告(2010)》指出：第一，木材采伐量方面。2009年，50个样本县木材产量为517.70万立方米，比林改前增加了122.99万立方米，增长了31.16%。其中村及以下各级组织和农民个人生产的木材量为314.26万立方米，占木材总产量的60.49%，比林改前提高了13.71%。第二，竹材采伐量方面。样本县竹材产量1 734.89亿根，比林改前增加1 174.98亿根，增长了2.10倍。其中，村及村以下各级组织和农民个人生产的竹材产量占55.93%，比林改前提高了36.26%。第三，采伐面积方面。年均采伐林地占农户承包林地面积的比例是江西省为8.8%，福建省为4.3%，辽宁省为3.95%，云南省为2.2%，陕西省为0.56%。从总体来看，林改后林地采伐面积比例较低。根据2011—2017年《集体林权制度改革监测报告》，林改后农户林木采伐量呈现"升—降"的周期趋势。比如报告期2011年农户采伐量达到一个小高峰，报告期2012年木材采伐量下降，村及村以下各级组织和农民个人生产的木材量为263.95万立方米，比2011年下降了9.02%。主要原因有：一是受林木生长周期性影响，2011年采伐量比较大，2012年木材采伐量必然下降。二是许多地区按照"公开、透明、便民、利民"的基本取向，实施林木采伐管理制度改革，政府简政放权使农民能更加自主地处置林木财产，农民对林木财产的稳定性预期增加，不急于将林木财产采伐"变现"，而是朝着合理利用的方向经营。2012年，59.82%的经营采伐的农户是在森林资源进入成熟期才进行采伐的。从调查数据的总体结果来看，村及村以下各级组织的木材采伐量下降，农户个体的木材量呈现上升趋势。样本县林改后进一步放活农户承包商品林经营、全面推行集体林采伐管理简化改革使得村及村以下各级组织和农民个人生产的林木采伐量占比提高。这说明新一轮集体林权制度改革作用于农户林业采伐行为促进木材供给。

文献研究、统计年鉴数据和入户调查数据结果显示，林改后并没有出现大规模的乱砍滥伐，林改一方面促进了农户采伐行为，提高了集体林区木材供给能力和林业收入，另一方面农户对林木处置权稳定的预期使农户采伐更加理性。这说明合理的农户采伐行为是实现"资源增长、农民增收、生态良好、林区和谐"的重要路径。

2.4 研究评述

随着我国第一次集体林权制度变迁——"林业三定"，家庭承包经营成为集体林区农户林业生产的形式之一。2003年以来，新一轮集体林权制度变迁后，农户成为集体林的绝对占优经营主体，家庭承包经营成为集体林区的基本林业生产经营形式。现有文献从集体林权制度变迁的解析、农户林业生产行为、集体林权制度及配套政策对农户林业生产行为的影响等方面进行了相关研究，为本书的研究提供重要的理论基础和意义支撑。

然而，现有研究也存在一些不足。第一，政府、学术界及相关利益群体十分关注新一轮集体林权制度变迁及配套政策成效，却较少关注制度或政策绩效内在的影响路径和传导机制。现有研究主要基于"集体林权制度、配套政策 - 林业经济、生态绩效"的框架评估和监测集体林权制度和配套政策的效果。然而，在"林业制度 - 林业绩效"这一"黑盒子"中，农户林业生产行为是制度产生绩效的关键媒介，林业制度和政策作用于农户林业生产行为产生林业经济绩效和生态绩效。现有研究要么直接研究集体林权制度、配套政策产生的林业绩效，要么研究集体林权制度、配套政策对农户林业生产行为的影响效果，鲜少系统研究集体林权制度、配套政策作用于农户林业生产行为影响林业经济、生态绩效的传导机制。第二，集体林权制度变迁后农户成为集体林区公益林和商品林的主要经营主体，在林业分类经营管理体制、集体林权制度及相关政策的激励和约束下，农户对公益林和商品林的生产经营权(林种选择权、采伐权、抵押权、收益权等方面)存在显著差异,资源异质性(商品林和公益林)农户必然表现出不同的林业生产行为。然而,现有研究要么将集体林区农户作为一个整体研究其生产行为,要么根据林地规模、农户家庭收入来源等标准对农户林业生产行为进行分类讨论,鲜少有文献从林地、林木资源异质性视角对农户林业生产行为进行分类讨论。第三,林业生产过程中的造林、管护与采伐行为,是一个首尾相接的持续循环过程,存在天然的内在联系。现有文献往往侧重于某一种行为的研究,或者将造林、管护统一纳入投入行为,忽视林业生产行为之间的内在联系和比较,研究维度单一,缺乏整体性、系统性。同时,现有文献研究主要从林业生产要素的视角研究农户投入行为,或者将林业投入作为自变量,研究其对林业绩效的影响。然而,林业生产的三个主要环节(造林、管护、采伐)都需要林业要素的投入,鲜有文献从林业生产过程视角研究农户投入行为。第四,集体林权制度作用于农户林业生产行为进而产生林业经济绩效和生态绩效。然而,林业具有跨周期的自然属性。因此,集体林权制度和配套改革政策对农户林业生产行为的影响不仅要观察其短期效果,更要观察其长期持续效果。现有文献研究更多地聚集在短期政策效应,缺乏长期持续效应的跟踪监测,即现有文献对农户林业生产行为的研究主要基于截面数据分析,但截面数据难以反映一个周期内农户林业生产行为是否积极等特征及规律,也难以反映林业生产行为产生的经济绩效和生态绩效。

综上所述,农户林业生产行为是剖析"林业制度 - 林业绩效"这一"黑盒子"的关键内在因子。掌握集体林区农户的林业生产行为客观规律是完善和调整林业政策的关键,通过完善和调整相关政策激发集体林区各类农户的林业生产积极性才能从根本上保障我国生态安全、建设生态文明、实现乡村振兴。鉴于此,本书的研究首先基于林地、林木资源异质性将农户分为商品林农户和公益林农户两类;其次,分别研究两类资源异质性农户林种选择行为、造林行为、管护行为、采伐行为、林业投入行为的动态趋势特征,实证检验林地确权、政府干预(林改配套政策)对两类资源异质性农户林业生产行为的影响及规律,并比较两类农户林业生产行为规律差异;再次,分析和研究两类资源异质性农户林业生产行为的经济绩效和生态绩效,并进行差异比较;最后,根据研究结果,分别提出引导商品林农户和公益林农户林业生产行为的对策体系,通过科学合理调整制度或政策措施,可以弱化或消除消极影响资源异质性农户林业生产行为的因素,进而调动集体林区农户林业生产热情,实现集体林区资源增长、农民增收的目标。

第 3 章　集体林区农户林种选择意愿研究

林种就是森林的种类（沈国舫，2001b；张林科 等，2016）。《中华人民共和国森林法》根据森林功能将林种分为防护林、用材林、经济林、薪炭林、特种用途林五类，林业分类经营管理制度在此基础上将森林林种进一步划分为商品林和公益林两类[①]。用材林、经济林、薪炭林主要用于提供有形林产品，属于商品林；防护林和特种用途林主要用于提供生态服务产品，属于公益林。本章主要探索集体林区农户在现有外部政策环境约束和家庭资源禀赋条件下的林种选择意愿及差异，揭示影响农户林种选择意愿的关键因素，通过放松或收紧外部政策等相关约束条件，有助于更好地实践林业分类经营管理制度，从而为更好地实现商品林经济价值和公益林生态价值提供理论支撑。

3.1　林业分类经营管理思想的理论背景

森林不仅是最大的陆地生态系统，而且是国民经济中的重要基础产业部门。森林向人类社会提供多种价值形态的产品，在不同的社会经济背景下人们对森林产品价值的利用导向侧重点不同。学术界将森林主要提供的产品价值形态分为两类：一类是采掘性的实物产品价值。实物产品价值是从森林中获取并可以送到森林以外进行消费的林产品价值，不仅包括常见的原木、薪材等产品的价值，还包括如蘑菇、水果、坚果、饲料和猎物等林产品的价值。另一类是非采掘性的实物产品和服务的价值。非采掘性的实物产品和服务价值是可以不通过从森林中获取

---

① 1998 年修正的《中华人民共和国森林法》按照用途将森林分为防护林、用材林、经济林、薪炭林、特种用途林五类，2019 年修订的《中华人民共和国森林法》依然按照用途将森林分为五类，但是将"薪炭林"改为"能源林"，因《中国林业统计年鉴》等数据源中一直提供的是薪炭林相关数据，故本研究依然采用"薪炭林"的表述。

实物产品而实现的价值,不仅包括水土保持、生物多样性、应对气候变化等价值,还包括森林游憩和文化利用等价值(张道卫 等,2013)。然而,在现有林地面积约束下,这两类森林产品价值客观上存在此消彼长的关系。我国通过实施林业分类经营管理体制实现林业多重价值利用。

随着社会经济的发展,人类对林业价值利用从以经济利用为主逐渐转变为以生态利用为主。长期以来,人类主要攫取林业的经济价值以满足需求。直到20世纪60年代"生态觉醒"以来,为了满足新的总量与结构需求,各国对林业进行了大规模的理论或实践探索。20世纪70年代石油危机,又进一步促使人们重视可再生资源。在理论探索方面出现了四个派系(高岚,2005):一是经济派,主张把新来的生态需求嫁接到既有的森林经营计划中去,反对严格的生态规划。二是协同派,主张综合发挥森林的不同效益(同时、同地),以此响应新的需求。协同派在观点上也有差异,比如"多种利用""主导利用"等不同主张。三是生态派,主要指英、法生态党,德国绿党,美国的保护运动,日本的反公害运动,苏联的环境保护主义等。四是专业化分工派,主张专林专用,专门化经营,最大可能地发挥林业特定效益。到了20世纪80年代,经济无限制发展导致全球生态环境恶化,各国对此高度关注,联合国随即成立了世界环境与发展委员会,专门研究可持续发展问题。林业分类经营管理思想就是在此背景下逐渐形成和完善的。

林业分类经营主要思想是针对现代林业需求,主张通过专业化分工的途径,分类经营森林资源,并使其中一部分资源与工业加工有机结合,形成林业现代化产业,从而形成一个动态稳定的、与经济需求和环境需求相适应的森林生态大系统。20世纪60年代,德国推行森林多功能理论,在"协同论"的基础上发展出了森林多效益经营,即森林经济、生态、社会三大效益一体化经营。20世纪70年代,美国经济学家M.克劳森和R.塞乔等人提出森林多效益主导利用的思想,认为森林经营是朝着各种不同功能的专用森林——森林多效益主导利用方向发展,而不是走向森林三大效益(经济效益、生态效益和社会效益)一体化。森林多效益主导利用思想同样强调通过发挥森林的多种效益来满足社会对森林的各种需求,但对不同地区、不同林分、不同树种,只突出其主导功能。即并不强调在每一片林地上都实行多效益一体化经营策略,但又在整体上强调不同地块间的互相增益,实现森林多效益的高度统一。如澳大利亚、新西兰、智利、南非等国家,在森林多效益主导利用的经营管理体制指导下,一部分森林成为提供环境和游憩的自然保护林；另一部分森林通过集约化经营成为为工业提供原木等原材料的人工林。M. 克劳森和 R. 塞乔提出的全国林地多向利用方案为林业分工论的创立奠定了基础。20 世纪 70 年代后期，W. 海蒂认为不能对所有林地都采用相同的集约经营措施，只能在优质林地上进行集约化经营，同时使得优质林地的集约化经营趋向单一化，从而实现林业分工经营的目标。M. 克劳森等人主张在国土中划出少量土地发展工业人工林，承担起全国所需的大部分商品材生产任务，称为"商品林业"；其次划出一块"公益林业"，包括城市林业、风景林、自然保护区、水土保持林等，用以改善生态环境；再划出一块"多功能林业"，承担社会生态服务、木材供给等多种价值功能。此后，全球森林朝着各种功能不同的专用森林或森林多效益主导利用发展。

我国的林业分类经营管理体制是以生态需求为背景，以《中华人民共和国森林法》为法律基础，在"森林多效益主导利用理论"和"林业分工论"的理论基础上产生的。中华人民共和国成立初期，森林是国家重要的基础能源，为国家经济建设做出了重大贡献。然而随着大量采伐，可采林木锐减、林地面积减少、森林质量也明显下降，森林生态服务功能不断弱化。1998 年发生在长江流域和东北地区的两次特大洪灾，就是生态破坏的恶果。为此，我国一直致力于寻找一条生态与经济协调发展的路径。1979 年我国第一部环境资源法——《中华人民共和国森林法（试行）》颁布。1998 年，《中华人民共和国森林法》经修正，把我国的森林分为防护林、用材林、经济林、薪炭林和特种用途林五类。在森林林种分类的基础上，我国于 1987 年启动林业分类经营管理实践，苇河林业局是首个试点单位（杨磊，2018）。雍文涛（1992）的《林业分工论》，首次提出了"中国林业分类经营"概念。1995 年国家体制改革委员会、林业部联合颁布的《林业经济体制改革总体纲要》中提出：在综合考虑区域自然、社会、经济状况的前提下，在营林体制上，国家将按照森林用途和生产经营目的，将用材林、经济林、薪炭林纳入商品林类，将防护林和特种用途林纳入公益林类，实行森林培育的分类经营、分类管理。在商品林类中，将速生丰产林、工业原料林、竹林、经济林作为重点，实行集约化经营，提高林木增长质量。在公益林类中，重点发展对国土保安、生物多样性保护、农业生态保障和城市生态环境影响突出的防护林和特种用途林。1999 年《国家林业局关于开展全国森林分类区划界定工作的通知》（林策发〔1999〕191 号）要求各地开展森林分类区划工作，全国据此开展首次森林分类区划界定，为实施林业分类经营管理和建立森林生态效益补偿制度打下了基础。2003年《中共中央 国务院关于加快林业发展的决定》（中发〔2003〕9号）明确提出：实行林业分类经营管理体制。在充分发挥森林多方面功能的前提下，按照主要用途的不同，将全国林业区分为公益林业和商品林业两大类，分别采取不同的管理体制、经营机制和政策措施。2008年《中共中央 国务院关于全面推进集体林权制度改革的意见》（中发〔2008〕10号）指出："对集体林实行商品林、公益林分类经营管理。依法把立地条件好、采伐和经营利用不会对生态平衡和生物多样性造成危害区域的森林和林木，划定为商品林；把生态区位重要或生态脆弱区域的森林和林木，划定为公益林。对商品林，农民可依法自主决定经营方向和经营模式，生产的木材自主销售。对公益林，在不破坏生态功能的前提下，可依法合理利用林地资源，开发林下种养业，利用森林景观发展森林旅游业等。"2019年修订的《中华人民共和国森林法》按照充分发挥森林多种功能，实现资源永续利用的立法思路，将"国家以培育稳定、健康、优质、高效的森林生态系统为目标，对公益林和商品林实行分类经营管理"首次作为基本法律制度写入"总则"一章。同时，还在"森林保护""经营管理"等章节，对公益林划定的标准、范围、程序等进行了细化，对公益林、商品林具体经营制度做了规定，主要体现了严格保护公益林和依法自主经营商品林的立法原则。

新一轮集体林权制度变迁后，商品林和公益林基本实现了家庭承包经营，在林业分类经营体制对商品林和公益林实施差异化的激励和约束政策体系背景下，农户会选择哪一类林种？哪些因素影响集体林区农户的林种选择意愿？本章将通过数据分析解答这些问题，为完善林业分类经营管理体制提供对策和建议，从而更好地实现不同林种的主导功能效益。

3.2 农户林种选择意愿：问题的提出

森林林种结构是森林资源质量和生态系统稳定性的重要保障，同时林产品也是林区农户的主要收入来源。集体林地确权后，农户成为集体林区的主要林业生产经营者，这使得农户林种选择意愿与保障森林资源质量、维护生态系统稳定、建设生态文明等紧密相连。农户林种选择意愿是指农户种植选择意愿，是农户进行林业生产的前提，这是一个行为决策问题。农户在综合考虑家庭拥有的资源禀赋和外部政策、经济环境后，选择能够带来利益最大化的公益林或商品林林种进行生产经营。农户林种选择意愿可能面临以下几种状态：第一，集体林权制度变迁后，农户获得的承包林地是公益林，在自身家庭劳动力和林业生产经营能力有限的情况下，农户不会或不愿意改变现有林种选择；反之，当农户具有较强的林业生产经营能力或与当地商品林农户林业收入差距较大时，农户会希望改变林种。第二，集体林权制度变迁后，农户获得的承包林地是商品林，商品林林种可以分为用材林、经济林、竹林、灌木林等，当农户家庭林业收入高于其他农户林业收入或没有明显差距时，农户缺乏改变林种的动力；反之，当农户林业生产经营能力较弱或资源禀赋较差(比如缺乏劳动力)，农户会希望改变林种，以期获得公益林生态补偿。根据2019年修订的《中华人民共和国森林法》，国家对公益林实施严格保护，商品林由林业经营者依法自主经营。因此，农户一般可以根据自身意愿依法改变商品林林种内部结构，比如从经济林改为用材林等。然而，公益林与商品林主要根据生态功能与经济功能划分，一般不能随意变更林种。因此，当农户林种选择意愿与实际拥有的林种不一致时，需要通过外部政策干预引导农户林业生产经营决策。

影响农户林种选择意愿的关键因素是什么呢？现有文献研究结果表明影响林区农户林种选择的影响因素主要包括：第一，林业投入因素，包括农户林业经营能力、资本、土地、劳动力等生产要素。其中，农户林业经营能力的主要测量变量包括户主年龄、户主受教育程度、是否参加培训、从事种植年限、是否了解市场行情等；资本的测量变量包括林业生产经营投入与支出、人均非农收入等；劳动力的测量变量包括家庭人口数、劳动投入量等；土地的测量变量包括林地面积、地块数量等。第二，林业产出，包括林产品市场前景或预期、最低销售价格、林业收入等(张旭锐 等，2020)。第三，政策、环境因素，包括林改政策、林木权属、补助标准、食品质量监管机制、农民质量安全责任感、市场服务等。

现有文献对农户林种选择意愿影响因素研究形成了丰富的研究成果，但依然存在以下不足：第一，现有文献研究主要探究农户选择某一树种(比如油茶、柑橘树、橡胶树等)的影响因素。然而，树种选择与林种选择研究范围存在明显差异，树种选择研究难以全面反映农户林种选择意愿决策过程中的客观规律。第二，不同地区资源和环境禀赋存在地区差异性，可能会导致农户林种选择偏好不同，而现有文献研究通常以某一省或特定区域为主，研究结果缺乏普遍性。在完全竞争情境下，成本效益决定农户林种选择偏好。然而，林业具有外部性特征，政府通过林业政策体系干预和调节农户林种选择偏好。鉴于此，本研究将基于7个样本省3 500农户的调查数据，分析农户林种选择意愿及差异，探索家庭内部资源禀赋与外部政策环境对农户林种选择意愿的影响。

3.3 理论分析与研究假设

3.3.1 理论分析

集体林区农户的林种选择意愿是一个最基本的生产决策问题。在完全竞争市场环境下，农户的林种选择意愿主要取决于投入产出效率。然而，林业不仅生产具有排他性特征的商品，而且生产具有公共性质的生态产品[①]。因此，农户林种选择意愿并不完全满足"完全竞争"市场经济条件。林业制度、林业政策对商品林和公益林的干预也是影响农户林种选择意愿的重要外部因素。鉴于此，本研究从完全竞争市场情景和非完全竞争市场情景两种情景进行理论分析。

3.3.1.1 情景一：完全竞争市场下集体林区农户林种选择意愿

假设集体林区农户林种选择意愿是在一个完全竞争市场环境中进行，则集体林区农户对公益林或商品林的选择偏好主要取决于现有家庭林业生产要素约束条件下经营商品林或公益林产生的经济效益大小。

不同林种在生产要素投入、产出方式等方面存在较大差异。首先，不同林种对生产投入要素的需求程度不同，林业生产投入要素主要包括资本、劳动力、土地、经营者能力等。其次，不同林种林业产出方式、产出周期不同(戴芳 等，2009；张林科 等，2016)。具体来说：第一，公益林的主要产出是生态产品，具有公共产品的特征，农户主要通过生态补偿、更新采伐和抚育采伐等方式获取经济回报。特别需要说明的是，国家根据生态保护的需要，将森林生态区位重要或者生态状况脆弱的区域划为公益林，一般包括防护林、特种用途林。但是，竹林等林种可能根据生态保护需要被划入公益林。2014年以来政府逐步取消了竹林的采伐管制(包括公益林竹林)[②]，比如取消竹材采伐许可证制度等。但是，根据《中华

[①] 生态产品是指维系生态安全、保障生态调节功能、提供良好人居环境的自然要素，包括清新的空气、清洁的水源和宜人的气候等(高晓龙 等，2020)。

[②] 根据2014年《国家林业局关于进一步改革和完善集体林采伐管理的意见》(林资发〔2014〕61号)要求，对竹子采伐暂不实行林木采伐许可发证。湖南省从2016年开始正式取消竹材采伐许可证制度。

人民共和国森林法》第五十五条第一项："公益林只能进行抚育、更新和低质低效林改造性质的采伐。但是，因科研或者实验、防治林业有害生物、建设护林防火设施、营造生物防火隔离带、遭受自然灾害等需要采伐的除外。"因此，农户采伐公益林竹林尽管不再需要办理采伐许可证等，依然受到"只能进行抚育、更新和低质低效林改造性质采伐"的限制。同时，农户一般不能变更公益林内部林种结构，本研究将公益林作为一个整体，不考虑公益林林种内部结构及农户选择意愿等问题。第二，商品林林种，主要生产具有排他性的有形林产品，包括原木、非木质林产品等，具有一般商品的特征，农户主要通过市场销售林产品获得收入。商品林林种主要包括用材林、经济林、薪炭林。其中薪炭林是以生产燃料为主要目的的林木，比如灌木林等。在人类历史的相当长一段时期内，薪炭林一直是森林的主要用途之一。然而，随着我国社会经济和科技的发展，各种新能源层出不穷，各种替代能源走进人们的生活，即使在农村，电能、液化气、煤、沼气等燃料也被广泛使用，大大改变了农村生活热能的来源方式，薪柴作为获取热能燃料所占的比重越来越低，农村基本抛弃了在林中取柴的方式，采用更为节约森林资源的方式获取薪材，比如采伐剩余物、林木加工废弃物等。第九次森林资源清查结果显示，全国薪炭林面积为123.14万公顷，占全国森林面积0.56%，几乎可以忽略不计。因此，本研究将薪炭林纳入其他林种考虑。此外，竹林具有较强的自我更新和恢复能力，产出周期、产出方式区别于用材林和经济林。2014年以后，政府放开了对竹林的采伐管制程度，包括取消了竹林抚育采伐的采伐许可证和运输证等。因此，本书将商品林林种细分为用材林、经济林、竹林及其他。

  商品林林种投入产出特征如下：第一，用材林在成林之前需要较多资本和劳动力投入进行造林和抚育；成林到成熟林期间林木自然生长，资本和劳动力等生产要素的投入较少；进入成熟林阶段后，通过林木采伐一次性获得经济回报，因此，用材林具有持续性投入、瞬时收益的特征。第二，经济林在种植初期每年需要大量的劳动力、资本投入，经济林进入丰产期后每年可以获得经济效益（在市场行情较好的情况下），同时每年依然需要投入劳动力、资本等进行管护，因此，经济林一般具有资本、劳动密集投入，产出短、平、快的特点。第三，竹林比一般用材林生产周期短，又不像经济林一样需要密集的劳动和资本投入，竹林一般有笋用林、笋竹两用林、材用林三种经营模式（沈月琴 等，2011）。第四，其他林种主要指薪炭林等，根据实践调查农户对这一类林种的投入产出关注度较低。

在完全竞争市场环境下，农户林种选择的关键影响因素是经济效益最大化（成本-收益分析）。利润最大化或在一定产出水平下的成本最小化是以生产函数为起点。

$$Q_i = f(Capital, Labor, Land, Ability, \cdots) \tag{3-1}$$

式中，Q 为林产品产量，i 表示商品林林种、公益林林种。生产过程中投入要素包括资本（Capital）、劳动力（Labor）、土地（Land）、经营者能力（Ability）等。

在完全竞争市场下，利润最大化时的林产品产量 Q 发生在边际成本（MC）等于边际收入（MR）时，可以用数学公式表示为

$$Max\ n = PQ - C(Q) \tag{3-2}$$

将式（3-1）代入式（3-2）得

$$Max\ n = PQ - (P_1 \times Capital + P_2 \times Labor + P_3 \times Land + P_4 \times Ability) \tag{3-3}$$

因此，集体林区农户选择经营商品林或公益林林种主要取决于式（3-2）或式（3-3）中的 n 值最大化或在 Q 一定情况下 $C(Q)$ 最小化。

然而，商品林生产的木材等林产品价值可以通过市场价格实现，而公益林生产的生态产品具有正外部性，属于公共产品，难以通过市场价格实现其价值。林业的外部性是政府干预林业市场的重要原因。因此，集体林区农户林种选择意愿不能只考虑家庭资源禀赋约束，还需要考虑政府干预的影响。

3.3.1.2 情景二：政府干预下集体林区农户林种选择意愿

在完全竞争市场环境下，农户林种选择偏好主要取决于林地、劳动力、资本、农户林业经营能力等家庭林业生产要素配置组合产生的经济效益或利润的大小。然而，林业具有外部性，不完全满足完全竞争市场条件。林业外部性是指林业生产过程附带给相邻方福利的影响，是游离于林业生产主体目标函数之外的副产品。林业外部性主要表现在两个方面：一是林业生态系统服务功能的正外部性问题；二是林木过度采伐或乱砍滥伐破坏林业生态系统的服务功能，造成所谓边际外部成本，从而产生负外部性问题。一方面，林业提供的生态产品具有正外部性的公共物品性质，即被一部分人消费但不会影响其他人消费的属性。因此，林业提供的生态产品的有效价格为零，从而抑制了农户（私人生产者）对此类产品和服务的供给。另一方面，乱砍滥伐林木产生的林业负外部性会产生严重的生态环境恶果。因此，政府通过政策干预林业生产经营以保证林业产生正外部性，并抑制可能产生的负外部性。

为了促进集体林区可持续发展，政府实施了两轮以确权到户为主要内容的集

体林权制度改革，不断落实集体林经营权从集体权益向个体权益（农户）过渡。此外，政府还通过一系列林改配套改革政策干预农户商品林和公益林的生产经营，以保障林业有效发挥生态服务功能和更好地实现经济效益。政府实施的干预政策主要包括：第一，林业补贴政策。林业属于弱质产业且具有生态服务功能，政府通过公益林生态补偿、造林补贴、抚育补贴等补贴政策扶持林业第一产业发展。第二，政策性森林保险政策。为了降低农户林业生产经营风险，2011年政府建立政策性森林保险制度，从中央到地方财政分别给予商品林和公益林55%和90%的保费补贴，2014年政府在全国范围内对公益林进行政策性统保。第三，林权抵押贷款政策。为了解决集体林区资金短缺问题，盘活林木、林地资产，农户可以以林地、林木资产作为抵押标的申请林权抵押贷款。然而，2004年《森林资源资产抵押登记办法（试行）》和2013年《中国银监会 国家林业局关于林权抵押贷款的实施意见》（银监发〔2013〕32号）规定：生态公益林森林、林木和林地使用权不得抵押。第四，林木采伐管制政策。为了避免出现"林业三定"时期的乱砍滥伐，林改后政府并未放松对商品林和公益林的林木采伐限额管理。商品林采伐需要申请林木采伐指标。《国家级公益林管理办法》规定，公益林抚育间伐、更新采伐、低效林采伐的采伐强度不得超过伐前林木蓄积的15%或20%，竹林可以进行择伐和疏伐，采伐量不得超过当年新竹量。第五，为了解决确权到户后林地细碎化问题，政府通过培育林业合作组织等新型经营主体以实现林业适度规模经营优势。第六，林业科技服务政策。为了增加农户林业生产经营能力，政府实施了一系列林业科技服务政策帮助农户提升林业生产技术。

综上所述，农户作为林业生产者，其任务是找到一种最有效的资源配置方式使土地、劳动力、资本、经营能力等每种资源都能得到充分利用，实现效益最大化目标。然而，林业的外部性特征决定着政府对农户林业生产的必然干预。因此，林地确权、政府干预（管制和激励）是影响集体林区农户经营林业偏好的重要外部因素，农户家庭林业生产要素的配置也受到政府干预的影响。鉴于此，本研究将着重探索林地确权、政府干预政策对农户林种选择意愿的影响。

3.3.2 研究假设

新一轮集体林权制度改革完成后基本实现了集体林地确权到户，但政府并未改变林业分类经营管理思路。政府采取对公益林以保护为主，对商品林以自主经营为主的管理政策。因此，政府对公益林的管制干预强于商品林，即农户对商品林林种有更大的自主经营权。鉴于此，提出以下研究假设：

假设1：林地确权会促进农户选择更有自主经营权的商品林林种。

集体林权制度改革后，政府通过一系列干预政策引导农户林业生产行为。政府干预政策包括激励政策和管制政策。

假设2：林木采伐管理政策、林权抵押贷款政策等林业政策对公益林管控得更加严格，因此了解这些管制政策的农户更可能选择商品林林种。

假设3：林业补贴政策、政策性森林保险等林业扶持政策对公益林更为有利，因此了解这些扶持政策的农户可能更愿意选择公益林林种。

林业合作组织、林业科技服务等政策在实施过程中并没有明显的特定林种实施差异。因此，这两类林业政策对农户林种选择意愿影响不确定。此外，农户家庭林地面积、林业资本投入、家庭劳动力及户主林业经营能力等资源禀赋会影响农户林种选择意愿，本研究主要将其作为控制变量。

根据前文对林种的界定和分析，本章分两步分析农户林种选择意愿：首先，将森林林种分为公益林和商品林两类，实证研究林地确权、政府干预等对集体林区农户公益林、商品林二分类林种选择意愿的影响；其次，将商品林林种分为用材林、经济林、竹林及其他，实证研究林地确权、政府干预对集体林区农户商品林林种选择意愿的影响。

3.4 构建计量模型、估计方法及数据来源

3.4.1 构建计量模型

根据以上理论分析，本研究主要从林地确权、政府干预政策和农户林业生产要素等方面构建农户林种选择意愿模型。具体模型如下：

模型（Ⅰ）：$Choice_i = \alpha_0 + \alpha_1 FR + \alpha_2 GI + \alpha_3 Control + \varepsilon_i$

模型（Ⅱ）：$C\_Choice_i = \beta_0 + \beta_1 FR + \beta_2 GI + \beta_3 Control + \mu_i$

模型（Ⅰ）中，$Choice$ 表示集体林区农户二分类林种(商品林、公益林)选择意愿。模型（Ⅱ）C_Choice 表示选择商品林农户的具体林林种(用材林、经济林、竹林及其他)选择意愿。模型（Ⅰ）中，集体林区农户只有两种选择：$Choice=0$（商品林）或$Choice=1$（公益林）。模型（Ⅱ）中，选择商品林的农户有四种选择：$C\_Choice=1$（用材林）、$C\_Choice=2$(经济林)、$C\_Choice=3$(竹林)、$C\_Choice=4$(其他)。模型（Ⅰ）~（Ⅱ）

中，i 表示样本农户。α、β 是模型的待估系数或参数矩阵，ε、μ 是模型的扰动项。

模型（Ⅰ）~（Ⅱ）中，FR、GI 是关键解释变量，是本章关注的重点。FR 表示农户家庭林地确权程度，用确权林地面积占家庭林地总面积比例测量。GI 表示政府干预政策。本书主要研究了林业补贴、政策性森林保险、林权抵押贷款、林木采伐管理制度、林业合作组织、林业科技服务六项林业政策，其中林业补贴包括造林补贴、抚育补贴、生态补偿等。因农户对林业政策的参与度、认知度直接影响政府干预政策的效果，故本书用是否获得林业补贴、政策性森林保险认知评价、林权抵押贷款认知评价、林木采伐管理制度认知评价、是否加入林业合作组织、是否接受林业科技服务测量各项政府干预政策。

$Control$ 表示控制变量。控制变量包括两个部分：第一部分，集体林区农户家庭林业生产要素特征变量，包括户主营林能力、劳动力、资本、家庭林地面积四个方面。其中，户主经营能力用户主受教育程度、是否村干部两个变量测量；劳动力用家庭劳动力人数变量测量；资本用年度林业资本投入测量；家庭林地面积用家庭拥有的实际林地面积测量。第二部分，因地区及家庭资源禀赋差异会导致农户林种选择意愿差异，在模型（Ⅰ）中，将7个样本省作为地区控制变量，在模型（Ⅱ）中，将3类资源异质性农户作为控制变量。模型（Ⅰ）~（Ⅱ）中的关键变量界定请参考表3-1。

表3-1 主要变量界定及基本统计量

变量名称	变量界定	样本	均值	标准差	最小值	最大值
因变量						
两分类林种选择	0=商品林；1=公益林	3 356	0.092	0.289	0	1
商品林林种选择	1=用材林；2=经济林；3=竹林；4=其他	3 047	1.850	0.716	1	4
关键自变量						
确权林地面积占比	确权林地面积占家庭总林地面积比例	3 356	0.862	0.312	0	1
是否获得林业补贴	0=是；1=否	3 356	0.571	0.495	0	1
政策性森林保险认知评价	0=不清楚；1=清楚	3 356	0.948	0.222	0	1
林权抵押贷款认知评价	0=不清楚；1=清楚	3 356	0.945	0.228	0	1
林木采伐管理制度认知评价	0=不清楚；1=清楚	3 356	0.997	0.0572	0	1
是否加入林业合作组织	0=不清楚；1=清楚	3 356	0.0682	0.252	0	1
是否接受林业科技服务	0=不清楚；1=清楚	3 356	0.371	0.483	0	1

续表3-1

变量名称	变量界定	样本	均值	标准差	最小值	最大值
主要控制变量						
受教育程度	1=小学及以下，2=初中，3=中专或高中，4=大专或本科以上	3 356	1.792	0.766	1	4
是否村干部	0=否，1=是	3 356	0.251	0.433	0	1
林业资本投入	家庭林业生产投入，为避免调查数据极差过大，采用家庭林业投入的对数表示	3 356	2.947	3.660	0	13.65
家庭劳动力	劳动力是指男子16周岁到60周岁，女子16周岁到55周岁	3 356	2.812	1.362	0	14
林地面积	家庭实际拥有林地面积	3 356	82.87	192.8	0.200	4 021
地区控制变量	1=湖南省，2=福建省，3=甘肃省，4=辽宁省，5=江西省，6=陕西省，7=云南省	3 356	3.962	1.975	1	7
资源异质性户	1=公益林农户，2=商品林农户，3=兼有林农户	3 356	1.708	0.668	1	3

3.4.2 估计方法

根据前文的理论分析，集体林区农户林种选择意愿分两步：首先，实证研究集体林区农户公益林、商品林林种选择意愿影响因素。因本研究的样本个体只有两种选择，$y=0$（商品林）或$y=1$（公益林），属于二分类变量，适合采用Logit模型或Probit模型。为了使y的预测值总是介于$[0,1]$，在给定x的情况下，考虑y的两点分布概率：

$$\begin{cases} P(y=1|x) = F(x,\beta) \\ P(y=0|x) = 1 - F(x,\beta) \end{cases} \quad (3\text{-}4)$$

通过选择合适的函数形式$F(x,\beta)$，可以保证$0 \leq \hat{y} \leq 1$，并将$\hat{y}$理解为"$y=1$"发生的概率，因为

$$E(y|x) = 1 \times P(y=1|x) + 0 \times P(y=0|x) = P(y=1|x) \quad (3\text{-}5)$$

如果$F(x,\beta)$为标准正态的累计分布函数（cdf），则

$$P(y=1|x) = F(x,\beta) = \Phi(x'\beta) = \int_{-\infty}^{x'\beta} \Phi(t)dt \quad (3\text{-}6)$$

该模型被称为Probit模型。如果$F(x,\beta)$为"逻辑分布"（logistic distribution）的累积分布函数，则

$$P(y=1|x) = F(x,\beta) = \Lambda(x'\beta) = \frac{\exp(x'\beta)}{1+\exp(x'\beta)} \quad (3\text{-}7)$$

该模型被称为 Logit 模型。逻辑分布的累计分布函数的图形与标准正态分布的图形比较相似，其密度函数关于原点对称，期望为 0，方差为 $\pi^2/3$。

由于逻辑分布的累积分布函数的图形有解析表达式（而标准正态分布没有），故计算 Logit 通常比 Probit 更方便。故本研究采用 Logit 模型进行估计。

Logit 模型是一个非线性模型，模型估计系数 $\hat{\beta}$ 并非边际效应，即自变量估计系数不能直接反映对因变量的影响程度，需要计算边际效应。边际效益包括平均边际效应、样本均值处的边际效应，或在某代表值处的边际效应。当关键解释变量是连续变量时，使用平均边际效应通常会更有意义。但是，在本研究中，全部关键解释变量和大部分控制变量都是分类变量，即解释变量变化时至少需变动一个单位，则应该计算概率比（odds ratio）。

记 $p = P(y=1|x)$，则 $1-p = P(y=0|x)$。由于 $p = \dfrac{\exp(x'\beta)}{1+\exp(x'\beta)}$，$1-p = \dfrac{1}{1+\exp(x'\beta)}$，故

$$\frac{p}{1-p} = \exp(x'\beta) \tag{3-8}$$

$$\ln\left(\frac{p}{1-p}\right) = x'\beta \tag{3-9}$$

式中，$p/(1-p)$ 被称为概率比或相对风险（relative risk）。在本研究中，$y=1$ 表示公益林，$y=0$ 表示商品林。如果某一自变量的概率比为 2，则该自变量每增加一个单位，新概率是原概率的 2 倍，或增加 100%。

根据前文理论分析，第二步实证研究选择商品林农户的具体林种（用材林、经济林、竹林及其他）选择意愿影响因素。在这一步研究中，样本农户面临用材林、经济林、竹林及其他四种选择方案。即因变量为并列多分类变量，在实践中常使用 Mlogit 模型（多项 Logit 模型，multinominal logit）。

假设样本农户个体 i 选择 j 方案所能产生的随机效应为

$$U_{ij} = x'_i\beta_j + \varepsilon_{ij} \quad (i=1,\cdots,n; j=1,\cdots,J) \tag{3-10}$$

式中，解释变量 x_i 只随个体 i 而变，不随方案 j 而变。比如，个体的性别、年龄、收入等特征。这种解释变量被称为"只随个体而变"（case-specific）或"不随方案而变"（alternative-invariant）。系数 β_j 表明，x'_i 对随机效用 U_{ij} 的作用取决于方案 j。

仅当方案 j 带来的效用高于其他所有方案时，个体 i 选择方案 j，故个体 i 选择方案 j 的概率可写为

$$P(y_i=j|x_i)=P(U_{ij} \geq U_{ik}, \forall k \neq j)$$

$$P(y_i=j|x_i)=P(U_{ik}-U_{ij} \leq 0, \forall k \neq j)$$

$$P(y_i=j|x_i)=P(\varepsilon_{ik}-\varepsilon_{ij} \leq x_i'\beta_j-x_i'\beta_k, \forall k \neq j) \tag{3-11}$$

假设 $\{\varepsilon_{ij}\}$ 为 iid（independent and identically-distributed）且服从 I 型极值分布（type I extreme value distribution）[①]，则可证明

$$P(y_i=j|x_i)=\frac{\exp(x_i'\beta_j)}{\sum_{k=1}^{J}\exp(x_i'\beta_k)} \tag{3-12}$$

个体选择各项方案的概率之和为 1，即 $\sum_{j=1}^{J}P(y_i=j|x_i)=1$。

需要注意的是，无法同时识别所有的系数 β_k，$k=1,\cdots,J$。这是因为，如果将 β_k 变为 $\beta_k^*=\beta_k+\alpha$（α 为某常数向量），完全不会影响模型的拟合。为此，通常将某方案(比如，方案 1)作为参照方案(base category)，然后令其相应系数 $\beta_1=0$。由此，个体 i 选择方案 j 的概率为

$$P(y_i=j|x_i)=\begin{cases} \dfrac{1}{1+\sum_{k=2}^{J}\exp(x_i'\beta_k)} & (j=1) \\ \dfrac{\exp(x_i'\beta_j)}{1+\sum_{k=2}^{J}\exp(x_i'\beta_k)} & (j=2,\cdots,J) \end{cases} \tag{3-13}$$

式中，$j=1$ 所对应的方案为参照方案。此模型称为多项 Logit 模型，可用极大似然法(MLE)进行估计。个体 i 的似然函数为

$$L_i(\beta_1,\ldots,\beta_J)=\prod_{j=1}^{J}\left[P(y_i=j|x_i)\right]^{1(y_i=j)} \tag{3-14}$$

其对数似然函数为

$$\ln L_i(\beta_1,\ldots,\beta_J)=\sum_{j=1}^{J}1(y_i=j)\cdot\ln P(y_i=j|x_i) \tag{3-15}$$

式中，$1(*)$ 为示性函数(indicator function)，即如果括号中的表达式成立，则取值为 1；反之，取值为 0。将所有个体的对数似然函数加总，即得到整个样本的对数似然函数，将其最大化则得到系数估计值 $\widehat{\beta_1},\cdots,\widehat{\beta_J}$。

同理，MLogit 模型是一个非线性模型，模型估计系数 $\widehat{\beta}$ 并非边际效应，即

[①] 考虑从某总体随机抽出 n 个观测数据 $\{x_1,\cdots,x_n\}$，则其最大值 $\max\{x_1,\cdots,x_n\}$ 可视为一个次序统计量(order statistic)。当 $n\to\infty$ 时，$\max\{x_1,\cdots,x_n\}$ 的渐进分布就是 I 型极值分布。该分布也被称为对数威布尔分布(log Weibull distribution)，其密度函数的形状与对数正态分布(log normal distribution)相似。

自变量估计系数不能直接反映出对因变量的影响程度，需要计算相对风险比率（relative risk ratio，RRR），即计算 $\exp(\beta_j)$。

综上所述，本章分两步实证研究集体林区农户林种选择意愿：第一步采用 Logit 模型实证研究农户两分类林种(商品林、公益林)选择意愿；第二步采用 Mlogit 模型实证研究选择商品林农户的具体林种(用材林、经济林、竹林、其他)选择意愿。

3.4.3 数据来源

本章数据主要依托原国家林业局集体林权制度跟踪监测项目课题组2015年获得的问卷调查数据。课题组根据《中华人民共和国国民经济和社会发展第十一个五年规划纲要》片区划分结果，采取典型抽样的调查方法，从全国东部片、东北片、中部片、西南片和西北片分别抽取7个省份作为样本省，即东部片抽取福建省、东北片抽取辽宁省、中部片抽取江西省和湖南省、西南片抽取云南省、西北片抽取陕西省和甘肃省。根据地理方位，将抽取的样本省进一步细分为小片区；在每一个片区内，根据森林资源状况和社会经济条件，采取分层随机抽样的方法抽取样本县。样本县的抽取方法是：森林面积或蓄积占全省总量30%以上的片区，将片区内所有县按照经济状况分为"好""中""差"3层，每层随机抽取1个县，共抽取3个县；森林面积或蓄积占全省总量20%~30%的片区，将片区内所有县按照经济状况分为"好"和"差"2层，每层随机抽取1个县，共抽取2个县；森林面积或蓄积占全省总量10%~20%的片区，随机选取1个县；森林面积或蓄积占全省总量不足10%的，不抽样。根据抽样方法，每个样本省抽取10个样本县(请参考表3-2)。在每个样本县内，根据经济状况差异，将所有的乡、镇由高到低依次排序，按照对称等距方法，随机抽取5个样本乡、镇；在每个样本乡、镇内随机抽取1个样本村。在每个样本村内，根据户籍名单，按照对称等距方法，随机抽取10个样本户。7个样本省一共抽取70个样本县、3 500个样本户。删除部分无效样本后，最终有效样本为3 356户。

表3-2 样本县分布情况

片区	样本省	分布	样本县
东部片	福建省	闽西北	永安市、尤溪县、漳平市、永定区、建瓯市、政和县、武夷山市
		闽东	屏南县
		闽南	长泰县、仙游县

续表3-2

片区	样本省	分布	样本县
东北片	辽宁省	辽东	本溪县、桓仁县、开原市、铁岭县、宽甸县、清原县、新宾县
		辽中	辽阳县
		辽西	北票市、建昌县
中部片	江西省	赣北	武宁县、宜丰县、德兴市、铅山县
		赣中	永丰县、遂川县、黎川县、乐安县
		赣南	崇义县、信丰县
	湖南省	湘中	茶陵县
		湘西	沅陵县、凤凰县、花垣县、会同县、慈利县
		湘南	蓝山县、衡阳县、新邵县
		湘北	平江县
西南片	云南省	滇东北	大关县、罗平县
		滇西北	永胜县、腾冲县、弥渡县、禄丰县
		滇南	景谷傣族彝族自治县、建水县、麻栗坡县、景洪市
西北片	陕西省	关中	户县、太白县、澄城县
		陕北	黄陵县、安塞县、佳县、定边县
		陕南	西乡县、宁陕县、丹凤县
	甘肃省	陇东	泾川县、合水县、灵台县
		陇中	会宁县、通渭县、永靖县
		陇南	清水县、宕昌县、徽县、康县

3.5 集体林区农户林种选择意愿描述性分析

3.5.1 集体林区农户二分类林种选择意愿

集体林权制度改革后,农户是集体林区商品林和公益林的经营主体。然而,九成以上集体林区农户愿意选择生产经营商品林。根据表3-3,在3 356个有效样本农户中,309户愿意经营公益林,占比9.21%;3 047户愿意经营商品林,占比90.79%。

从各样本省来看,各省样本农户林种选择比例存在一定的差异性。根据表3-3和图3-1,陕西省愿意经营公益林的样本农户比例最高,为21.84%,其次是甘肃省,为17.78%。江西省有15户愿意经营公益林,占比3.03%。辽宁省、湖南省、云南省愿意经营公益林的农户比例均约为6%~7%。福建省愿意经营公益林的农户最少，仅有3户，占比0.63%。

表3-3 各样本省农户林种选择偏好

项目		选择公益林	选择商品林	合计
辽宁省	户数	33	460	493
	占比/%	6.69	93.31	100
福建省	户数	3	477	480
	占比/%	0.62	99.38	100
甘肃省	户数	85	393	478
	占比/%	17.78	82.22	100
湖南省	户数	33	453	486
	占比/%	6.79	93.21	100
江西省	户数	15	480	495
	占比/%	3.03	96.97	100
陕西省	户数	109	390	499
	占比/%	21.84	78.16	100
云南省	户数	31	394	425
	占比/%	7.29	92.71	100

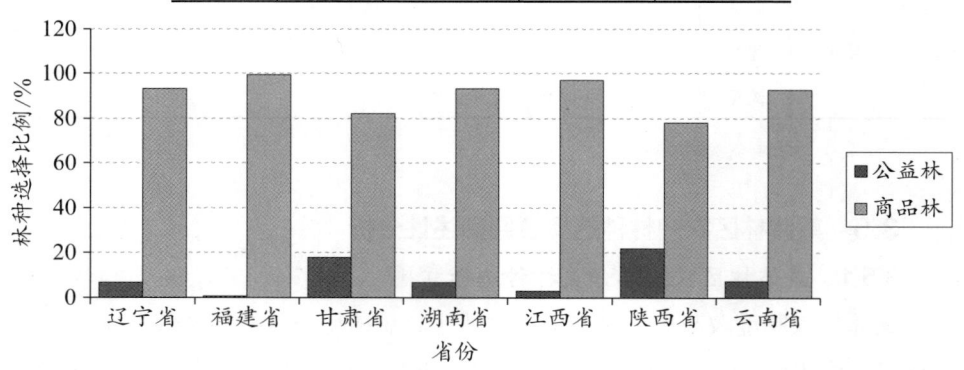

图3-1 各样本省农户林种选择偏好

总体来看，集体林区农户对商品林有明显的占优偏好。一方面，国家对商品林的定位是以发挥经济效益为主，林改后商品林不仅林权明晰，而且生产经营决策比公益林受到政府干预相对较少。另一方面，在生态补偿标准偏低的现实情境下，农户作为追求经济效益最大化的"理性人"，更偏好选择商品林林种。

3.5.2 集体林区农户商品林林种选择意愿

根据上文的数据分析结果,九成以上农户选择生产经营商品林,本小节进一步分析这九成农户具体商品林林种选择意愿。本书将商品林林种主要划分为用材林、经济林、竹林和其他。整体来看,根据表3-4,在选择商品林林种的3 047个样本农户中,选择用材林的农户966户,占比31.70%;选择经济林的农户1 648户,占比54.09%;选择竹林的农户356户,占比11.68%;选择其他林种农户77户,占比2.53%。该数据结果说明:第一,选择商品林林种的农户中,五成以上的集体林区农户愿意选择高投入、高产出的经济林;第二,约三分之一的农户愿意选择用材林;第三,只有约十分之一的农户愿意选择竹林。

表3-4 各样本省农户商品林林种选择意愿

项目			用材林	经济林	竹林	其他	合计
东北片	辽宁省	户数	156	284	7	13	460
		占比/%	33.91	61.74	1.52	2.83	100
东部片	福建省	户数	125	207	135	10	477
		占比/%	26.21	43.40	28.30	2.10	100
西北片	甘肃省	户数	12	348	1	32	393
		占比/%	3.05	88.55	0.25	8.14	100
	陕西省	户数	68	318	0	4	390
		占比/%	17.44	81.54	0.00	1.03	100
中部片	湖南省	户数	285	138	29	1	453
		占比/%	62.91	30.46	6.40	0.22	100
	江西省	户数	142	160	171	7	480
		占比/%	29.58	33.33	35.63	1.46	100
西南片	云南省	户数	178	193	13	10	394
		占比/%	45.18	48.98	3.30	2.54	100

注:表中占比指选择某林种的农户占总农户比重。

(1)各样本省农户商品林林种选择意愿。由表3-4和图3-2可知,①用材林林种选择意愿。湖南省农户选择用材林意愿最高,达62.91%;其次是云南省,达到45.18%;辽宁省、江西省、福建省农户愿意选择用材林的占比在26%~34%;甘肃省农户选择用材林的意愿最低,仅为3.05%;陕西省愿意选择用材林的农户占比为17.44%。②经济林林种选择意愿。集体林区农户选择经济林热情较高。甘肃省和陕西省愿意选择经济林的农户均超过80%；辽宁省愿意选择经济林的农户占比为61.74%；福建省、云南省愿意选择经济林的农户占比超过40%；湖南省、江西省愿意选择经济林的农户占比超过30%。③竹林林种选择意愿。江西省集体林区农户竹林选择偏好占比为35.63%，福建省为28.30%，湖南省为6.40%，云南省为3.30%，其他各省偏好选择竹林的占比均低于3%。

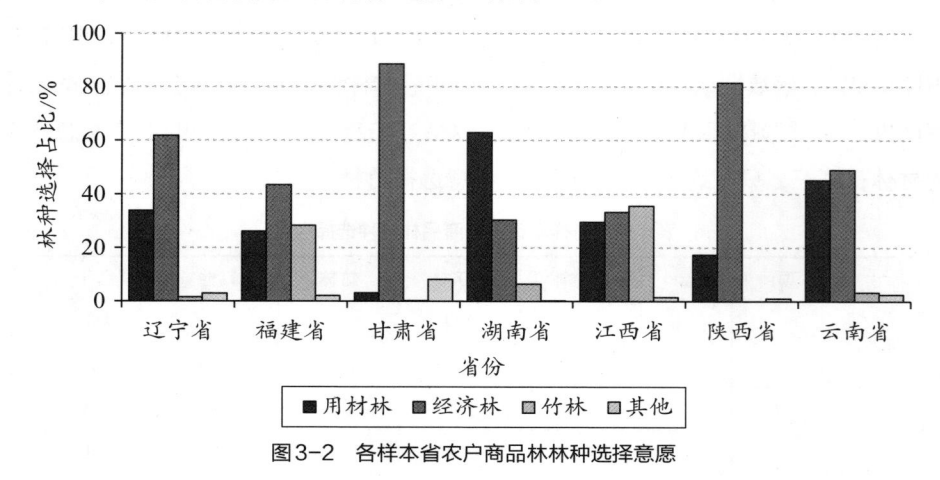

图3-2 各样本省农户商品林林种选择意愿

(2)各片区农户林种选择意愿。由表3-4和图3-2可知：

①东北片的辽宁省可能受到气候及经济发展等外部环境影响，林区农户表现出明显的商品林林种选择倾向性，61.74%的农户愿意经营经济林，33.91%的农户愿意经营用材林，1.52%的农户愿意经营竹林。

②东部片的福建省林区农户林种选择偏好比较均衡，选择经济林的农户为43.40%，选择用材林和竹林的农户占比分别为26.21%和28.30%。

③西北片甘肃省和陕西省偏好经营经济林的农户占比都超过了80%，陕西省愿意经营用材林的农户占比为17.44%，甘肃省为3.05%，因气候原因，西北片愿意经营竹林的农户为0。

④中部片的江西省和湖南省农户在经济林经营偏好占比均为30%左右，但两省在经营用材林和竹林意愿方面有较大差异，湖南省62.91%的农户愿意经营用材林，仅有6.40%的农户愿意经营竹林，而江西省愿意经营用材林的农户为29.58%，愿意经营竹林的农户为35.63%。

⑤西南片的云南省，愿意经营用材林和经济林的农户占比都超过了45%，愿意经营竹林的农户占比仅为3.30%。

综上所述，在选择商品林林种的农户中，约50%的农户选择经济林，且商品林林种选择存在地区差异性——西北片和东北片集体林区绝大部分农户更愿意选择经营经济林，南方集体林区农户对经济林和用材林的选择比例相对比较均衡。因西北片和东北片集体林区受到气温、雨水等气候影响，用材林生长比南方地区缓慢，用材林投入产出的周期更长，而经济林一般经过前期的投入阶段后，可以在较长生产周期内持续获益，所以西北和东北省份大部分农户愿意经营经济林。然而，要实现经济林持续获益，农户家庭需将劳动力、资本等生产要素持续投入经济林经营，随着我国经济的发展，投入林业的劳动力机会成本持续攀升，而用材林造林、抚育成活后就可以在林地上自然生长，生产周期内劳动力、资本等生产要素投入成本相对较低。选择用材林林种的农户在获得林业产出回报的同时，可以将更多的劳动力和资本投入到边际收入更高的行业。因此，南方集体林区的农户对用材林、经济林的经营意愿相对更加均衡。此外，受到气候等生长环境的限制，竹林更适合生长在温暖湿润的南方地区，我国竹子产量最多的省份主要是福建省、浙江省、江西省、湖南省。然而，根据表3-4，湖南省只有6.40%的样本农户愿意经营竹林。

3.5.3 集体林区资源异质性农户林种选择意愿及差异

根据本书对资源异质性农户界定，资源异质性农户主要包括商品林农户和公益林农户。为了有效利用样本，本研究将商品林占家庭林地面积超过80%的农户纳入商品林农户，将公益林占家庭林地面积超过80%的农户纳入公益林农户。在3 356个有效样本中，公益林农户为1 382户，占总样本的41.18%；商品林农户为1 573户，占总样本的46.87%；兼有林农户为401户，占总样本的11.95%。

从二分类林种选择意愿来看，根据表3-5，在1 382个公益林农户样本中，223户愿意选择公益林，占比16.14%；1 159户选择商品林，占比83.86%：绝大部分公益林农户并不愿意选择公益林，希望改变林种。在1 573个商品林农户中，48户愿意选择公益林，占比3.05%；1 525户更偏好选择商品林，占比96.95%：绝大部分商品林农户对现有林种比较满意，希望改变林种的农户极少。以上数据结果表明商品林林种是集体林区农户绝对占优选项，超过八成以上的公益林农户希望改变林种，更愿意经营商品林林种，仅有约3%的商品林农户更愿意经营公益林。

从具体商品林林种选择偏好来看，根据表3-6，第一，选择商品林林种的公益林农户中，68.85%的农户愿意选择经济林，23.21%的农户愿意选择用材林，仅有 4.49% 的农户愿意选择竹林。这说明经济林是公益林农户可以自由选择林种之后的首选林种，根据前文农户利润最大化的分析，大部分公益林农户认为经济林比用材林林种产生更大的林业经济效益。第二，选择商品林林种的商品林农户中，42.36% 的农户愿意选择经济林，39.87% 的农户愿意选择用材林，仅 16.46% 的农户愿意选择竹林，去除辽宁省、甘肃省、陕西省等不适宜竹林生长的样本省后，41.5% 的农户愿意选择用材林，37.31% 的农户愿意选择经济林，19.84% 的农户愿意选择竹林；相比用材林和经济林，竹林选择缺乏吸引力。

表 3-5 集体林区资源异质性农户二分类林种选择意愿

项目		选择公益林林种	选择商品林林种	合计
公益林农户	户数	223	1 159	1 382
	占比 /%	16.14	83.86	100
商品林农户	户数	48	1 525	1 573
	占比 /%	3.05	96.95	100

注：表中占比指选择某林种的农户占总农户比重。

表 3-6 集体林区资源异质性农户商品林林种选择意愿

项目		用材林	经济林	竹林	其他	合计
公益林农户	户数	269	798	52	40	1 159
	占比 /%	23.21	68.85	4.49	3.45	100
商品林农户	户数	608	646	251	20	1 525
	占比 /%	39.87	42.36	16.46	1.31	100

综上所述，第一，集体林区资源异质性农户中，约 85% 的公益林农户有改变林种的意愿，仅 3% 的商品林农户有改变林种的意愿。可能的原因是：集体林权制度变迁将商品林和公益林林权从集体过渡到农户，但并未改变政府对商品林和公益林的主导功能定位。因此，商品林农户的自主经营权远远高于公益林农户，可能使商品林经济效益高于公益林，农户作为"理性人"，在追逐更高的林业经济效益目标下，公益林农户必然希望改变林种。然而，公益林林种不能随意变更。第二，选择商品林林种的公益林农户中，约 70% 的公益林农户选择经济林林种，而商品林农户对经济林、用材林、竹林等林种的选择比较均衡。可能的原因是：集体林区经济林林种可能是产生林业收入差距的重要原因；公益林农户可能希望通过经济林产生的采摘收入替代林木采伐收入，从而降低政府对公益林采伐管制产

生的经济损失。

3.6 集体林区农户林种选择意愿实证分析

3.6.1 二分类林种选择意愿影响因素实证分析

根据前文理论分析框架，实证研究第一步讨论集体林区农户二分类林种（商品林和公益林）选择意愿影响因素。本书采用 Stata 15.1 软件对理论模型（Ⅰ）进行估计，模型因变量是二分类变量（0＝商品林，1＝公益林），在估计中以商品林为基准项。在模型的自变量中也存在多个分类变量，在计量估计中以各变量中赋值最小的一项作为基准项。

实证研究按照本书前文的理论分析，首先估计了完全竞争市场情景下农户的林种选择意愿，见表3-7模型（1）；其次，在模型中加入林地确权变量，见表3-7中模型（2）；最后，在模型中加入政府干预政策变量，见表3-7中模型3。根据表3-7，三个模型的chi2检验对应的β值均为0.000，说明三个模型都很显著，但模型（1）至模型（3）的准拟合优度（R^2）从12.52%上升至14.22%。实证结果说明农户林种选择意愿要考虑完全市场竞争下的投入产出因素，以及林地确权、政府干预政策等因素。因此，本书主要讨论表3-7中加入林地确权、干预政策的模型（3）。鉴于Logit模型回归系数不能直接反映自变量对因变量的影响程度，在表3-7最后一列计算了模型（3）中各变量的概率比或相对风险。

林地确权显著影响农户林种选择意愿。根据表3-7中模型（3），林地确权的测量变量——确权林地面积占比系数对农户林种选择意愿在1%的置信水平显著正相关，根据概率比，林地确权面积每增加一个单位，新概率是原概率的4.45倍，或选择公益林林种的农户比选择商品林的农户就增加345.26%。实证结果与研究假设不符。可能的原因是：随着林地确权到户，获得公益林承包林地的农户不仅获得生态补偿，而且随着林改后竹材和木材采伐管理制度不断改革，以及公益林林下经济等产业的发展，公益林与商品林经济收入差距不断缩小。同时，随着社会经济的发展，从事林业生产的劳动力机会成本不断攀升，更多的农户愿意选择公益林林种。在表3-7模型（2）和模型（3）中林地确权对因变量的显著程度和影响方向相同。

政府干预政策方面，本书主要研究了林业补贴、政策性森林保险、林权抵押贷款、林木采伐管理制度、林业合作组织、林业科技服务六项林业政策对农户林种选择的影响。根据表3-7，仅有一项林业政策——林业补贴政策对农户林种选意愿有显著影响，其他五项林业政策对农户林种选择意愿均无显著影响。第一，林业补贴政策的测量变量——是否获得林业补贴的系数对农户林种选择在5%的置信水平显著正相关，每当增加一单位补贴时，新概率是原概率的1.3677倍，或选择公益林的农户比选择商品林的农户增加36.77%。林业补贴政策主要包括生态补偿、造林补贴、抚育补贴等，公益林以发挥生态功能为主，因此公益林至少能获得政府的生态补偿，即公益林比商品林获得更多的政府补贴，才能使得农户更愿意选择公益林林种。第二，政策性森林保险、林权抵押贷款、林木采伐管理制度、林业合作组织、林业科技服务五项林业政策对农户林种选择没有显著影响。可能的原因是：林业生产周期长，林业政策效果具有滞后性，集体林权制度变迁后实施的一系列配套改革政策对小规模农户经营商品林和公益林暂时并未产生明显的经济效益差异。

家庭生产要素方面，本书主要考察了户主林业经营能力、资本、劳动力、土地四个方面对农户林种选择意愿的影响。根据表3-7中模型(3)：第一，户主林业经营能力的测量变量——户主受教育程度、是否村干部。其中，户主受教育程度对农户林种选择意愿在5%的置信水平显著负相关，当户主受教育程度增加一单位时，新概率是原概率的0.8156倍，或选择公益林的农户比选择商品林的农户降低18.44%。可能的原因是：户主受教育程度越高，其林业经营能力越强，更偏好选择有更多经营自主权的商品林。而是否村干部在5%的置信水平正向显著影响农户林种选择偏好，当户主是村干部时，新概率是原概率的1.4743倍，或户主选择公益林比选择商品林增加47.43%。可能的原因是：政府每年给予公益林生态补偿；村干部更有能力获得公益林采伐指标，从而降低公益林采伐限制。第二，林业资本的测量变量——林业资本投入的系数对因变量在1%的置信水平对农户林种选择意愿显著负相关。林业资本每增加一个单位，新概率是原概率的0.9119倍，或者选择公益林的农户比选择商品林的农户降低8.91%。农户作为"理性人"，追求最高的投入产出效益，公益林采伐受到政府严格管制，当资本投入增加时，农户必然愿意选择有更大自主经营权的商品林。第三，劳动力的测量变量——家庭劳动力数量的系数对林区农户林种选择意愿无显著影响、负相关。随着家庭劳动力数量的增加，选择商品林农户的比例高于选择公益林的农户，但不显著。第四，土地的测量变量——家庭林地面积的系数在1%的置信水平对因变量显著正相关。家庭林地面积每增加一个单位，新概率是原概率的1.0007倍，或选择公益林的农户比选择商品林的农户增加0.07%。家庭生产要素中的户主受教育程度、资本、劳动力、土地要素在表3-7中模型(1)至模型(3)中对因变量的显著程度和影响方向基本一致。

表3-7 农户二分类林种选择意愿影响因素实证结果

项目	模型（1） β	模型（2） β	模型（3） β	概率比
Ⅰ 林地确权：				
确权林地面积占比	未控制	1.518*** （4.42）	1.493*** （4.27）	4.4526
Ⅱ 政府干预：				
是否获得林业补贴	未控制	未控制	0.313** （2.09）	1.3677
政策性森林保险认知评价	未控制	未控制	−0.408 （−0.44）	0.6651
林权抵押贷款认知评价	未控制	未控制	1.139 （1.62）	3.1236
林木采伐管理制度认知评价	未控制	未控制	0.168 （0.21）	1.1825
是否加入林业合作组织	未控制	未控制	0.0267 （0.10）	1.0271
是否接受林业科技服务	未控制	未控制	0.139 （1.02）	1.1488
Ⅲ 控制变量：				
受教育程度	−0.196** （−2.22）	−0.201** （−2.25）	−0.204** （−2.27）	0.8156
是否村干部	0.438*** （2.83）	0.432*** （2.78）	0.388** （2.43）	1.4743
林业资本投入	−0.085*** （−4.23）	−0.087*** （−4.26）	−0.0922*** （−4.34）	0.9119
家庭劳动力	−0.035 （−0.70）	−0.034 （−0.67）	−0.0369 （−0.72）	0.9638
家庭林地面积	0.001*** （3.11）	0.001*** （2.89）	0.000667*** （2.74）	1.0007
地区虚拟变量	控制	控制	控制	
截距项	−2.136*** （−8.18）	−3.594*** （−8.46）	−4.707*** （−2.67）	0.0090

续表3-7

项目	模型（1）	模型（2）	模型（3）	
	β	β	β	概率比
N	3 356	3 356	3 356	
chi2 检验	0.000	0.000	0.000	
R^2	12.52%	13.89%	14.22%	

注：括号中为 t 的统计信息；* 表示 $p<0.10$，** 表示 $p<0.05$，*** 表示 $p<0.01$。

整体来看，在林业生产要素方面，户主林业经营能力、林业资本、林地面积对农户林种选择意愿有显著影响，而家庭劳动力对农户林种选择意愿没有显著影响。确权到户和林业补贴政策都在促进农户选择公益林，而其他林业干预政策暂时在统计学意义上对农户公益林和商品林两类林种选择意愿没有显著影响。从党的十八大以来，生态文明建设已经成为中国发展战略的重要组成部分。根据《中国森林资源报告(2014—2018)》，我国集体林中，公益林与商品林的面积之比为43∶57。在农户林种选择意愿明显占优偏好的情况下，如何激发集体林区农户的公益林生产经营热情成为生态文明建设的重点。根据实证研究结果，进一步明晰产权、增加公益林的补贴能激发农户对公益林林种选择意愿，同时需进一步完善其他林业政策以提升其政策效率。

3.6.2 商品林林种选择意愿影响因素实证分析

根据前文分析，商品林林种具体可以分为用材林、经济林、竹林、其他，实证研究第二步采用 Mlogit 模型估计选择商品林农户的具体林种选择意愿影响因素。根据本书3.5.1节数据分析结果，九成以上样本农户(3 047户)愿意选择商品林林种；在3 047个有效样本中，1 648个样本农户选择经济林，占总样本的54.09%。在进行计量估计时，软件默认使用观测值最多的方案为参照方案，即本研究中将选择经济林林种作为参照方案。根据表3-8，Mlogit 模型的拟合优度(R^2)为6.46%，chi2检验在1%的置信水平显著，说明模型整体有较好的解释能力。同时，为了反映模型中自变量对因变量的影响程度，表3-8分别计算了4个林种选择方案的相对风险比例(relative risk ratio，RRR)。

表3-8 农户商品林林种选择意愿影响因素实证结果

项目	(1)用材林		(2)经济林		(3)竹林		(4)其他	
	β	RRR	β	RRR	β	RRR	β	RRR
Ⅰ 林地确权:								
确权林地面积占比	0.547*** (4.02)	1.729	0 (.)		0.959*** (4.44)	2.609	0.178 (0.48)	1.195
Ⅱ 政府干预:								
是否获得林业补贴	-0.224** (-2.32)	0.800	0 (.)		-0.141 (-1.02)	0.869	-0.126 (-0.45)	0.882
政策性森林保险认知评价	-0.436 (-1.51)	0.647	0 (.)		-0.835** (-2.53)	0.434	-1.358 (-1.59)	0.257
林权抵押贷款认知评价	0.363 (1.28)	1.438	0 (.)		-0.486 (-1.52)	0.615	0.949 (0.99)	2.583
林木采伐管理制度认知评价	1.120 (1.05)	3.064	0 (.)		13.14 (0.01)	506 406.5	14.40 (0.01)	1 799 904
是否加入林业合作组织	0.089 2 (0.53)	1.093	0 (.)		-0.326 (-1.28)	0.722	0.655 (1.52)	1.926
是否接受林业科技服务	-0.032 2 (-0.35)	0.968	0 (.)		-0.378*** (-2.77)	0.685	-0.431 (-1.59)	0.650
Ⅲ 控制变量:								
受教育程度	-0.059 6 (-1.04)	0.942	0 (.)		0.089 9 (1.11)	1.094	0.443*** (2.92)	1.557
是否村干部	0.198* (1.92)	1.219	0 (.)		0.444*** (3.14)	1.559	-0.114 (-0.38)	0.892
林业资本投入	-0.036 3*** (-3.03)	0.964	0 (.)		-0.035 8** (-2.12)	0.965	-0.034 6 (-0.98)	0.966
家庭劳动力	-0.018 1 (-0.58)	0.982	0 (.)		0.014 4 (0.33)	1.015	-0.166* (-1.74)	0.847
林地面积	0.000 464* (1.77)	1.000	0 (.)		0.000 772** (2.50)	1.001	-0.003 33* (-1.91)	0.997
资源异质性农户	控制				控制		控制	
截距项	-2.276** (-2.08)	0.103	0 (.)		-15.48 (-0.02)	0.000	-17.05 (-0.01)	0.000
N	3 047							
chi2 检验	0.000							
R^2	6.46%							

注: 括号中为 t 的统计信息; * 表示 $p<0.10$, ** 表示 $p<0.05$, *** 表示 $p<0.01$。

由表3-8分析可知，第一，确权林地比例越高，农户选择用材林与竹林的可能性越大，选择用材林的概率比是原概率比的1.729倍，选择竹林的概率比是原概率比的2.609倍。第二，政府干预政策方面，本书主要讨论了林业补贴、政策性森林保险、林权抵押贷款、林木采伐管理制度、林业合作组织、林业科技服务六项林业政策对商品林林种选择意愿的影响。①林业补贴政策的测量变量——是否获得过补贴。根据实证结果，相比经济林林种，获得过林业补贴的农户，选择用材林林种在5%的置信水平显著下降。根据实际调查，为了促进短、平、快的经济林发展，帮助农户增收，集体林权制度改革后地方政府对经济林采取一系列林业补贴政策，从而促使农户更加愿意选择经济林林种。以湖南省为例，为解决油茶原料资源不足这一突出问题，林改以后，湖南省财政开始持续支持油茶产业的发展，特别是2021年起，连续三年支持油茶种植重点县开展种植提质改造不少于100万亩，其中：更新改造和品种改良每亩补助1 000元、抚育改造每亩补助500元[①]。②政策性森林保险的测量变量——政策性森林保险认知评价。相比经济林林种，清楚政策性森林保险政策的农户选择竹林的可能性在5%的置信水平显著下降，对用材林及其他林种无显著影响。尽管各级政府对商品林保费补贴55%，农户购买商品林政策性森林保险依然需要支付45%的保费，这属于林业经营成本。相比经济林，竹林自我繁殖和修复能力更强，这可能是政策性森林保险系数对竹林林种选择呈显著负相关的原因。第三，林权抵押贷款的测量变量——林权抵押贷款认知评价的系数对用材林、竹林及其他林种选择不显著。第四，林木采伐管理政策——林木采伐管理政策认知评价的系数对用材林、竹林及其他林种选择不显著。第五，林业合作组织的测量变量——是否加入林业合作组织的系数对用材林、竹林及其他林种选择不显著。第六，林业科技服务的测量变量——是否接受林业科技服务。相比经济林林种，接受过林业科技服务的农户选择竹林林种的可能性在1%的置信水平显著下降，对用材林及其他林种无显著影响。

家庭生产要素方面，本研究主要考察了户主林业经营者能力、资本、劳动力、土地四个方面对农户林种选择意愿的影响。根据表3-8，第一，经营者能力的测量变量：户主受教育程度、是否村干部。①受教育程度。相比经济林林种，受教育程

---

① 湖南省林业厅、湖南省发展与改革委员会、湖南省财政厅关于印发《湖南省油茶产业基地建设目标考核办法（试行）》（湘林造〔2012〕8号）；湖南省人民政府办公厅关于印发《湖南省财政支持油茶产业高质量发展若干政策措施》的通知（湘政办发〔2021〕33号）。

度越高的农户在1%的置信水平更可能选择其他林种,对选择用材林或竹林无显著影响。可能的原因是:受教育程度越高的农户外出务工的可能性越大,从而对林业生产经营的关注越少。②是否村干部。相比非村干部的农户,是村干部的样本农户在10%和1%的置信水平上更可能选择用材林和竹林,对选择其他林种无显著影响。第二,林业资本的测量变量——林业资本投入。相比经济林林种,林业资本投入越高,样本农户在1%和5%的置信水平上更不可能选择用材林和竹林林种,林业资本投入对选择其他林种无显著影响。第三,林业劳动力的测量变量——家庭劳动力。相比经济林林种,农户家庭林业劳动力数量越多,在10%的置信水平上更不可能选择其他林种,而农户家庭劳动力对选择用材林、竹林林种不显著。第四,林业土地的测量变量——林地面积。相比经济林林种,样本农户家庭林地面积越大,在10%和5%的置信水平上更可能选择用材林和竹林林种,在10%的置信水平更不可能选择其他林种。

整体来看,第一,林业生产要素方面。相比经济林,是否村干部、林业资本投入、林地面积显著影响农户选择用材林和竹林。第二,确权到户、政府干预方面。相比经济林,林地确权、林业补贴显著影响农户选择用材林,林地确权、政策性森林保险、林业科技服务显著影响农户选择竹林。林权抵押贷款、林木采伐管理政策、林业合作组织对农户商品林林种选择暂时在统计学意义上没有显著影响。值得注意的是,我国木材消费量一半以上依赖进口,用材林是满足我国木材消费量缺口的重要林种。然而,根据实证研究结果,仅有林地确权能显著促进农户用材林林种选择意愿,林业补贴政策显著消极影响农户选择用材林林种,其他政府干预政策对农户选择商品林林种没有显著影响。根据实践调查访谈,用材林获得政府补贴的可能性和补贴力度均小于经济林,地方政府更关心经济林带来的农户增收,忽视了国内巨大的木材消费市场需求。

3.7 本章小结

森林林种结构关系到我国森林资源质量和生态系统稳定性。同时,集体林区农户林种选择意愿是研究农户林业生产行为的基础和前提。本章首先介绍了林业分类经营管理思想和理论,并分析了完全竞争市场和政府干预市场两种情景下农户林种选择意愿的理论分析框架,然后利用7省3 500个样本农户数据描述性分析和实证研究了农户二分类林种(商品林和公益林)选择意愿及影响因素,进一步分析和实证研究了选择商品林农户的具体林种(用材林、经济林、竹林及其他)选择意愿及影响因素。

根据描述性分析结果：第一，农户二分类林种选择意愿呈现十分明显的选择意愿偏好，九成以上的样本农户选择商品林，仅有不足一成的农户选择公益林；第二，选择商品林的农户中，其具体商品林林种选择意愿呈现较为明显的选择偏好，超过五成的样本农户选择经济林，约三成农户选择用材林，约一成农户选择竹林；第三，从资源异质性农户视角来看，超过八成以上的公益林农户希望改变林种，选择商品林林种，而仅3%左右的商品林农户有改变林种意愿，愿意选择公益林。希望改变林种的公益林农户偏好选择经济林林种，而商品林农户选择经济林和用材林林种的比例比较接近；第四，集体林区农户林种选择偏好存在地区异质性。

根据实证研究结果：第一，二分类林种选择意愿影响因素方面：①林地确权显著增加了农户选择公益林林种意愿。②政府干预政策方面，林业补贴政策显著促进农户选择公益林林种，其他林改配套政策对农户二分类林种选择意愿没有统计学意义上的显著作用。③林业生产要素方面，农户林业经营能力、林业资本投入、林地面积对农户二分类林种选择意愿均有显著影响。第二，商品林林种选择意愿影响因素方面：①以经济林林种为参照方案，林地确权显著促进了农户选择用材林和竹林林种。②政府干预政策中，林业补贴政策显著降低了农户选择用材林种意愿，政策性森林保险显著降低了农户选择竹林林种意愿，林业科技服务显著降低了农户选择竹林林种意愿，而林权抵押贷款、林木采伐管理政策、林业合作组织等林业政策对农户商品林林种选择在统计学意义上不显著。③在林业生产要素方面，户主林业经营能力、资本、劳动力、土地对农户商品林林种选择意愿有显著影响。

本章研究结果说明：第一，集体林区农户有十分明显的林种选择偏好，然而这一偏好与现实中林种分类大相径庭。即约85%的公益林农户选择商品林林种，而实际中我国的公益林与商品林面积之比为43∶57。第二，从二分类林种选择意愿来看，林地确权显著增加了农户选择公益林林种意愿；从商品林林种选择意愿来看，林地确权显著增加农户选择用材林和竹林林种意愿。新一轮集体林权制度变迁以确权到户为主要内容，实证研究结果说明林地确权对改变农户商品林林种选择意愿有显著作用，从而调节农户林种选择偏好与政府分类经营理念之间的冲突。同时有利于我国集体林区加大用材林和竹林的生产，缓解我国木材消费短缺，第三，林业补贴政策显著促进农户选择公益林林种，但显著降低了农户选择用材林林种选择意愿。实证研究结果说明我国生态补偿政策等林业补贴政策有效积极影响了农户选择公益林林种。然而现有林业补贴政策体系偏好补贴经济林林种，从而引导农户降低用材林林种选择，可能导致进一步加剧我国木材消费短缺。第四，确权到户完成后，我国实施了一系列林改配套政策以进一步巩固和深化林改，根据林业分类经营管理制度，我国林业政策对公益林和商品林分别采取不同的管理体制、经营机制和政策措施。然而，根据实证研究结果，大部分林改配套政策对农户林种选择意愿的影响无统计学意义上的显著作用，说明现有林业政策体系对商品林和公益林的分类引导并未表现出显著的差异。因此，需要不断调整和完善我国林业政策体系。

此外，湖南省是南方集体林区重要省份，湖南省样本农户的商品林、公益林二分类林种选择趋势与全国趋势基本一致，但是在具体商品林林种选择趋势中62.91%的湖南省样本农户选择用材林，位居各样本省之首。本研究主要探索资源异质性农户造林行为、管护行为、采伐行为规律及差异，较高的用材林林种选择意愿有助于更客观地研究资源异质性农户林业生产行为。因此，本研究后文关于资源异质性农户林业生产行为及差异的研究主要以湖南省为研究区域，基于湖南省持续7年的入户调查数据展开实证研究。

第4章 集体林区资源异质性农户造林行为及差异研究

长期以来，国内外学术界普遍认为林业是天生的弱质产业，具有明显的外部性特征（生态效益、社会效益）。以庇古为代表的福利经济学派和以科斯为代表的新制度经济学派等认为国家应该通过资源再分配来解决林业外部性问题。威廉姆森（Williamon）、哈特（Hart）、奥尔森（Olson）、诺斯（North）等在这些领域做了进一步的研究。为了解决林业外部性问题，各国政府长期通过林业补贴、金融、信贷等林业扶持政策干预林业市场以解决林业生产者的边际收益小于社会边际效益的问题，增加社会总福利（Zhang et al.，2007；Brunette et al.，2013）。因林业市场失灵和政府干预，一方面，我国木材供给市场高度依赖进口（程宝栋 等，2014），另一方面，我国70%的造林和更新造林（面积）来源于政府重点林业生态工程投资（Zhang et al.，2015；何文剑 等，2016c）。林改后，农户成为集体林区的主要经营主体，调动农户造林积极性是缓解木材供给压力、建设生态文明、实现乡村振兴的关键。

新一轮集体林权制度改革分为两个阶段：第一阶段是在2008—2012年完成"明晰产权，承包到户"的主体改革任务，截至2017年年底，77.7%的集体林地已确权到农户（朱文清 等，2019b），农户成为集体林区的主要生产经营主体；第二阶段是完善林业生产经营外部政策环境的配套改革阶段，政府通过林业政策干预农户林业生产行为，深化林改、巩固林改绩效，更好地实现"资源增长、农户增收、生态保护、林区和谐"的林改目标。因此，集体林区农户造林行为与林改目标的实现息息相关。林改后，大量的研究文献试图分析和检验集体林权制度改革对集体林区农户造林行为的影响，研究结果普遍认为林改通过明晰产权产生激励效益提升农户造林意愿，林权流转、林权抵押贷款、林业补贴制度、林业税费减免等配套改革政策能进一步促进农户造林行为，但存在制度供给不足，政策效应存在提升空间的问题，需进一步调整和完善林改配套政策体系(杨萍 等，2013；何文剑 等，2014a；李桦 等，2015)。

现有丰富的研究成果从多个视角探索了林改及配套改革政策对农户造林行为的影响，为客观揭示集体林区农户造林行为规律做出了重要贡献，也为本研究提供了重要的理论保障和意义支撑。然而，现有文献也存在以下不足：第一，在我国林业分类经营管理体制下，尽管集体林区公益林和商品林林地均基本实现了确权到户，但林改配套政策对商品林农户和公益林农户的林权边界界定存在明显差异，进而可能导致两类农户差异化的造林行为规律。因此，在对集体林区农户造林行为在进行分类和比较研究的基础上，能科学揭示出农户造林行为客观规律。第二，在现有林地面积约束下，林业生态功能和经济功能存在此消彼长的特征，政府对商品林和公益林实施一系列差异化的激励和管制政策以引导林业发挥主导功能，差异化的林业扶持和管制政策同时作用于农户造林行为的效果，需要进行实证检验。第三，现有研究数据以截面数据为主，因政策效应的滞后性及林业生产跨周期性特征，截面数据难以客观反映各项政策对农户造林行为的影响效果，也难以反映农户造林行为的动态特征。因此，本研究将在对集体林区农户分类的基础上，采用跟踪监测的面板数据，阐释林地确权及相关林改配套政策对资源异质性农户造林行为的影响及差异。

4.1 理论分析与研究假设

4.1.1 林地确权与资源异质性农户造林行为

林业产权制度对经营主体造林等林业生产行为的影响是林业发展过程中一个普遍问题，受到国内外学术界的长期关注。Zhang 等(1996，1997)研究了在相同法律制度和营林标准情景下，不同林权制度对加拿大造林成果有显著差异，研究结果表明，公有林地营林投资为私有林地营林投资的50%~83%，但公有林地造林速度比私有林地慢。Zhang 等(2001)研究了在美国现行环境保护法下，对美国林地经营者实施管制或惩罚性政策导致其减少营林投资，影响森林生态效益的发挥。张道卫(2001)认为我国的许多林地不长树是因为缺乏一个长期、稳定、可靠和完善的林业产权制度。

中华人民共和国成立至改革开放，我国逐步形成了由村集体统一经营森林资源的集体林权制度。随着学术界对产权制度及产权结构的理论创新,"林业三定"时期开展了第一轮分山到户的集体林权制度变迁,然而这一轮改革并未完成集体林地从集体经营向个体经营的转变。2008年正式开始的新一轮集体林权制度改革第一阶段的基本任务是"明晰产权,承包到户",将林权从集体共同经营调整为农户个体经营,从而提高林业资源配置效率,充分激活农户造林积极性。现有文献主要从两个方面研究了林权对农户造林行为的影响:一方面,在理论和实证分析中将集体林权整体作为一个解释变量纳入模型,进而研究林权对农户造林行为的影响效果,林权的测量主要包括是否确权、是否有林权证等;或者将集体林权制度改革作为一项政策分界点,采用随机对照实验、双重差分等准自然实验计量方法评估集体林权制度改革对农户造林行为的影响及产生的林业绩效,文献研究结果普遍认为明晰、稳定的林权能有效促进集体林区农户造林行为(吴伟光 等,2017;张寒 等,2017;朱文清 等,2019a)。另一方面,因林权由一组"权利束"组合而成,研究文献认为林权对农户造林行为的影响,必然是林权内部结构对农户造林行为产生独立影响后呈现的整体效果(李宁 等,2017),研究文献进一步剖析了林权结构对农户造林行为的影响。比如何文剑等(2014a)将林权分割成为使用权、转让权(让渡权)、收益权三类,然后实证分析林权结构对农户造林行为的影响。因林权内部结构的边界是由一系列林改配套政策界定的,本书将林权制度体系分成林地确权和政府干预两个部分讨论。

尽管大量文献通过理论分析和实证检验表明林地确权对农户造林行为有显著积极的促进作用,然而这一研究结论的研究对象是以集体林区农户整体或根据林地规模分类的异质性农户。林改后,政府对公益林与商品林的林权边界界定存在明显的差异,即公益林与商品林同权不同利。因此,产权激励效应(林地确权)是否能显著影响商品林农户和公益林农户造林行为仍应该进行实证检验。基于此,提出以下研究假设:

H1a:林地确权对商品林农户林业造林行为产生显著正效应。

H1b:林地确权对公益林农户林业造林行为产生显著正效应。

4.1.2 政府干预与资源异质性农户造林行为

林改后,政府通过实施一系列林改配套政策进一步界定林权,干预农户造林行为,从而更好地实现"资源增长、农户增收"的双增目标(杨超 等,2015)。政府对林业的干预政策既包括造林补贴等一系列林业扶持政策以激励农户造林积极性，又包括林木采伐限额管理制度等一系列管制政策以维护生态安全。

首先，林业扶持政策方面，中央财政在2010年开始启动造林补贴试点工作，2011年开始实施政策性森林保险政策等金融扶持政策，并逐步在全国实施，以期提高农户经营林业的积极性、增加造林面积（朱文清 等，2019b）。根据图4-1，政府通过林业扶持政策干预林业供给，降低集体林区农户造林成本，从而使得供给曲线 S_0 向右移到 S_1，木材等林产品供给增加，供给量从 Q_0 增加到 Q_1，整个社会福利净增加区域为 abcd，农户净增加的区域为 (bdf-ace)，且存在 bdf-ace>0。

其次，林业管制政策方面，为了保障林业生态服务功能，政府通过林木采伐管理制度限制木材产量，通过禁止公益林林权抵押贷款以保障公益林发挥生态效益的主导功能等。假设林木市场是一个充分竞争市场，以林木采伐限额管理政策为例，根据图4-2，没有林业管制政策的市场均衡量为 Q_0，为了保障林业生态功能，保证林木消耗量小于生长量，政府通过行政强制手段管制农户林木采伐量，使供给曲线从 S_0 移到 S_1，林木市场均衡量从 Q_0 下降到 Q_1，从而使得农户产生无谓损失（DWL）。

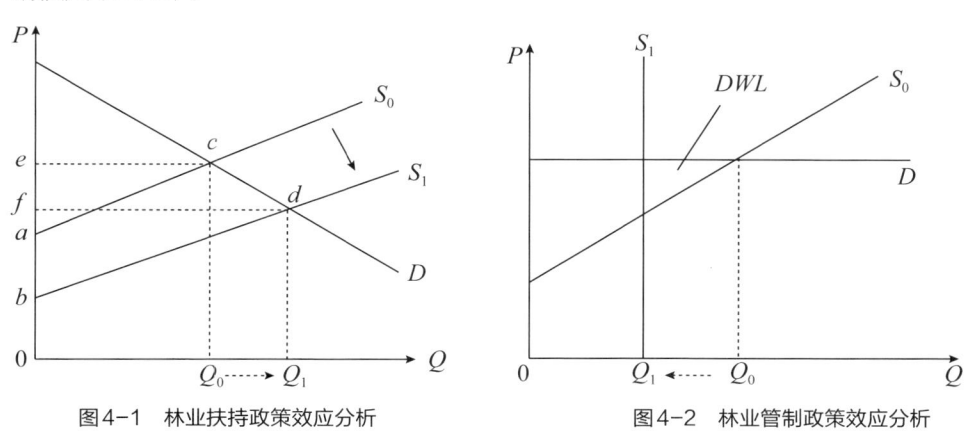

图4-1　林业扶持政策效应分析

图4-2　林业管制政策效应分析

综上所述，林业扶持政策将增加林业生产者剩余，而林业管制政策降低林业生产者剩余，二类政策同时作用于农户会对农户造林行为产生怎样的效果？对这一问题的科学解答，应该首先对集体林区农户进行分类。因为根据林业分类经营管理制度，商品林和公益林的政策目标导向不同，进而有差异化的政府扶持政策和管制政策，将二者混合探索整体农户造林行为规律缺乏科学性。本书将分别研究林业扶持政策和管制政策对两类资源异质性农户的影响及差异。

根据林业分类经营管理体制的定位，商品林以发挥经济效益主导功能为主，政府鼓励商品林农户自主经营。然而，林业属于弱质性行业，为了调动商品林农户的营林积极性，政府对商品林的政策干预主要包括两个方面：一方面，通过造林补贴等扶持政策以降低商品林农户林业生产成本，通过政策性森林保险、林权抵押贷款等林业金融扶持政策解决商品林农户林业资金问题，通过培育林业合作社、提供林业科技服务等方式解决商品林农户林业生产经营能力；另一方面，为了避免再一次出现"林业三定"时期乱砍滥伐的情况，林改后政府并没有放松对商品林的采伐管制，商品林采伐依然要申请采伐指标，受到采伐限额管制。因此，本书提出以下理论假设：

H2a：林业扶持政策（包括造林补贴政策、政策性森林保险、林权抵押贷款、林业科技服务、林业合作组织等）对商品林农户造林行为有积极影响；

H2b：林木采伐管制政策对商品林农户造林行为有消极影响。

根据林业分类经营管理制度的定位，公益林以发挥生态效益为主，属于公共品，具有明显的外部性特征。然而，在新一轮集体林权制度改革中，公益林也基本实现了确权到户。一方面，政府给予公益林相应的林业扶持政策，包括造林补贴、政策性森林保险统保、林业科技服务等。另一方面，公益林农户作为"理性人"，其造林意愿和造林规模决策主要取决于营林产生的经济效益。为了保障公益林以发挥生态效益为主的功能，政府加大了对公益林的管制力度。政府对公益林的管制政策主要包括：公益林采伐管制〔《国家级公益林管理办法》（林资发〔2013〕71号）〕①、公益林林权抵押贷款管制〔《中国银监会 国家林业局关于林权抵押贷款的实施意见》（银监发〔2013〕32号）〕等。据此，提出研究假设：

H3a：林业扶持政策（包括造林补贴政策、政策性森林保险、林业科技服务等）对公益林农户造林行为有积极影响；

H3b：政府管制政策（主要包括林木采伐限额管理、林权抵押贷款管制等）对公益林农户造林行为存在消极影响。

为了弱化和消除林业管制对公益林农户营林可能产生的消极影响，中央财政自2001年开始建设森林生态效益补助资金，2004年中央森林生态效益补偿基金制

---

① 根据《国家级公益林采伐更新管理办法》，一般保护区的公益林在普遍封管的基础上，可进行合理森林抚育、更新采伐和低效林采伐，但采伐强度不得超过伐前林木蓄积的15%或20%，竹林可以进行择伐和疏伐，采伐量不得超过当年新竹量。

度正式确立并在全国范围内全面实施。目前，中央财政和地方财政分别对国家级公益林和省级公益林实施生态补偿，其中由地方财政补偿的省级公益林标准参照中央财政标准。现有文献对生态补偿标准、生态补偿效果和效益、生态补偿机制等问题进行了大量的研究。然而，生态补偿对公益林农户造林行为是否存在影响？生态补偿政策的主要目标是补偿公益林农户因公益林受到政府管制而产生的经济损失，从而弱化政府管制政策产生的消极影响，促进公益林农户积极的造林行为。然而，现有文献主要探讨了生态补偿对公益林农户造林行为的直接效应，对生态补偿弱化政府管制消极影响的中介效应缺乏实证检验。生态补偿能否弱化林业管制政策对公益林农户营林产生的消极影响？对这些问题的揭示需要进行科学论证。鉴于此，提出本书的研究假设：

H3c：生态补偿政策对公益林农户造林行为存在直接的积极影响；同时生态补偿通过弱化政府管制消极影响，进而对公益林农户造林行为产生间接的积极影响。

造林是农户林业生产经营的起点，直接决定着森林资源的增量。集体林区农户造林行为主要包括造林意愿和造林规模两个方面。根据上文的理论分析，本课题首先实证检验林地确权对两类资源异质性农户造林意愿和造林规模的影响（H1a、H1b）；然后检验林业扶持政策和管制政策对商品林农户造林意愿和造林规模的影响（H2a、H2b）；最后，检验林业扶持政策、管制政策及生态补偿政策对公益林农户造林意愿和造林规模的影响（H3a、H3b、H3c）。

4.2 构建计量模型、估计方法及数据来源

4.2.1 构建计量模型

根据前文的理论分析和研究假设，本书将农户造林行为分解为造林意愿和造林规模两个方面，主要检验林地确权、政府干预（林业扶持政策和管制政策）对两类资源异质性农户造林行为的影响。首先，构建商品林农户造林意愿、造林规模的计量模型 [模型（Ⅰ）~（Ⅱ）]；其次，构建公益林农户造林意愿和造林规模的计量模型 [模型（Ⅲ）~（Ⅳ）]。

模型（Ⅰ）：$CKW_{it} = \alpha_1 + \beta_{12} FR_{it} + \beta_{22} GI_{it} + \gamma_1 Z_{it} + \mu_i + \varepsilon_{it}$

模型（Ⅱ）：$CKI_{it} = \alpha_1^1 + \beta_{12}^1 FR_{it} + \beta_{22}^1 GI_{it} + \gamma_1^1 Z_{it} + \mu_i^1 + \varepsilon_{it}^1$

模型（Ⅲ）：$PKW_{it} = \theta_1 + \varphi_{12} FR_{it} + \varphi_{22} GI_{it} + \varphi_{32} GR_{it} \times EC_{it} + \tau_1 Z_{it} + \mu_i' + \varepsilon_{it}'$

模型（Ⅳ）：$PKI_{it} = \theta_1^1 + \varphi_{12}^1 FR_{it} + \varphi_{22}^1 GI_{it} + \varphi_{32}^1 GR_{it} \times EC_{it} + \tau_1^1 Z_{it} + \mu_i^* + \varepsilon_{it}^*$

模型（Ⅰ）～（Ⅳ）中的下标 i 表示农户，t 表示时间。模型（Ⅰ）～（Ⅱ）的因变量 CKW、CKI 分别表示商品林农户造林意愿和造林规模；模型（Ⅲ）～（Ⅳ）的因变量 PKW、PKI 分别表示公益林农户造林意愿和造林规模。因变量的界定请参考表4-1。

模型（Ⅰ）～（Ⅳ）中，FR、GI 是关键解释变量，是本研究关注的重点。FR 表示农户家庭林地确权程度，用确权林地面积占家庭林地总面积比例测量。GI 表示政府干预政策，本研究主要关注的政府干预政策包括：生态补偿、造林补贴、森林保险、林业科技服务、林业合作组织、林权抵押贷款、林木采伐限额管理，其中生态补偿仅包含在以公益林农户为对象的模型中。模型（Ⅲ）～（Ⅳ）中包含的交叉项 $GR \times EC$ 是政府管制（GR）与生态补偿（EC）的交互项，用于检验生态补偿能否弱化政府管制（林木采伐管制等）消极影响从而促进公益林农户造林行为。因农户对林业政策的参与度、认知度直接影响政府干预政策的效果，因此，本研究用是否参加森林保险、是否接受林业科技服务、是否参与林业合作组织、林权抵押贷款认知评价、林木采伐限额管理认知评价、造林补贴金额来测量各项政府干预政策。特别需要说明的是，湖南省自2011年开始对全省公益林进行政策性统保，在本研究模型（Ⅲ）～（Ⅳ）中，公益林农户造林意愿和造林规模采用"是否参加森林保险"作为政策性森林保险的测量变量的原因是：一是湖南的森林保险产品主要是政策性森林保险，几乎没有农户购买商业森林保险。二是湖南省等区域自2011年以来对全省公益林实施政策性统保，2014年公益林政策性统保覆盖全国。因政策性森林保险通过基层林业站或县林业局代理公益林农户完成投保程序，客观存在信息不对称，调查中发现部分公益林农户并不知道公益林统保政策。当农户不知道公益林统保政策的存在时，这一政策对农户难以产生相应的政策效果。三是尽管在本书第3章的实证研究中将"政策性森林保险认知评价"作为政策性森林保险的测量变量，但在2012—2018年的调查指标中，政策性森林保险认知评价缺失了三年数据。因此，本书采用是否参加森林保险作为测量变量，在本书后续的实证研究中均采用此变量，不再赘述。

模型（Ⅰ）～（Ⅳ）中，Z 是一组控制变量，具体包括：第一，采伐面积占比。因造林与采伐是林业生产环节的首尾，造林是在采伐迹地上进行人工更新。又因人工造林一般是在采伐后的第二年进行，因此在模型中采用这一变量的滞后期。第二，家庭劳动力数量。造林需要大量的劳动力投入，一般情况下家庭劳动力人数越多，劳动力投入林业生产的可能性越大。然而，随着社会经济的发展，劳动力外出务工的机会越来越多，林业劳动力机会成本越来越大。因此，这一变量对农户造林行为的影响方向不能确定。第三，家庭收入。造林需要大量的资本投入，家庭收入越高，造林行为可能越积极。第四，地区控制变量。因地区差异可能会导致农户造林行为差异，将10个样本县作为地区控制变量。

模型（Ⅰ）~（Ⅳ）中主要变量的界定请参考表4-1，各项变量描述性统计结果请参考表4-2。

表4-1 模型变量界定

类别		变量	变量界定
因变量	因变量1	商品林农户造林意愿	0=没有造林，1=造林
	因变量2	商品林农户造林规模	单位时间（一年）造林面积占商品林农户家庭林地总面积比例
	因变量3	公益林农户造林意愿	0=没有造林，1=造林
	因变量4	公益林农户造林规模	单位时间（一年）造林面积占公益林农户家庭林地总面积比例
自变量	林地确权	确权林地面积占比	确权林地面积占家庭总林地面积比例
	政府干预	造林补贴	造林补贴金额，采用对数形式
		是否参加森林保险	0=否，1=是
		是否接受林业科技服务	0=否，1=是
		林权抵押贷款认知评价	0=不清楚，1=清楚
		林木采伐限额管理认知评价	0=不清楚，1=清楚
		生态补偿认知评价	0=不清楚，1=清楚
		是否参加林业合作组织	0=否，1=是
	控制变量	采伐面积占比	木材和竹材采伐面积占家庭林地面积比例
		家庭劳动力数量	劳动力是指16周岁到60周岁的男子，16周岁到55周岁的女子
		家庭收入	为避免调查数据极差过大，采用家庭林业投入的对数表示
		地区虚拟变量	1=会同县；2=凤凰县；3=平江县；4=慈利县；5=新邵县；6=沅陵县；7=花垣县；8=茶陵县；9=蓝山县；10=衡阳县

表4-2 变量统计描述

变量名称	类别	均值	标准差	最小值	最大值	观测值
公益林农户造林意愿	总体	0.168	0.374	0	1	$N=1414$
	组间		0.339	0	1	$n=608$
	组内		0.262	−0.546	1.025	$T\text{-}bar=2.326$
公益林农户造林规模	总体	1.649	8.575	0	163	$N=1414$
	组间		10.62	0	163	$n=608$
	组内		3.798	−26.35	49.65	$T\text{-}bar=2.326$
商品林农户造林意愿	总体	0.192	0.394	0	1	$N=1725$
	组间		0.370	0	1	$n=705$
	组内		0.269	−0.522	1.050	$T\text{-}bar=2.447$
商品林农户造林规模	总体	4.344	59.81	0	2 212	$N=1725$
	组间		83.90	0	2 212	$n=705$
	组内		24.38	−139.1	865.1	$T\text{-}bar=2.447$
林地确权面积	总体	48.610	166.0	0	4 672	$N=3407$
	组间		110.1	0	2 905	$n=1166$
	组内		91.00	−2826	1 816	$T\text{-}bar=2.922$
造林补贴	总体	193.300	2 502	0	100 410	$N=3407$
	组间		1361	0	30 000	$n=1166$
	组内		2 180	−14807	86 259	$T\text{-}bar=2.922$
是否参加森林保险	总体	0.670	0.47	0	1	$N=3 407$
	组间		0.44	0	1	$n=1 166$
	组内		0.25	−0.188	1.526	$T\text{-}bar=2.922$
是否接收林业科技服务	总体	1.360	0.74	0	2	$N=3 407$
	组间		0.50	0	2	$n=1 166$
	组内		0.63	−0.351	2.863	$T\text{-}bar=2.922$
林权抵押贷款认知评价	总体	0.520	0.50	0	1	$N=3 407$
	组间		0.39	0	1	$n=1 166$
	组内		0.39	−0.337	1.377	$T\text{-}bar=2.922$
林木采伐限额管理认知评价	总体	0.700	0.46	0	1	$N=3 407$
	组间		0.38	0	1	$n=1 166$
	组内		0.36	−0.154	1.453	$T\text{-}bar=2.922$

续表4-2

变量名称	类别	均值	标准差	最小值	最大值	观测值
林业合作组织	总体	0.033	0.1776	0.00	1.00	$N=3\,407$
	组间		0.1564	0.00	1.00	$n=1\,166$
	组内		0.1260	−0.80	0.89	$bar=2.921\,96$
生态补偿认知评价	总体	0.550	0.50	0	1	$N=3\,407$
	组间		0.41	0	1	$n=1\,166$
	组内		0.35	−0.312	1.403	$T\text{-}bar=2.922$
家庭劳动力数量	总体	2.920	1.46	1	12	$N=3\,407$
	组间		1.26	0	12	$n=1\,166$
	组内		0.90	−5.579	12.42	$T\text{-}bar=2.922$
采伐面积	总体	2.740	18.42	0	469.5	$N=3\,407$
	组间		11.34	0	214.4	$n=1\,166$
	组内		12.62	−191.7	378.3	$T\text{-}bar=2.922$
家庭收入	总体	22 253	60 930	0	2.100×10^6	$N=3\,407$
	组间		74 437	0	2.100×10^6	$n=1\,166$
	组内		37 955	−251 080	735 108	$T\text{-}bar=2.922$

4.2.2 估计方法

根据本章构建的计量经济模型,对集体林区资源异质性农户造林行为的研究分两步:第一步主要考察林地确权、政府干预对两类资源异质性农户造林意愿的影响;第二步检验林地确权、政府干预对两类资源异质性农户造林规模的影响。

根据理论计量模型(Ⅰ)和模型(Ⅲ),商品林农户和公益林农户造林意愿有两种选择:有造林意愿($Y=1$)和没有造林意愿($Y=0$)。因变量为二值选择变量,这类模型被称为离散选择模型(discrete choice model)或定性反应模型(qualitative response model)。因本书采用面板数据实证研究两类资源异质性农户造林意愿,对于面板数据,如果被解释变量为虚拟变量,则称为面板二值选择模型(binary choice model for panel data)。对于二值选择行为,通常可通过一个潜变量(latent variable)来概括该行为的净收益(收益减去成本)。如果净收益大于0,则选择做;否则,选择不做。这一决策行为记作:

$$y_{it}^{*}=x_{it}'\beta+u_i+\varepsilon_{it}\ (i=1,\cdots,n;\ t=1,\cdots,T) \quad (4\text{-}1)$$

上式中,y_{it}^{*} 为不可观测的潜变量,u_i 为个体效应(individual effects),而解释变量

x_{it} 不含常数项，个体的选择规则为：

$$y_{it} = \begin{cases} 1 & 若 y_{it}^* > 0 \\ 0 & 若 y_{it}^* \leqslant 0 \end{cases} \quad (4-2)$$

给定 x_{it}, β, u_i 则有：

$$\begin{aligned} P(y_{it}=1|x_{it},\beta,\mu_i) &= P(y_{it}^*>0|x_{it},\beta,\mu_i) = P(x_{it}'\beta+u_i+\varepsilon_{it}>0|x_{it},\beta,\mu_i) \\ &= P(\varepsilon_{it}>-u_i-x_{it}'\beta|x_{it},\beta,\mu_i) = P(\varepsilon_{it}<u_i+x_{it}'\beta|x_{it},\beta,\mu_i) \\ &= F(u_i+x_{it}'\beta) \end{aligned} \quad (4-3)$$

式中，$F(*)$ 为 ε_{it} 的累计分布函数（cdf），并假设 ε_{it} 的密度函数关于原点对称。

面板二值选择模型的主要估计包括混合回归、随机效应估计与固定效应估计。如果式(4-1)中 $u_1=u_2=\cdots=u_n$，则采用混合回归（pooled probit 或 pooled logit），即将面板数据作为截面数据处理（因为不存在个体效应）。一般情况下，不同的个体拥有不同的 u_i，如果 u_i 与所有解释变量 x_{it} 均不相关，则采用随机效应模型（random effects model，RE），如果 u_i 与某个解释变量 x_{it} 相关，则采用固定效应模型（fixed effects model，FE）。本书将采用豪斯曼检验或 LR 检验来确定选择哪种面板二值选择模型进行估计。

根据理论计量模型（Ⅱ）和模型（Ⅳ），因变量是商品林农户和公益林农户造林规模，本研究采用 Panel Tobit 模型进行实证分析，数据的左侧截取点为 $C=0$。因各种情况导致农户没有进行造林时，因变量 y_i（商品林农户造林规模、公益林农户造林规模）=0。此时，y_i 的概率分布变成由一个离散点与一个连续分布所组成的混合分布。假设 $y_i^*=x_i'\beta+\varepsilon_i$（$y_i^*$ 不可观测），扰动项 $\varepsilon_i|x_i \sim N(0,\sigma)$。在截取点 $C=0$ 处，可以观测到 $y_{it} = \begin{cases} y_{it}^*, & y_{it}^* > 0 \\ 0, & y_{it}^* \leqslant 0 \end{cases}$。在这种情况下，如果使用最小二乘法（OLS）来估计，无论使用的是整个样本，还是去掉离散点后的子样本，都不能得到一致估计。Tobin 在 1985 年（陈强，2010）提出使用 MLE 估计模型，该方法被称为"Tobit"。

Panel Tobit 模型也可以分为固定效应回归和随机效率回归，本书采用随机效应的 Panel Tobit 模型。模型如下：

$$y_{it}^* = x_{it}'\beta + \gamma_i + u_{it}, \quad y_{it} = \begin{cases} y_{it}^*, & y_{it}^* > 0 \\ 0, & y_{it}^* \leqslant 0 \end{cases} \quad (4-4)$$

假定随机效应 γ_i, u_{it} 是独立同分布的正态分布，独立于 $x_{i1}, x_{i2}, \cdots, x_{iT}$，期望为 0，方差分别为 σ_γ^2, σ_μ^2。可以得到以下的极大似然函数：

$$f\left(y_{i1}, y_{i2}, \ldots, y_{iT} \mid x_{i1}, x_{i2}, \ldots, x_{iT}, \beta\right) = \int_{-\infty}^{+\infty} f(\gamma_i) \mathrm{d}\gamma_i \qquad (4\text{-}5)$$

其中：

$$f(\gamma_i) = \frac{1}{\sqrt{2\pi\sigma_\gamma^2}} \exp\left(-\frac{1}{2} \frac{\gamma_i^2}{\sigma_\gamma^2}\right) \qquad (4\text{-}6)$$

综上所述，本书将通过 Stata 15.1 软件，第一步采用面板 Logit 模型来估计两类资源异质性农户造林意愿，即理论计量模型（Ⅰ）和模型（Ⅲ）；第二步用面板 Tobit 模型估计两类资源异质性农户造林规模，即理论计量模型（Ⅱ）和模型（Ⅳ）。

4.2.3 数据来源

为了更加深入研究集体林区异质性农户造林行为，本研究以湖南省为主要研究区域，根据2012—2018年原国家林业局集体林权制度改革跟踪监测项目研究课题组在湖南省采集的一手问卷调查数据实证研究集体林区资源异质性农户造林行为规律。课题组根据森林资源状况和社会经济条件在湖南省选择了平江县、新邵县、沅陵县、茶陵县、慈利县、凤凰县、衡阳县、花垣县、会同县、蓝山县共10个样本县，在每个样本县随机抽取5个样本村，根据户籍名单，在每个样本村中随机抽取10个样本户，最终形成了比较稳定的500个观测样本。但是伴随着多年持续调查，存在个别样本农户去世或调查时样本农户外出打工等样本变动情况，同时随着林改配套政策的不断深入，调查指标每年都会进行调整和完善。调查样本均匀分布请参考表4-3。

表4-3 研究区域调查样本分布表

样本县	样本乡/镇	样本村	样本量	样本县	样本乡/镇	样本村	样本量
衡阳县	金兰镇	城坪村	10	慈利县	景龙桥乡	新丰村	10
	金兰镇	双河口村	10		二坊坪镇	东升村	10
	洪市镇	杨泉村	10		金岩土家族乡	郑坪村	10
	洪市镇	财源村	10		洞溪乡	大田村	10
	库宗桥镇	华山村	10		零溪镇	汪家桥村	10
茶陵县	严塘镇	和吕村	10	花垣县	雅酉镇	排腊村	10
	潞水镇	下坊村	10		雅酉镇	下水村	10
	八团乡	白石村	10		花垣镇	窝勺村	10
	腰陂镇	云盘村	10		花垣镇	卧龙榜村	10
	思聪乡	烈星村	10		团结镇	永丰村	10

续表4-3

样本县	样本乡/镇	样本村	样本量	样本县	样本乡/镇	样本村	样本量
平江县	黄金洞乡	大黄村	10	会同县	连山乡	漠水村	10
	长寿镇	茶叶村	10		团河镇	栗木村	10
	加义镇	杜庄村	10		若水镇	地四方村	10
	瓮江镇	小塘铺村	10		马鞍镇	闹溪村	10
	三阳乡	大洞村	10		金龙乡	桐木村	10
蓝山县	所城镇	长铺村	10	沅陵县	沅陵镇	馒头咀村	10
	荆竹瑶族乡	新寨村	10		沅陵镇	白岩界村	10
	所城镇	半山村	10		官庄镇	太平铺村	10
	土市乡	均田村	10		马底驿乡	颜家村	10
	塔峰镇	箭岭村	10		沅陵镇	黔中郡村	10
新邵县	潭府乡	下潭村	10	凤凰县	廖家桥镇	大坪村	10
	严塘镇	绿杨村	10		新场镇	新场村	10
	巨口铺	红庙村	10		茶田镇	芭蕉村	10
	酿溪镇	兔子坪村	10		茶田镇	瓦坪村	10
	寸石镇	云山村	10		水打田乡	五林村	10

4.3 主要研究区域基本概况

4.3.1 主要研究区域集体林权制度改革及配套改革基本概况

湖南省是南方重点集体林区省份，森林资源丰富，地类分布为"七山一水两分田"。第九次全国森林资源清查结果显示，湖南省森林面积为1 052.58万公顷，其中集体所有森林面积为1 001.35万公顷，占全省森林面积的95.13%。湖南省森林覆盖率为49.69%，活立木蓄积46 141.03万立方米，森林蓄积40 715.73万立方米，每公顷蓄积50.96立方米。森林植被总生物量为55 076.73万吨，总碳储量为27 273.08万吨。按林木所有权分，湖南省森林资源以个人所有为主，其森林面积为815.59万公顷，占77.48%，蓄积28 969.33万立方米、占71.15%。湖南省从2001年开始实施林业分类经营管理，建立森林生态效益补偿基金，通过"一卡通"发放补偿资金，保证补偿资金100%落实到农户（胡长清 等，2013）。湖南省从2007年开始林改试点，2008年全面启动改革，至2013年年底，全省集体林地确权率、发证率分别达99.8%和99.7%，较好地实现了商品林和公益林确权到户。湖南省集体林权制度主体改革和配套改革都走在全国前列,获得国家林业和草原局的高度认可。

湖南省集体林权制度主体改革——确权到户于2007开始试点,2013年年底基本完成,随后不断深化"三权分置"。2007年,湖南省委、湖南省人民政府颁布《中共湖南省委、湖南省政府关于深化集体林权制度改革的意见》(湘发〔2007〕15号),选择在怀化市和绥宁县、安化县、浏阳市16个县(市、区)启动以"明晰产权、放活经营权、落实处置权、保障收益权"为主要内容的集体林权制度改革试点。2008年,总结林改试点经验后,湖南省人民政府发布《湖南省人民政府关于全面推进集体林权制度改革的实施意见》(湘政发〔2008〕29号),对湖南省集体林权制度改革的重大意义、指导思想、基本原则、总体目标、主要任务、政策措施、工作步骤和保障措施进行全面部署,林改主体改革(确权到户)工作在全省全面铺开。2009年,湖南省进一步贯彻和落实中央林业工作会议和省委林业工作会议精神,对林改工作进行了再动员、再部署。2010年,湖南省委、省政府把"完成林权发证率80%以上"作为全省为民办实事项目之一,并将其列入省政府对各市州政府的"湘林杯"林业建设目标管理责任考核的重要指标之一,对没有完成林权发证任务的市州政府实行"一票否决"。截至2010年年底,湖南省集体林确权率达90%以上、林权发证率达80%以上、山林纠纷调处率达80%以上,湖南省基本完成集体林权制度改革"明晰产权、承包到户"的第一阶段改革任务(主体改革)。2011年,湖南省重点突出了林权改革工作"回头看",开展了确权发证整改扫尾工作,及时解决改革过程中留下的矛盾和问题,严把林改质量关。2013年,湖南省为了认真贯彻落实全国林改百县经验交流会和《国家林业局关于进一步加强集体林权流转管理工作的通知》(林改发〔2013〕39号)精神,召开了全省深化集体林权制度改革工作座谈会,进一步加强集体林地确权发证扫尾工作,强化林权流转监管,加强林权纠纷调解仲裁和信访维稳工作。2016年年初湖南省林业厅下发了《关于开展林权登记发证扫尾督查工作的通知》(湘林改〔2016〕1号),限期各地在2016年6月底前全面完成林权发证扫尾及遗留问题处理任务。同时,湖南省各地林业主管部门与国土资源部门密切配合,加快推进不动产统一登记职责整合和林权登记资料移交工作,至2016年9月底,全省所有县市区的林权登记职责已从林业部门移交至不动产登记中心,实现了林权登记发证工作与不动产统一登记制度的平稳对接。2017年,湖南省在浏阳市、洪江市启动了集体林地"三权分置"改革省级试点,出台了林地经营权流转证发证管理办法,开展了林地经营权流转证书发证业务,并依托林地经营权流转证书办理了林权抵押贷款业务，初步搭建起集体林地"三权分置"的运行机制。2017年发布的《湖南省人民政府办公厅关于完善集体林权制度的实施意见》（湘政办发〔2017〕64号）为持续深化集体林权制度改革，加快现代林业发展，提升林业富民能力，推进农村供给侧结构性改革，促进生态文明和生态强省建设提出实施意见。随着2018年发布的《国家林业和草原局关于进一步放活集体林经营权的意见》，湖南省集体林地"三权分置"步入新的发展阶段。

湖南省在基本完成集体林权制度主体改革任务（明晰产权、勘界发证）后，将深化配套改革作为集体林权制度改革的重点。湖南省主要从以下几个方面推进配套改革工作：

第一，规范森林经营管理，落实经营主体林木处置权。湖南省从2009年开始林木采伐限额管理制度改革，实施林木采伐指标"入村到户工程"，在全国范围率先将林木采伐指标层层"阳光分配"到县、乡、村、组，确保了广大林农林木处置权、收益权的落实，基本解决了农户"采伐难"的问题。比如湖南省靖州县简化采伐审批程序，农户2天即可"一站式"办好采伐证。2011年，湖南省作为原国家林业局全国林木采伐管理系统建设首个试点省，以湖南省为模式开发了全国林木采伐管理系统软件，提升林木采伐管理水平，得到了原国家林业局的高度评价。2012年，湖南省在全国率先启用全国林木采伐管理信息系统办理林木采伐许可证，为全国林木采伐管理系统的研发、测试及其推广应用做出了突出贡献，得到了原国家林业局的充分肯定。2016年后，湖南省竹林、非乔木型经济林、依法批准建设项目使用林地上的林木以及非林地上的林木不再纳入森林采伐限额管理[《湖南省林木采伐许可证核发管理办法》（湘林资〔2018〕3号）]。

第二，逐步规范林权流转，完善林权交易市场。2007年湖南省政府颁布了《湖南省森林资源流转办法》（湖南省人民政府令第213号），2008年湖南省林业厅出台了《湖南省林业厅关于进一步加强和规范森林资源流转管理的通知》（湘林政〔2008〕2号），对森林资源流转办理程序做出了详细规定，为保障流转双方的合法权益产生了重要影响。2011年湖南省编办批准成立省级林业产权交易服务中心，各个县逐步成立了县级林权交易机构和森林资源资产评估机构。2012年湖南省林业厅颁发了《湖南省林业厅关于进一步加强林权流转管理工作的意见》（湘林改〔2012〕14号），印发了林权流转合同书、林权抵押他项权证等格式文本，林权登记管理和流转监管工作得到了进一步加强。2014年11月6日湖南省正式揭牌成立中部林业产权交易服务中心，并正式投入运营，这是我国中部第一家区域性林权交易平台，已与全省120多个县(市、区)分中心实现了网络的互联互通，发展综合(交易)会员45家，招募各类企业会员124家。2016年，湖南省人民政府办公厅印发了《湖南省工商资本参与林权流转管理办法》(湘政办发〔2016〕96号)，为有效解决工商资本参与林权流转过程中存在的程序不规范、定价不合理、暗箱操作、强制流转、"炒山炒林"等问题，积极引导工商资本规范参与林权流转投资林业建设，在全国第一个率先出台该类型的省级管理办法，建立起工商资本参与林权流转的准入、监管制度及激励机制，原国家林业局在"林业改革动态"中对《湖南省工商资本参与林权流转管理办法》进行了宣传、推介。

第三，逐步健全林业金融支撑体系。2008年农业发展银行湖南省分行、湖南省林业厅出台了《湖南省森林资源资产抵押贷款管理和登记实施细则》(以下简称《细则》)，湖南省农信联社、省林业厅出台了《湖南省森林资源资产抵押贷款管理办法(试行)》(以下简称《办法》)。《细则》与《办法》对森林资源资产抵押贷款的对象和条件、森林资源资产抵押范围、森林资源资产抵押贷款程序、抵押森林资源资产的监督管理与处置等进行了详尽规定，对规范森林资源资产抵押贷款，促进我省林业事业发展，确保信贷资金安全发挥了积极作用。2009年，湖南省林业厅联合中国人民银行长沙中心支行、省财政厅等5家单位印发了《关于做好集体林权制度改革与林业发展金融服务工作的实施意见》。2010年，湖南省林业厅和中国农业银行湖南省分行签订了"关于推进全省油茶产业发展的合作协议"。2011年湖南省省财政、湖南省林业厅、中国保险监督管理委员会等部门建立了森林保险工作协调机制，出台了《湖南省2011年森林保险试点实施方案》(湘财金〔2011〕34号)和《湖南省公益林保险承保理赔操作规程》。2013年，湖南省林业厅根据以上文件精神指示和补贴政策制定了《关于全省2013年森林保险试点有关事项的通知》(湘财金〔2013〕39号)，以确保湖南省森林保险工作的顺利推进，切实给广大林农和林业经营者提供风险保障，提高林业生产经营的积极性，加快湖南省生态文明建设。

第四，积极培育新型林业经营主体。2012年湖南省林业厅联合湖南省财政厅等部门下发了《关于推进农民林业专业合作社发展的意见》(湘林改〔2012〕13号)。"十二五"期间，湖南省共创建全国农民林业专业合作社示范县11个、国家农民林业合作社示范社43个、省级农民林业合作社示范社211个；全省新增农民林业合作社3 594个，是2010年年底林业合作社总数956个的3.8倍。至2016年年底，全省累计注册登记农民林业合作社6 886个，累计创建农民林业合作社国家示范社62个、省级示范社275个、市县级示范社428个；全省共有林业大户、家庭林场、农民林业合作社、林业企业等新型林业经营主体12 715个，比上年增加2 882个，合作经营林地面积201.30万公顷，占全省集体林地的16.6%，比上年增加5.4个百分点。

第五，建立支持林业发展的公共财政制度。根据绿色湖南建设总体布局，按照《国家级公益林区划界定办法》《湖南省公益林区划界定办法》《湖南省国防林的公益林区划界定操作办法》的要求，湖南省开展了公益林补充区划界定工作。截至2012年年底，湖南省省级及以上公益林面积499.5万公顷，其中国家级公益林面积401.08万公顷，省级公益林面积98.42万公顷。为减少资金发放中间环节，有效预防生态公益林补偿资金截留、挪用，2012年，湖南省林业厅制定下发了《关于生态公益林森林生态效益补偿基金全面实施"一卡通"发放的通知》，建立公益林森林生态效益补偿基金发放基础数据库，规范资金发放程序。中共湖南省委办公厅、湖南省人民政府办公厅关于印发《2014年为民办实事实施意见》的通知，将生态公益林保护建设列为2014年省委省政府为民办好的15件实事之一，并将"省级以上生态公益林管护面积到位率100%"和"省级以上公益林补偿资金发放到位率100%"列为2014年省委省政府必须为民办好的26个工作目标之一。2016年在资兴市、宜章县、汝城县、桂东县等地逐步展开生态红线制度试点。

因湖南省内约95%的林地是集体林，公益林和商品林比较均衡，且集体公益林和商品林在2013年年底确权率就达到99.8%。同时，湖南省内较好地开展了各项配套改革。因此，以湖南省为研究区域，对揭示两类资源异质性农户林业生产行为规律有重要的参考价值和意义。

4.3.2 主要研究区域人工造林概况

集体林权制度改革的终极目的，就是要通过"明晰产权、确权到户"，实现林地产权明确到户和营林生产责任明确到户，以此调动农户造林的积极性、推动林业发展。自2012年年底全国完成林改确权到户的主体改革至今，集体林权制度改革是否调动了林地承包农户的营林生产积极性、农户的营林履责情况如何、是否达到了预期目标、如何进一步提高农户营林履责的积极性等问题都是本书关注重点。

根据附录2和图4-3，2003—2007年，主要集体林区省份造林面积呈现较大幅度下降，随着2008—2012年林地确权到户逐步完成，集体林区造林面积不断上升，

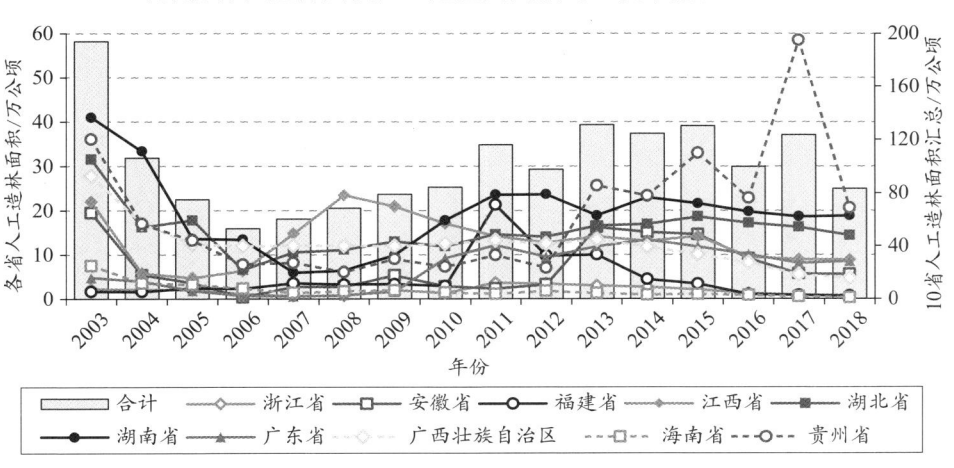

2013—2018年集体林区造林面积在一定范围内相对比较平稳。

图4-3 2003—2018年主要集体林区省(自治区)人工造林面积趋势图

湖南省从2007年开始林改试点，2010年年底基本完成"明晰产权、承包到户"。根据图4-4和附录2可知，林改以来，湖南省人工造林面积有显著的增加趋势，2008—2012年人工造林面积从64.01千公顷，直线上升到236.49千公顷。说明集体林权制度改革对农户造林有显著的积极影响。因林业生产周期长，基本完成造林履责后，湖南省省内造林面积出现短暂下滑。从近5年的造林面积趋势来看，湖南省人工造林面积保持基本稳定。2016年，湖南省林业厅下发《湖南省2017—2019年营造林生产滚动计划》(湘林计〔2016〕62号)，进一步促进了湖南省营造林。2017年共完成人工造林18.6万公顷，2018年全年完成造林面积18.8万公顷，2019年完成人工造林17.6万公顷，均超额完成造林任务。根据《湖南省林业统计分析报告(2018)》，目前湖南省非公有经济造林占比为72%。说明集体林权制度改革和政府政策干预对调动农户造林积极性有重要作用。

4.3.3 主要研究区域农户承包林地造林履责基本概况

农户承包林地造林履责主要是指集体林区农户对承包林地更新造林、宜林荒山荒地造林、低产低效林改造等的具体情况进行分析和评价。本轮集体林权制度改革后，湖南省省内集体林地已基本确权到户，农户成为集体林区营林生产的主体，农户对承包林地是否有效地进行了造林履责，是检验和评价集体林权制度改革成败的重要标尺。

图 4-4 2003—2018 年湖南省人工造林面积趋势图

根据 2012—2018 年原国家林业局集体林权制度跟踪监测项目课题组在湖南省的调查数据整理(参考表 4-4)，报告期 2011—2013 年，约 60%~80% 的样本农户认为本村整体营造林增加；报告期 2014—2017 年，依然有 50% 以上的样本农户认为村营造林增加。值得注意的是，报告期 2017 年，33.4% 的样本农户认为村级营造林减少了。根据集体林区样本农户对本村营造林增加变化评价，在林地确权完成初期农户表现出明显的营造林热情，积极完成承包林地造林履责。造林履责任务基本完成后，调查样本农户认为村营造林增加的比重回落。因林业跨周期(一年)的自然属性，在承包初期农户完成林地造林后，需完成一个采伐周期再进行新一轮人工造林。

表 4-4 报告期 2011—2017 年样本农户对村营造林增减变化评价

年份	不知道		没变化		减少		增加		汇总
	样本农户	占比/%	样本农户	占比/%	样本农户	占比/%	样本农户	占比/%	
2011	17	3.4	80	16.0	5	1.0	398	79.6	500
2012	34	6.8	95	19.0	19	3.8	352	70.4	500
2013	20	4.0	156	31.2	19	3.8	305	61.0	500
2014	28	5.6	169	33.8	31	6.2	272	54.4	500
2015	23	4.6	175	35.0	23	4.6	279	55.8	500
2016	13	2.6	160	32.0	39	7.8	288	57.6	500
2017	19	3.8	45	9.0	167	33.4	269	53.8	500
平均值	—	4.4	—	25.1	—	8.7	—	61.8	

注：根据 2012—2018 年原国家林业局集体林权制度跟踪监测项目课题组在湖南省的调查数据(报告期 2011—2017 年)整理获得。

2017—2018年集体林权制度跟踪监测项目课题组在湖南省对农户承包林地造林履责情况进行了专项调查，样本农户造林履责基本情况参考表4-5。根据原国家林业局专项调查结果，九成以上样本农户已经完成承包林地造林履责，未完成承包林地造林履责农户约占9%。农户完成未造林履责的主要原因包括：第一，林地被火烧未获赔偿(占23.91%)；第二，林地太过细碎化(占13.04%)；第三，立地条件太差(占26.09%)；第四，太过偏远(占15.22%)；第五，被集体统一转包出去了(占17.39)；第六，公祖山(坟地)不好造林(占4.35%)。

表4-5 主要研究区域样本农户承包林地造林履责情况

样本县	调查样本户数	未完成承包林地造林农户	未完成承包林地造林农户占比/%	2017宜林地平均面积/亩	2018宜林地平均面积/亩	近期计划在宜林地造林农户占比/%
慈利县	50	7	14	2.60	1.27	63
花垣县	50	6	12	0.34	0.46	80
凤凰县	50	3	6	0.26	0.34	0
会同县	50	3	6	1.46	1.36	29
沅陵县	50	2	4	0.02	0.02	100
茶陵县	50	9	18	21.94	17.53	13
衡阳县	50	5	10	1.86	1.20	58
蓝山县	50	3	6	0.02	1.22	0
平江县	50	5	10	3.66	2.24	33
新邵县	50	3	6	0.75	0.53	33
平均值	—	—	9	3.29	2.62	42

注：根据2017—2018年原国家林业局农户承包林地营林履责课题专项调查数据整理获得。

此外，宜林地是指各种适宜造林更新的土地，包括宜林荒山荒地、宜林沙荒地等。宜林地是衡量农户对承包林地造林履责的重要测量指标。根据表4-5，2017年500个样本农户平均宜林地面积为3.29亩/户，2018年下降到2.62亩/户，其中茶陵县的宜林地面积最大，茶陵县的荒山荒地主要发生在与江西接界的地段，由于地处偏远、交通不便，造林成本高，管护困难，因此农户造林履责的积极性不高。在未完成承包宜林地造林履责的农户中，有42%的农户近期有造林计划。农户近期不打算对承包宜林地造林履责的主要原因是：第一，立地条件太差；第二，缺乏劳动力造林；第三，缺乏造林资金；第四，没有时间造林等。

总体来看，主要研究区域样本农户承包宜林地面积在不断缩小，造林履责情况较好。

4.4 资源异质性农户造林行为描述性分析

4.4.1 资源异质性农户样本分析

本书以集体林区资源异质性农户为研究对象，本章主要揭示集体林区公益林农户和商品林农户造林行为规律。为了有效利用样本，本研究将家庭林地全部为公益林或家庭公益林占比超过80%的农户作为公益林农户样本，把家庭林地全部为商品林或家庭商品林占比超过80%的农户作为商品林农户样本。根据表4-6，在报告期2011—2017年，公益林农户和商品林农户占总样本数量的90%，且两类农户数量比较均衡。此外，每年都有7~15户样本农户已将家庭林地全部流出，故将这一部分农户剔除。

表4-6 报告期2011—2017年资源异质性农户样本数量[①]

年份	2011	2012	2013	2014	2015	2016	2017	汇总
公益林农户	175	188	203	216	197	217	218	1 414
商品林农户	308	256	215	232	249	234	231	1 725
兼有林农户[②]	4	49	68	38	39	34	36	268
林地全部流出农户	13	7	14	14	15	15	15	93
总样本数	500	500	500	500	500	500	500	3 500

4.4.2 商品林农户造林行为描述性分析

造林就是森林营造本身（沈国舫，2001b），农户造林行为就是森林营造的表现，具体包括农户是否造林、造林面积等。本书主要从造林行为发生率和平均造林面积两个方面描述性分析商品林农户造林行为动态特征。

造林行为发生率指在监测期内商品林农户造林行为发生的比例。根据表4-7，在林改初期，商品林农户造林行为发生率处于整个监测期的顶峰，说明集体林权

---

① 表4-6数据均来自2012—2018年集体林权制度改革跟踪监测项目课题组在湖南省调查的数据。
② 兼有林农户指家庭同时拥有商品林和公益林，但商品林或公益林占家庭林地比例均超过80%的农户。

制度改革对商品林农户造林行为产生明显的激励效果。随后,商品林农户造林行为发生率呈现波动式下降,到报告期2017年,造林行为发生率降至3.46%。

从商品林农户造林规模来看,农户造林规模与造林行为发生率基本趋同。报告期2011年,是整个监测期内商品林农户造林规模最大的一年,报告期2012年,造林规模下降。报告期2013—2017年,商品林农户造林规模整体比较平稳,但在报告期2014年有较大的反弹,平均造林面积达到6.372亩/户。可能的原因是:一方面,随着2012年年底全面完成确权到户的集体林权制度改革,林区放开禁止林木采伐的要求,商品林农户根据自身意愿集中采伐后,对采伐迹地进行造林更新;另一方面,2013年原国家林业局发布《国家林业局关于进一步加强集体林权流转管理工作的通知》(林改发〔2013〕39号),政府鼓励商品林经营权流转以发挥适度规模经营优势,林地流转可能是2014年出现造林面积大幅增加的原因之一。

表4-7 报告期2011—2017年商品林农户造林行为

年份	2011	2012	2013	2014	2015	2016	2017
商品林农户/户	308	256	215	232	249	234	231
造林农户/户	147	94	18	16	20	29	8
无造林农户/户	161	162	197	216	229	205	223
造林行为发生率/%	47.73	36.72	8.37	6.90	8.03	12.39	3.46
平均造林面积/(亩·年$^{-1}$)	14.17	3.262	1.312	6.372	0.933	0.816	0.486

注:造林行为发生率=有造林行为商品林农户/商品林农户总户数。

4.4.3 公益林农户造林行为描述性分析

根据表4-8,在报告期2011—2017年,公益林农户造林行为呈现明显的阶段性趋势特征。第一阶段:报告期2011—2012年,公益林农户造林行为发生率较高,特别是报告期2011年,造林行为发生率为61.14%,样本农户平均造林面积为6.44亩/户。湖南省从2008年正式启动林改,截至2012年年底基本完成林地确权的改革任务,说明随着林权明晰,新的林权制度激励公益林农户产生积极的造林意愿。第二阶段:报告期2013—2015年,公益林农户造林行为发生率低于5%,样本农户平均造林面积小于1亩/户。可能的原因是:一方面,林业生产具有跨周期性特征,农户在同一个生产周期内一般只需要造林一次,如果没有宜林地或采伐迹地就不需要造林;另一方面,公益林以发挥生态效益功能为主导,公益林采伐比商品林受到更大的限制。因此,公益林采伐周期可能比商品林延长,公益林农户在这一阶段没有造林行为是正常情况。第三阶段：报告期2016—2017年，公益林农户造林行为发生率出现攀升，特别是报告期2016年，造林行为发生率为18.89%，样本农户平均造林面积为1.72亩/户。可能的原因是：2015年湖南省林业厅、湖南省财政厅下发了《湖南省林业厅 湖南省财政厅关于实施森林禁伐减伐三年行动的通知》(湘林资〔2015〕25号)，从2016年1月1日开始实施。十个样本县中只有两个(衡阳县、平江县)不在禁伐减伐范围内，其他八个样本县都纳入禁伐减伐区域。为了避开这一禁伐周期，部分样本农户在2015年可能存在采伐行为，因此，报告期2016年公益林造林行为出现反弹。

表4-8 报告期2011—2017年公益林农户造林行为

年份	2011	2012	2013	2014	2015	2016	2017
公益林农户/户	175	188	203	216	197	217	218
造林农户/户	107	59	7	4	8	41	12
无造林农户/户	68	129	196	212	189	176	206
造林行为发生率/%	61.14	31.38	3.45	1.85	4.06	18.89	5.50
平均造林面积/(亩·年$^{-1}$)	6.44	2.75	0.47	0.12	0.87	1.72	0.10

注：造林行为发生率＝有造林行为公益林农户／公益林农户总户数。

4.4.4 资源异质性农户造林行为比较

(1)资源异质性农户造林行为发生率比较。根据图4-5，两类资源异质性农户在整个监测期内的造林行为发生率均呈现L形趋势特征，两类农户的造林行为发生率表现为交替领先。报告期2011年，公益林农户行为发生率显著高于商品林农户；报告期2012—2015年，两类农户的造林行为发生率直线下降，且商品林农户造林行为发生率一直高于公益林农户；报告期2016—2017年，公益林农户造林行为发生率再一次高于商品林农户。说明在林地确权初期，两类资源异质性农户都较好地完成了承包林地的造林履责，造林行为发生率在报告期2013年以后一直都比较平稳，报告期2016年两类异质性农户造林行为发生率出现明显峰值，且公益林农户的造林行为发生率峰值高于商品林农户，这可能与2016年的湖南省实施三年禁伐减伐干预政策有关。

(2)资源异质性农户造林规模比较。根据图4-6，两类资源异质性农户在整个监测期内呈现下降趋势特征。报告期2011—2015年，两类资源异质性农户造林面积总体都处于下降趋势，商品林农户的平均造林面积一直高于公益林农户，特别是在报告期2014年，商品林农户出现一个峰值。报告期2016年，公益林农户造林面积均值在整个监测期内第一次超过商品林农户。报告期2017年，公益林农户造林面积再次回落，商品林农户平均造林面积再一次超过公益林农户。整体来看，商品林农户造林面积一直高于公益林农户，这可能与商品林农户家庭林地面积均值(38.95亩/户)是公益林农户家庭林地面积均值(19.14亩/户)的2倍有关。报告期2016年出现的逆转，可能是政府通过禁伐减伐强制干预公益林生产而引发的结果。

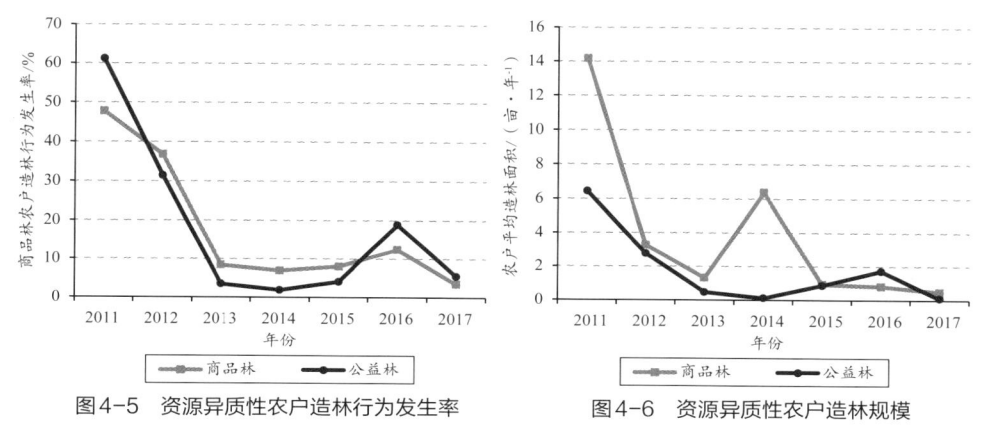

图4-5 资源异质性农户造林行为发生率

图4-6 资源异质性农户造林规模

4.5 资源异质性农户造林行为实证研究分析

本研究采用 Stata 15.1 软件，分别对计量模型（Ⅰ）~（Ⅳ）进行实证分析。在本研究中将农户造林行为分解为造林意愿和造林规模，分别通过 Hausman 检验和 LR 检验，两类资源异质性农户造林意愿模型都采用面板二值选择模型的随机效应估计，造林规模模型均采用面板 Tobit 的随机效应估计。计量模型中的分类变量，在估计中以各变量中赋值最小的一项作为基准项。表4-9中估计模型(1)~(4)分别对两类资源异质性农户造林意愿和造林规模进行了估计，估计模型(1)~(4)的 Wald 检验均在1%的置信水平下显著，表明自变量对因变量有较强的解释能力。

特别说明的是：在表4-9模型(3)中，因变量是二分类变量，Stata 软件在对公益林农户造林意愿模型进行回归估计时，造林补贴金额、是否参加森林保险、是否加入林业合作组织三个变量被软件自动删除。根据表4-9中(3)~(4)估计模型结果，林权抵押贷款、林木采伐管理两项政府管制政策对公益林农户造林行为没有显著影响，且生态补偿对公益林农户采伐行为为显著负相关，故没有再将理论模型（Ⅲ）~（Ⅳ）中的交互项（$GR \times EC$）纳入计量估计模型做进一步检验。

4.5.1 检验假设1：林地确权与资源异质性农户造林行为

根据表4-9中估计模型(1)~(2)，林地确权的测量变量——确权林地面积占比系数对商品林农户造林意愿和造林规模呈现负相关、不显著。根据表4-9中估计模型(3)~(4)，林地确权对公益林农户造林意愿和造林规模均呈现正相关、不显著。说明林地确权对两类资源异质性农户造林行为没有统计学意义上的显著作用，但影响方向相反。

造林是林业生产周期的起点，根据描述性分析中表4-7和表4-8数据可知，在林改初期两类资源异质性农户确实表现出明显的造林积极性，说明集体林权制度改革产生的产权激励效应能激发农户的造林热情。但是由于林业跨周期性自然属性及政府对林木采伐的管制等原因，随着时间的推移，两类资源异质性农户造林发生率明显降低，从而出现集体林权制度改革对农户造林行为短期效应显著，长期效益递减，这可能是林地确权对两类资源异质性农户造林行为在统计学意义上不显著的原因。

4.5.2 检验假设2：政府干预与商品林农户造林行为

政府干预政策包括林业扶持政策和管制政策两个方面。林业扶持政策方面，本书主要讨论造林补贴、政策性森林保险、林业科技服务、林业合作组织、林权抵押贷款政策对商品林农户造林行为的影响。根据表4-9模型(1)~(2)，第一，造林补贴政策的测量变量——造林补贴金额系数对商品林农户造林意愿和造林规模均在1%的置信水平显著正相关，说明造林补贴政策有效地激励了商品林农户造林积极性，符合理论假设。第二，森林保险政策的测量变量——是否参加森林保险系数对商品林农户造林意愿在1%的置信水平显著正相关，对商品林农户造林规模正相关、不显著，说明相比没有参加森林保险的农户，参加了森林保险的农户有显著的造林意愿。一方面，森林保险能降低林业生产经营风险，且政府给予参保政策性森林保险的商品林农户55%的保费补贴，另一方面，森林保险也是商品林农户林业生产成本之一，这可能是政策性森林保险对商品林农户造林意愿显著正相关，而对造林规模正相关、不显著的原因。第三，林业科技服务的测量变量——是否接受林业科技服务系数对商品林农户造林意愿在5%的置信水平显著正相关，对商品林农户造林规模不显著、正相关，说明相比没有接受林业科技服务的农户，接受林业科技服务的农户有显著的积极造林意愿。第四，林业合作组织的测量变量——是否加入林业合作组织系数对商品林农户造林意愿和造林规模都不显著、负相关。说明林业合作组织对商品林造林这一生产环节暂时没有显著的积极影响。第五，林权抵押贷款的测量变量——林权抵押贷款政策认知评价的系数对商品林农户造林意愿和造林规模均不显著、正相关。可能的原因是：为了解决林区资金短缺问题，政府以林木、林地为抵押标的帮助商品林农户解决资源短缺困难。然而，在实践操作中，森林资源的流动性约束和高自然风险使得银行等金融单位对实施林权抵押贷款十分谨慎，普通小规模商品林农户想要获得林权抵押贷款依然困难重重。

林业管制政策方面，本书主要讨论林木采伐限额管理对商品林农户造林行为的影响。根据表4-9模型(1)~(2)，林木采伐限额管理制度的测量变量——林木采伐管理政策认知评价的系数对商品林农户造林意愿不显著、负相关，对商品林农户造林规模在1%的置信水平显著负相关，说明相比不了解林木采伐限额管理的商品林农户，了解这一政策的商品林农户显著降低了造林规模，与研究假设相符。采伐收入是商品林农户的主要收入来源之一，尽管发挥经济效益是商品林的主导功能，政府为了避免第一次集体林权制度改革时的乱砍滥伐情况，新一轮林改中政府并未放松对商品林木的采伐限额管理，进而消极影响了商品林农户的造林行为。

4.5.3 检验假设3：政府干预与公益林农户造林行为

林业扶持政策方面，根据表4-9模型(3)~(4)，本研究主要关注了造林补贴、政策性森林保险、林业科技服务、林业合作组织、生态补偿政策对公益林农户造林行为的影响。第一，造林补贴的测量变量——造林补贴金额的系数在1%的置信水平对公益林农户造林规模显著正相关，说明造林补贴政策有效地激励公益林农户造林行为，符合理论假设。该变量在公益林农户造林意愿模型中被软件自动删除。第二，政策性森林保险的测量变量——是否参加森林保险系数对公益林农户造林规模在1%的置信水平显著正相关，说明相比没有参加政策性森林保险的农户，参加森林保险的农户显著扩大了造林规模，符合理论假设。该变量在公益林农户造林意愿模型中被软件自动删除。说明政策性森林保险政策能有效激发公益林农户造林热情。第三，林业科技服务的测量变量——是否接受林业科技服务系数对公益林农户造林意愿在10%的置信水平显著正相关，对公益林农户造林规模不显著、正相关。第四，林业合作组织的测量变量——是否加入林业合作组织系数对公益林农户造林规模不显著、负相关。该变量在公益林农户造林意愿模型中被软件自动删除。第五，生态补偿的测量变量——生态补偿政策认知评价的系数对公益林农户造林意愿、造林规模均在5%的置信水平显著负相关，说明相比不了解生态补偿政策的农户，了解该政策的农户显著降低了造林意愿和造林规模，这与假设不相符合。湖南省政府及相关林业部门一直十分重视生态公益林保护建设工程。自2014年始国家将集体和个人公益林生态补偿标准提高到225元/公顷，湖南省额外补偿国家级公益林30元/公顷（陈业强 等，2017）。此外，湖南省逐年增加财政补贴标准，对公益林进行市一级、县一级的补贴，生态公益林保护建设工程已成为湖南省重要的生态和民生工程（胡长清 等，2013）。然而，湖南、江西、广西等南方重点集体林林区常见的杉木用材林年均收入达1 200元/公顷，毛竹林年均收入达750元/公顷（吴萍，2012），均远远高于公益林每年225元/公顷的生态补偿。公益林农户对生产补偿的预期是以林木采伐收入为影子价格，当生态补偿标准低于林木采伐收入影子价格时，生态补偿并不能促进公益林农户产生积极的造林行为。

林业管制政策方面，根据表4-9模型(3)~(4)，本研究主要关注了林权抵押贷款、林木采伐限额管理对公益林农户造林行为的影响。第一，林权抵押贷款的测量变量——林权抵押贷款政策认知评价的系数对公益林农户造林意愿和造林规模均不显著、负相关，说明公益林林权抵押贷款限制并未显著消极影响公益林农户造林行为。第二，林木采伐限额管理的测量变量——林木采伐管理政策认知评价的系数对公益林农户造林意愿和造林规模均不显著、正相关。说明林木采伐限额管理政策并未对公益林农户造林行为产生统计学意义上的显著消极影响。可能的原因是：一方面，林改后政府不断改革林木采伐管制政策，特别是2016年后，湖南省政府完全放开对竹林(含公益林)的采伐限额，公益林农户的竹林处置权增强[①]；另一方面，林业生产周期长，公益林的林木采伐限制政策的影响效果存在滞后性，当没有达到一个林木生产周期时，公益林农户不会明显感受到林木采伐限

---

① 特别说明：本书部分样本研究区域划入湖南省生态廊道建设，属于公益林。根据《湖南省人民政府办公厅关于加快推进生态廊道建设的意见》（湘政办发〔2018〕83号）："生态廊道内一律禁止商业性林木采伐。"然而，这一政策规定与本书的解释并不矛盾。原因如下：第一，根据2019年修订的《中华人民共和国森林法》第八十三条第二项："林木，包括树木和竹子。"第二，《中华人民共和国森林法》第五十五条第三项、第五十六条规定："自然保护区的林木，禁止采伐。但是，因防治林业有害生物、森林防火、维护主要保护对象生存环境、遭受自然灾害等特殊情况必须采伐的实验区的除外。""采伐自然保护区以外的竹林，不需要申请采伐许可证，但应当符合林木采伐技术规程。"此外，《中华人民共和国森林法》第五十五条第一项明确规定："公益林只能进行抚育、更新和低质低效林改造性质的采伐。"即竹林公益林同时适应《中华人民共和国森林法》中以上规定。第三，在"生态廊道"中禁止砍伐竹林，属地方严格落实"保护优先""集中连片"等要求的具体举措，《中华人民共和国森林法》是上位法，政策以法律的规定为前提，政策与法律不存在冲突。

制政策对其采伐收入的影响,且生态补偿能弥补一部分采伐损失。

表4-9 资源异质性农户造林行为影响因素实证结果

类别	模型(1)商品林农户造林意愿	模型(2)商品林农户造林规模	模型(3)公益林农户造林意愿	模型(4)公益林农户造林规模
Ⅰ 林地确权:				
确权林地面积占比	−1.026 (−1.45)	−0.002 73 (−0.06)	0.276 (0.18)	0.020 4 (0.68)
Ⅱ 政府干预:				
造林补贴金额	1.191*** (6.68)	0.084 6*** (13.92)	0 (.)	0.065 6*** (17.19)
是否参加森林保险	1.538*** (2.75)	0.031 4 (0.98)	0 (.)	0.106*** (3.23)
是否接受林业科技服务	0.511** (2.09)	0.000 726 (0.06)	0.353* (1.68)	0.005 05 (1.02)
是否加入林业合作组织	−1.188 (−1.19)	−0.041 2 (−0.75)	0 (.)	−0.029 1 (−0.87)
林权抵押贷款政策认知评价	0.329 (0.43)	0.070 8 (1.14)	−0.067 8 (−0.08)	−0.012 9 (−0.53)
林木采伐管理政策认知评价	−0.402 (−0.49)	−0.174*** (−2.65)	1.034 (1.12)	0.025 2 (1.12)
生态补偿政策认知评价			−1.042** (−2.24)	−0.029 1** (−2.40)
Ⅲ 控制变量:				
家庭劳动力	−0.200* (−1.65)	−0.002 01 (−0.29)	−0.027 3 (−0.22)	−0.003 12 (−1.13)
采伐林地占比	−1.464 (−1.63)	0.022 5 (0.45)	−0.402 (−0.28)	−0.047 5* (−1.70)
家庭收入	0.185*** (4.21)	−0.000 611 (−0.24)	0.077 9 (1.61)	0.001 26 (1.14)
地区虚拟变量	控制	控制	控制	控制
截距项	−4.460*** (−3.63)	0.138* (1.66)	−3.570* (−1.80)	−0.044 7 (−0.80)
lnsig2u	0.076 1 (0.10)		0.203 (0.29)	
sigma_u		0.146*** (13.58)		3.39e−18 (0.00)
sigma_e		0.279*** (39.42)		0.108*** (40.20)
N	997	997	756	808

注:括号中为 t 的统计信息;* 表示 $p<0.10$,** 表示 $p<0.05$,*** 表示 $p<0.01$。

4.6 本章小结

本章在介绍研究区域集体林权制度改革及人工造林等基本情况的基础上，首先，利用研究区域2012—2018年连续跟踪调查数据（报告期2011—2017年）揭示了商品林农户和公益林农户造林行为动态趋势规律；然后，根据理论分析和研究假设，实证检验了林地确权、政府干预（包括政府管制政策和政府扶持政策）对两类资源异质性农户造林意愿和造林规模的影响规律。

根据描述性分析研究结果，两类资源异质性农户林改以来的造林行为发生率和造林面积在整个监测期内均呈现L形趋势特征，即在林改初期造林热情高，随后急剧下降，报告期2013年后，两类资源异质性农户的造林行为发生率和造林面积都比较平稳。第一，造林行为发生率方面，在整个监测期内，两类资源异质性农户造林行为发生率呈现交替领先趋势特征，且商品林农户领先时间较长。第二，造林面积方面，商品林农户造林面积整体高于公益林农户，仅在报告期2016年低于公益林农户。在报告期2014年，商品林农户造林面积出现峰值。描述性分析结果说明林改确权初期两类异质性农户均呈现积极的造林行为，随着样本农户基本完成承包林地造林，林业生产进入自然生长期，呈现低造林行为发生率和低造林规模阶段。

根据实证研究结果，第一，林地确权。尽管根据描述性分析，在林地确权初期两类资源异质性农户均表现出积极的造林行为，但实证结果显示：在控制其他变量的情况下，林地确权对两类资源异质性农户造林行为影响在统计学意义上并不显著。研究结果说明林权制度改革对集体林区农户造林行为有短期影响，缺乏长期持续性，这一结论与相关研究文献一致（刘炳薪 等，2019；朱文清 等，2019a）。

第二，政府干预方面。①造林补贴对商品林农户造林意愿和造林规模、公益林农户造林规模均呈现显著正相关，说明造林补贴能降低两类农户林业生产成本，促进农户林业生产意愿和生产规模，从而增加市场林木供给和生态服务供给。该变量在公益林农户造林意愿模型中被软件自动删除。②政策性森林保险显著促进商品林农户造林意愿与公益林农户造林规模，对商品林农户造林规模不显著，该变量在公益林农户造林意愿模型中被软件自动删除。政府通过保费补贴干预集体林区农户森林保险需求，从而降低农户林业生产经营风险，促进了两类农户造林行为。③林业科技服务仅对两类资源异质性农户造林意愿显著正相关，对两类资源异质性农户造林规模正相关、不显著。④林业合作组织对商品林农户造林意愿和造林规模以及公益林农户造林规模均不显著、负相关,该变量在公益林农户造林意愿模型中被软件自动删除。说明林业合作组织并未在造林环节对两类资源异质性农户产生显著积极的影响。⑤林权抵押贷款对商品林农户造林意愿和造林规模不显著、正相关,对公益林农户造林意愿和造林规模不显著、负相关。可能的原因是:一方面,购买森林保险是申请林权抵押贷款的前置条件,湖南省并未对商品林进行政策性统保,造成部分农户申请林权抵押贷款条件不足;另一方面,大部分样本农户家庭林地面积小,对申请林权抵押贷款政策、程序不了解,交易成本太高。因林权抵押贷款在实践中供需双方都存在重重阻碍和困难,可能是导致林权抵押贷款政策对商品林农户没有显著积极影响,对公益林农户也没有显著消极影响的原因。⑥林木采伐限额管理制度对商品林农户造林规模显著负相关,对商品林农户造林意愿不显著、负相关,对公益林农户造林意愿、造林规模不显著、正相关。说明林木采伐限额管理制度显著消极影响商品林农户造林行为,对公益林农户造林行为未产生消极影响。可能的原因是:一方面,商品林以自主经营、发挥经济效益为主,采伐收入是商品林农户的主要收入来源。林改之后,政府尽管不断改革林木采伐管理制度,但为了保障生态安全,并未完全放开对商品林木的采伐管制,进而消极影响商品林农户的造林行为。另一方面,公益林以发挥生态效益为主,长期受到严格的采伐限制,稍微放松林木和竹材的采伐管制会鼓励公益林农户的造林热情,且生态补偿能在一定程度上弥补采伐受限损失。⑦生态补偿对公益林农户造林意愿和造林规模都显著负相关,说明生态补偿并不能直接促进公益林农户造林行为。公益林农户对生态补偿标准的预期以林木采伐收入为影子价格,当生态补偿标准低于这一影子价格时,农户容易产生损失厌恶,从而导致生态补偿对农户造林行为产生负面效益。

根据本章研究结果,集体林区两类资源异质性农户造林行为规律存在异同。整体来看,林地确权后农户对承包林地造林履责情况良好,但缺乏长期可持续性。造林补贴、政策性森林保险、林业科技服务等林业扶持政策能有效促进两类资源异质性农户造林行为。林木采伐限额管理等林业管制政策消极影响商品林农户造林行为。生态补偿标准并不能直接促进公益林农户造林行为。林业合作组织、林权抵押贷款等政策存在较大政策效率提升空间。

第5章　集体林区资源异质性农户管护行为及差异研究

林业管护是继造林之后的另一个重要林业生产环节,指在森林达到成熟林以前的生长发育过程中所进行的促进林木生长、提高林分质量、改善环境条件,以提高林业生产率的一系列措施,包括修枝、割灌、竹林抚育、间伐等(曾庆君 等,2006;金珂丞 等,2016;陈业强 等,2017)。加强林业管护对实现林改"双增"目标,提升森林资源质量、增加森林蓄积、增强森林储碳功能等均有重要作用。

长期以来,我国林业高度重视造林绿化与采伐利用,忽视了林业管护这一中间环节。这种"只抓两头、不抓中间"的做法,导致我国林产品需求与生态环境安全冲突进一步加剧,森林资源质量存在较大的提升空间,这也是我国与林业发达国家的差距所在(汪丽 等,2018)。2008—2012年新一轮集体林权制度改革基本完成了商品林和公益林从集体权益向个体权益的转变,集体林区农户成为商品林和公益林的经营管护主体,农户林业管护行为是增加森林蓄积、维护生态安全的根本所在,是解决市场林木需求与生态环境安全矛盾的关键。因此,集体林区农户管护行为与我国乡村振兴、生态环境治理等问题紧密相连。

林改后,学术界主要关注了农户林业管护意愿及管护绩效等问题,研究结果认为林改后农户林业管护意愿增强,森林资源数量和质量都有所增长(王莉娟 等,2014;秦涛 等,2014b)。然而,林改后政府对公益林以发挥生态效益为主、商品林以发挥经济效益为主的林业分类经营定位并未改变,从而导致林区农户林业经济效益优先与政府分类经营管理、生态效益优先的主要经营目标冲突。一方面,根据产权激励理论,林地确权后林区农户拥有林业生产经营决策权,外部性问题内在化,农户在经济效益最大化的驱动下产生林业管护意愿、林业管护投入积极性;另一方面,为了避免大规模的乱砍滥伐行为,林改后政府并没有放松对商品林和公益林的林木采伐管制(曹兰芳 等，2015)。同时，政府通过实施森林抚育补贴等林业扶持政策激励农户林业管护积极性。总的来看，为维护生态安全、保证公益林以发挥生态效益为主的目标，政府对公益林的管制政策比商品林更加严格。政府管制会降低农户林业收入期望，农户林业管护意愿降低，产生"只种不管"、林业管护投入不足等消极的管护行为(杨萍 等，2013)。

林地确权与政府干预(林业支持政策和林业管制政策)同时作用于农户管护行为的影响结果如何？为了科学解答这一问题，本章将分别实证研究林地确权、政府干预对商品林农户和公益林农户管护行为的影响规律及差异。

5.1 理论分析与研究假设

5.1.1 林地确权与资源异质性农户管护行为

大量文献通过理论阐释、丰富的调查数据或年鉴数据分析及实证研究证实了新一轮集体林权制度改革作用于农户管护行为，降低了林业灾害次数、提高了林业经济绩效和生态绩效。孔凡斌等(2009)通过比较分析林改前、林改后林业统计年鉴数据，发现林改后森林火灾受灾面积下降83.66%，研究认为林业产权激励对调动农户林业管护积极性起到了显著作用。张英等(2015)搜集了1950—2013年省级面板森林灾害数据，采用断点回归验证了集体林权制度改革作用于农户管护行为对降低森林灾害(包括森林火灾和森林病虫害等)的影响，研究认为集体林权制度改革促进了农户林业管护行为，大幅度降低了森林灾害面积。杨扬等(2018a)运用南方集体林区调查数据实证研究了事实产权、感知产权对农户管护行为的影响，研究结果认为感知产权对农户管护行为有显著影响，事实产权能强化感知产权，对农户管护行为有显著的正向激励作用。

尽管大量文献通过理论分析和实证研究证明林地确权对农户管护行为有显著积极的促进作用，但这一研究结论是以集体林区整体农户为研究对象。林改后，公益林与商品林在林木采伐、林权抵押贷款等方面存在明显的政府管制差异，即公益林与商品林同权不同利。因此，林地确权产生的产权激励效应是否对两类资源异质性农户管护行为都存在显著影响仍应该进行实证检验。基于此，提出以下研究假设：

H1a：林地确权对商品林农户管护行为产生显著正效应；

H1b：林地确权对公益林农户管护行为产生显著正效应。

5.1.2 政府干预与资源异质性农户管护行为

因我国长期以来对林业管护这一中间环节的忽视，较少有林业政策以促进林业管护为政策目的或政策对象(潘丹 等，2019)，最具代表性的文件是1988年原林业部发布的《封山育林管理暂行办法》和2013年《国家林业局关于切实加强天保工程区森林抚育工作的指导意见》(林天发〔2013〕6号)。为了实现林改"双增"目标、提高森林质量和维护生态安全，2009年财政部和原国家林业局决定开展森林抚育补贴试点工作，2010年财政部、国家林业局颁布的《财政部 国家林业局关于开展2010年森林抚育补贴试点工作的意见》(财农〔2010〕113号)、《森林抚育补贴试点资金管理暂行办法》(财农〔2010〕546号)，对全国11个省(自治区)开展森林抚育的试点地区制定了森林抚育补贴标准、补贴资金管理办法、中幼龄林抚育补贴试点作业设计规定。2014年原国家林业局正式颁布《森林抚育作业设计规定》(林造发〔2014〕140号)。《中央财政林业补助资金管理办法》(财农〔2014〕)9号规定，中央财政安排的森林抚育补贴标准为平均每亩100元[①]，通过补贴集体林区农户部分抚育管护成本，从而引导和促进了农户管护行为。同时，林改后政府实施的政策性森林保险、林业科技服务等林业扶持政策调动了农户管护行为积极性。

国家根据"合理经营、永续利用"和"用材林消耗量必须低于生长量"的原则在《中华人民共和国森林法》和《中华人民共和国森林法实施条例》确立了森林采伐限额管理制度以加强对森林资源的采伐管制(何文剑 等，2016c)。根据林业分类经营管理制度，商品林以发挥经济效益为主，鼓励商品林农户自主经营林业。然而，林改后政府对商品林的采伐管制并没有大幅度放松。商品林采伐依然要申请采伐指标，受到采伐限额管制。林木采伐收入是农户林业收入的主要来源之一，当商品林农户申请采伐指标困难时，在一定程度上会影响其林业管护的积极性。因此，提出研究假设：

H2a：林业扶持政策(抚育补贴、政策性森林保险、林权抵押贷款、林业科技服务、林业合作组织等)会促进商品林农户管护行为；

H2b：林业管制政策(林木采伐管理制度等)会消极影响商品林农户管护行为。

根据林业分类经营管理理念，公益林以发挥生态效益为主。公益林农户作为

[①] 补贴资金用于森林抚育有关费用支出，包括间伐、修枝、除草、割灌、采伐剩余物清理运输、简易作业道路修建等生产作业的劳务用工和机械燃油等直接支出以及作业设计、检查验收、档案管理、成效监测等间接支出。

"理性人"，在经济效应最大化目标驱使下，容易对公益林过度经济开发，从而产生公益林农户经济效益最大化目标与政府生态效益最大化目标之间的矛盾。政府一方面通过向公益林农户提供公益林生态补偿弱化这一矛盾；另一方面，出台一系列管制政策以保证公益林发挥生态效益为主。政府对公益林的管制政策主要包括：公益林采伐管制[《国家级公益林管理办法》(林资发〔2013〕71号)]、公益林林权抵押贷款管制[《中国银监会 国家林业局关于林权抵押贷款的实施意见》(银监发〔2013〕32号)]、流转管制(《国家林业局关于规范集体林权流转市场运行的意见》[林改发〔2016〕100号])等，其中公益林流转限制主要指区划界定为公益林的林地、林木暂不进行转让，但允许以转包、出租、入股等方式流转。相比商品林，公益林受到流转限制程度较轻，故本研究重点关注公益林采伐限制和林权抵押贷款限制。

经济落后、资金短缺是集体林区的普遍特征，但公益林在林木采伐和林权抵押贷款两方面受到政府双重管制。一方面，政府对公益林的采伐管制比商品林更加严格；另一方面，根据2004年《森林资源资产抵押登记办法(试行)》和2013年《中国银监会 国家林业局关于林权抵押贷款的实施意见》(银监发〔2013〕32号)规定：生态公益林森林、林木和林地使用权不得抵押。在政府管制下，公益林农户对未来林业收入信心不足，可能产生消极的管护行为。据此，提出本书的研究假设：

H3a：林业扶持政策(抚育补贴、政策性森林保险、林权抵押贷款、林业科技服务、林业合作组织等)对公益林农户管护行为产生积极效应；

H3b：林业管制政策(林木采伐管制、林权抵押贷款等)对公益林农户管护行为产生消极影响。

根据上述分析，政府对公益林管制可能影响公益林农户林业管护积极性，需要通过一种利益诱导机制解决公益林的经济价值目标与生态价值目标之间的冲突，激发公益林农户林业管护积极性。生态补偿正是这样一种利益诱导机制(吴萍，2011)。然而，研究结论普遍认为当前的生态补偿标准低于公益林农户受偿期望值，进而导致公益林农户管护行为不积极，需提高生态补偿标准、优化生态补偿机制，从而激发公益林农户积极的管护行为(唐钊，2018；王奕淇 等，2019；吴乐 等，2019；盛文萍 等，2019)。理论上，生态补偿具有促进公益林农户管护行为的作用，但现实中可能存在生态补偿标准低于农户受偿意愿进而导致消极管护行为。

据此提出研究假设：

H3c：公益林生态补偿对促进公益林农户管护行为有积极影响，当生态补偿标准低于农户受偿意愿时生态补偿对公益林农户管护行为的影响方向不明确。

管护行为是林业生产中的重要中间环节，主要包括林业管护意愿和管护强度两个方面。根据上文的理论分析框架，本书首先实证检验林地确权对两类资源异质性农户林业管护意愿和管护强度的影响（H1a、H1b）；然后检验政府干预对商品林农户林业管护意愿和管护行为的影响（H2a、H2b）；最后验证政府干预对公益林农户林业管护意愿和管护强度的影响（H3a、H3b、H3c）。生态补偿机制的主要目标是补偿公益林农户因公益林受到政府管制而产生的经济损失，从而弱化政府管制产生的消极影响，促进公益林农户积极的管护行为。因此，如果政府管制政策对公益林农户存在显著消极影响，需要进一步检验生态补偿弱化政府管制消极影响的中介效应。

5.2 构建计量模型、估计方法及数据来源

5.2.1 构建计量模型

根据前文的理论分析和研究假设，本书将管护行为分解为林业管护意愿和林业管护规模两个方面，主要检验林地确权、政府干预（林业扶持政策和林业管制政策）对两类资源异质性农户管护行为的影响。首先，构建商品林农户林业管护意愿、管护规模的计量模型，即模型（Ⅰ）~（Ⅱ）；其次，构建公益林农户林业管护意愿和管护规模的计量模型，即模型（Ⅲ）~（Ⅳ）。

模型（Ⅰ）：$CKD_{it} = \alpha_1 + \beta_{12}FR_{it} + \beta_{22}GI_{it} + \gamma_1 Z_{it} + \mu_i + \varepsilon_{it}$

模型（Ⅱ）：$CKG_{it} = \alpha_1^1 + \beta_{12}^1 FR_{it} + \beta_{22}^1 GI_{it} + \gamma_1^1 Z_{it} + \mu_i^1 + \varepsilon_{it}^1$

模型（Ⅲ）：$PKD_{it} = \theta_1 + \varphi_{12}FR_{it} + \varphi_{22}GI_{it} + \varphi_{32}GR_{it} \times EC_{it} + \tau_1 Z_{it} + \mu_i' + \varepsilon_{it}'$

模型（Ⅳ）：$PKG_{it} = \theta_1^1 + \varphi_{12}^1 FR_{it} + \varphi_{22}^1 GI_{it} + \varphi_{32}^1 GR_{it} \times EC_{it} + \tau_1^1 Z_{it} + \mu_i^* + \varepsilon_{it}^*$

模型（Ⅰ）~（Ⅳ）中的下标 i 表示农户，t 表示时间。模型（Ⅰ）~（Ⅱ）的因变量 CKD、CKG 分别表示商品林农户林业管护意愿和管护规模；模型（Ⅲ）~（Ⅳ）的因变量 PKD、PKG 分别表示公益林农户林业管护意愿和管护规模。管护意愿是单位时间（一年）内农户是否进行管护，取值为 0 或 1；管护规模是农户在单位时间（一年）内林地管护面积占家庭林地面积比例。

模型（Ⅰ）~（Ⅳ）中，FR、GI 是关键解释变量，是本研究关注的重点。FR 表

示林地确权,用确权林地比例变量测量。GI 表示政府干预,包括林业扶持政策和林业管制政策两个方面。第一,林业扶持政策方面,本书主要关注抚育补贴、政策性森林保险、林业科技服务、林业合作组织、林权抵押贷款等政策对商品林农户管护行为的影响;主要关注生态补偿、抚育补贴、政策性森林保险、林业科技服务、林业合作组织对公益林农户管护行为的影响。第二,林业管制政策方面,本研究主要关注林木采伐限额管理制度对商品林农户管护行为的影响;主要关注林木采伐限额制度、林权抵押贷款政策对公益林农户管护行为的影响。模型(Ⅲ)~(Ⅳ)中包含交叉项 $GR \times EC$ 是政府管制(GR)与生态补偿(EC)的交互项,用于检验生态补偿能否弱化政府管制消极影响以促进公益林农户管护行为。当林木采伐管制、林权抵押贷款等政府管制政策对公益林农户管护行为有显著消极影响时,将这一交叉项纳入模型进行检验估计。因农户对林业政策的参与度、认知度直接影响政府干预政策的效果,故本研究用抚育补贴面积、是否参加森林保险、是否接受林业科技服务、是否加入林业合作组织、林权抵押贷款认知评价、林木采伐限额管理认知评价等指标测量各项政府干预政策,主要变量的界定请参考表4-1和表5-1。

表5-1 主要变量基本统计量

变量界定	类别	均值	标准差	最小值	最大值	观测值
公益林管护意愿:公益林农户家庭单位时间(一年)内是否进行管护,1=是,0=否	总体	0.121 0	0.326	0	1	$N=1\,414$
	组间		0.250	0	1	$n=608$
	组内		0.250	−0.546	0.978	$T\text{-}bar=2.326$
公益林管护规模:公益林农户在单位时间(一年)内林地管护面积占家庭林地面积比例	总体	0.068 8	0.243	0	2.768	$N=1414$
	组间		0.181	0	1	$n=608$
	组内		0.192	−0.598	2.376	$T\text{-}bar=2.326$
商品林管护意愿:商品林农户家庭单位时间(一年)内是否进行管护,1=是,0=否	总体	0.171 0	0.377	0	1	$N=1\,725$
	组间		0.363	0	1	$n=705$
	组内		0.257	−0.579	1.028	$T\text{-}bar=2.447$
商品林管护规模:商品林农户在单位时间(一年)内林地管护面积占家庭林地面积比例	总体	0.105 0	0.425	0	13.24	$N=1\,725$
	组间		0.562	0	13.24	$n=705$
	组内		0.197	−0.849	3.214	$T\text{-}bar=2.447$
抚育补贴面积占比:农户在单位时间(一年)获得抚育补贴面积占家庭林地面积比例	总体	0.024 3	0.689	0	39.706	$N=3\,407$
	组间		0.243	0	7.941	$n=1\,166$
	组内		0.615	−7.917	31.789	$T\text{-}bar=2.922$

续表5-1

变量界定	类别	均值	标准差	最小值	最大值	观测值
造林面积占比：农户在单位时间（一年）造林面积占家庭林地面积比例	总体	0.066 9	0.271	0	8.571	$N=3\,407$
	组间		0.192	0	2.388	$n=1\,166$
	组内		0.209	−2.321	6.251	$T\text{-}bar=2.922$
是否参加林业合作组织：0=否，1=是	总体	0.0330	0.177 6	0.00	1.00	$N=3407$
	组间		0.156 4	0.00	1.00	$n=1\,166$
	组内		0.126 0	−0.80	0.89	$bar=2.921\,96$

模型（Ⅰ）~模型（Ⅳ）中 Z 是一组控制变量，具体包括：第一，造林面积占比。因管护是林业生产中间环节，新造林至成熟期间需要进行抚育管护，因此造林面积占比越高，两类资源异质性农户的林业管护意愿越强，管护规模越大。第二，家庭劳动力数量。林业管护需要大量的劳动力投入。理论上家庭劳动力越多，管护行为越积极。受到社会经济环节的影响，劳动力投入林业管护的机会成本较高，家庭劳动力数量与管护行为之间不一定是正相关关系，当然也与农户家庭林业资源依赖程度有关。第三，家庭收入。林业管护需要大量的资本投入，家庭收入越高，管护行为越积极。第四，地区控制变量。因地区差异可能会导致农户管护行为差异，将10个样本县作为地区控制变量。模型（Ⅰ）~（Ⅳ）中主要变量的描述性统计结果请参考表4-1和表5-1。

5.2.2 估计方法

在模型估计方法上，首先，两类资源异质性农户林业管护意愿模型[模型（Ⅰ）和模型（Ⅲ）]的因变量为二值选择数据，采用"面板二值选择模型"。其次，两类资源异质性农户林业管护规模模型的被解释变量为林业管护强度[模型（Ⅱ）和模型（Ⅳ）]，数据的左侧截取点为 $C=0$，适合采用 Panel Tobit 模型。因各种情况导致农户没有进行林业管护时，因变量 CKG/PKG（商品林农户/公益林农户管护规模）=0。本研究将采用豪斯曼检验和 LR 检验来确定估计模型采用哪种估计方法（混合回归、随机效应估计与固定效应估计）。

理论模型（Ⅳ）通过 Panel Tobit 估计，检验政府管制政策（林权抵押贷款政策、林木采伐制度）对公益林农户林业管护意愿和管护规模是否存在显著负向影响。如果假设成立，则进一步检验生态补偿弱化林业管制政策的作用是否显著；如果假设不成立，检验停止。

5.2.3 数据来源

本研究的数据来自集体林权制度改革跟踪监测项目课题组在湖南省500个样本农户的固定观测数据，调查时间为2012—2018年，报告期为2011—2017年。课题组根据森林资源状况和社会经济条件在湖南省选择了平江县、新邵县、沅陵县、茶陵县、慈利县、凤凰县、衡阳县、花垣县、会同县、蓝山县10个样本县，每个样本县随机抽取5个样本村，根据户籍名单，在每个样本村中随机抽取10个样本户，最终形成了比较稳定的500个观测样本。本书将500个样本进行了分类筛选，两类资源异质性农户样本情况请参考表4-3。

5.3 研究区域林业管护基本概况

造林之后、采伐之前都属于林业管护生产环节。根据图5-1和附录3，2003—2010年期间主要集体林区省份的林业管护面积都比较平稳；2011年之后，伴随着林地确权到户后造林面积增加，主要集体林区省份的林业管护面积呈现直线上升趋势。说明林改后集体林区农户对承包林地较好地进行了林业管护履责。

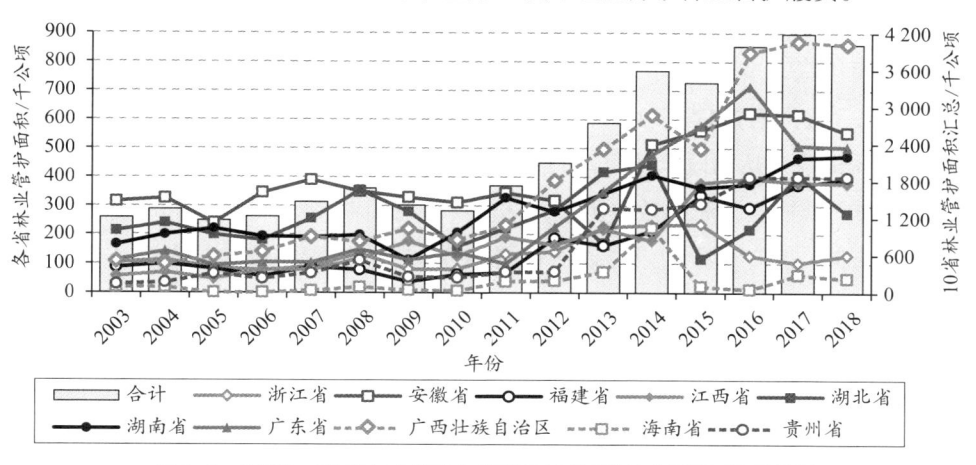

图5-1 2003—2018年主要集体林区省(自治区)林业管护面积趋势图

湖南省约95%的林地是集体林地，是重要的南方集体林区省份。根据图5-2和附录3，湖南省林业管护面积在林改前后呈现明显的产权制度改革效应。林改前(2003—2007)，湖南省林业管护面积平稳；林改中(2008—2010)，因林地承包经营主体的调整和变更，林业生产明显停滞，林业管护面积显著下降，特别是2009年湖南省林业管护面积仅为112.59千公顷，明显低于林改前和林改后年份林业管护面积；林改后(2011—2019)，林业管护面积大幅度攀升，说明林改确权产生了积极的产权激励效应。整体来看，林改前后湖南省林业管护面积呈现明显的差异，林改后林业管护面积明显上升。

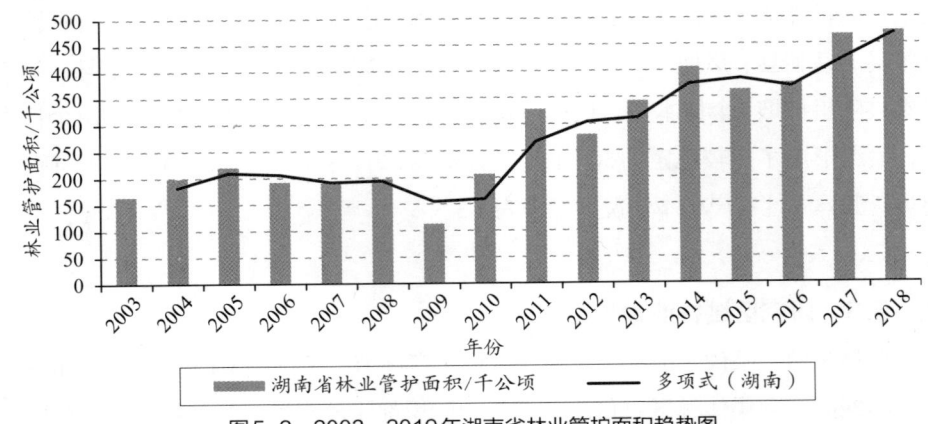

图5-2　2003—2019年湖南省林业管护面积趋势图

农户对承包林地林业管护履责是实现林改"双增"目标的重要方面。根据表5-2，第一，报告期2011年，71.6%的样本农户认为整村林业管护增加了，说明湖南省在2010年年底完成确权到户主体改革后，林权激励效应明显，农户管护行为积极。第二，报告期2012—2015年，约55%的农户依然认为整村林业管护增加，约30%~40%的农户认为政策林业管护无变化。可能的原因是：林改确权初期，明晰产权对农户管护行为激励效应明显，林业具有跨周期特征，随着时间的推移，造林面积减少、且产权激励效应缺乏长期持续性，农户管护行为并未进一步增加。第三，报告期2016—2017年，约60%~70%的农户认为本村林业管护增加。可能的原因是：2016年国务院办公厅印发《国务院办公厅关于完善集体林权制度的意见》(国办发〔2016〕83号)，进一步强调在承包权稳定的基础上，加强经营权的灵活性，完善集体林业良性发展机制，强调减少政府对集体林微观生产经营行为的管制，充分释放市场活力，从而进一步调动农户林业管护积极性。

湖南省从2009年开始林业抚育补贴试点工作，是我国首批试点省份(贡佳萍，2010)，森林抚育补贴政策的实施可能是湖南省林业管护绩效成效显著的重要原因。从用材林方面来看，现有文献调查研究了湖南省杉木、马尾松、国外松、阔叶树、杨树等典型优势树种，研究结果认为经过抚育管护的杉木、马尾松、国外松、阔叶树和杨树在胸径、树高、立木蓄积和生物量的年均增长上均高于未经过抚育管护的林木(汪丽 等，2018)。湖南省典型优势树种森林抚育管护投入与中央财政直接补贴的比值为2.68∶1(汪丽 等，2018)。尽管中央财政林业抚育补贴金额在逐年增加，但依然存在严重的补贴供给短缺，能够获得中央财政100元/亩抚育管护补贴的林区农户十分有限。从经济林方面来看，以湖南省油茶为例，根据湖南省《2018年林业统计分析报告》，2018年湖南省油茶种植面积达2111万亩，位居全国第一。2013—2018年湖南省的油茶种植面积一直占全国油茶种植总面积的30%以上，占比远高于位居第二的江西省(占全国油茶种植面积22.69%)。根据湖南省林业厅、湖南省发展和改革委员会、湖南省财政厅颁布的《湖南省油茶产业基地建设目标考核办法(试行)》(湘林造〔2012〕8号)：新造油茶林补助不低于600元/亩；低改垦复补助不低于300元/亩；从第二年起新造油茶林抚育管理补助不低于100元/亩，连续补助2年。因油茶是湖南省重点扶持的林业产业，油茶种植面积趋势明显，油茶抚育管护补贴政策惠及了众多商品林农户。

表5-2 报告期2011—2017年样本农户对村林业管护增减变化评价

年份	不知道		没变化		减少		增加	
	样本农户	占比/%	样本农户	占比/%	样本农户	占比/%	样本农户	占比/%
2011	22	4.4	112	22.4	8	1.6	358	71.6
2012	45	9.0	165	33.0	9	1.8	281	56.2
2013	14	2.8	202	40.4	10	2.0	274	54.8
2014	36	7.2	176	35.2	15	3.0	273	54.6
2015	17	3.4	192	38.4	9	1.8	282	56.4
2016	17	3.4	125	25.0	7	1.4	351	70.2
2017	10	2.0	44	8.8	141	28.2	305	61.0
平均值	—	4.6	—	29.0	—	5.7	—	60.7

另一方面，根据《中央财政林业补助资金管理办法》(财农〔2014〕9号)，森林抚育管护补贴对象为国有林中的幼龄林和中龄林、集体和个人所有的公益林中的幼龄林和中龄林。2016年前集体和个人所有的商品林尚未纳入中央财政森林抚育补贴范围；2016年后政府逐步将集体和个人所有的商品林纳入中央财政森林抚育补贴范围，更好地实现中央财政支农惠农、改善民生的政策目标。根据相关林业补贴政策，公益林农户是林业抚育管护补贴对象。然而，因公益林受到比商品林更加严格的采伐限制，公益林采伐、造林一般不成规模，需抚育管护林地面积规

模较小，进而导致大量的小面积公益林农户难以享受到抚育补贴。在集体林权制度改革跟踪监测项目课题组在湖南省每年监测的公益林农户中，每年能够得抚育补贴的公益林样本农户几乎为零。

整体来看，森林抚育补贴政策对调动农户管护行为有重要积极作用，进而提升湖南省森林资源质量、提高林分产量。同时，湖南省通过实施公益林政策性统保、鼓励商品林购买政策性森林保险、不断完善林业金融保障机制、积极开展林业科技服务、发展林业合作组织等林业政策直接或间接促进农户管护行为。

5.4 资源异质性农户管护行为描述性分析

5.4.1 商品林农户管护行为描述性分析

根据表5-3，商品林农户管护行为呈现阶段性特征。从实际抚育管护面积与需要抚育管护面积对比来看，报告期2011—2012年，商品林农户实际抚育管护面积低于需要抚育管护面积。这一时间段是处于集体林地确权扫尾阶段，农户的林业生产重心是完成宜林地造林，抚育管护是继造林之后的林业生产环节。报告期2013—2017年，商品林农户对需要抚育管护的林地全部进行了抚育管护，报告期2014—2016年，甚至出现实际抚育管护面积超过需要抚育管护面积。根据林业管护的概念，抚育管护主要针对的是中幼林。林改确权后，为了提升林业生产效率，部分商品林农户可能对成林也进行了相应的管护。从管护面积占家庭林地面积比例来看，商品林农户这一指标呈现逐年递减趋势。根据表4-7，商品林农户造林面积呈现逐年递减趋势，林业生产环节的关联性可能是导致商品林农户管护面积占家庭林地面积比例逐年递减的原因。

5.4.2 公益林农户管护行为描述性分析

根据表5-3，从实际抚育管护面积与需要抚育管护面积对比来看，公益林农户仅在报告期2011年和2016年实际抚育管护面积小于需要抚育管护面积，监测期内的其他年份公益林农户对需要抚育林地100%进行了抚育管护。2011年处于林改确权时期，2016年湖南省对重点生态区位实施禁伐减伐，政府对禁伐区进行了封山育林。从管护面积占家庭林地面积比例来看，公益林农户这一指标呈现逐年递减趋势。

表5-3 报告期2011—2017年资源异质性农户管护行为

	年份	2011	2012	2013	2014	2015	2016	2017	平均值
公益林农户	家庭林地面积/亩	34.62	39.74	36.46	31.99	33.62	36.95	36.73	35.71
	需要抚育管护面积/亩	14.91	2.49	0.89	0.10	0.27	0.84	0.22	2.52
	实际抚育管护面积/亩	10.2	2.49	0.89	0.10	0.27	0.82	0.22	1.94
	实际管护占需要管护面积比例/%	68	100	100	100	100	98	100	77
	管护面积占家庭林地面积比例/%	29	6	2	0.32	1	2	1	5
商品林农户	家庭林地面积/亩	76.96	68.56	79.58	79.32	60.05	79.36	77.97	74.38
	需要抚育管护面积/亩	44.08	19.16	5.12	5.54	1.59	1.72	0.94	12.69
	实际抚育管护面积/亩	25.17	17.59	5.12	5.92	2.43	1.74	0.94	9.25
	实际管护占需要管护面积比例/%	57	92	100	107	152	101	100	73
	管护面积占家庭林地面积比例/%	33	26	6	7	4	2	1	12

5.4.3 资源异质性农户管护行为比较

(1) 资源异质性农户实际抚育管护面积比较。根据图5-3，林改后，两类资源异质性农户实际抚育管护面积呈现倾斜的L形趋势特征，商品林农户实际抚育管护面积在整个监测期都高于公益林农户。商品林农户实际抚育管护面积呈现明显的阶梯式下降趋势特征。第一阶段为报告期2011—2012年，商品林农户的实际抚育管护面积处于较高水平；第二阶段为报告期2013—2014年，商品林农户实际抚育管护面积下降趋势明显；第三阶段为报告期2015—2017年，商品林农户实际抚育管护面积进一步下降，2017年降到约1亩/户的水平。公益林农户实际抚育管护面积曲线比商品林农户相对平滑，可以分为两个阶段：第一阶段为报告期2011—2013年，公益林农户实际抚育管护面积从10.2亩/户下降到0.89亩/户；第二阶段为报告期2014—2017年，公益林农户实际抚育管护面积都低于1亩/户。

(2) 资源异质性农户管护面积占家庭林地面积比例比较。根据图5-4，两类资源异质性农户管护面积占家庭林地面积比例都呈L形趋势特征。在报告期2011—2015年，商品林农户管护面积占家庭林地面积比例高于公益林农户；在报告期2016—2017年，两类资源异质性农户管护面积占家庭林地面积比例完全重合。

(3) 资源异质性农户实际管护面积占需要管护面积比例比较。根据图5-5，报告期2011—2012年，两类资源异质性农户都没有对需要管护林地进行100%的管护抚育。报告期2012年后，两类资源异质性农户对需要管护林地的管护都达到或超过100%，特别是商品林农户在报告期2015年出现管护面积占比的峰值，这可能与商品林农户2014年的造林面积增加有关。

图5-3　资源异质性农户实际抚育管护面积　　图5-4　资源异质性农户管护面积占家庭林地面积比例

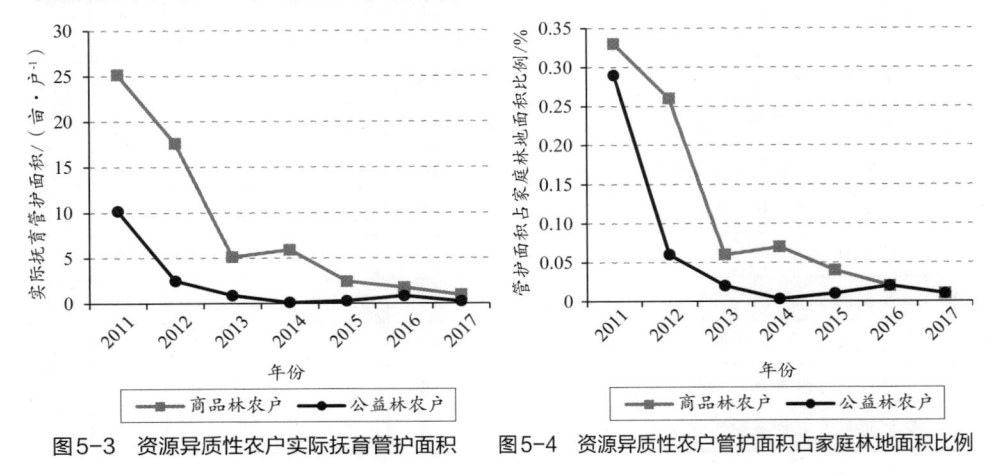

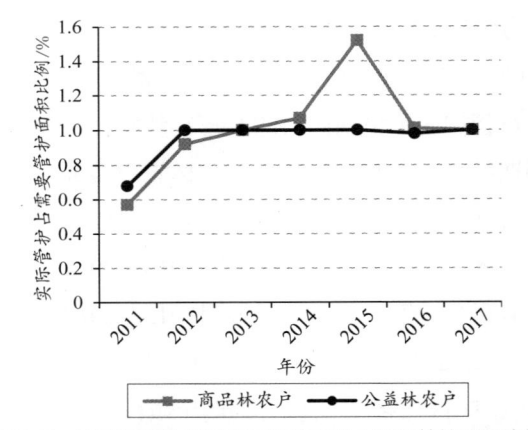

图5-5　资源异质性农户实际管护面积占需要管护面积比例

整体来看，两类资源异质性样本农户在林地确权后都对需要抚育管护林地进行了抚育管护。

5.5　资源异质性农户管护行为实证结果分析

本研究采用Stata 15.1软件，分别对模型（Ⅰ）～（Ⅳ）进行了估计。由于研究数据为面板数据，首先，对两类资源异质性农户林业管护意愿模型[模型（Ⅰ）和模型（Ⅲ）]的估计方法进行识别，通过Hausman检验和LR检验，两个模型均选择随机效应的面板Logit估计。其次，通过LR检验，两类资源异质性农户林业管护强度模型[模型(Ⅱ)和模型(Ⅳ)]均采用随机效应的面板 Tobit 估计。此外，计量模型中的分类变量，在估计中以各变量中赋值最小的一项作为基准项。表5-4中估计模型(1)~(4) Wald 检验均在1%水平下显著，表明自变量对因变量有较强的解释能力。

特别说明的是：表5-4模型(3)中，因变量是二分类变量，Stata 在对公益林农户林业管护意愿模型回归时，抚育补贴金额、林权抵押贷款政策认知评价、林木采伐管理政策认知评价三个变量被软件自动删除。同时在表5-4模型(3)~(4)结果，主要关注的两项林业管制政策(林权抵押贷款、林木采伐管制)均没有对公益林农户管护行为产生显著的消极影响，故没有进一步检验生态补偿弱化林业管制政策消极影响的中介效应，即没有进一步估计理论模型(Ⅲ)~(Ⅳ)中的交叉项 $GR \times EC$。

5.5.1 检验假设1：林地确权与资源异质性农户管护行为

根据表5-4模型(1)~(2)，林地确权的测量变量——确权林地比例的系数对商品林农户林业管护意愿和管护强度不显著、负相关；根据表5-4模型(3)~(4)，林地确权的测量变量——确权林地比例的系数对公益林农户林业管护意愿和管护规模均不显著、负相关。

新一轮集体林权制度变迁实现了集体林从集体权益向个体权益的转变，同时通过《中华人民共和国物权法》等法律、法规政策对确权到户的集体林的使用权、收益权和处分权边界进行了清晰的界定。明晰的产权可以帮助两类资源异质性农户形成合理稳定的林业收益预期，减少不确定性，降低交易成本。尽管统计学意义上林地确权对两类资源异质性农户管护行为都不显著，但是根据表5-3可以看出：集体林地确权后，两类资源异质性农户对承包林地中需要管护林地都进行了管护。

5.5.2 检验假设2：政府干预与商品林农户管护行为

本书主要从林业扶持政策和林业管制政策两个方面考察政府干预对商品林农户管护行为的影响。林业扶持政策方面，主要考察森林抚育补贴、政策性森林保险、林业科技服务、林权抵押贷款、林业合作组织等政策对商品林农户管护行为的影响。根据表5-4模型(1)~(2)，第一，森林抚育补贴政策的测量变量——抚育补贴金额的系数对商品林农户林业管护意愿、管护规模均在1%的置信水平显著正相关，与本章研究假设 H2 相符。第二，政策性森林保险的测量变量——是否参与森林保险的系数对商品林农户林业管护意愿在1%的置信水平显著正相关，对商品林农户林业管护规模不显著，说明相比没有参加森林保险的商品林农户，参加森林保险的农户显著提高了管护意愿，与本章研究假设 H2 相符。第三，林业科技服务的测量变量——是否接受林业科技服务的系数对商品林农户管护意愿、管护规模均不显著。根据实践调查，林业科技服务主要集中在造林阶段，且林业科技服务以发放宣传单等形式为主，缺乏针对性。这可能是林业科技服务对商品林农户管护行为不显著的原因。第四，是否参加林业合作组织分别在5%和1%的置信水平对商品林农户林业管护意愿和管护规模显著正相关，说明相比没有参加林业合作组织的农户，参加合作组织的农户有显著积极的管护行为，与本章研究假设 H2 相符。第五，林权抵押贷款的测量变量——林权抵押贷款政策认知评价的系数对商品林农户林业管护意愿和管护规模均不显著。可能的原因是：林权抵押贷款政策尚未完全推开，鲜少有小规模商品林农户享受到林权抵押贷款政策。

本书主要考察林木采伐管制对商品林农户管护行为的影响。根据表5-4模型(1)~(2)，商品林林木采伐管制测量变量——林木采伐管理政策认知评价的系数均在1%的置信水平与商品林农户管护意愿和管护规模显著正相关，说明相比不了解商品林林木采伐管制的商品林农户，了解林木采伐管制的农户管护意愿、管护强度都在1%的置信水平显著增加，与本章研究假设 H2 不符。实证结果表明，商品林林木采伐管制并没有对商品林农户管护行为产生消极影响。可能的原因是：湖南省从2009年开始实施林木采伐指标"入村到户工程"，将采伐指标分配到县、乡、村、组，基本解决了林农采伐难问题，同时简化采伐审批程序，农户2天即可"一站式"办好采伐证。2011年，湖南省在全国率先启用林木采伐管理信息系统办理林木采伐许可证。根据《集体林权制度改革监测报告(2013)》，林改后集体林区大多按照"公开、透明、便民、利民"的基本取向实施林木采伐管理制度改革。2016年湖南省政府全面放开对竹林的采伐管制。政府简政放权使农民能更加自主地处置林木财产，农民对林木财产的稳定性预期增加，不急于将林木财产采伐"变现"，而是朝着合理利用的方向经营。

5.5.3 检验假设3：政府干预与公益林农户管护行为

本书主要从林业扶持政策和林业管制政策两个方面实证研究政府干预对公益林农户管护行为的影响。

表5-4 资源异质性农户管护行为影响因素实证结果

类别	（1）商品林农户管护意愿	（2）商品林农户管护规模	（3）公益林农户管护意愿	（4）公益林农户管护规模
Ⅰ 林地确权：				
确权林地比例	−0.099 3 （−0.25）	−0.018 1 （−0.45）	−0.491 0 （−0.57）	−0.022 3 （−0.46）
Ⅱ 政府干预：				
抚育补贴金额	0.020 600*** （4.49）	0.000 013*** （6.72）	0 （.）	0.000 244*** （7.30）
政策性森林保险认知评价	0.879 00*** （3.52）	−0.006 88 （−0.30）	−0.408 00 （−0.85）	0.009 42 （0.30）
是否接受林业科技服务	0.021 70 （0.16）	−0.007 54 （−0.78）	−0.005 66 （−0.04）	−0.016 2** （−2.01）
是否参加林业合作组织	0.817** （2.45）	0.134*** （3.44）	0.624 （0.88）	0.103** （2.15）
林权抵押贷款政策认知评价	1.149 0 （1.59）	−0.029 8 （−0.56）	0 （.）	0.046 5 （1.34）
林木采伐管理政策认知评价	3.634 0*** （3.74）	0.303 0*** （5.46）	0 （.）	0.033 9 （1.15）
生态补偿政策认知评价			−1.515*** （−5.75）	−0.124*** （−7.78）
Ⅲ 控制变量：				
家庭劳动力数量	−0.163 00** （−2.53）	−0.007 55 （−1.29）	−0.133 00* （−1.72）	−0.005 01 （−1.18）
造林面积占比	1.478*** （5.07）	0.193*** （7.79）	1.172*** （3.05）	0.211*** （6.75）
家庭林业收入	0.223 00*** （9.76）	0.012 00*** （7.17）	0.072 70*** （3.09）	0.008 84*** （5.97）
地区虚拟变量	控制	控制	控制	控制
截距项	−8.723 0*** （−8.00）	−0.027 7 （−0.33）	−0.861 0 （−0.75）	0.060 8 （0.81）
lnsig2u	−0.785 （−1.03）		−2.021 （−0.75）	
sigma_u		0.471*** （28.87）		7.71e-19 （0.00）
sigma_e		0.241*** （42.28）		0.219*** （53.18）
N	1 725	1 725	1 251	1 414

注：括号内为 t 的统计信息；* 表示 $p<0.10$，** 表示 $p<0.05$，*** 表示 $p<0.01$。

林业扶持政策方面，本研究主要考虑抚育补贴政策、生态补偿政策、政策性森林保险、林业合作组织等林业扶持政策对公益林农户管护行为的影响。根据表5-4模型(3)~(4)，第一，抚育补贴政策的测量变量——抚育补贴金额的系数对公益林农户林业管护规模在1%的置信水平显著正相关，与本章研究假设H3相符。根据实际调查访谈，获得抚育补贴的公益林农户极少，该变量在公益林农户管护意愿模型中被删除。第二，政策性森林保险的测量变量——是否参与森林保险的系数对公益林农户管护意愿和管护规模都不显著。根据实践调查，湖南省自2011年开始对全省公益林实行政策性统保，各级政府对公益林保费补贴90%~100%，但信息不对称、定损难、理赔难等原因削弱了政策性森林保险的政策效果。第三，林业科技服务的测量变量——是否接受林业科技服务对公益林农户林业管护意愿不显著、负相关，对公益林农户管护规模在5%的置信水平显著负相关。可能的原因是：林改后政府增加对林业机械化的投入，比如通过飞机播撒农药防治病虫害等，降低了森林管护需求。第四，林业合作组织的测量变量——是否加入林业合作组织对公益林农户林业管护意愿不显著、正相关，对公益林农户林业管护规模在5%的置信水平显著正相关，说明加入林业合作组织的农户显著提高了林业管护规模，与本章研究假设H3相符。第五，生态补偿政策的测量变量——生态补偿政策认知评价的系数在1%的置信水平对公益林农户林业管护意愿和管护规模显著负相关，说明相比不了解生态补偿政策的公益林农户，了解该政策的农户显著降低了林业管护意愿和管护规模，与本章研究假设H3不相符。可能的原因是：尽管政府在1998年设立森林生态效益补偿基金，2004年建立中央森林生态效益补偿资金，对提供生态效益的防护林和特种用途林进行补偿。然而，公益林农户作为"理性人"，追求林业经济效益最大化，林木采伐收入是其对生态补偿标准的影子价格，当生态补偿不能达到影子价格水平时，生态补偿并不能直接激发公益林农户林业管护的热情，实证研究结果与现有文献研究结果相同。

林业管制政策方面，本研究主要考虑林权抵押贷款政策、林木采伐管理制度对公益林农户管护行为的影响。第一，林权抵押贷款的测量变量——林权抵押贷款政策认知评价的系数对公益林农户管护规模无显著影响，该变量在公益林农户管护意愿模型中被软件自动删除。尽管公益林不能作为林权抵押贷款标的，但是根据《国务院办公厅关于完善集体林权制度的意见》(国办发〔2016〕83号)等文件，为了保障公益林的主导功能不变，同时解决公益林农户融资难，政府开始建立和完善林权质押贷款，公益林农户通过生态补偿权获得质押贷款。第二，林木采伐管制测量变量——林木采伐管理政策认知评价的系数对公益林农户林业管护规模不显著、正相关，该变量在公益林农户管护意愿模型中被软件自动删除，说明林木采伐管制政策并未对公益林农户管护行为产生统计学意义上的显著消极影响。

控制变量中：第一，家庭劳动力数量在5%的置信水平对商品林农户林业管护意愿显著负相关，在10%的置信水平对公益林农户管护意愿显著负相关。第二，造林面积占比均在1%的置信水平对商品林农户以及公益林农户林业管护意愿和管护规模显著正相关。第三，家庭林业收入在1%的置信水平对商品林农户以及公益林农户林业管护意愿和管护规模显著正相关。

5.6 本章小结

林业管护是林业生产的中间环节，加强林业管护对提高森林资源质量、降低林业风险，进而提升林业生态绩效和经济绩效十分重要。本章在介绍研究区域林业管护基本情况的基础上，首先利用研究区域2012—2018年的连续跟踪调查数据（报告期2011—2017年）揭示了商品林农户和公益林农户管护行为动态趋势规律；然后，根据理论分析和研究假设，实证研究了林地确权、政府干预（包括政府管制政策和政府扶持政策）对两类资源异质性农户管护行为（包括管护意愿和管护规模）的影响规律。

根据描述性分析研究结果，在林改初期（报告期2011—2012年）两类资源异质性农户实际管护林地面积基本小于需要管护面积；2012年以后两类资源异质性农户对需要管护的林地100%进行了管护。比较来看，第一，实际抚育管护面积方面，两类资源异质性农户都呈现倾斜的L形趋势特征，商品林农户实际抚育管护面积在整个监测期都高于公益林农户。第二，管护林地面积占家庭林地面积比例方面，两类资源异质性农户都呈现L形趋势特征，商品林农户管护林地面积占家庭林地面积比例在2011—2015年领先于公益林农户，在报告期2017—2018年重合。第三，实际管护面积占需要管护面积比例方面，在整个监测期内呈现交替领先趋势特征。整体来看，两类资源异质性农户在林改后都对承包林地进行了管护履责，林改初期管护面积占比较大，随后林地管护面积下降并保持平稳。

根据实证研究结果，第一，林地确权。尽管描述性统计分析显示报告期2012年后两类资源异质性农户对需要管护的林地100%进行了管护，但是实证研究结果显示林地确权对两类资源异质性农户林业管护意愿和管护行为均没有统计学意义上的显著影响。说明林地确权并不是持续显著促进两类农户管护行为的制度因素。第二，政府干预方面。①抚育补贴政策显著积极影响商品林农户林业管护意愿和管护规模，显著积极影响公益林农户林业管护规模，在公益林管护意愿模型中这一变量被软件自动删除，说明抚育补贴政策能显著促进两类农户的管护行为。然而，根据实践调查，抚育补贴政策并未全面覆盖，能获得抚育补贴的小规模农户较少，由于采伐管制导致公益林的生产周期比商品林更长，因此能获得抚育补贴的公益林农户更少。②政策性森林保险对商品林农户林业管护意愿有显著积极影响，对商品林农户管护规模、公益林农户林业管护意愿和管护规模均不显著。③林业科技服务对商品林农户林业管护意愿和管护规模都不显著，对公益林农户林业管护意愿不显著、负相关，对公益林管护规模有显著负向影响。④参加林业合作组织对商品林农户管护意愿和管护规模有显著的积极影响，对公益林农户管护规模有显著的积极影响，对公益林农户管护意愿不显著、正相关。说明政府通过培育新型经营主体对带动当地农户林业管护热情有重要作用。⑤林权抵押贷款对商品林农户林业管护意愿和管护规模均不显著、分别呈现正相关和负相关，对公益林农户林业管护规模不显著、正相关，该变量在公益林农户管护意愿模型中被软件自动删除。根据实践调查，因供需双方交易成本、信息成本过高，林权抵押贷款并未开展起来，说明这一政策的政策效率还有较大的提升空间。⑥林木采伐管理制度对商品林农户林业管护意愿和管护规模均显著、正相关，对公益林农户林业管护规模不显著、正相关，在公益林农户管护意愿模型中被软件自动删除。实证研究结果说明林改后政府对林木采伐管理制度进行了一系列的"放管服"改革，这一政府管制政策没有对两类异质性农户管护行为产生消极影响。⑦生态补偿对公益林农户管护意愿和管护规模显著、负相关，说明生态补偿不能弥补公益林农户林权受限的心理预期损失。

根据以上研究结果，集体林区两类资源异质性农户管护行为规律存在异同。整体来看，农户对承包林地抚育管护履责的情况较好。大部分林业扶持政策(抚育补贴、林业合作组织等)尽管对两类资源异质性农户管护行为影响有差异，但均能有效促进两类资源异质性农户管护行为；林业管制政策并未对两类资源异质性农户产生显著消极影响，特别是本书中考察的两项林业管制政策并没有对公益林农户管护行为产生显著消极影响。然而，林权抵押贷款、林业科技服务、政策性森林保险等政策依然存在较大的政策效率提升空间。

第6章 集体林区资源异质性农户采伐行为及差异研究

林木采伐利用是一个林业生产周期的终结环节，是农户林业生产收入主要来源之一，是各方利益相关者博弈的焦点。一方面随着林权证的颁发，明晰林权的林改主体改革任务基本完成，以"放活经营权、落实处置权和保障收益权"为目的的配套政策体系不断推进，赋予林区林业经营主体更多的林业生成经营自主权；另一方面为了维护生态安全、避免农户乱砍滥伐等短期趋利行为，林改后政府并未放松对商品林和公益林的林木采伐管制。因此，采伐利用是林业生产过程中生态公益与林权私益矛盾的集中体现（龙新毛 等，2005；李俊杰，2005；张会儒 等，2007；万志芳 等，2007；李周，2008；陈杰 等，2011；等）。

本书首先将在剖析林木采伐管理制度变迁和理论分析的基础上，通过描述性分析揭示林改后农户是否存在乱砍滥伐等短期行为，再实证研究林地确权、政府干预对两类资源异质性农户采伐行为的影响及差异。

6.1 林木采伐管理制度变迁

林木采伐管理制度是我国森林资源管理体系中最重要的组成部分，是国家为了保护森林资源和生态环境，通过设定采伐限额，实施采伐指标分配、申请及采伐监督等行政管制方式来实现森林资源的永续利用和生态环境的可持续发展（吴叶 等，2015）。林木采伐管理制度从1987年实施至今，有效控制了森林资源过量消耗的局面，在人口增长和经济高速发展的前提下，全国森林资源消耗呈现下降趋势（田明华 等，2003）。因此，林木采伐管理制度对严格控制森林资源过量消耗，保护森林资源、促进林业可持续发展具有重大的现实意义。

我国对林木的采伐管制经历了三个阶段：弱采伐管制、强采伐管制和分类采伐管制。第一阶段：弱采伐管制阶段。从中华人民共和国成立到20世纪70年代，在特定的经济环境下，我国林业生产以超计划生产木材为目标导向，森林资源及生态环境遭受严重破坏（何文剑 等，2016a）。第二阶段：强采伐管制阶段。为了保证生态安全、实现林业可持续经营，1987年国家开始实施林木采伐管理制度以加强对森林资源的采伐管制，实行凭证采伐、凭证运输、凭证加工等管理措施。1998年修正的《中华人民共和国森林法》第二十九条、第三十二条规定："国家根据用材林的消耗量低于生长量的原则，严格控制森林年采伐量"；"采伐林木必须申请采伐许可证，按许可证的规定进行采伐；农村居民采伐自留地和房前屋后个人所有的零星林木除外。"《森林采伐更新管理办法》和《国务院批转国家林业局关于各省、自治区、直辖市"十五"期间年森林采伐限额审核意见报告的通知》（国发〔2001〕2号）明确规定：严禁以抚育采伐为名，加大林木采伐的出材量。要坚决防止"采大留小，采好留坏"降低森林质量的行为。第三阶段：分类采伐管制阶段。为了解决林业生态效益与经济效益主导功能冲突，2003年6月25日发布的《中共中央国务院关于加快林业发展的决定》（中发〔2003〕9号）明确提出："实行林业分类经营管理体制。在充分发挥森林多方面功能的前提下，按照主要功能用途的不同，将全国林业区分为公益林业和商品林业两大类，分别采取不同的管理体制、经营机制和政策措施。"政府明确了对商品林和公益林的分类采伐管制。2013年，原国家林业局、财政部印发《国家级公益林管理办法》（林资发〔2013〕71号），各省纷纷出台公益林采伐管理办法，进一步明确了公益林采伐规定。

  林木采伐管理制度是国家平衡各方利益相关主体追求效益最大化的管理体系。林木采伐管理制度从建立至今，已经演化成一套成熟的管理体系，主要由以下七个方面构成（柯水发，2013）：

  第一，森林限额采伐制度，是林木采伐管理制度的核心，是林业主管部门依据法定程序和方法制定的，经国家行政主管部门批准的，具有法律效力的特定行政区域或经营单位每年以各种方式采伐消耗的森林资源蓄积最大限额，是国家对森林和林木采伐限定的最大控制指标。森林采伐限额制度通过编制各采伐类型和消耗结构的森林采伐指标，确定一定时期内（通常为5年）某地区或某单位采伐立木蓄积（包括毛竹）的最大限量，同时制定相应的管理办法，包括组织机构人员、实施细则、审批执行程序、检查监督措施等，确保这一制度的实行。

  第二，年度木材生产计划制度，是国家用来控制、调节年度商品材消耗林木数量的法律手段，是保证商品材采伐量不突破相应的采伐限额的具体措施。1998年修正的《中华人民共和国森林法》第三十条规定"国家制定统一的年度木材生产计划。年度木材生产计划不得超过批准的年采伐限额。"年度木材生产计划的范围既包括国家统配材、商品材，也包括地方用材及生产单位和群众的自用材，除了农村村民自留山薪炭林的采伐外，凡采伐全民所有制单位经营管理的森林、林木，集体所有的森林、林木和农村村民自留山的林木，都必须纳入国家年度生产计划。

第三，采伐许可证制度，是指林业主管机关根据行政相对人的申请，经依法审查，给符合法定条件的申请人颁发森林采伐许可证，赋予其采伐森林权利的一项法律制度。这是森林采伐限额制度得以落实的又一重要保障。林木采伐许可证是采伐林木的单位或个人依照法律规定办理的准许采伐林木的证明文件。制定林木采伐许可证制度的主要目的，就是要对用材林采伐进行控制，制定合理的年采伐限额，宏观控制森林资源消耗，以保证森林资源的永续利用。

第四，木材运输监督检查制度，1998年修正的《中华人民共和国森林法》第三十七条规定："从林区运出木材，必须持有林业主管部门发给的运输证件"；"依法取得采伐许可证后，按照许可证的规定采伐的木材，从林区运出时，林业主管部门应当发给运输证件"。木材运输监督检查制度是控制林木采伐的一项重要法律制度。

第五，木材经营（加工）许可证制度，是控制森林资源消耗的另一个重要措施，其主要内容是对木材生产、加工、销售环节的监督与管理。《中华人民共和国森林法实施条例》第三十四条规定："在林区经营（含加工）木材，必须经县级以上人民政府林业主管部门批准"；"木材收购单位和个人不得收购没有木材采伐许可证或者其他合法来源证明的木材"。

第六，森林采伐限额执行情况核查制度。我国根据《关于加强森林采伐限额执行情况监督检查若干问题的通知》（林资〔1991〕110号），建立了国家、省、地（林管局）、县（林业局）四级监督检查制度，实行分级负责，逐级检查。对各级采伐限额执行情况、森林资源消长状况，建立检查、考核的通报制度和监督机制。

第七，森林采伐更新制度，在森林采伐更新方面，我国曾先后颁发过三个规程：①1956年由原林业部颁发的《国有林主伐试行规程》；②1960年由原林业部颁发的《国有林主伐试行规程》；③1973年由原农林部颁发的《森林采伐更新规程》。森林采伐更新制度在总结上述三个规程和实施经验的基础上制定形成。它对森林采伐的种类，采伐许可证的管理，用材林的主伐方式及其技术规程，水库和湖泊周围、江河和干渠两岸、铁路和公路干线两侧等特殊地带森林采伐的特殊要求，国营林业局和国营、集体林场采伐作业的技术规程，采伐更新后的检查验收等，做出了明确具体的规定。同时还提出了优先发展人工更新，人工促进天然更新与天然更新相结合的森林更新原则，以及更新质量必须达到的具体标准。

综上所述，1998年修正的《中华人民共和国森林法》确立了以森林采伐限额、采伐许可证和木材运输证制度为主体的林木采伐管理制度体系，对保护和发展森林资源起到了重要作用。新一轮集体林权制度改革完成"明晰林权"后，林木采伐管理制度限制了林业经营主体的生产经营决策，影响林业经营主体林木处置权，进而使得林木收益权受限。学术界普遍认为商品林以发挥经济效益为主，应充分放开商品林的采伐权，建议取消采伐限额，放开集体林或者人工商品林采伐许可和木材运输管制（何文剑 等，2016b；郭斌 等，2019）。然而，也有观点认为，采伐限额和采伐许可是保护森林资源的重要的宏观调控手段，完全放开林木采伐和木材运输管制，可能造成采伐失控，进而使得森林资源遭到严重破坏（侯一蕾，2015）。为了更好地适应新的林权环境，2019年第十三届全国人民代表大会常务委员会第十五次会议修订了《中华人民共和国森林法》，进一步完善了林木采伐管理制度，具体修改内容主要有五个方面：

第一，下放采伐限额审批权。将1998年修正的《中华人民共和国森林法》中有关采伐限额由省级人民政府审核后，报国务院批准的规定，修改为采伐限额经征求国务院林业主管部门意见，报省级人民政府批准后公布实施，并报国务院备案。将采伐限额审批权下放后，有利于地方结合本地实际科学编制采伐限额，落实地方责任。国家林业和草原局可以在前期指导的基础上，通过森林资源保护发展目标责任制和考核评价机制加强对地方监管，确保森林资源稳定增长。省级人民政府将编制的采伐限额报国务院备案，也有利于国家准确掌握森林资源消耗情况，提高监管效率。

第二，调整采伐许可证核发范围。1998年修正的《中华人民共和国森林法》规定，采伐林木必须申请采伐许可证。2019年修正规定采伐林地上的林木应当申请采伐许可证，自然保护区以外的竹林不需要申请。非林地上的农田防护林、防风固沙林、护路林、护岸护堤林和城镇林木等的更新采伐，由有关主管部门按照有关规定管理。

第三，完善采伐许可证审批程序。针对实践中林木采伐申请"办证繁、办证慢、办证难""来回跑、不方便"等问题，2019年修订的《中华人民共和国森林法》完善了采伐许可证的核发程序，明确要求县级以上人民政府林业主管部门应当采取措施，方便申请人办理采伐许可证。一是删除了采伐目的、林况等采伐申请材料要求；二是不再"一刀切"地要求申请人必须提交伐区调查设计材料，而是由省级以上人民政府林业主管部门规定一定的面积或者蓄积量基准。超过基准量的，申请者才应提交伐区调查设计材料，没有超过的，则不需提交；三是规定符合林木采伐技术规程的，应当及时核发采伐许可证，明确了不得核发采伐许可证的情形，从正反两方面严格林木采伐管理机制，减小具体执行中的自由裁量空间，切实提高林木采伐办证效率。

第四，增加了林木采伐的特别规定。一是关于采挖移植林木的管理。2019年修订的《中华人民共和国森林法》规定："采挖移植林木按照采伐林木管理办法。"同时，2019年修订的《中华人民共和国森林法》为解决公益林、自然保护区内林木，因林业有害生物防治、森林防火、遭受自然灾害等需要采伐的问题，有针对性地进行了特殊规定。新规定解决了实践中保护性质的采伐措施没有法律依据的问题。

第五，强化森林经营方案的地位和作用。森林生命的长周期和森林类型的多样性决定了森林经营活动的系统性和复杂性，必须按照森林经营方案科学实施。森林经营是以提高森林质量，建立稳定、健康、优质、高效的森林生态系统为目标，为修复和增强森林的供给、调节、服务、支持等多种功能，而开展的一系列贯穿于整个森林生长周期的保护和培育森林的活动。2019年修订的《中华人民共和国森林法》，一是明确国有林业企业事业单位必须编制森林经营方案，并新增了未编制森林经营方案或者未按照批准的森林经营方案开展经营活动的法律责任。二是规定国家支持、引导其他林业经营者编制森林经营方案。三是要求国务院林业主管部门制定编制森林经营方案的具体办法。

第六，根据林业分类经营管理理念，2019年修订的《中华人民共和国森林法》第五十五条对商品林和公益林采伐有明确的规定："公益林只能进行抚育、更新和低质低效林改造性质的采伐。但是，因科研或者实验、防治林业有害生物、建设护林防火设施、营造生物防火隔离带、遭受自然灾害等需要采伐的除外。商品林应当根据不同情况，采取不同采伐方式，严格控制皆伐面积，伐育同步规划实施。"

2019年修订的《中华人民共和国森林法》根据林业分类经营管理的理念，既有效保护森林资源，又要充分保障林业经营者合法权益，进一步改革和完善了林木采伐管理制度。删除了木材生产计划、木材调拨等带有计划经济色彩的内容，取消了木材运输许可制度。坚持森林采伐限额制度(第五十四条)和林木采伐许可证制度(第五十六条)，但下放了森林采伐限额审批权(重点国有林区除外)，取消竹林采伐许可证制度(自然保护区除外)。整体来看，在保证生态安全的基础前提下，政府进一步弱化了林木采伐管理制度对微观林业经营主体林木处置权的限制。

6.2 理论分析

6.2.1 完全竞争情景下的农户采伐行为

在没有政府干预的情况下，集体林区农户是否采伐、采伐规模等经济行为主要取决于边际收益与边际成本比较，或者平均生长量与年生长量比较，即确定最佳森林轮伐期，这也是林业生产中最关键的经济问题。轮伐期是指两次皆伐的间隔年限，是林木的一个生产经营周期。因为一片森林的成本和收益发生在不同时间，所以两者都必须被贴现成现值才能进行比较，可能产生的收益现值和成本现值之差最大时，即产生最大净收益的采伐期就是最佳轮伐期。

农户作为"理性经济人"，其采伐行为的主要追求利润最大期望值。为了便于分析，假设农户只关心森林的商用木材收益的情况，暂时不考虑森林景观、野生动物、动物饲料及其他非木制林产品价值。林分中木材的价值就是立木价值或林价，立木价值是一个农户所期望实现的不管是由自身采伐，还是卖给其他林木收购商、经销商或者林产品生产企业所能获得的净价值。立木价值 S，等于生产者期望从采伐木材并将它以最佳的市场价格销售所得的收益 R，减去其预期的采伐和运输成本 C_h 后的数额。即：

$$S = R - C_h \qquad (6-1)$$

农户如果是出售活立木，森林的价值 $S(t)$ 就是单位立木的价格乘以立木的材积。

$$S(t) = P(t)Q(t) \qquad (6-2)$$

式中，t 指立木的年龄，$S(t)$ 是立木的价值，$P(t)$ 是立木价格，$P(t)$ 是指年龄 t 下活立木的材积，一般用立方米或吨表示。

假设立木价格不变，即 $P(t) = P$，单位林分立木价值随着年龄的增长而增加。主要原因是：第一，木材蓄积量随着树木生长而增加，除非某一林分(逐渐减少的)年生长量超过由于病虫害和森林自然死亡逐渐增长的损失。第二，随着树木增长，单株材积大的木材可以用来制造价值更高的产品。第三，单株材积大的林木的单位采伐成本更低。

单位林分平均价值增长率等于这一年龄的森林的价值除以年龄本身,即 $S(t)/t$。年价值增长量(ΔS)是从某一年到下一年立木价值的增长额,即:

$$\Delta S = S(t+1) - S(t) \tag{6-3}$$

式(6-3)表示如果推迟一年采伐,森林价值的变化额。随着年龄的增加,森林价值的变化量先增加后下降。森林价值平均增长量和年增长量与厂商生产理论中的平均成本和边际成本关系一样。

平均生长量(mean amnual increment,MAI)和年生长量(curent annual increment,CAI)是决定最佳经济采伐期的关键变量。平均生长量是某个林分的蓄积量除以其树龄,即 $Q(t)/t$。年生长量是单位林分当年的生长量,用 $\Delta Q = Q(t+1) - Q(t)$,或者 $Q_t = dQ(t)/dt$,是森林蓄积量 $Q(t)$ 关于 t 的导数。当森林轮伐期满足平均生长量和年生长量相等的条件时,就可以得到该块林地所能生产的最大的平均生产量。

一个要选择最有利的采伐年龄的农户,必须比较森林再生长一年的边际收益和边际成本。更具体地说,农户必须在各个年份中把让森林继续生产一年所得的资本收益 $\Delta S/S(t)$,与这样做的成本相比较。如果暂时不考虑土地成本,农户保持森林的成本是他如果采伐森林,将资本从森林资本转化为货币资本,并按当时的利率进行投资所能获得的收入。所以,为使收入最大,农户只有在森林生长的收益率超过利率时,或者说,只有在森林继续生长的边际效益超过其边际成本时,才能让森林继续生长。否则,就应该采伐森林。换言之,选择最佳采伐年龄的规则是让森林继续生长一年的边际效益(立木价值的增长率)等于资本的机会成本:

$$\Delta S/S(t) = i \tag{6-4}$$

上式意味着,当森林收益的增长率降到资本的机会成本后,农户就会采伐林木。然而,上述结论只考虑了森林资本的占用成本,没有考虑林地成本。假设土地仅适用于木材生产或生产木材是这块土地最有效的利用方式,而且每一采伐周期的森林具有同等的价值和成本。一个以间隔期为 t 年立木价值为 $S(t)$ 的森林无限序列的净现值 V_0,可以表示为: $V_0 = \dfrac{S(t)}{(1+i)^t} + \dfrac{S(t)}{(1+i)^{2t}} + \dfrac{S(t)}{(1+i)^{3t}} + \ldots + \dfrac{S(t)}{(1+i)^{\infty}}$,可将之化简为: $V_0 = \dfrac{\dfrac{S(t)}{(1+i)^t}}{1-\left(\dfrac{1}{1+i}\right)^t} = \dfrac{S(t)}{(1+i)^t - 1}$。这种扣除生产成本的无限极数的净现值,

有时也称为"土地期望值""地租""无林地地价"。本研究用地价(V_s)一词,即:

$$V_s = \frac{S(t)}{(1+i)^t - 1} \tag{6-5}$$

连续进行森林生产的最佳经济轮伐周期,是产生最大地价的年龄;或在林业生产者的净现值不能通过让森林继续生长另一年而增加时的年龄,即 $\Delta V_s = 0$,这表示:$\frac{S(t)}{(1+i)^t - 1} = \frac{S(t+1)}{(1+i)^{t+1} - 1}$,该式可化简为:

$$\frac{\Delta S}{S(t)} = \frac{i}{1-(1+i)^{-t}} \tag{6-6}$$

式(6-6)表明,用森林增长一年所带来的立木价值的增长率 [式(6-6)左边] 所表示的边际效益与包括维持土地的成本在内的边际成本 [式(6-6)右边] 相等,从而达到最佳森林采伐期。

如果用连续贴现的方式可以更灵活地表达和应用弗斯曼最佳轮伐期理论,将林地净现值或地价最大化,意味着将这块土地在所有轮伐期(从1到无限期)的净现值的总和取最大值。这将产生一个地价:

$$V_s = \sum_i^\infty V_i = \left[PQ(t,E)e^{-rt} - WE\right]\left(1 + e^{-rt} + e^{-2rt} + e^{-3rt} + \cdots\right) = \frac{PQ(t,E)e^{-rt} - WE}{1 - e^{-rt}} \tag{6-7}$$

式中,V_s 表示林地期望值、地租或无林地地价值,V_i 表示第 i 个轮伐期的净现值;P 是立木价格;Q 是林木的蓄积量,它是时间 t 和初始时期的营林投入 E 的函数。W 表示造林投入的单位成本;r 是连续贴现的利率。

在上述连续弗斯曼公式 [式(6-7)] 中,t 是任意的轮伐期。对式(6-7)中 t 求微分,并设结果等式等于零,则土地的最大期望值的必要条件:

$$v_t = \left[PQ_t(1-e^{-rt}) - rPQ + rWE\right]e^{-rt}\left(1-e^{-rt}\right)^{-2} = 0 \tag{6-8}$$

这里的 v_t 和 Q_t 分别是地价 V_s 和林木的蓄积量 Q 对时间 t 的导数。式(6-8)可以简化为:

$$\frac{Q_t}{Q - \frac{WE}{P}} = \frac{r}{1 - e^{-rt}} \tag{6-9}$$

在考虑无林地造林成本和更新造林成本时,式(6-9)满足最佳经济轮伐期。从式(6-9)中可以看出,农户采伐行为可能受到立木价格(P)、单位造林成本(W)、市场利率（r）等因素的影响。最佳轮伐期对森林生长过程的生物学和经济学的关系进行了分析，既考虑了农户林业生产投资问题，也考虑了与土地相关的集约经营（有效资金分配）问题。经济成熟条件下的轮伐期（弗斯曼轮伐期）是唯一符合经济学原理的轮伐期（张道卫 等，2013）。然而，上述考虑地价的最佳森林采伐期公式没有考虑造林成本，这不符合林业生产实际情况。

木材生产函数 $Q(t, E)$ 受到树龄 t 和营林投入 E 的影响，在其他条件相同的情况下，随着树龄或造林投入的增长，木材生长量也会增长，因此假设木材生产函数 $Q(t, E)$ 对关于 t 和 E 的一阶导数为正，即

$$\begin{cases} Q_t = \dfrac{\mathrm{d}Q}{\mathrm{d}t} > 0 \\ Q_E = \dfrac{\mathrm{d}Q}{\mathrm{d}E} > 0 \end{cases}$$

由于边际收益率递减，二阶导数 Q_{tt} 和 Q_{EE} 小于 0。农户的目标是式(6-7)中的土地期望值 V_s 最大化。式(6-7)关于 E 的一阶条件为：

$$V_E = PQ_E e^{-rt} - W = 0, \quad PQ_E e^{-rt} = W \tag{6-10}$$

即造林投资的最优水平发生在当造林投入的边际收益等于造林的单位成本 W。在其他变量不变的时候，取式(6-9)关于 E 和 W 的导数，即：

$$\frac{\mathrm{d}E}{\mathrm{d}W} = \frac{1}{Pe^{rt}Q_{EE}} \tag{6-11}$$

在其他变量不变的时候，取式(6-10)关于 E 和 r 的导数，即：

$$\frac{\mathrm{d}E}{\mathrm{d}r} = \frac{rQ_E}{Q_{EE}} \tag{6-12}$$

由于式(6-11)中 Q_{EE} 小于 0，P 大于 0，因此式(6-12)为负。这意味着当造林的单位成本上涨时，农户将减少造林投入。在我国不断深化的林改配套政策中，政府对农户提供的造林补贴、抚育补贴、减少育林基金税费等政策将降低造林的单位成本对其造成的负担。所以农户应该会加大造林、抚育的力度，采伐会更加理性。从式(6-11)和式(6-12)可以看到边际影响力（$\mathrm{d}E/\mathrm{d}W$，$\mathrm{d}E/\mathrm{d}r$）的大小与树木生长对林业生产能力的反映程度（Q_E 和 Q_{EE}）有着极大的关系；而土质、坡度、林分种类也影响着土地的天然生长能力；对农户给予林业科技服务，可以帮助他们更科学地从事林业生产；最后，农户都有各自的资本机会成本和风险容忍度，对他们而言，利率也是不同的。

弗斯曼轮伐期理论为没有林木采伐管制或政府干预采伐的地区提供了重要的理论和实践指导作用。我国从1987年开始实施森林采伐限额管理制度，林改后政

府为了营造宽松的林业生产经营环境，进一步放活经营权、落实处置权和保障收益权，按照"放管服"的精神对林木采伐管理制度进行系列改革。但是，政府对农户采伐行为的干预依然存在，特别是对公益林农户采伐行为的干预强度依然较大。因此，我国集体林区目前不是完全意义上能适应弗斯曼轮伐期理论的地区。

6.2.2 林地确权、政府干预与资源异质性农户采伐行为

乱砍滥伐导致森林资源遭到严重破坏是第一轮集体林权制度改革戛然而止的主要原因，这为第二轮集体林权制度改革的顺利完成提供了宝贵的经验。新一轮林改明确规定在完成集体林地确权之前不允许承包农户采伐林木；林改完成后，商品林和公益林都需要严格按照林木采伐管理制度进行采伐。林地确权是否会导致集体林区资源异质性农户过激的采伐行为呢？一方面，分山到户后集体林区农户可能缺乏安全感，担心林权制度的稳定性和持续性，进而诱发大面积采伐；另一方面，林改后政府改革了林木采伐管理制度，文献调查研究结果表明绝大部分农户认为获得林木采伐指标比较容易，对林木采伐管理制度满意（刘璨 等，2015b），进而产生更长远的林业经营规划，采伐更加科学合理。因此，林地确权对集体林区资源异质性农户采伐行为的影响方向不确定。

林业生产在不同情形下产生正外部性或负外部性，林业的外部性导致林业市场资源配置低效或失效，政府干预是解决市场缺陷的重要方式。一般来说，采伐会减少林业正外部性，政府通过林木采伐管理制度等约束农户采伐行为实现对森林资源的保护。长期以来，我国林木采伐管理制度主要由森林采伐限额制度、林木采伐许可证制度和木材运输许可制度三部分构成。森林采伐限额制度从宏观上保证森林资源的消耗量小于生长量，林木采伐许可证制度从法律上限制了微观林业经营主体的采伐生产行为，木材运输许可制度管制了从生产到市场的通道。因此，林木采伐管理制度体系既能保障生态安全，又能实现林业的合理经营、永续利用。

然而，林木采伐管理制度是否真的起到了保护森林资源的作用？学术界至今没有定论。对林木采伐管理制度的作用大致有三种观点：第一，积极影响。林木采伐管理制度扭转了林业重采轻育的局面，有效控制了森林资源过量消耗，保护和促进了森林资源的增长（肖兴威，2007；田淑英，2010）。第二，消极影响。林木采伐管理制度并未起到保护森林资源的作用，反而削弱了林业微观经营主体的自主经营权和收益权，损害了农户利益，形成产权激励悖论。同时，森林限额采

伐制度的成本大于收益，制度设计与目标产生了背离(江华 等，2007；吴叶 等，2015)，加强采伐许可管制强度不仅不能有效保护森林资源，反而对其有明显的负效应(黄锡生 等，2019)。第三，管制失灵。随着集体林权制度主体改革完成和配套改革的不断推进，林木采伐管理制度加剧了森林生态公益与林权私益的冲突。森林采伐限额管理制度以5年为一个计划期确定采伐限额量，并不考虑林木的最佳经济轮伐期，从而导致农户林业经济效益损失。同时，政府不给予商品林外部性补偿，故生态效益一般不构成商品林农户的目标函数；政府给予公益林生态补偿，生态效益部分进入公益林农户的目标函数，但大量文献研究结果表明生态补偿不能弥补农户相应的损失(唐钊，2018；王奕淇 等，2019；吴乐 等，2019；盛文萍 等，2019)。因此，在林木的最佳经济轮伐期，当采伐指标满足不了林木市场需求时，政府强制限制采伐，农户会通过寻租等方式力图超限额采伐，产生管制失灵。也有文献研究认为：林木采伐管理制度对山林依赖程度高的林业经营主体存在管制失灵，从而导致林木采伐管理制度对森林资源保护作用不明显；山林依赖程度低的林业经营主体采伐林木需求较低，突破林木采伐管制采伐林木的预期收益低于相应成本，不容易产生林木采伐管制失灵，从而起到保护森林资源的作用(何文剑 等，2016a)。

同时，2016年11月，《国务院办公厅关于完善集体林权制度的意见》(国办发〔2016〕83号)明确提出，落实分类经营管理，全面推行集体林采伐公示制度，地方政府要及时公示采伐指标分配详细情况。一方面，科学经营公益林，在不影响生态功能的前提下，按照"非木质利用为主，木质利用为辅"的原则，实行公益林分级经营管理，合理界定保护等级，采取相应的保护、利用和管理措施，提高综合利用效益。另一方面，放活商品林经营权，完善森林采伐更新管理制度，进一步改进集体人工用材林管理，赋予林业生产经营主体更大的生产经营自主权，充分调动社会资本投入集体林开发利用。大力推进以择伐、渐伐方式实施森林可持续经营，培育大径级材，提高林地产出率。根据国办发83号文件，尽管政府对公益林的主导功能是发挥生态价值，但是可以合理利用其经济价值；尽管商品林的主导功能是发挥经济价值，但是依然受到林木采伐管理制度的干预。因此，在林业分类经营管理制度下，林木采伐管理制度作用于两类资源异质性农户林业采伐行为会产生怎样的政策效应需实证检验。此外，林业税费、森林保险、林权抵押贷款、林业合作组织等政策也可能会对两类资源异质性农户采伐行为产生影响。

6.3 构建计量模型、估计方法及数据来源

6.3.1 构建理论模型

根据前文的理论分析,在完全竞争市场条件下,农户作为理性人,主要根据林木最佳经济轮伐期决定是否采伐及采伐规模。然而,林业具有天然的外部性,生态产品作为公共产品,必然受到政府政策干预。因此,本研究主要检验林地确权、政府干预政策对集体林区两类资源异质性农户林木采伐行为的影响,将完全市场竞争情景下农户采伐行为的影响因素主要作为控制变量,将农户采伐行为分解为采伐意愿和采伐规模两个部分,分别构建商品林农户采伐意愿、采伐规模的计量模型(模型(Ⅰ)~(Ⅱ))和公益林农户采伐意愿和采伐规模的计量模型(模型(Ⅲ)~(Ⅳ))。

模型(Ⅰ): $CLD_{it} = \alpha_1 + \beta_{12}FR_{it} + \beta_{22}GI_{it} + \gamma_1 Z_{it} + \mu_i + \varepsilon_{it}$

模型(Ⅱ): $CLI_{it} = \alpha_1^1 + \beta_{12}^1 FR_{it} + \beta_{22}^1 GI_{it} + \gamma_1^1 Z_{it} + \mu_i^1 + \varepsilon_{it}^1$

模型(Ⅲ): $PLD_{it} = \theta_1 + \varphi_{12}FR_{it} + \varphi_{22}GI_{it} + \varphi_{32}GR_{it} \times EC_{it} + \tau_1 Z_{it} + \mu_i' + \varepsilon_{it}'$

模型(Ⅳ): $PLI_{it} = \theta_1^1 + \varphi_{12}^1 FR_{it} + \varphi_{22}^1 GI_{it} + \varphi_{32}^1 GR_{it} \times EC_{it} + \tau_1^1 Z_{it} + \mu_i^* + \varepsilon_{it}^*$

模型(Ⅰ)~(Ⅳ)中的下标 i 表示农户,t 表示时间。模型(Ⅰ)~(Ⅱ)的因变量 CLD、CLI 分别表示商品林农户采伐意愿和采伐规模;模型(Ⅲ)~(Ⅳ)的因变量 PLD、PLI 分别表示公益林农户采伐意愿和采伐规模。采伐意愿是单位时间(一年)内农户是否进行采伐,取值为0或1;采伐规模是农户在单位时间(一年)内采伐面积占家庭林地面积比例。

模型(Ⅰ)~(Ⅳ)中,FR、GI、$GR \times EC$ 是关键解释变量,是本研究关注的重点。本书主要检验林木采伐管理制度、林业税费、森林保险、林业科技服务、林权抵押贷款、林业合作组织等政府干预政策对商品林农户采伐行为的影响。本书主要关注林木采伐管理制度、林业税费、森林保险、林业科技服务、林权抵押贷款、林业合作组织、生态补偿等政府干预政策对公益林农户采伐行为的影响。模型(Ⅲ)~(Ⅳ)中包含交叉项 $GR \times EC$ 是政府管制(GR)与生态补偿(EC)的交互项,用于检验生态补偿能否弱化政府管制消极影响,从而促进公益林农户合理采伐行为。当林木采伐管制、林权抵押贷款等政府管制政策对公益林农户采伐行为有显著消极影响时,将这一交叉项纳入模型进行检验估计。因农户对林业政策的参与度、认知度直接影响政府干预政策的效果,因此,本研究采用林木采伐限额管理认知评价、是否参加森林保险、是否接受林业科技服务、林权抵押贷款认知评价、

生态补偿政策认知评价等指标测量各项政府干预政策，变量的界定请参考表4-1、表4-2和表6-1。

表6-1 主要变量基本统计量

变量界定	类别	均值	标准差	最小值	最大值	观测值
公益林农户采伐意愿：公益林农户家庭单位时间（一年）内是否进行采伐，1=是，0=否	总体	0.050 2	0.218	0	1	$N=1\,414$
	组间		0.202	0	1	$n=608$
	组内		0.147	−0.616	0.907	$T\text{-}bar=2.326$
公益林农户采伐规模：公益林农户在单位时间（一年）内采伐面积占家庭林地面积比例	总体	0.024 4	0.133	0	1	$N=1\,414$
	组间		0.124	0	1	$n=608$
	组内		0.091 5	−0.476	0.882	$T\text{-}bar=2.326$
商品林农户采伐意愿：商品林农户家庭单位时间（一年）内是否进行采伐，1=是，0=否	总体	0.125 0	0.331	0	1	$N=1\,725$
	组间		0.276	0	1	$n=705$
	组内		0.229	−0.675	0.982	$T\text{-}bar=2.447$
商品林农户采伐规模：商品林农户在单位时间（一年）内采伐面积占家庭林地面积比例	总体	0.051 6	0.181	0	1	$N=1\,725$
	组间		0.136	0	1	$n=705$
	组内		0.131	−0.586	0.909	$T\text{-}bar=2.447$
家庭林业总投入：主要指林业造林、管护等成本，包括种苗、化肥农药、劳动成本、机械或蓄力、其他等。	总体	7 968	81 497	0	4.472e+06	$N=3\,407$
	组间		38 467	0	1.096e+06	$n=1\,166$
	组内		65 728	−1.021e+06	3.384e+06	$T\text{-}bar=2.922$

Z是一组控制变量，根据前文的理论分析，以及数据的可获得性，本研究采用家庭劳动力数量、家庭林业总投入(林业生产成本)、地区虚拟变量作为控制变量。

6.3.2 估计方法

根据6.3.1节构建的理论模型，本章的实证研究分两步：第一步，估计两类异质性农户采伐意愿，理论模型(Ⅰ)和模型(Ⅲ)的因变量为二值选择数据，采用"面板二值选择模型"。第二步，估计两类资源异质性农户采伐规模，理论模型(Ⅱ)和模型(Ⅳ)的因变量采用采伐面积表示采伐规模，数据的左侧截取点为$C=0$，适合采用Panel Tobit模型。因各种情况导致农户没有进行采伐时，因变量。本研究将采用Hausman检验和LR检验来确定估计模型采用哪种估计方法(混合回归、随机效应估计与固定效应估计)。

6.3.3 数据来源

本研究的数据来自集体林权制度改革跟踪监测项目课题组在湖南省调查的500个样本农户的固定观测数据，调查时间为2012—2018年，报告期为2011—2017年。课题组根据森林资源状况和社会经济条件在湖南省选择了平江县、新邵县、沅陵县、茶陵县、慈利县、凤凰县、衡阳县、花垣县、会同县、蓝山县10个样本县，每个样本县随机抽取5个样本村，根据户籍名单，在每个样本村中随机抽取10个样本户，最终形成了比较稳定的500个观测样本。同时，伴随着多年持续调查，存在个别样本农户去世或调查时样本农户外出务工等样本变动情况。

6.4 研究区域林业采伐基本概况

自新一轮集体林权制度改革以来，政府不断改革和落实林木采伐管理制度，在保障生态安全的前提下，不断落实林木处置权，为集体林区微观林业经营主体营造宽松的林业生产经营环境。第一，木材采伐量方面。根据图6-1和附录4，2003—2008年，集体林区主要省（自治区）的木材采伐量呈现直线上升趋势；2009—2012年，木材采伐量下降后逐步恢复；2013—2018年，集体林区主要省（自治区）木材采伐量呈现出周期性波动特征。说明林改后，集体林区农户采伐木材更加理性，朝着合理科学经营的方向发展。第二，竹材采伐量方面。根据图6-2和附录5，集体林区主要省（自治区）的竹材采伐量呈现阶段式上升趋势。2003—2008年，集体林区竹材采伐量缓慢上升，特别是2008年与2007的竹材采伐量基本持平；2009—2013年，集体林区竹材采伐量再次呈现上升趋势，说明林改促进了集体林区竹材

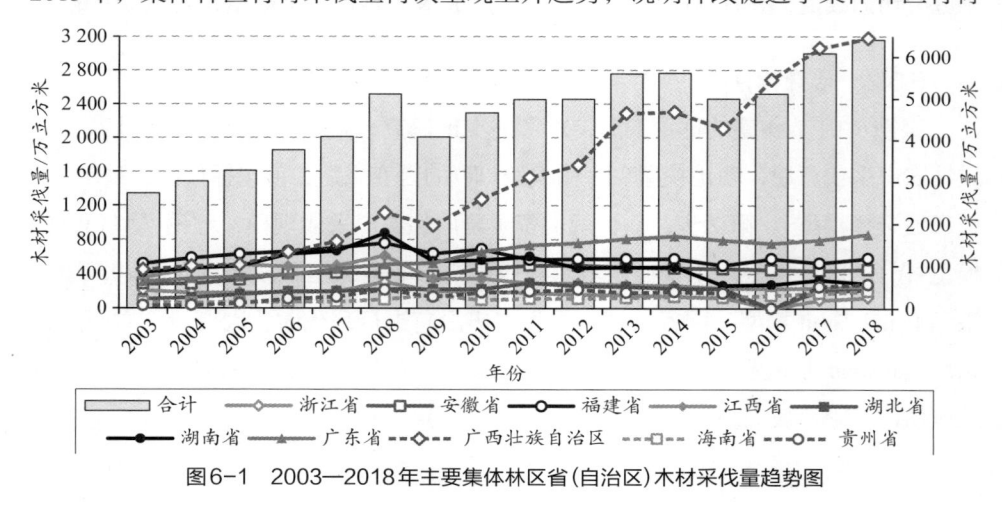

图6-1 2003—2018年主要集体林区省（自治区）木材采伐量趋势图

采伐；2014—2018年，集体林区竹材采伐量再次上升，这可能与政府全面放开竹材采伐管制有关。整体来看，林改后并未出现乱砍滥伐，并且增加了木竹市场的木材和竹材供给量，缓解了我国木竹市场的需求短缺。

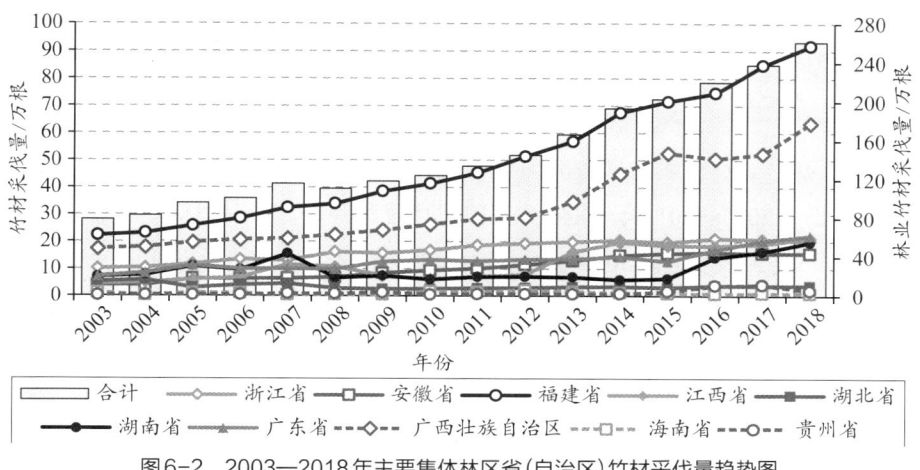

图6-2 2003—2018年主要集体林区省(自治区)竹材采伐量趋势图

湖南省是南方重点集体林区。林改以来，湖南省根据国家林木采伐管理政策的改革和调整，出台了多项关于林木采伐相关规定，特别是实行采伐限额和木材生产计划并轨制度、将"伐前拨交、伐中检查、伐后验收"的全过程管理制度改为森林经营者伐前、伐中和伐后自主管理制度、竹子采伐可暂不实行林木采伐许可制度、深入推进林木采伐指标分配阳光行动、全面推行林业站"一站式、全程代理服务"等。"十二五"期间，湖南省近2 000万立方米集体商品材主伐指标全部落实到农户和森林经营者手中，分配率、公示率均达100%。湖南省"十二五"期间森林采伐限额9 047万立方米，实际仅采伐4 000万立方米，节余采伐限额5 047万立方米。2015年，湖南省组织编制了"十三五"期间森林采伐限额(2016—2020)。国务院批准湖南省"十三五"期间年森林采伐限额1117.8万立方米，其中：商品林采伐限额868.8万立方米，公益林采伐限额249.0万立方米。比"十二五"期间年森林采伐限额数减少691.6万立方米，降幅达38.2%。在此基础上，湖南省委、省政府从保护生态、让森林休养生息的角度出发，从2016年1月1日起至2018年12月31日止在全省实施森林禁伐减伐三年行动，再减少森林采伐182万立方米。湖南省"十三五"期间将比"十二五"期间减少森林采伐874万立方米。

从湖南省各年林木采伐量来看，根据图6-3和附录4，湖南省木材采伐量呈现明显先升后降的趋势特征。第一，2003—2008年(林改前)湖南省木材采伐量逐年攀升。2008年湖南省商品材采伐达到875.44万立方米，是前后两年的130%~160%，是近20年商品材采伐的最高值。第二，为了避免林改期间出现大规模乱砍滥伐，政府禁止未完成林地确权地区的林木采伐，2009—2011年(林改中)湖南省商品材采伐明显回落，且采伐量稳定。第三，2012—2014年(林改确权完成初期)湖南省商品材采伐再一次出现小规模回落，这一时期采伐量稳定。说明林地确权后，持续稳定的承包经营权(一般为50~70年)让微观林业经营主体产生安全感，不急于处置林木。第四，2015—2018年(深化林改和配套改革阶段)湖南省林木采伐比2012—2014年再一次大幅度下降50%~60%。可能的原因是：为保护生态环境、维护生态安全，2015年湖南省林业厅、湖南省财政厅联合下发了《湖南省林业厅 湖南省财政厅关于实施森林禁伐减伐三年行动的通知》(湘林资〔2015〕25号)，对全省重点生态区域进行禁伐减伐，从而使得商品材采伐大幅度下降。

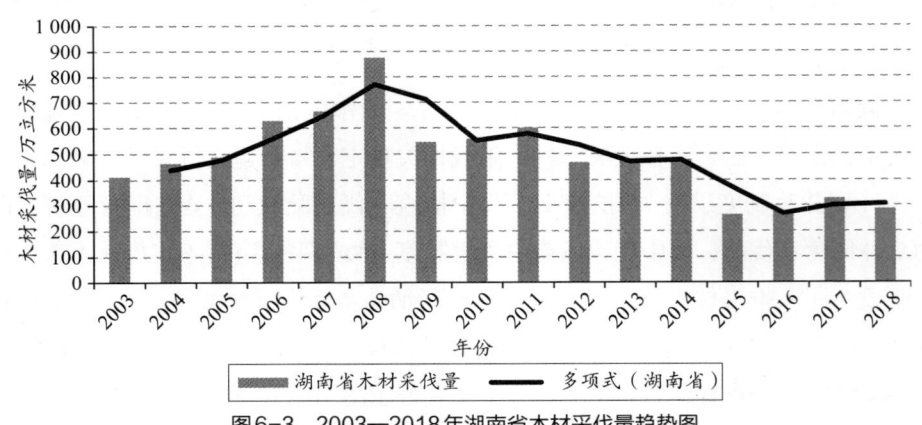

图6-3 2003—2018年湖南省木材采伐量趋势图

从湖南省各年竹林采伐量来看，根据图6-4和附录5，湖南省采伐量呈现明显的"升-降-升"趋势特征。第一，2003—2007年(林改前)，湖南省竹林产量逐步上升，特别是2007年是2006年采伐量的150%，是2008年采伐量的133%，达到一个峰值。第二，2008—2015年湖南省竹林采伐大幅下降的同时，采伐量十分平稳。第三，2016—2018年竹材采伐量大幅攀升220%以上，超过2007年的采伐量。可能的原因是：因竹林的自我更新和繁殖能力较强，政府逐步放松了对竹林的采伐管制。根据《湖南省林业发展报告(2016)》，湖南省从2016年开始对竹林不再限伐，农户采伐竹林不需要再申报采伐指标、办理采伐许可证和运输证等程序，在竹林采伐管制全面放开的政策环境下,农户根据市场需求和竹林的生产周期特征加大了竹林的采伐量。

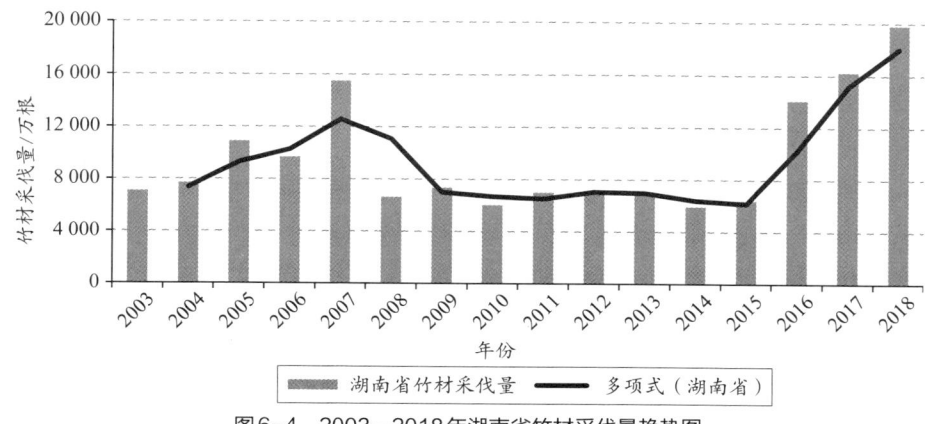

图6-4 2003—2018年湖南省竹材采伐量趋势图

整体来看,林改前湖南省林木和竹材采伐量呈现明显的采伐量递增趋势;林改确权到户开始后,并未出现乱砍滥伐,木材和竹材采伐量大幅度下降;林改完成后,湖南省木材采伐量呈现逐步下降趋势,竹林采伐出现大幅度攀升。尽管政府不断放松林木采伐管制,但湖南省为了保证生态安全,不断通过禁伐减伐等行政手段干预限制林木采伐量。同时,政府全面放开了对竹林的采伐限制,农户是否采伐竹林、采伐规模等决策完全取决于市场需求和竹林生长周期。2016年以来,湖南省竹林采伐量不断攀升,一方面说明市场对竹林需求较大,另一方面也激发了农户经营林业的兴趣。

第九次全国森林资源清查结果显示,湖南省森林覆盖率为49.69%。但是,湖南省乔木林平均蓄积为3.56立方米/亩,林分郁闭度只有0.51,客观上存在森林资源分布不均、质量不高等问题。一方面,湖南省不断放松林木采伐限额、改革林木采伐分配指标等;另一方面,湖南省为了维护生态安全、发展绿色经济,通过林业政策管制林木采伐量,林改后湖南省林木采伐量呈现三次阶梯式下降(2009—2011年;2012—2014年;2015—2018年)。因此,林木采伐管理制度等相关林业政策对商品林农户和公益林农户采伐行为会产生怎样的影响,需要进一步进行实证检验。

6.5 资源异质性农户采伐行为描述性分析

本书主要根据问卷调查数据,从采伐面积、木材采伐量和竹材采伐量三个指标对集体林区资源异质性农户采伐行为进行描述性分析。

6.5.1 商品林农户采伐行为描述性分析

林改后商品林农户采伐面积呈现逐年大幅度下降趋势。根据表6-2，报告期2012—2015年样本农户采伐面积呈现逐年阶梯型下降趋势，报告期2016年平均采伐面积仅占报告期2015年平均采伐面积的14%，报告期2017年平均采伐面积进一步下降接近至0，商品林农户采伐面积均值呈现断崖式下跌。可能的原因是：2016—2018年湖南省对全省重点生态流域进行禁伐减伐[《湖南省林业厅 湖南省财政厅关于实施森林禁伐减伐三年行动的通知》(湘林资〔2015〕25号)]，政府加强采伐干预导致2016年后样本农户采伐面积呈现断崖式下跌。同时，随着经济的发展，农户外出务工的机会增加，林业收入占家庭收入比重不断下降，采伐收入对农户吸引力下降。

表6-2 报告期2011—2017年商品林农户采伐行为趋势特征

年份	林地总面积均值/(亩·户⁻¹)	用材林面积均值/(亩·户⁻¹)	竹林面积均值/(亩·户⁻¹)	采伐面积均值/(亩·户⁻¹)	采伐面积占比/%	木材采伐量均值/立方米	竹材采伐量均值/根
2011	76.96	/	/	2.789	/	1.696	57.380
2012	68.56	/	/	10.51	/	1.119	64.860
2013	79.58	/	/	7.045	/	0	39.790
2014	79.32	49.75	7.641	6.178	10.76	1.662	15.730
2015	60.05	48.71	6.755	3.506	6.32	0	31.930
2016	79.36	48.78	3.929	0.485	0.92	0	12.310
2017	77.97	48.25	4.870	0.0216	0.04	0	4.848
平均值	74.54	48.87	5.80	4.36	7.94	0.640	32.410

注：①采伐占比=采伐面积/(用材林面积+竹林面积)；②课题组从2015年采集样本农户用材林面积、竹林面积数据，2012—2014年(报告期2011—2013年)的数据缺失。

林改后，商品林农户木材采伐量多年为0，竹材采伐量有起伏。根据表6-2，第一，商品林农户平均木材采伐量在报告期2011年和2012年分别为1.696立方米和1.119立方米。然而在报告期2013年、2015—2017年木材采伐量均值为0。可能的原因是：一方面，林业具有跨周期的自然属性特征，商品林没有成熟前，样本农户作为理性人不会进行采伐；另一方面，农户认为外出打工收入远远高于采伐木材收益，即在主要依靠劳动力采伐木材的情况下，采伐木材劳动力机会成本过高，导致农户缺乏采伐木材的兴趣。同时，政府不断加强对林木采伐的干预，进而影响商品林农户采伐行为。第二，商品林农户竹材采伐量从报告期2012—2014年持续下降，2015年出现反弹攀升后，又出现持续下降趋势。因商品林以发挥经济效益主导功能为主，政府完全退出对竹林采伐管制后，微观林业生产经营主体对竹林生产采伐拥有完全的自主经营权，农户竹林生产经营以市场为导向，采伐行为不断趋向合理。

6.5.2 公益林农户采伐行为描述性分析

公益林农户采伐面积均值有起伏，但整体趋势下降。根据表6-3，在报告期2011—2012年期间，公益林农户采伐面积呈现上升趋势，说明林改确权后公益林农户获得承包公益林地后进行了抚育采伐或更新采伐等。报告期2012年后公益林农户采伐面积整体呈现明显的下降趋势。

表6-3 报告期2011—2017年公益林农户采伐行为趋势特征

年份	家庭林地面积均值/(亩·户$^{-1}$)	用材林面积均值/(亩·户$^{-1}$)	竹林面积均值/(亩·户$^{-1}$)	采伐面积 均值/(亩·户$^{-1}$)	采伐面积 占比/%	木材采伐量均值/立方米	竹材采伐量均值/根
2011	34.62	/	/	0.652 0	/	0.570	3.914
2012	39.74	/	/	2.148 0	/	0.373 0	2.234
2013	36.46	/	/	0.596 0	/	0	17.070
2014	31.99	12.650	2.635	0.726 0	4.75	0.057 9	4.167
2015	33.62	8.388	4.674	0.363 0	2.78	0	7.107
2016	36.95	11.900	5.253	0.394 0	2.30	0	8.894
2017	36.73	14.260	4.166	0.075 7	0.41	0	3.211
平均值	35.73	11.800	4.182	0.708 0	2.56	0.143 0	6.657

注：①采伐占比=采伐面积/(用材林面积+竹林面积)；②课题组从2015年采集样本农户用材林面积、竹林面积数据，2012—2014年(报告期2011—2013年)的数据缺失。

从木材和竹材采伐量来看，根据表6-3，第一，公益林农户在报告期2011—2012年，木材采伐量均值分别为0.57立方米和0.373立方米，其他年份木材采伐量为0或接近0。第二，公益林农户竹材采伐量变化无明显的趋势。报告期2011—2014年，公益林农户竹材采伐量上升，在报告期2013年出现异常值。报告期2015—2016年，公益林农户竹材采伐明显趋于上升，报告期2017年又出现下降。可能的原因是：一方面，湖南省从2016年开始完全放开对毛竹的采伐管制；另一方面，公益林以发挥生态效益为主，2016年后湖南省政府进一步加强了对生态重点区位的采伐管制。

6.5.3 资源异质性农户采伐行为比较

(1)资源异质性农户采伐面积比较。根据图6-5，两类资源异质性农户采伐面积变化趋势基本相同，但是报告期2011—2015年公益林农户平均采伐面积远低于商品林农户，在报告期2016年两类资源异质性农户采伐面积重合。商品林的主导功能定位且商品林农户林地面积大于公益林农户林地面积，是报告期2016年之前商品林农户采伐面积远高于公益林农户的可能原因。在报告期2016年，政府开始强制干预林木采伐，进而导致两类资源异质性农户采伐面积重合。

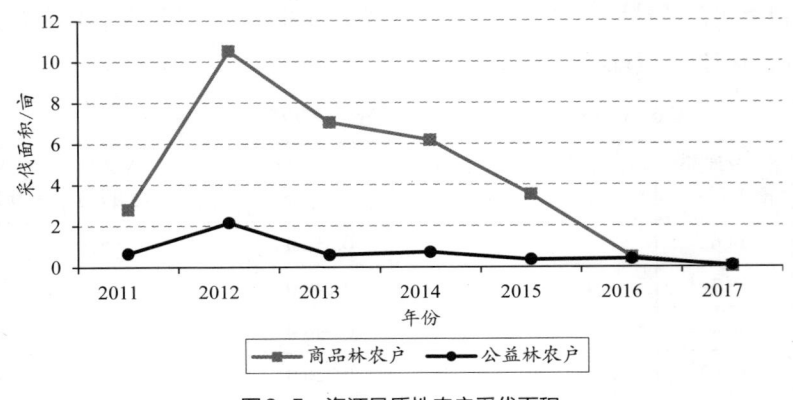

图6-5 资源异质性农户采伐面积

(2)资源异质性农户木材和竹材采伐量比较。木材采伐量方面，根据图6-6，商品林农户木材采伐量在整个监测期呈现比较明显的周期波动特征，商品林木材采伐量均值高于公益林农户，但是在报告期2013年、2015—2017年两类资源异质性农户木材采伐量均值均为0。竹材采伐量方面，根据图6-7，两类资源异质性农户竹材采伐量都呈现一定的波动性，商品林农户平均竹材采伐量高于公益林农户，报告期2016年以来，两类资源异质性农户竹材采伐量十分接近，这可能与政府完全放开对竹材的采伐管制有关。

整体来看，商品林木材采伐量和竹材采伐量均高于公益林，但集体林权制度改革后并未出现乱砍滥伐的情况。木材采伐量方面，商品林农户木材采伐量呈现出明显的周期性波动特征，公益林农户木材采伐量下降趋势明显。竹材采伐量方面，随着政府全面放开对竹材的采伐管制，两类资源异质性农户竹材采伐越来越趋于理性。

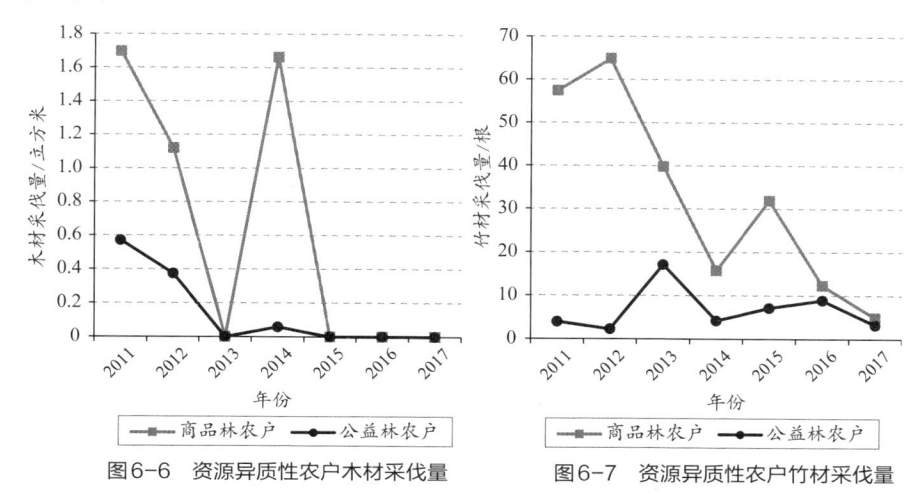

图6-6 资源异质性农户木材采伐量

图6-7 资源异质性农户竹材采伐量

6.6 资源异质性农户采伐行为实证分析

本书采用 Stata 15.1 软件，分别对计量模型（Ⅰ）~（Ⅳ）进行实证分析。本书将农户采伐行为分解为采伐意愿和采伐规模，通过 Hausman 检验和 LR 检验，两类资源异质性农户采伐意愿模型都采用面板 Logit 模型的随机效应估计，采伐规模模型均采用面板 Tobit 的随机效应估计。计量模型中的分类变量，在估计中以各变量中赋值最小的一项作为基准项。表6-4中估计模型（1）~（4）分别对两类资源异质性农户采伐意愿和采伐规模进行了估计，根据政府管制政策对公益林农户采伐行为的影响结果，模型（5）~（6）再一次检验了生态补偿对政府管制政策的中介效应。表6-4中估计模型（1）~（6）的 Wald 检验均在1%的置信水平下显著，表明自变量对因变量有较强的解释能力。

6.6.1 检验假设1：林地确权与资源异质性农户采伐行为

林地确权到户后是否会引发集体林区农户大规模采伐一直是政府、学术界等各方关注的焦点，也是检验新一轮集体林权制度改革是否具有可持续性的标志。根据表6-4中（1）~（2）估计结果，林地确权的测量变量——确权林地比例系数对商品林农户采伐意愿呈现正相关、不显著，对采伐规模负相关、不显著。根据表6-4中（3）~（4），林地确权的测量变量——确权林地比例系数对公益林农户采伐意愿和采伐规模均呈现正相关、不显著。本书实证结果与现有文献研究结果相同。

林地确权对两类资源异质性农户采伐行为均无显著影响，说明明晰林权并未显著引发集体林区商品林农户和公益林农户对林木大规模采伐利用。出现这种情况的可能原因是：第一，政府在林改中和林改后加强了对林木采伐的干预力度，避免出现乱砍滥伐的结果；第二，这一轮林改的林地承包经营权周期为40~70年，林地承包经营权延长，林改后政府对林木采伐管理制度的改革，增加农户的林权安全感，避免了非理性的短期利用行为；第三，随着社会经济的发展，林区农户外出务工的机会增加，林木采伐机会成本增加，减缓了农户对林业资源的依赖。

6.6.2 检验假设2：政府干预与商品林农户采伐行为

根据林业分类经营管理制度，商品林以发挥经济效益为主，林木采伐利用是实现商品林经济效益的主要途径。本书主要从林业税费、林木采伐管理制度、森林保险、林业科技服务、林权抵押贷款、林业合作组织等方面揭示政府政策干预对商品林农户采伐行为的影响。其中，林业税费主要指从农户采伐收入中征收的育林基金等。根据财政部公布的《财政部关于取消、停征和整合部分政府性基金项目等有关问题的通知》（财税〔2016〕11号）："将育林基金征收标准降为零。该基金征收标准降为零后，通过增加中央财政均衡性转移支付、中央财政林业补助资金、地方财政加大预算保障力度等，确保地方森林资源培育、保护和管理工作正常开展。"2016年后政府停征育林基金。此外，根据表6-2，在报告期2013年、2015—2017年样本商品林农户木材采伐量均值都为0，商品林农户在报告期2013年、2015—2017年上缴税费都为0。因此，林业税费这一变量在模型估计中被直接删除。因此，主要对表6-4中(1)~(2)估计结果中五项干预政策进行实证分析：

第一，林木采伐管理制度的测量变量——林木采伐管理政策认知评价系数分别在1%和5%的置信水平对商品林农户采伐意愿、采伐规模显著正相关。说明相比不了解林木采伐管理政策的商品林农户，了解林木采伐管理政策的商品林农户显著提高了采伐意愿和采伐规模。尽管林改后政府不断放宽对商品林采伐管制，特别是2019年修订的《中华人民共和国森林法》取消木材运输许可制度等，但为了保证生态安全，商品林采伐依然要申请采伐指标，商品林农户林业生产经营决策依然受限，进而产生更强烈的采伐意愿和采伐行为。

第二，森林保险政策的测量变量——是否参与森林保险系数在1%的置信水平分别对商品林农户采伐意愿和采伐规模显著正相关。说明相比没有参加森林保险的商品林农户，参加了森林保险的农户显著提高了林木采伐意愿和采伐规模。森林保险能帮助农户分散自然风险、保障林业经营收益，从而保证林业生产经营

表6-4 资源异质性农户采伐行为影响因素实证结果

类别	（1）商品林农户采伐意愿	（2）商品林农户采伐规模	（3）公益林农户采伐意愿	（4）公益林农户采伐规模	（5）公益林农户采伐意愿	（6）公益林农户采伐规模
Ⅰ 林地确权						
确权林地比例	0.027 6 (0.05)	−0.006 1 (−0.29)	4.169 0 (0.61)	0.024 3 (0.85)	4.165 0 (0.61)	0.024 1 (0.84)
Ⅱ 政府干预						
林木采伐管理政策认知评价	3.108 0*** (3.65)	0.064 5** (2.16)	3.469 0*** (2.68)	0.045 2*** (2.64)	3.467 0*** (2.68)	0.046 1*** (2.69)
是否参与森林保险	1.125 00*** (4.40)	0.044 10*** (3.60)	−0.635 00 (−0.73)	−0.007 06 (−0.38)	−0.628 00 (−0.70)	−0.002 84 (−0.15)
是否接受林业科技服务	0.542 0*** (3.64)	0.018 2*** (3.15)	0.778 0*** (3.25)	0.017 7*** (3.78)	0.778 0*** (3.25)	0.017 5*** (3.73)
是否加入林业合作组织	0.615 0* (1.65)	0.047 2** (2.30)	0.180 0 (0.20)	0.016 5 (0.58)	0.179 0 (0.19)	0.015 9 (0.56)
林权抵押贷款政策认知评价	−1.458 0** (−2.45)	−0.054 8* (−1.86)	−2.260 0*** (−3.05)	−0.057 1*** (−2.80)	−2.270 0*** (−2.88)	−0.063 0*** (−2.92)
生态补偿政策认知评价			−0.470 000 (−1.37)	−0.000 232 (−0.03)	−0.411 000 (−0.26)	0.035 700 (0.82)
生态补偿×林权抵押贷款					0.061 2 (0.04)	0.037 4 (0.84)
Ⅲ 控制变量						
家庭劳动力数量	0.131 00** (2.06)	0.002 22 (0.76)	0.115 00 (1.05)	0.002 97 (1.17)	0.115 00 (1.05)	0.002 84 (1.11)
家庭林业总投入	0.080 50** (2.53)	0.002 46* (1.84)	0.153 00** (2.48)	0.001 82* (1.67)	0.153 00** (2.48)	0.001 82* (1.67)
地区虚拟变量	控制	控制	控制	控制	控制	控制
常数项	−5.901 000*** (−6.16)	0.000 279 (0.01)	−8.986 000 (−1.28)	0.024 600 (0.58)	−9.035 000 (−1.27)	−0.010 100 (−0.17)
lnsig2u	0.319 0 (0.91)		0.031 4 (0.05)		0.033 5 (0.05)	
sigma_u		0.060 3*** (9.19)		0.018 3 (1.26)		0.018 0 (1.23)
sigma_e		0.164*** (49.42)		0.128*** (41.30)		0.128*** (41.34)
N	1 717	1 725	1 361	1 414	1 361	1 414

注：括号内为 t 的统计信息；* 表示 $p<0.10$，** 表示 $p<0.05$，*** 表示 $p<0.01$。

的可持续性。但是，我国政策性森林保险政策在保费补贴、统保实施范围等方面对公益林的扶持力度远远大于商品林，购买森林保险对商品林农户而言是一项较大的投入成本，降低成本、尽早实现采伐收入最大化是"理性生产者"的合理决策。

第三，林业科技服务的测量变量——是否接受林业科技服务的系数在1%的置信水平分别对商品林农户采伐意愿和采伐规模显著正相关。说明相比没有接受林业科技服务的商品林农户，接受林业科技服务的商品林农户显著提高了采伐意愿和采伐规模。林业科技服务能有效提高林业生产效率，缩短林业生产周期，增加林业产出。

第四，林业合作组织的测量变量——是否加入林业合作组织的系数分别在10%和5%的置信水平对商品林农户采伐意愿和采伐规模显著正相关。说明相比没有加入林业合作组织的商品林农户，加入林业合作组织的农户显著提高了采伐意愿和采伐规模。根据笔者实际调查访谈，集体林区林业合作组织的主要功能：一是形成林产品价格契约，维护加入林业合作社农户的共同利益；二是实现林产品从生产到市场的跳跃，降低单个农户销售林产品的交易成本。因此，加入林业合作组织的农户能够更好地规避市场价格风险，降低林木采伐、运输成本，提高林木采伐收入。

第五，林权抵押贷款政策的测量变量——林权抵押贷款政策认知评价的系数分别在10%和5%的置信水平对商品林农户采伐意愿和采伐规模显著负相关。说明相比不了解林权抵押贷款的商品林农户，了解林权抵押贷款的农户显著降低了林木采伐意愿和采伐规模。资金短缺是林区发展的关键障碍之一，林权抵押贷款是政府为了解决集体林区融资困难的重要金融政策，通过以林木等为抵押标的，帮助农户获得融资。因此，需要林权抵押贷款的商品林农户会降低或推迟林木采伐。

从控制变量来看，家庭劳动力数量对商品林农户采伐意愿在5%的置信水平显著正相关，对商品林农户采伐规模正相关、不显著。家庭林业总投入分别在5%和10%的置信水平对商品林农户采伐意愿和采伐规模呈现显著正相关。

6.6.3 检验假设3：政府干预与公益林农户采伐行为

根据《国务院办公厅关于完善集体林权制度的意见》（国办发〔2016〕83号）："在不影响生态功能的前提下，公益林按照'非木质利用为主，木质利用为辅'的原则，实行公益林分级经营管理。"尽管林业分类经营管理制度对公益林的定位是以发挥生态效益为主，但是在不影响生态安全的前提下，公益林可以进行抚育、更新性质的采伐。因此，公益林农户存在合法、合理的采伐行为。此外，因为2016年育林基金停征，根据表6-3，公益林农户在报告期2013年、2015—2017年林木采伐量均为0，上缴税费也均为0。因此，林业税费这一项在模型估计中被直接删除。因此，本书主要对表6-4中(3)~(4)估计结果的以下干预政策进行实证分析：

第一，林木采伐管理制度的测量变量——林木采伐管理政策认知评价的系数对公益林农户采伐意愿和采伐规模均在1%的置信水平显著正相关。说明相比不了解林木采伐管理政策的公益林农户，了解林木采伐管理政策的公益林农户显著提高了采伐意愿和采伐规模。因政府对公益林的主导功能定位是发挥生态效益为主，故公益林农户受到严格的采伐管制，公益林农户作为"理性人"追逐利益最大化，在生态补偿不能弥补政府管制损失的情况下，必然加大采伐力度以实现经济效益最大化。

第二，森林保险政策的测量变量——是否参与森林保险的系数对公益林农户采伐意愿和采伐规模均负相关、不显著。我国从2011年开始在湖南省、福建省、江西省启动公益林政策性森林保险统保试点，2014年扩展到全国，并表现出强大的生命力（宋烨 等，2019）。公益林政策性统保由中央、省、市、县四级政府对公益林提供森林保险保费补贴，各级财政对森林保险的保费补贴比例已超过90%（秦涛 等，2017b）。文献研究认为保费补贴和政府对公益林统一投保政策都在一定程度上降低了公益林农户林业生产经营风险，但信息不对称、险种单一、理赔复杂、定损难等原因降低了公益林森林保险政策的效果（王珺 等，2014；秦涛 等，2017a）。

第三，林业科技服务的测量变量——是否接受林业科技服务的系数均在1%的置信水平对公益林农户采伐意愿和采伐规模显著正相关。说明相比没有接受林业科技服务的公益林农户，接受林业科技服务的农户显著提高了采伐意愿和采伐规模。林业科技服务能够有效提高公益林的生产效率，特别是在全面放开竹林采伐管制的情况下，林业科技服务能缩短公益林生产周期，增加公益林农户采伐收入。

第四，林业合作组织的测量变量——是否加入林业合作组织的系数对公益林农户采伐意愿和采伐规模均正相关、不显著。可能的原因是：公益林以发挥生态效益为主，林木采伐、林业经营受限，以公益林为主要对象的林业合作组织较少。

第五，林权抵押贷款的测量变量——林权抵押贷款政策认知评价的系数均在1%的置信水平对公益林农户采伐意愿和采伐规模显著负相关。即相比不了解林权抵押贷款的公益林农户，了解林权抵押贷款政策的农户显著降低了采伐意愿和采伐规模。

第六，生态补偿政策的测量变量——生态补偿政策认知评价的系数对公益林农户采伐意愿负相关、不显著，对采伐规模正相关、不显著。说明生态补偿政策并未对公益林农户采伐行为产生显著的政策效果。

根据表6-4中(3)~(4)估计结果，林权抵押贷款对公益林农户采伐行为有显著影响，本书进一步验证了生态补偿对林权抵押贷款的中介效应。根据表6-4中(5)~(6)，生态补偿与林权抵押贷款的交叉项系数对公益林农户采伐意愿和采伐规模不显著、正相关。说明生态补偿对政府管制政策没有产生显著的中介效应。加入交叉项的模型(5)~(6)中各关键解释变量的显著程度与模型(3)~(4)相同，说明模型比较稳定，研究结果可信度高。

从控制变量来看，根据表6-4中(3)~(4)估计结果，家庭劳动力数量对公益林农户采伐意愿和采伐规模正相关、不显著，家庭林业总投入分别在5%和10%的置信水平对公益林农户采伐意愿和采伐规模显著正相关。

6.7 本章小结

采伐标志着一个林业生产周期的终止，决定着森林以发挥生态效益为主，还是以发挥经济效益为主。中华人民共和国成立以来，对林木的采伐大致经历了弱采伐管制、强采伐管制和分类采伐管制三个阶段。伴随着新一轮集体林权制度改革，在新的林权制度下，集体林区农户对林木采伐自主权有更强烈的诉求。为了放活经营权、落实处置权和保障收益权，2019年修订的《中华人民共和国森林法》取消了木材运输许可制度，下放采伐限额审批权，调整采伐许可证核发范围。但是林木采伐管理制度等对林业微观经营主体林业生产行为的干预依然存在。本章在介绍林木采伐管理制度的基础上，首先介绍了研究区域林业采伐的整体情况，然后，利用研究区域2012—2018年的连续跟踪调查数据(报告期2011—2017年)揭示了商品林农户和公益林农户采伐行为动态趋势规律；最后，根据理论分析实证研究林地确权、政府干预对两类资源异质性农户采伐行为的影响规律。主要研究结果如下：

根据数据描述性分析结果(参考表6-2和表6-3)，林改初期，两类资源异质性农户均有积极的采伐行为，林改确权到户完成后(2013年后)两类资源异质性农户林木采伐逐渐递减，甚至为0。比较来看，公益林农户平均采伐面积、木材采伐量和竹材采伐量远低于商品林农户。因湖南省政府2016年全面放开竹林采伐管制，两类资源异质性农户的竹材采伐量有起伏，呈现竹材采伐周期性特征。因在2016年受到政府三年禁伐减伐管制，两类资源异质性样本农户林木采伐重合并趋近于

0。两类异质性农户采伐行为动态趋势数据表明，新一轮林改并未出现乱砍滥伐现象，农户反而减小了木材采伐强度。

根据实证研究结果，第一，林地确权。林地确权对两类资源异质性农户采伐行为（采伐意愿和采伐规模）均不显著。说明新一轮林地确权并未引发大规模的乱砍滥伐，农户对现有林权制度逐渐产生安全感，对承包林地、林木的利用更趋于理性。

第二，政府干预方面。①林木采伐管理制度对两类异质性农户采伐行为影响程度存在差异，但都呈现显著正相关。尽管政府不断放松对林木采伐的管制，但是两类农户的自由采伐权依然受到不同程度的限制。从微观层面来看，在商品林没有采伐管制补偿、公益林采伐管制补偿不能满足公益林农户心理预期的情况下，林木采伐管制容易产生管制失灵或管制负效应，进而容易导致农户非理性的短期趋利采伐行为。②森林保险政策对商品林农户采伐行为显著正相关，对公益林农户采伐行为不显著、负相关。从国家干预力度来看，政府对商品林和公益林的补贴、统保实施范围等有显著差异[①]，进而导致森林保险政策对两类资源异质性农户的差异性政策效果。③林业科技服务对两类资源异质性农户采伐行为都呈现显著正相关。说明林业科技服务对提升我国林业质量和林业生产效率有重要作用。④是否加入林业合作组织对商品林农户采伐行为显著正相关，对公益林农户采伐行为不显著、正相关。林业合作组织通过契约引导农户从事林业生产和采伐，降低农户林业生产经营风险和市场交易成本，提高林业收入，但政府对商品林和公益林主导功能定位不同，在实践中较少有公益林合作组织，进而导致这一变量对两类资源异质性农户采伐行为的影响不同。⑤林权抵押贷款政策对两类资源异质性农户采伐行为都呈现显著负相关。尽管政府限制公益林农户林权抵押贷款，但公益林农户和商品林农户本质上都是"理性人"，都追逐经济效益最大化，以承包林地、林木为抵押标的，获得林业发展资本是解决集体林区农户林业经济发展的重要途径。⑥生态补偿对公益林农户采伐行为不显著、负相关，生态补偿与林权抵押贷款的交互项对公益林农户采伐意愿和采伐规模均无显著影响。说明生态补偿对政府管制政策并未产生显著的中介效应。

---

① 湖南省政策性森林保险保费为1.6元/亩，公益林政策性森林保险的补贴额度为保费的90%~100%，商品林政策性森林保险的补贴额度为保费的55%，湖南省从2011年开始对全省公益林进行了政策性统保，商品林尚未纳入全省政策性统保范畴。

第7章 集体林区资源异质性农户林业生产投入行为及差异研究

林业投入是林业生产的基本前提，林业生产投入行为从根本上决定了林业产出及增长。新一轮集体林权制度改革确权到户后，农户成为集体林区的主要林业生产经营者，农户林业生产投入行为对集体林区林业可持续发展、建设生态文明、实现乡村振兴等都有重要而直接的影响。

农户林业生产投入行为是农户经济行为研究的一个细分领域。从现有研究文献来看，国内外学者对农户林业生产投入行为的研究主要集中在以下几个层面。首先，是对农户林业生产投入行为的评价。张蕾等（2008）、张海鹏等（2009）、徐晋涛（2018）、孔凡斌（2008）、贺东航等（2010）认为林改后农户林业生产资金投入增加或有投入意向，造林面积明显增加。其次，对农户林业投入行为的影响因素研究。国内外研究文献认为，农户林业生产投入行为的影响因素主要来自两个方面：一方面是林业产权制度因素，产权改革会降低农户交易成本，使农户木材生产活动更加活跃（尹航 等，2010），进而激发农户的造林投入行为（何文剑 等，2014），短期内有促进农户将生产要素投向林业生产的趋势（荣庆娇 等，2014a）；另一方面是市场因素，林业生产要素价格及机会成本都会影响农户林业生产投入决策（Cubbage et al.，2014；杨扬 等，2018b）。再次，基于农户林业生产投入行为，提出建设林业金融支撑体系、完善林权交易市场等政策建议。

尽管现有文献对林改后集体林区农户林业生产投入行为及影响因素进行了大量相关研究，但也存在以下不足：第一，林业资金和劳动是当前集体林区农户林业投入的主要生产要素，现有文献对农户林业资金投入研究较多，对农户林业劳动投入关注较少，更缺少对二者的对比分析和系统研究。第二，现有文献主要从造林等单个林业生产环节研究投入行为，对农户林业生产过程中的主要环节（造林、管护、采伐等)投入行为缺少系统研究。第三，林改后农户因受到内部林业资源禀赋和外部政策环境等因素影响逐渐分化形成异质性，表现出不同林业生产投入行为规律，现有文献把集体林区农户作为一个整体，缺乏分类研究。

鉴于此，本书以集体林区商品林农户和公益林农户为研究对象，着重讨论林地确权、政府干预对资源异质性农户林业生产投入行为的影响及差异。首先，从林业生产过程视角，实证研究林地确权、政府管制对二类资源异质性农户林业生产过程中造林投入行为、管护(含抚育)投入行为、采伐投入行为的影响及差异；然后，从林业投入要素视角，实证研究林地确权、政府管制对集体林区资源异质性农户林业资本、劳动要素投入行为的影响及差异。通过科学掌握林地确权、政府干预对两类资源异质性农户林业生产投入行为的影响情况，为完善和调整我国林业政策提供科学决策参考，进而引导资源异质性农户积极进行林业生产投入，更好地实现林改双增目标。

7.1 研究框架与研究假设

7.1.1 研究框架

7.1.1.1 林业生产过程视角：资源异质性农户林业生产过程投入行为

林业生产过程主要包括造林、管护(含抚育)和采伐等生产环节(沈国舫，2001b)。农户林业生产过程投入行为是农户在林业生产活动各环节中的投入行为表现，主要包括造林投入行为、管护投入行为和采伐投入行为。造林、管护与采伐三个生产环节首尾相连构成一个林业生产周期系统，三项生产投入行为之间存在较强的内在关联性。因此，单独研究其中一种生产投入行为，会导致研究结果缺乏整体性和系统性。

研究文献普遍认为林业生产投入主要发生在造林和管护(含抚育)阶段。因此，国外大量的研究文献结合林业生产阶段特点，主要从林业生产过程视角研究集体林区农户在造林或管护阶段的林业生产投入行为，或将造林阶段和管护阶段合并研究。研究结果表明：第一，相比没有林地产权安全感的农户，拥有林地产权安全感的农户显著增加了造林投入，林地、林木产权安全感是影响农户造林投入行为的重要因素(Zhang et al.，1996，1997；Zhang et al.，2007；刘璨，2005；王洪玉 等，2009)。第二，产权期限越长、产权界定越清楚的林权制度，林业经营者的预期林业收入越高，造林投入越积极(Zhang et al.，1996；Xie et al.，2014)。第三，我国新一轮林改完成林地确权到户后，研究文献进一步验证了林地确权对农户造林、管护（含抚育）投入行为的影响，研究认为林地确权到户有效促进了短期内集体林区农户造林和抚育阶段的投入（贺东航 等，2010；朱文清 等，2019b）。同时，林地确权对农户造林投入行为的影响存在林地规模差异性、林种差异性、短期与长期差异性等（何文剑 等，2014a；朱文清 等，2019b）。

现有文献研究丰富和夯实了林业生产过程投入行为领域。然而，林木采伐利用也需要投入，且造林、管护、采伐是一个林业生产周期整体，应该将这三个重要的生产环节作为一个投入整体系统进行研究，单独研究其中一个或两个生产环节的投入行为缺乏系统性、科学性。同时，现有研究将集体林区农户作为一个整体研究对象，鲜少考虑林业分类经营管理制度下不同政策导向对农户生产过程投入行为的影响（曹兰芳 等，2015，2016）。此外，现有研究主要基于调查的截面数据进行实证研究，但林业生产周期长，林地确权、林业政策对农户林业生产投入行为的影响具有滞后性，截面数据难以客观、科学地反映林权制度及相关林业政策对农户林业生产投入行为的影响效果。

因此，本书首先根据林地、林分属性差异，将集体林区农户分为公益林农户和商品林农户，从林业生产视角将农户造林投入行为、管护投入行为、采伐投入行为作为一种投入整体系统建立方程组，采用连续跟踪监测的面板数据实证研究林地确权、政府干预对两类资源异质性林业生产过程投入行为的影响。研究框架请参考图7-1。

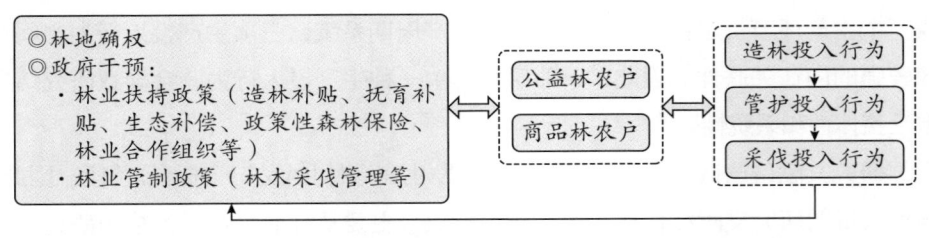

图7-1 资源异质性农户林业生产过程投入行为研究框架

7.1.1.2 林业生产要素视角：资源异质性农户林业要素投入行为

根据柯布-道格拉斯生产函数，在一定时期内，在既定的生产技术水平下生产要素组合（$X_1, X_2, \cdots, X_n$）在每一时期所能生产的最大产量为 $Output$。生产投入要素主要包括资金、劳动、土地及经营者能力等四个方面。在经济学分析中，通常只使用劳动（L）和资本（K）这两种生产要素，所以生产函数可以写成：$Output = f(L, K)$。在当前的林业生产经营环境下，虽然政府鼓励林地流转[①]，但是根据国家林业和草原局调查的数据，农户普遍流转意愿不强，小规模农户是集体林区绝对占优的林业经营主体，且农户林业经营能力在短期内基本稳定。因此，林业资本（K）和劳动（L）成为当前集体林区农户主要林业生产要素投入。

现有文献研究认为影响农户林业生产要素投入的主要因素包括：资本（Zhang et al.，2007）、政府的政策倾向（Royle et al.，2004；Sonwa et al.，2011）、产权制度安排（蒋海 等，2001）、市场激励（于艳丽 等，2017）、林业收入预期等（李周，2008）。现有文献极少把林业投入要素作为一个研究系统，也缺少对资本、劳动的对比研究。鉴于此，本研究以集体林区商品林农户和公益林农户为研究对象，从林业生产要素视角将林业资本要素投入行为、林业劳动要素投入行为作为投入整体系统建立方程组，实证研究林地确权、政府管制对资源异质性农户林业要素投入行为的影响。研究框架请参考图7-2。

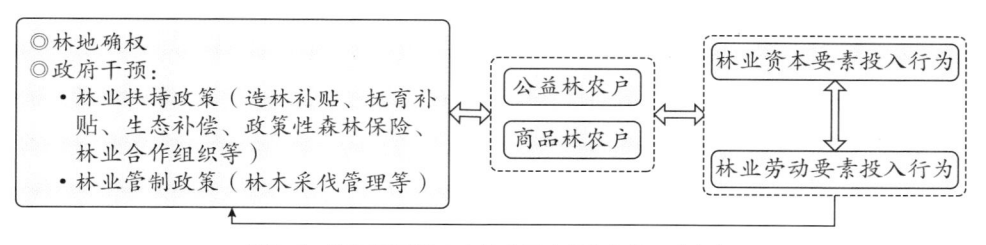

图7-2 资源异质性农户林业要素投入行为研究框架

综上所述，本书将从两个视角研究集体林区资源异质性农户林业投入行为：一方面，从林业生产过程视角，构建造林投入行为、管护投入行为、采伐投入行为方程组，系统研究林地确权、政府干预对资源异质性农户林业生产过程投入行为的影响；另一方面，从林业生产要素投入视角，构建林业资本投入行为、林业劳动投入行为方程组，系统研究林地确权、政府干预对资源异质性农户林业要素投入行为的影响。特别说明的是，集体林区农户林业生产投入行为的这两个视角既有联系，又存在区别。林业不同生产过程的投入就是对要素的投入，林业要素的投入必然通

[①] 1998年修正的《中华人民共和国森林法》第十五条第一次确立了我国森林、林木和林地使用权流转制度。新一轮林地确权到户后，政府为了解决林地细碎化问题，国家出台一系列政策鼓励林地流转以实现林业生产规模效应，比如《国家林业局关于规范集体林权流转市场运行的意见》（林改发〔2016〕100号）等。

过不同生产过程环节实现。但是，本研究主要关注了林业生产过程中的造林、管护、采伐三个主要环节，并未重点关注林下经济等生产过程的投入行为。然而，林业要素投入不仅包括造林、管护、采伐这三个生产环节的要素投入，还包括林下经济等所有生产环节的要素投入。因此，林业生产过程视角与林业生产要素视角的投入行为既有联系，又有区别，本研究将根据研究框架分两步进行实证研究。

7.1.2 研究假设

根据前文的研究框架设计，本研究提出以下研究假设：

H1：林地确权对资源异质性农户林业生产过程中造林、管护、采伐的投入行为均有正向影响；林地确权对资源异质性农户林业资本和劳动要素投入行为均有正向影响。

H2：林业扶持政策（包括造林补贴、抚育补贴、政策性森林保险、林权抵押贷款、林业合作组织等）对商品林农户林业生产过程投入行为、林业要素投入行为均有正向影响；林业管制政策（包括林木采伐管理政策等）对商品林农户林业生产过程投入行为、林业要素投入行为均有负向影响。

H3：林业扶持政策（包括造林补贴、抚育补贴、生态补偿、政策性森林保险等）对公益林农户林业生产过程投入行为、林业要素投入行为均有正向影响；林业管制政策（包括林木采伐管理政策、林权抵押贷款等）对公益林农户林业生产过程投入行为、林业要素投入行为均有负向影响。

特别说明的是：林地流转政策是林改配套政策体系中的重要组成部分。林地流转分为流出和流入，林地流出与本书研究问题关联性不大；另一方面，本书主要从林分属性角度对农户分类，流入林地也根据其林分属性随之归类。因此，本书暂不考虑林地流转政策。

7.2 构建计量模型、估计方法及数据来源

7.2.1 构建计量模型

根据以上理论分析，本书从两个维度对集体林区资源异质性农户林业生产投入行为进行研究。第一个维度，分别以公益林农户和商品林农户为对象，从林业生产过程维度构建以造林投入行为、管护投入行为和采伐投入行为为因变量的方程组：

$$\begin{cases} zaolin_{ijt} = a_{0jt} + a_{1jt}FR_{jt} + a_{2jt}GI_{jt} + a_{3jt}Z_{jt} + \varepsilon_{ijt} \\ guanhu_{ijt} = \beta_{0jt} + \beta_{1jt}FR_{jt} + \beta_{2jt}GI_{jt} + \beta_{3jt}Z_{jt} + \varepsilon'_{ijt} \\ caifa_{ijt} = \eta_{0jt} + \eta_{1jt}FR_{jt} + \eta_{2jt}GI_{jt} + \eta_{3jt}Z_{jt} + \varepsilon''_{ijt} \end{cases} \quad (7-1)$$

式(7-1)中，zaolin、guanhu、caifa 分别表示因变量：造林投入行为、管护投入行为和采伐投入行为，因为劳动是整个林业生产过程中最普遍、最关键的林业投入要素，而劳动工日不需要进行货币转换，能够客观比较不同地区和不同样本农户的林业生产投入，因此本研究用造林投入工日、管护投入工日、采伐投入工日分别测量资源异质性农户造林投入行为、管护投入行为和采伐投入行为，各变量的描述性统计分析请参考表7-1。FR 表示林地确权，GI 表示政府干预政策集，Z 表示控制变量集，$\forall i=1,2$，分别表示公益林农户和商品林农户，j 表示样本农户，t 表示时间。

在式(7-1)中，本研究主要关注的变量集是 FR 和 GI。FR 表示林地确权，用确权林地比例测量。GI 表示政府干预政策变量集：第一，在造林投入行为方程中主要关注的政策变量包括：造林补贴、生态补偿、政策性森林保险、林权抵押贷款、林木采伐管理政策、林业科技服务；第二，在管护投入行为方程中主要关注的政策变量包括：抚育补贴、生态补偿、政策性森林保险、林权抵押贷款、林木采伐管理政策、林业科技服务；第三，在采伐投入行为方程中主要关注的政策变量包括：生态补偿、林权抵押贷款、林木采伐管理政策、林业科技服务、林业合作组织。本研究分别用造林补贴面积占比、抚育补贴面积占比、生态补偿政策认知评价、是否参与森林保险、林权抵押贷款政策认知评价、林木采伐管理政策认知评价、是否接受林业科技服务、是否加入林业合作组织测量以上政策变量。特别说明的是三个方程中的生态补偿变量仅纳入以公益林农户为研究对象的模型中。

Z 是一组控制变量。第一，造林投入行为方程中的控制变量包括：采伐面积占比、家庭劳动力数量、家庭收入、户主受教育程度、地区控制变量等。第二，管护投入行为方程中的控制变量包括：造林面积占比、家庭劳动力数量、家庭收入、户主受教育程度、地区控制变量等。第三，采伐投入行为方程中的控制变量包括：实际抚育林地占比、家庭劳动力数量、家庭林业总投入、户主受教育程度、地区控制变量等。

第二个维度，分别以公益林农户和商品林农户为对象，从林业要素投入视角构建以林业资本要素投入行为和劳动要素投入行为为因变量的方程组：

$$\begin{cases} capital_{ijt} = \kappa_{0jt} + \kappa_{1jt}FR_{jt} + \kappa_{2jt}GI_{jt} + \kappa_{3jt}Z_{jt} + \mu_{ijt} \\ labor_{ijt} = \gamma_{0jt} + \gamma_{1jt}FR_{jt} + \gamma_{2jt}GI_{jt} + \gamma_{3jt}Z_{jt} + \mu'_{ijt} \end{cases} \quad (7-2)$$

式(7-2)中，capital 表示因变量林业资本要素投入行为，本研究用林业生产过程中的林业总资本投入测量，包括种苗(幼苗)、化肥农药、机械或畜力、税费[①]、其他。labor 表示因变量林业劳动要素投入行为，本研究用林业生产过程中投入的工日测量，包括自投劳动力工日和雇佣劳动力工日，各变量的描述性统计分析请参考表7-1。在式(7-2)中，本研究主要关注的变量集是 FR 和 GI。FR 表示林地确权，用确权林地比例测量。GI 表示政府干预政策变量集，本研究主要关注的影响资源异质性农户林业生产要素投入行为的政府干预政策是：造林补贴、抚育补贴、生态补偿、政策性森林保险、林权抵押贷款、林木采伐管理政策、林业科技服务、林业合作组织，其中生态补偿政策变量仅纳入以公益林农户为研究对象的模型中。各项政策变量的测量变量与式(7-1)中的测量变量相同。

表7-1 主要变量基本统计量分析

变量界定		均值	标准差	最小值	最大值	观测值
公益林农户造林投入行为：公益林农户单位时间内（一年）造林投入的总工日	总体	8.143	21.320	0	200	$N=1\,051$
	组间		20.030	0	180	$n=461$
	组内		13.840	−66.86	168.10	$T\text{-}bar=2.280$
公益林农户管护投入行为：公益林农户单位时间内（一年）管护投入的总工日	总体	26.660	49.710	0	880	$N=1051$
	组间		38.980	0	447.50	$n=461$
	组内		34.510	−405.80	459.20	$T\text{-}bar=2.280$
公益林农户采伐投入行为：公益林农户单位时间内（一年）采伐投入的总工日	总体	0.608	6.999	0	192	$N=1\,051$
	组间		5.744	0	96	$n=461$
	组内		4.820	−95.39	96.61	$T\text{-}bar=2.280$
商品林农户造林投入行为：商品林农户单位时间内（一年）造林投入的总工日	总体	10.620	29.990	0	480	$N=1\,159$
	组间		24.220	0	330	$n=465$
	组内		20.740	−139.40	355.60	$T\text{-}bar=2.492$

[①] 税费主要指采伐生产投入中的资本投入，包括育林基金、检尺费等。

续表7-1

变量界定		均值	标准差	最小值	最大值	观测值
商品林农户管护投入行为：商品林农户单位时间内（一年）管护投入的总工日。	总体	32.670	92.920	0	2 000	$N=1\ 159$
	组间		64.170	0	1 100	$n=465$
	组内		59.470	-1067	932.7	$T\text{-}bar=2.492$
商品林农户采伐投入行为：商品林农户单位时间内（一年）采伐投入的总工日。	总体	1.925	17.260	0	480	$N=1\ 159$
	组间		8.625	0	120	$n=465$
	组内		14.070	-118.1	361.9	$T\text{-}bar=2.492$
公益林农户林业资本要素投入行为：公益林农户单位时间内（一年）投入的总资本，包括种苗（幼苗）、化肥农药、机械或畜力、税费等。	总体	391.600	1 925	0	46 000	$N=1\ 414$
	组间		1 842	0	40 000	$n=608$
	组内		1 310	-11 358	34 642	$T\text{-}bar=2.326$
公益林农户劳动要素投入行为：公益林农户单位时间内（一年）投入的总工日，包括自投劳动和雇佣劳动。	总体	44.100	134.000	0	3 000	$N=1\ 414$
	组间		127.000	0	2 555	$n=608$
	组内		91.760	-457.6	2 542	$T\text{-}bar=2.326$
商品林农户林业资本要素投入行为：商品林农户单位时间内（一年）投入的总资本，包括种苗（幼苗）、化肥农药、机械或畜力、税费等。	总体	1 447	11 606	0	345 000	$N=1\ 721$
	组间		7 237	0	150 000	$n=703$
	组内		9 100	-85 553	259 447	$T\text{-}bar=2.448$
商品林农户劳动要素投入行为：商品林农户单位时间内（一年）投入的总工日，包括自投劳动和雇佣劳动。	总体	77.770	366.400	0	10 000	$N=1\ 721$
	组间		187.400	0	3 260	$n=703$
	组内		283.200	-2 282	6 818	$T\text{-}bar=2.448$

Z是一组控制变量。第一，林业资本要素投入行为方程中的控制变量包括：家庭劳动力投入量、造林面积、实际抚育面积、家庭林业总收入、地区虚拟变量。第二，林业劳动要素投入行为方程中的控制变量包括：家庭林业资本投入量、家庭林地面积、家庭劳动力数量、地区虚拟变量。特别说明的是，一般来说，林业资本投入伴随着劳动投入，反之亦然。因此，在式(7-2)中，将两个方程中的因变量互相作为另一个方程中的控制变量。其次，林业生产中需要大量资本投入的生产环节是造林和幼林抚育，故在林业资本要素投入行为方程中本研究选取的控制变量是造林面积和实际抚育面积。同时，所有林地都需要投入劳动要素进行管护，因此在林业劳动要素投入行为方程中，本研究选取的控制变量是家庭林地面积。

7.2.2 估计方法

本章的实证研究涉及两个方程组,将方程组内的方程进行联合估计可以提高估计的效率,这被称为"系统估计"(system estimation)。多方程系统主要分为两类:一类为"似不相关回归"(seemingly unrelated regression estimation,SUR),即各方程的变量之间没有内在联系,但各方程的扰动项之间存在相关性;另一类为"联立方程组"(simultaneous equations),即不同方程之间的变量存在内在的联系,一个方程的解释变量是另一个方程的被解释变量。

根据前文7.2.1节的研究框架,本章的实证研究第一部分:林地确权、政府干预对集体林区两类资源异质性农户林业生产过程投入行为的影响。因为造林投入行为、管护投入行为、采伐投入行为是林业生产过程中连续的三个基本投入环节,同一个样本农户的不可观测因素可能会同时对这三种投入行为产生影响,即三个方程的扰动项应该是相关的,将这三个方程看成是一个系统,同时进行联合估计,可以提高估计效率。

似不相关回归模型的假设共有 n 个方程(n 个被解释变量)[①],每个方程共有 T 个观测值,$T>n$。在第 i 个方程中,共有个 K_i 解释变量。第 i 个方程可以写成:

$$\underset{T\times 1}{y_i} = \underset{T\times K_i}{X_i} \underset{K_i\times 1}{\beta_i} + \underset{T\times 1}{\varepsilon_i} \qquad (i=1,2,\cdots,n) \tag{7-3}$$

将所有的方程叠放在一起可得:

$$\boldsymbol{y} \equiv \underset{nT\times 1}{\begin{pmatrix} y_1 \\ y_2 \\ \vdots \\ y_n \end{pmatrix}} = \underset{nT\times \sum_{i=1}^n K}{\begin{pmatrix} X_1 & 0 & \cdots & 0 \\ 0 & X_2 & \cdots & 0 \\ \vdots & \vdots & & \vdots \\ 0 & 0 & \cdots & X_n \end{pmatrix}} \underset{\sum_{i=1}^n K_i \times 1}{\begin{pmatrix} \beta_1 \\ \beta_2 \\ \vdots \\ \beta_n \end{pmatrix}} + \underset{nT\times 1}{\begin{pmatrix} \varepsilon_1 \\ \varepsilon_2 \\ \vdots \\ \varepsilon_n \end{pmatrix}} \equiv \boldsymbol{X\beta} + \boldsymbol{\varepsilon} \tag{7-4}$$

考察"大"扰动项 $\boldsymbol{\varepsilon}$ 的协方差矩阵:

$$\boldsymbol{\Omega} \equiv \mathrm{Var}\begin{pmatrix} \varepsilon_1 \\ \varepsilon_2 \\ \vdots \\ \varepsilon_n \end{pmatrix} = \boldsymbol{E}\begin{pmatrix} \varepsilon_1 \\ \varepsilon_2 \\ \vdots \\ \varepsilon_n \end{pmatrix}\begin{pmatrix} \varepsilon_1' & \varepsilon_2' & \cdots & \varepsilon_n' \end{pmatrix} = \boldsymbol{E}\begin{pmatrix} \varepsilon_1\varepsilon_1' & \varepsilon_1\varepsilon_2' & \cdots & \varepsilon_1\varepsilon_n' \\ \varepsilon_2\varepsilon_1' & \varepsilon_2\varepsilon_2' & \cdots & \varepsilon_2\varepsilon_n' \\ \vdots & \vdots & & \vdots \\ \varepsilon_n\varepsilon_1' & \varepsilon_n\varepsilon_2' & \cdots & \varepsilon_n\varepsilon_n' \end{pmatrix}_{nT\times nT} \tag{7-5}$$

假设同一方程不同期的扰动项不存在自相关,且方差也相同,记第 i 个方程

---

① 在林业生产过程投入行为实证研究中,有三个方程,即三个被解释变量。在林业要素投入行为实证研究中,有两个方程,即两个被解释变量。

的方差为 σ_{ii}。则协方差阵 $\boldsymbol{\Omega}$ 中主对角线上的第 (i, i) 个矩阵为：

$$E(\varepsilon_i \varepsilon_i') = \sigma_{ii} I_T \qquad (7\text{-}6)$$

假设不同方程的扰动项之间存在同期相关，即：

$$E(\varepsilon_{it}\varepsilon_{js}) = \begin{cases} \sigma_{ij}, t = s \\ 0, t \neq s \end{cases} \qquad (7\text{-}7)$$

则协方差阵 $\boldsymbol{\Omega}$ 中的第 (i, j) 个矩阵 $(i \neq j)$ 为：

$$E(\varepsilon_i \varepsilon_j') = \sigma_{ii} I_T \qquad (7\text{-}8)$$

综上所得：

$$\boldsymbol{\Omega} = \begin{pmatrix} \sigma_{11} I_T & \sigma_{12} I_T & \cdots & \sigma_{1n} I_T \\ \sigma_{21} I_T & \sigma_{22} I_T & \cdots & \sigma_{2n} I_T \\ \vdots & \vdots & & \vdots \\ \sigma_{n1} I_T & \sigma_{n2} I_T & \cdots & \sigma_{nn} I_T \end{pmatrix} \qquad (7\text{-}9)$$

由于 $\boldsymbol{\Omega}$ 中的每个小块都有共同的因子 I_T，把 I_T 作为公因子提取出来，化简为：

$$\boldsymbol{\Omega} = \begin{pmatrix} \sigma_{11} & \sigma_{12} & \cdots & \sigma_{1n} \\ \sigma_{21} & \sigma_{22} & \cdots & \sigma_{2n} \\ \vdots & \vdots & & \vdots \\ \sigma_{n1} & \sigma_{n2} & \cdots & \sigma_{nn} \end{pmatrix} \otimes I_T \equiv \boldsymbol{\Sigma} \otimes I_T \qquad (7\text{-}10)$$

其中，$\boldsymbol{\Sigma} = \begin{pmatrix} \sigma_{11} & \sigma_{12} & \cdots & \sigma_{1n} \\ \sigma_{21} & \sigma_{22} & \cdots & \sigma_{2n} \\ \vdots & \vdots & & \vdots \\ \sigma_{n1} & \sigma_{n2} & \cdots & \sigma_{nn} \end{pmatrix}$ 为同期协方差矩阵。根据克罗内克尔乘积的性质，$\boldsymbol{\Omega}$ 的逆矩阵可以写为：$\boldsymbol{\Omega}^{-1} = \boldsymbol{\Sigma}^{-1} \otimes I_T$。

由于 $\boldsymbol{\Omega}$ 不是单位矩阵，用 OLS 估计这个多方程系统 $\boldsymbol{y} = \boldsymbol{X\beta} + \boldsymbol{\varepsilon}$ 不是最有效率的。假设 $\boldsymbol{\Omega}$ 已知，则 GLS 是最有效率的估计方法：

$$\hat{\boldsymbol{\beta}}_{GLS} = (X'\boldsymbol{\Omega}^{-1}X)^{-1} X'\boldsymbol{\Omega}^{-1} y = \left[X'(\boldsymbol{\Sigma}^{-1} \otimes I_T) X \right]^{-1} X'(\boldsymbol{\Sigma}^{-1} \otimes I_T) y \qquad (7\text{-}11)$$

然而，在现实中 $\boldsymbol{\Omega}$ 一般是未知的，故首先需要估计 $\hat{\boldsymbol{\Omega}}$，然后进行 FGLS 估计。由于对每个方程分别进行 OLS 回归也是一致的，故可以使用单一方程 OLS 的残差来一致地估计 σ_{ij}。假设第 i 个方程的 OLS 残差向量为 e_i，则 σ_{ij} 的一致估计量为：

$$\widehat{\sigma_{ij}} = \frac{1}{T} e_i' e_j = \frac{1}{T} \sum_{t=1}^{T} e_{it} e_{jt} \qquad (7\text{-}12)$$

因此

$$\hat{\Omega} = \begin{pmatrix} \hat{\sigma}_{11} & \hat{\sigma}_{12} & \cdots & \hat{\sigma}_{1n} \\ \hat{\sigma}_{21} & \hat{\sigma}_{21} & \cdots & \hat{\sigma}_{2n} \\ \vdots & \vdots & & \vdots \\ \hat{\sigma}_{n1} & \hat{\sigma}_{n2} & \cdots & \hat{\sigma}_{nn} \end{pmatrix} \otimes I_T \qquad (7\text{-}13)$$

将 $\hat{\Omega}$ 代入式(7-12)可得：

$$\hat{\beta}_{SUR} = \left(X' \hat{\Omega}^{-1} X \right)^{-1} X' \hat{\Omega}^{-1} y \qquad (7\text{-}14)$$

这就是"似不相关估计量"（Zellner，1962），记为 $\hat{\beta}_{SUR}$。使用 FGLS 后得到新的残差，可以再一次计算 $\hat{\hat{\Omega}}$，不断迭代直至系数估计值 $\hat{\beta}_{SUR}$ 收敛为止。

本书采用的是面板数据，计量估计方法采用"面板似不相关回归"（XTSUR）。XTSUR 是多方程面板似不相关回归，使用随机效应估计非面板数据，基于广义最小二乘法（gl）和最大似然（ML）程序构造一个多步（逐步）算法（Biorn，2004；Nguyen et al.，2010）。因此本书主要采用 XTSUR 模型对农户林业生产过程投入行为三个联立方程进行系统估计。同时，为了进行对比研究，对每个方程进行面板多元回归估计，并通过 Hausman 检验采用哪种估计方法（FE 或 RE 估计）。因数据是微观调查数据，容易产生异方差，因此在所有 FE 和 RE 模型中都使用聚类稳健性标准差（陈强，2014）。

本章实证研究第二部分：林地确权、政府干预对集体林区资源异质性农户林业要素投入行为的影响研究。因为资本和劳动是一个投入要素系统决策，林业要素投入行为的两个方程因变量彼此之间存在较强的互相影响关系，即两个方程的因变量互为另一个方程的自变量。因此，对集体林区资源异质性农户林业要素投入行为联立方程组采用系统估计，能提高估计效率。最常见的对联立方程组进行系统估计的方法是"三阶段最小二乘法"（three stage least square，3SLS）。3SLS 的基本步骤如下：

前两步：对每个方程进行 2SLS 估计。

第三步：估计前两步的估计，得到对整个系统的扰动项的协方差矩阵的估计。然后，对整个系统进行 GLS 估计。具体操作如下。

对于联立方程模型的第 j 个方程，忽略不在方程中的内生变量 y_j^* 与外生变量 x_j^*，并同时考虑所有 T 个观测值，可以将第 j 个方程写为：

$$y_j = \underbrace{Y_j}_{T\times M_j}\underbrace{\gamma_j}_{M_j\times 1} + \underbrace{X_j}_{T\times K_j}\underbrace{\beta_j}_{K_j\times 1} + \underbrace{\varepsilon_j}_{T\times 1} \equiv \underbrace{Z_j}_{T\times (M_j+K_j)}\underbrace{\delta_j}_{(M_j+K_j)\times 1} + \underbrace{\varepsilon_j}_{T\times 1} \quad (7\text{-}15)$$

其中，第 j 个方程中的解释变量为 $Z_j = Y_j X_j$（包含内生解释变量 Y_j 与外生变量 X_j），$\delta_j \equiv \begin{pmatrix}\gamma_j \\ \beta_j\end{pmatrix}$（同时包含内生变量与外生变量的系数）。将所有 M 个方程叠放再一起可得：

$$\boldsymbol{y} \equiv \underbrace{\begin{pmatrix}y_1 \\ y_2 \\ \vdots \\ y_M\end{pmatrix}}_{MT\times 1} = \begin{pmatrix}Z_1 & 0 & \ldots & 0 \\ 0 & Z_2 & \ldots & 0 \\ \vdots & \vdots & & \vdots \\ 0 & 0 & \ldots & Z_M\end{pmatrix}\begin{pmatrix}\delta_1 \\ \delta_2 \\ \vdots \\ \delta_M\end{pmatrix} + \underbrace{\begin{pmatrix}\varepsilon_1 \\ \varepsilon_2 \\ \vdots \\ \varepsilon_M\end{pmatrix}}_{MT\times 1} = \boldsymbol{Z\delta} + \boldsymbol{\varepsilon} \quad (7\text{-}16)$$

假设 $E(\boldsymbol{\varepsilon}|\boldsymbol{X})=0$，$E(\boldsymbol{\varepsilon\varepsilon'}|\boldsymbol{X})=\boldsymbol{\Sigma}^{-1}\otimes I$，其中 $\boldsymbol{X}$ 包含整个方程系统中所有的外生变量（都可以作为工具变量）。记 $\hat{z}_j \equiv \boldsymbol{X}(\boldsymbol{X'X})^{-1}\boldsymbol{X'}$，$Z_j$ 为第 j 个方程解释变量 Z_j 对所有外生变量（工具变量）$\boldsymbol{X}$ 进行回归的拟合值（第一阶段回归），则第 j 个方程的 2SLS 估计量为：

$$\hat{\delta}_{j,2SLS} \equiv \left(\hat{Z}_j'\hat{Z}_j\right)^{-1}\hat{Z}_j'y_j \quad (7\text{-}17)$$

定义：

$$\hat{\boldsymbol{Z}} \equiv \begin{pmatrix}\hat{Z}_1 & 0 & \ldots & 0 \\ 0 & \hat{Z}_2 & \ldots & 0 \\ \vdots & \vdots & & \vdots \\ 0 & 0 & \ldots & \hat{Z}_M\end{pmatrix} \quad (7\text{-}18)$$

则可以将所有方程的单一方程 2SLS 估计量简洁地写在一起：

$$\hat{\boldsymbol{\delta}}_{2SLS} \equiv \begin{pmatrix}\hat{\delta}_{1,2SLS} \\ \hat{\delta}_{2,2SLS} \\ \vdots \\ \hat{\delta}_{M,2SLS}\end{pmatrix} = \left(\hat{\boldsymbol{Z}}'\hat{\boldsymbol{Z}}\right)^{-1}\hat{\boldsymbol{Z}}'\boldsymbol{y} \quad (7\text{-}19)$$

为了进行 3SLS 估计，必须先得到协方差矩阵 $\boldsymbol{\Sigma}$ 的估计值 $\hat{\boldsymbol{\Sigma}}$。记矩阵 $\hat{\boldsymbol{\Sigma}}$ 的 (i,j) 元素为 $\hat{\sigma}_{ij}$，利用单一方程 2SLS 估计的残差可得：

$$\hat{\sigma}_{ij} = \frac{1}{T}\left(y_i - Z_i \hat{\delta}_{i,2SLS}\right)'\left(y_j - Z_j \hat{\delta}_{j,2SLS}\right) \qquad (7\text{-}20)$$

一般来说，使用 GLS 会比单一方程 2SLS 更有效率。类比似不相关回归，3SLS 估计量定义为：

$$\hat{\delta}_{3SLS} = \left[\hat{Z}'\left(\hat{\Sigma}^{-1} \otimes I\right)\hat{Z}\right]^{-1}\hat{Z}'\left(\hat{\Sigma}^{-1} \otimes I\right)y \qquad (7\text{-}21)$$

7.2.3 数据来源

本研究的数据来自集体林权制度改革跟踪监测项目课题组在湖南省调查的中 500 个样本农户的固定观测数据，调查时间为 2012—2018 年，报告期为 2011—2017 年。其中，林业生产过程视角下资源异质性农户林业生产过程投入行为的研究数据是从 2014 年开始获得，因此在数据描述性分析和实证研究中这一部分的数据只涉及报告期 2013—2017 年。林业要素视角下资源异质性农户林业要素投入行为的研究数据覆盖 2012—2018 年整个监测期，报告期为 2011—2017 年。

7.3 资源异质性农户林业生产投入行为描述性分析

7.3.1 林业生产过程视角：资源异质性农户林业生产过程投入行为分析

本书采用报告期 2013—2017 年林业生产过程中林业劳动工日投入数据，从投入行为发生率和投入强度两个方面解析两类资源异质性农户造林、管护、采伐等林业生产过程中的投入行为特征及差异规律。

7.3.1.1 商品林农户林业生产过程投入行为分析

商品林农户造林投入行为方面，根据表 7-2，商品林农户造林投入行为发生率整体呈现阶段性下降趋势，样本农户平均造林投入强度呈现倒 V 形特征。第一，商品林农户造林投入行为发生率递减表现为二个阶段：第一阶段报告期 2013—2015 年，样本农户各年造林投入行为发生率高于 45%，说明林地确权到户完成后，商品林农户比较积极地进行了承包林地造林履责。第二阶段报告期 2016—2017 年，商品林农户造林投入行为发生率分别为 32.91% 和 21.65%，这一阶段的造林投入行为发生率比第一阶段降低一半左右。可能的原因是：林业属于长周期行业，在第一阶段（2013—2015）基本完成承包林地造林后，在结束一个林业生产周期（采伐）之前林地上并不需要大规模更新造林。第二，商品林农户平均造林投入强度从报告期2011年至报告期2015年达到顶峰，然后开始逐年下降。说明新一轮林改对商品林农户造林投入有明显的激励作用，在基本完成承包林地造林后与大规模采伐之前，样本农户的造林投入强度必然呈现下降趋势。

表7-2 报告期2013—2017年商品林农户林业生产过程投入行为

林业生产阶段	林业投入变量	2013	2014	2015	2016	2017
造林阶段	商品林农户/户	215	232	249	234	231
	有造林投入农户/户	97	110	119	77	50
	无造林投入农户/户	118	122	130	157	181
	造林投入行为发生率/%	45.12	47.41	47.79	32.91	21.65
	平均造林投入强度/(工日·年$^{-1}$)	10.46	12.11	19.07	6.40	4.52
管护阶段	有管护投入农户/户	155	193	199	195	195
	无管护投入农户/户	60	39	50	39	36
	管护投入行为发生率/%	72.09	83.19	79.92	83.33	84.42
	平均管护投入强度/(工日·年$^{-1}$)	21.83	33.51	41.64	31.02	34.42
采伐阶段	有采伐投入农户/户	7	21	19	8	6
	无采伐劳投入农户/户	208	211	230	226	225
	采伐投入行为发生率/%	3.26	9.05	7.63	3.42	2.60
	平均采伐投入强度/(工日·年$^{-1}$)	0.78	2.60	4.81	0.63	0.51
其他	有其他林业投入农户/户	1	20	15	9	8
	无其他林业投入农户/户	214	212	234	225	223
	其他投入行为发生率/%	0.47	8.62	6.02	3.85	3.46
	其他投入强度/(工日·年$^{-1}$)	0.391	1.461	6.723	8.949	3.494

注：①平均造林(管护/采伐/其他)投入强度=Σ单位时间内(一年)商品林农户造林(管护/采伐/其他)投入工日总和/商品林农户总户数；②造林(管护/采伐/其他)投入行为发生率=有造林(管护/采伐/其他)投入商品林农户/商品林农户总户数。

商品林农户管护投入行为方面，根据表7-2，商品林农户林业管护投入行为发生率较高，整体呈现上升趋势；商品林农户管护平均林业投入强度呈现均衡的倒V形特征。第一，报告期2013年商品林农户管护投入行为发生率最低，为72.09%。之后，商品林农户管护投入行为发生率开始上升，基本上比较稳定地维持在80%以上。商品林农户管护投入行为发生率远高于其造林投入行为发生率，说明商品林农户较好地履行了承包林地管护。第二，商品林农户平均管护投入强度在报告期2013—2015年呈现逐年大幅上涨趋势。可能的原因是：管护是造林之后的林业生产环节，商品林农户在报告期2013—2015年的造林投入行为发生率最高，未成林幼林需要抚育管护，从而导致管护投入强度增加。报告期2016—2017年商品林农户管护强度下降。

商品林农户采伐投入行为方面，根据表7-2，商品林农户采伐投入行为发生率呈现先上升后下降特征，平均采伐投入强度也呈现先升后降的倒V形特征。第一，从采伐投入行为发生率来看，报告期2014—2015年采伐投入行为发生率最高，分别为9.05%和7.63%，其他年份的采伐投入行为发生率为3%左右。整体来看，林改后商品林农户采伐投入行为发生率普遍较低。第二，从平均林业采伐投入强度来看，报告期2014—2015年商品林农户采伐投入强度最高，分别为2.60工日/年和4.81工日/年，其他年份均低于1工日/年。整体来看，林改以来商品林农户采伐劳动投入强度较低。

商品林农户其他投入行为主要指林下经济投入行为，比如林下种植、林下采集等。根据表7-2，报告期2013年商品林农户其他林业投入行为发生率仅为0.47%，报告期2014年达到顶峰，投入行为发生率为8.62%，随后逐年递减，报告期2016—2017年稳定在3.5%左右。从投入强度来看，报告期2013—2016年商品林农户其他林业投入强度逐年大幅上升，在报告期2017年出现拐点，下降到3.49工日/年。说明林改后商品林农户开始逐步发展林下经济等。

整体来看，第一，林业生产过程投入行为发生率方面，商品林农户造林投入行为发生率呈现先升后降的趋势特征；管护投入行为发生率整体较高（约80%），比较平稳；采伐投入行为发生率整体较低（低于10%），且呈现下降趋势。第二，林业生产投入强度方面，商品林农户造林、管护和采伐投入强度都呈现倒V形特征，报告期2015年是这一倒V形的拐点，即报告期2015年造林、管护、采伐投入强度达到峰值。

7.3.1.2 公益林农户林业生产过程投入行为分析

公益林农户造林投入行为方面，根据表7-3，第一，公益林农户造林投入行为发生率呈现阶段性波动特征。报告期2013年，公益林农户造林投入行为发生率为35.47%，报告期2014—2016年，造林投入行为发生率稳定在44%左右，报告期2017年，造林投入行为发生率下降至27.98%。第二，造林投入强度方面的趋势特征与造林投入行为发生率特征基本一致，报告期2013年公益林农户平均造林投入强度为6.01工日/年，报告期2014—2016年平均造林投入强度在8~11.6工日/年，报告期2017年平均造林投入强度下降至4.9工日/年。说明公益林农户在林改后较好地完成了承包林地造林。

公益林农户管护投入行为方面，根据表7-3，第一，公益林农户林业管护投入行为发生率较高，整体比较平稳。报告期2013年，公益林农户林业管护投入行为发生率为73.40%，报告期2014—2017年，公益林农户林业管护投入行为发生率均高于79%，其中报告期2016年林业管护投入行为发生率达到峰值86.64%。第二，公益林农户林业管护投入强度在监测期呈现两端低、中间高的特征。报告期2013—2014年，公益林农户林业管护投入强度约为25工日/年。报告期2015年，公益林农户林业管护投入强度出现拐点，达到峰值37.74工日/年。报告期2016—2017年，公益林农户林业管护投入强度约为22.5工日/年。2015年出现管护投入拐点的可能原因是：2015年湖南省下发了《湖南省林业厅 湖南省财政厅关于实施森林禁伐减伐三年行动的通知》(湘林资〔2015〕25号)，从2016年1月1日起对重点生态区域进行禁伐减伐。因此，报告期2015年，即实施禁伐减伐前，农户可能对公益林进行了卫生伐、补植、抚育等管护。2016年禁伐减伐开始后，政府对公益林采伐管制进一步加强，导致公益林农户林业管护强度回落。

公益林农户采伐投入行为方面，根据表7-3，第一，公益林农户采伐投入行为发生率整体偏低，且呈现持续下降趋势。报告期2014年，是整个监测期公益林农户采伐投入行为发生率最高的年份，达到6.02%。随后，逐年呈现明显下降的趋势。特别是报告期2017年，公益林采伐投入行为发生率仅为0.46%。第二，公益林农户平均采伐投入强度呈现明显下降趋势特征，报告期2014年是公益林农户平均采伐投入强度的拐点，达到峰值1.79工日/年，其他监测年份公益林平均采伐投入强度均低于1工日/年。在报告期2017年，公益林农户采伐平均投入强度接近0。

公益林农户其他林业投入行为方面，根据表7-3，第一，公益林农户其他林业投入行为发生率在报告期2014年达到监测期的最高值，为8.33%，报告期2015—2016年稍有下降，约为6.6%，报告期2017年再次下降到5.96%。第二，公益林农户其他林业投入强度呈现阶段性上升趋势。第一阶段：报告期2013年，林业投入强度为0.562工日/年；第二阶段：报告期2014—2015年，林业投入强度分别为1.093工日/年、2.428工日/年；第三阶段：报告期2016—2017年，林业投入强度超过7工日/年。说明林改后公益林农户开始逐步发展非木质林产品生产经营。

表7-3 报告期2013—2017年公益林农户林业生产过程投入行为

林业生产阶段	林业投入变量	2013年	2014年	2015年	2016年	2017年
	公益林农户/户	203	216	197	217	218
造林阶段	有造林投入农户/户	72	96	88	95	61
	无造林投入农户/户	131	120	109	122	157
	造林投入行为发生率/%	35.47	44.44	44.67	43.78	27.98
	平均造林投入强度/(工日·年$^{-1}$)	6.01	11.60	9.83	8.42	4.90
管护阶段	有管护投入农户/户	149	172	157	188	174
	无管护投入农户/户	54	44	40	29	44
	管护投入行为发生率/%	73.40	79.63	79.70	86.64	79.82
	平均管护投入强度/(工日·年$^{-1}$)	25.3	25.61	37.74	22.99	22.61
采伐阶段	有采伐投入农户/户	5	13	9	4	1
	无采伐投入农户/户	198	203	188	213	217
	采伐投入行为发生率/%	2.46	6.02	4.57	1.84	0.46
	平均采伐投入强度/(工日·年$^{-1}$)	0.20	1.79	0.46	0.55	0.00
其他	有其他林业投入农户/户	2	18	13	15	13
	无其他林业投入农户/户	201	198	184	202	205
	其他投入行为发生率/%	0.99	8.33	6.60	6.91	5.96
	其他投入强度/(工日·年$^{-1}$)	0.562	1.093	2.428	8.972	7.041

注：①平均造林(管护/采伐/其他)投入强度=∑单位时间内(一年)公益林农户造林(管护/采伐/其他)投入工日总和/公益林农户总户数；②造林(管护/采伐/其他)投入行为发生率=有造林(管护/采伐/其他)投入公益林农户/公益林农户总户数。

整体来看，第一，林业生产过程投入行为发生率方面，管护投入行为发生率>造林投入行为发生率>采伐投入行为发生率，公益林农户造林和采伐投入行为发生率较高的年份都集中在报告期2014—2015年，而管护投入行为发生率最高的年份为报告期2016年。第二，林业生产过程投入强度方面，公益林农户造林和采伐投入强度最高的年份均为报告期2014年，而管护投入强度最高的年份为2015年。

7.3.1.3 资源异质性农户林业生产过程投入行为比较

(1)资源异质性农户造林投入行为比较。第一，公益林农户造林投入行为发生率和投入强度都呈现倒U形特征，商品林农户造林投入行为发生率和造林投入强度均呈现倒V形特征。根据图7-3，在报告期2013—2015年，商品林农户的造林投入行为发生率高于公益林农户；然而，在报告期2016—2017年出现逆转，商品林农户造林投入行为发生率远低于公益林农户。第二，根据图7-4，从造林投入强度来看，在报告期2013—2015年，商品林农户造林投入强度高于公益林农户，特别是报告期2015年，商品林农户造林投入强度是公益林农户投入强度的近两倍。然而，在报告期2016—2017年出现逆转，公益林农户造林投入强度高于商品林农户。公益林造林投入行为发生率和投入强度在报告期2016年前后都很平稳，出现反转的可能原因是：政府加强对商品林采伐干预，进而导致商品林农户造林投入行为发生率和投入强度大幅下降[①]。

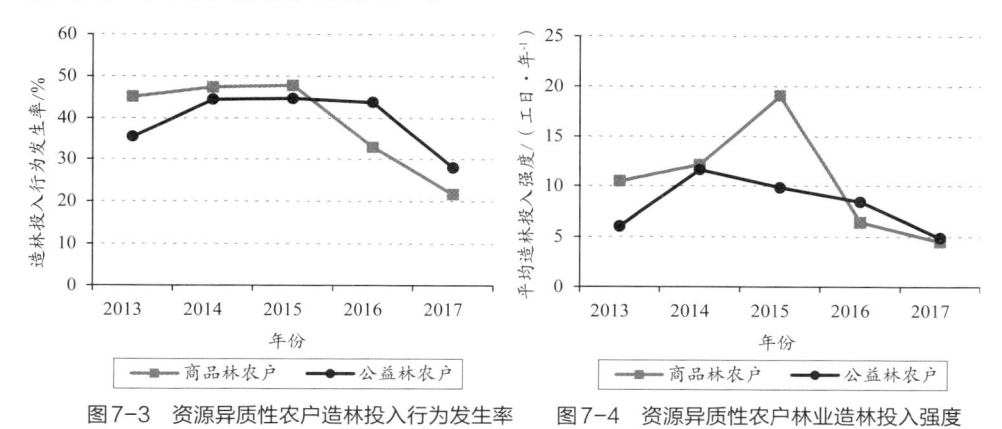

图7-3　资源异质性农户造林投入行为发生率　　图7-4　资源异质性农户林业造林投入强度

(2) 资源异质性农户林业管护投入行为比较。第一，管护投入行为发生率方面，根据图7-5，两类资源异质性农户各年的管护投入行为发生率都比较高（都超过72%），发生率差异幅度极小，且交替领先，在报告期2015年基本重合。第二，从林业管护强度来看，根据图7-6，在报告期2013年，商品林农户的林业管护强度稍低于公益林农户，在报告期2014—2017年，商品林农户林业管护强度持续高于公益林农户，特别是报告期2016—2017年，商品林农户林业管护强度大于公益林农户林业管护强度的绝对值不断攀升。

(3) 资源异质性农户采伐投入行为比较。第一，根据图7-7，在报告期2013—2017年，两类资源异质性农户的采伐投入行为发生率都呈现倒U形特征，2014年是两类资源异质性农户采伐投入行为发生率的峰值和拐点。商品林农户采伐投入行为发生率一直高于公益林农户采伐投入行为发生率，且发生率差距有扩大趋势。

---

① 请参考本书6.4节中对研究区域政府干预林木采伐的基本情况介绍。

第二，从林业采伐投入强度来看，两类资源异质性农户采伐投入强度均呈现山峰状特征。根据图7-8，2015年是商品林农户采伐投入强度的峰值和拐点，2014年是公益林农户采伐投入强度的峰值和拐点。整体来看，两类资源异质性农户采伐投入行为发生率和投入强度都比较低。

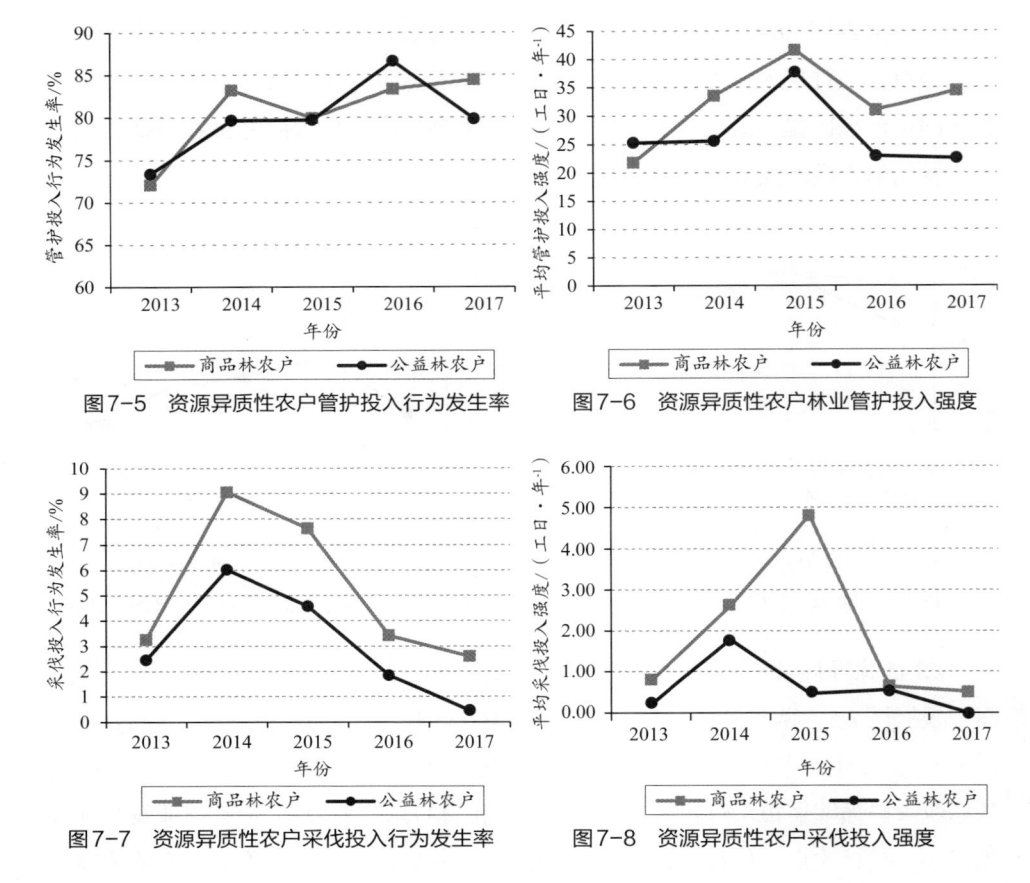

图7-5 资源异质性农户管护投入行为发生率

图7-6 资源异质性农户林业管护投入强度

图7-7 资源异质性农户采伐投入行为发生率

图7-8 资源异质性农户采伐投入强度

整体比较来看，第一，两类资源异质性农户林业生产过程行为发生率关系均为：管护投入行为发生率＞造林投入行为发生率＞采伐投入行为发生率。说明两类资源异质性农户在林改后对承包林地积极地从事了管护和造林。第二，从林业生产投入强度来看，报告期2016—2017年，公益林农户造林投入强度高于商品林农户，报告期2013年，公益林农户管护投入强度高于商品林农户；在监测期的其他年份，公益林农户的造林、管护、采伐投入强度均低于商品林农户。可能的原因是：一方面商品林农户平均承包林地面积大于公益林农户；另一方面，商品林农户比公益林农户有更大的生产经营决策权，进而产生更大的投入动力。

7.3.2 林业生产要素视角：资源异质性农户林业要素投入行为分析

根据本书前文的研究框架，本书主要从林业资本和劳动要素两个方面分析集体林区资源异质性农户林业生产要素投入行为。其中资本投入要素主要包括种苗（或幼苗）、化肥农药、机械或畜力及其他。劳动要素投入包括自投劳动和雇佣劳动，因不同地区劳动力工资存在较大差异，为了更客观地揭示资源异质性农户劳动要素投入，本研究采用投入工日作为测量单位。

7.3.2.1 商品林农户林业要素投入行为分析

(1) 商品林农户林业资本要素投入行为方面。根据表7-4，第一，商品林农户林业资本投入行为发生率呈现倒U形特征。报告期2011—2013年商品林农户林业资本投入行为发生率逐年上涨，报告期2014—2017年开始逐年下降。整体来看，报告期2011—2015年商品林农户林业资本投入行为发生率比较平稳，约为46%~56%；报告期2016—2017年商品林农户林业资本投入行为发生率大幅度下降，报告期2017年仅为25.11%。第二，从林业资本投入规模来看，商品林农户林业资本投入规模呈现波浪式起伏。报告期2011—2013年，商品林农户林业资本投入规模逐步上升到2 527元/(户·年)；报告期2014年大幅下降至781.4元/(户·年)，报告期2015—2016年，又上升至2 000元/(户·年)以上，报告期2017年再次下降至423.8元/户。需要说明的是，因调查样本中有林业大户，为了避免平均值误差过大，本研究删除报告期2011年两个样本，删除报告期2013年3个样本[①]。

从林业资本投入规模各分项来看，第一，种苗（幼苗）投入较高的年份有：报告期2011年、报告期2013年、报告期2015年。第二，化肥农药投入在各年比较均衡，投入最高的年份是报告期2013年，达1 122.7元/户，这一年的种苗（幼苗）投入也比较高。第三，机械或畜力的投入具有聚集性，在报告期2015—2016年投入较高，而在报告期2011—2014年、2017年基本可以忽略不计。第四，税费投入主要发生在采伐阶段，有采伐行为的商品林农户需要上缴育林基金、伐区作业设计费、检尺费等。报告期2011—2014年样本农户平均林业税费投入较低，然而随着

[①] 根据林改监测调查手册，林业大户是指林地经营面积在1 000亩以上，或林地经营面积占村林地总面积30%以上的农户。2012年调查样本中，茶陵县腰陂镇云盘村村民尹某承包林地1 460亩，茶陵县严塘镇和吕村村民尹某某承包林地7 150亩，沅陵县官庄镇太平铺村刘某承包林地4 672亩。根据调查，样本中的林业大户主要种植油茶，油茶在前期的投入较高（油茶前三年的投入约800~1 000元/亩，包括整地、种苗、施肥等）。为了避免大户样本的干扰，在研究中将其删除。

2015年《湖南省林业厅　湖南省财政厅关于实施森林禁伐减伐三年行动的通知》(湘林资〔2015〕25号)和2016年停征育林基金[《财政部关于取消、停征和整合部分政府性基金项目等有关问题的通知》(财税〔2016〕11号)]的颁布，林业税费投入在报告期2015—2017年为0。第五，其他林业资本投入整体呈现下降趋势。

表7-4　报告期2011—2017年商品林农户林业要素投入

年份			2011	2012	2013	2014	2015	2016	2017
资本	资本投入行为发生率 /%		46.73	52.73	55.81	55.61	48.19	36.32	25.11
	平均总资本投入规模 /(元•户•年$^{-1}$)		1082	1 119	2 527	781.4	2324	2028	423.8
	资本投入规模 /(元•年$^{-1}$)	(1) 种苗/幼苗	423.5	291.3	1035.7	329.0	538.0	264.4	114.6
		(2) 化肥农药	281	285.2	1122.7	289.8	372.3	463.8	304.0
		(3) 机械或畜力	22.3	39.41	26.64	14.66	1 293	1 287	5.195
		(4) 税费	32.86	13.29	12.01	56.98	0	0	0
		(5) 其他	322.58	489.50	329.46	90.95	120.50	12.82	0
劳动	劳动投入行为发生率 /%		77.60	74.22	83.10	83.19	76.71	89.74	86.15
	平均劳动投入规模 /(工日•年$^{-1}$)		66.56	68.54	68.90	107.20	76.07	90.55	86.87
	劳动投入 /(工日•年$^{-1}$)	(1) 平均自投劳动	48.78	45.53	42.30	38.02	47.18	58.48	74.88
		(2) 平均雇佣劳动	17.79	23.01	23.54	69.18	28.90	32.08	11.99

注：①平均总资本投入规模=∑单位时间内(一年)商品林农户资本投入总和/商品林农户总户数；②资本(劳动)投入行为发生率=有资本(劳动)投入商品林农户/商品林农户总户数。

(2)商品林农户林业劳动要素投入行为方面。第一，根据表7-4，商品林农户劳动投入行为发生率呈现波动性上升特征。报告期2011—2012年，商品林农户劳动投入行为发生率约为74%~78%；报告期2013—2014年，劳动投入行为发生率上升到83%左右；报告期2015年劳动投入行为发生率又下降到76.71%；报告期2016—2017年，劳动投入行为发生率上升至86%~90%。第二，从林业劳动投入规模来看，商品林农户劳动投入规模呈波动起伏特征。报告期2011—2013年商品林农户劳动投入规模比较平稳，约为66~69工日/(户•年$^{-1}$)；报告期2014年，劳动投入规模大幅度上升到107.2工日/(户•年$^{-1}$)，报告期2015—2017年上升到约90工日/(户•年$^{-1}$)。

从林业劳动投入各分项来看，第一，自投劳动指投入林业劳动力来源于承包林地所属家庭成员。在监测期内，商品林农户自投劳动规模呈现V形动态趋势，报告期2011—2014年，样本农户自投劳动逐年小幅下降，其中报告期2014年是V

形趋势特征的低谷和拐点,仅为38.02工日/年,报告期2015—2017年开始上升,在报告期2017年上升至74.88工日/年。第二,雇佣劳动指承包林地商品林农户雇佣非家庭成员投入劳动。在整个监测期内,雇佣劳动投入规模呈现倒V形动态趋势特征。在报告期2011—2014年,雇佣劳动投入规模逐年上升,在报告期2015—2017年,雇佣劳动投入规模开始下降。从以上分析可以看出,自投劳动和雇佣劳动呈现完全相反的动态趋势特征,且拐点都在报告期2014年。

7.3.2.2 公益林农户林业要素投入行为分析

(1)公益林农户林业资本要素投入行为方面。第一,根据表7-5,公益林农户林业资本投入行为发生率在监测期内波动起伏较大。报告期2011—2013年呈现逐年上升,报告期2014—2015年出现缓慢回落,报告期2016年再次出现上升,报告期2017年又出现较大幅度的回落。第二,从林业资本投入规模来看,公益林农户林业资本投入规模在报告期2012年和2015年出现了两个顶峰。可能的原因是:报告期2011—2012年是林改后公益林农户获得林地承包权后开始从事造林等林业生产投入的时期,报告期2015年是湖南省开始实施禁伐减伐三年行动的前夕。

从林业资本投入规模各分项来看,第一,种苗(或幼苗)投入最高的年份是报告期2011—2013年,随后各年整体上出现递减趋势。说明公益林农户获得承包林地后积极地进行了造林。第二,化肥农药投入规模在报告期2012年和2015年出现峰值,其他监测年份比较平稳。第三,机械或畜力方面,公益林农户在这一项的投入整体不高。可能的原因是:公益林受采伐限制,不允许大规模的皆伐,对机械或畜力的需求不大。第四,税费主要产生于采伐阶段,公益林农户仅在报告期2012年出现数额较小的税费支出,其他监测年份均为0。第五,其他投入方面主要指林下经济,包括林下种植、林下养殖、森林景观等。在报告期2012—2013年其他林业投入为0或接近0,在报告期2015—2017年呈现一定幅度的上升。

(2)公益林农户林业劳动要素投入行为方面。第一,根据表7-5,公益林农户劳动投入行为发生率较高,且呈现波动上升趋势。在整个监测期内,仅有一年劳动投入行为发生率低于70%,有2个年份劳动投入行为发生率在70%~80%,有4个年份劳动投入行为发生率在80%~90%,特别是报告期2016—2017年,劳动投入行为发生率超过85%。说明公益林农户劳动投入比较积极。第二,从林业劳动投入规模来看,在监测期内整体比较平稳,报告期2017年有所下降。

表7-5 报告期2011—2017年公益林农户林业要素投入

	年份		2011	2012	2013	2014	2015	2016	2017
资本	资本投入行为发生率 /%		35.43	46.28	48.77	43.98	40.61	48.39	37.61
	平均总资本投入规模 /（元·年$^{-1}$）		335.9	549.7	450.9	266.2	523.2	346.4	294.9
	资本投入规模 /（元·年$^{-1}$）	（1）种苗/幼苗	139.50	139.60	140.20	108.60	94.75	101.40	54.04
		（2）化肥农药	161.4	386.0	284.2	128.4	409.4	208.2	206.5
		（3）机械或畜力	32.740	22.610	26.600	18.520	11.420	12.900	9.633
		（4）税费	0	1.489	0	0	0	0	0
		（5）其他	2.193	0	0	10.65	7.614	23.96	24.77
劳动	劳动投入行为发生率 /%		74.29	62.23	80.79	70.37	80.71	88.48	85.78
	平均劳动投入规模 /（工日·年$^{-1}$）		45.19	51.82	43.73	46.14	37.09	46.73	38.61
	劳动投入 /（工日·年$^{-1}$）	（1）平均自投劳动	35.08	36.35	39.47	42.95	34.54	41.15	34.01
		（2）平均雇佣劳动	10.110	15.470	4.266	3.185	2.553	5.585	4.592

注：①平均总资本投入规模=∑单位时间内（一年）公益林农户资本投入总和/公益林农户总户数；②资本（劳动）投入行为发生率=有资本（劳动）投入公益林农户/公益林农户总户数。

从林业劳动投入各分项来看，第一，自投劳动整体呈现倒U形趋势特征，在报告期2014年达到顶峰和拐点，报告期2016年又出现一次小的投入高峰。第二，公益林农户雇佣劳动较少，可能与公益林面积相对较小，且公益林以发挥生态效益功能为主有关。

7.3.2.3 资源异质性农户林业要素投入行为比较

（1）资源异质性农户资本要素投入行为比较。第一，根据图7-9，在报告期2011—2015年，商品林农户资本投入行为发生率高于公益林农户；然而，报告期2016—2017年，公益林农户资本投入行为发生率反超商品林农户，反超约12%。反超的主要原因可能是商品林农户资本投入行为发生率大幅下降，公益林农户资本投入行为发生率虽有回升，但整体波动较小。这一趋势特征与资源异质性农户造林投入行为发生率基本相同。第二，从平均总资本投入规模来看，根据图7-10，在整个监测期商品林农户的总资本投入规模都高于公益林农户；在报告期2013年、2015年和2016年，商品林农户资本投入规模是公益林农户的4~6倍，在报告期2017年两者之间的差距明显缩小，为1.4倍。从图7-10中可看出，公益林农户资本投入规模本身并未出现大幅度的增长，两者之间的差异倍数是由商品林农户资本投入规模

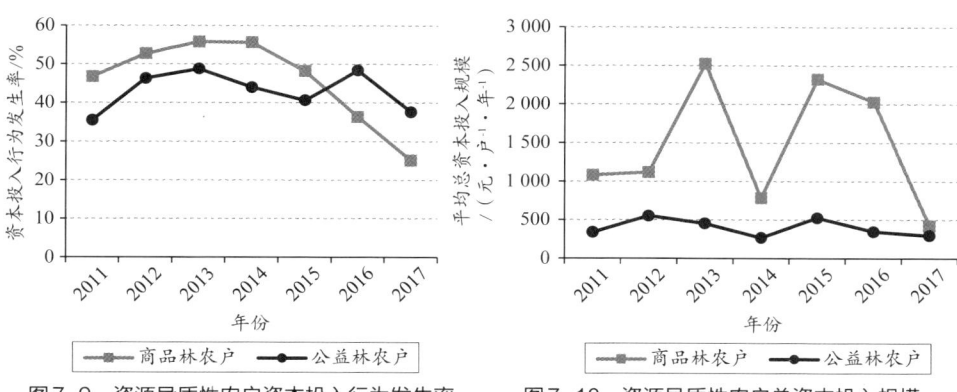

出现大幅度下降导致的。商品林农户林业资本投入规模呈现周期性趋势特征。

图7-9 资源异质性农户资本投入行为发生率

图7-10 资源异质性农户总资本投入规模

从两类资源异质性农户林业资本要素投入行为整体趋势特征来看，商品林农户资本投入行为发生率和投入规模整体均在下降。可能的原因是：林地确权到户后，商品林农户在完成林业生产的前期投入（造林、幼林抚育等）后，根据林业生产的自然属性，林木可以自然生长，对资本的投入需求降低。公益林农户的林业资本投入行为发生率和投入规模在监测期内虽然有起伏，但整体比较平稳，并未出现大幅度的升降趋势。

(2) 资源异质性农户劳动要素投入行为比较。第一，劳动要素投入行为发生率方面，根据图7-11，除了报告期2015年，商品林农户的劳动投入行为发生率一直略微高于公益林农户，在报告期2016—2017年，两类资源异质性农户劳动投入行为发生率几乎重合。劳动是集体林区林业生产的重要投入要素，两类资源异质性农户劳动投入行为发生率都较高，且十分接近，说明林改后两类资源异质性农户都有积极的劳动要素投入。第二，劳动投入规模方面，根据图7-12，商品林农户劳动投入规模在整个监测期都高于公益林农户。但是，两类资源异质性农户的劳动投入规模倍数未超过两倍，远低于资本投入规模差异倍数。

从以上分析可知，两类资源异质性农户的资本和劳动要素投入行为发生率都较高，但劳动投入要素行为发生率的差距相对较小，资本投入要素行为发生率的差距较大。整体来看，商品林农户资本要素和劳动要素投入规模都要高于公益林农户，但两类资源异质性农户资本要素投入规模差距较大，差距最大的年份达到6倍左右，劳动要素投入规模差距相对较小，未超过2倍（参考表7-4和表7-5）。

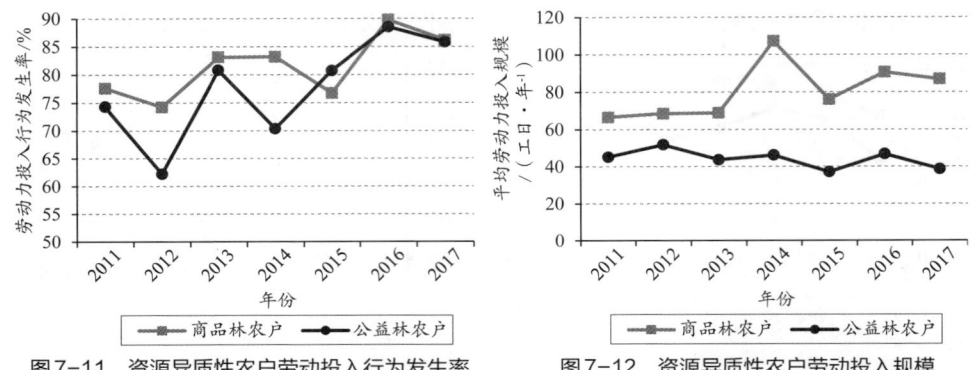

图7-11 资源异质性农户劳动投入行为发生率

图7-12 资源异质性农户劳动投入规模

7.4 资源异质性农户林业生产投入行为实证分析

7.4.1 林业生产过程视角：资源异质性农户林业生产过程投入行为分析

本节主要从林业生产过程视角实证研究林地确权、政府干预对集体林区资源异质性农户林业生产过程投入行为的影响。首先，分别建立公益林农户和商品林农户造林投入行为、管护投入行为和采伐投入行为的两个联立方程组，然后，采用XTSUR模型进行系统估计。为了对比估计结果，本书分别对造林、管护、采伐投入行为三个理论模型采用面板多元回归（XTREG）进行估计，通过Hausman检验采用固定效应（FE）或随机效应（RE）的估计方法。因XTSUR模型是一种系统估计，主要适用非平衡面板数据，其估计结果比单一方程估计的更有效，故本书主要对XTSUR模型的估计结果进行解释，将其他计量模型作为对比参考。特别说明的是，XTSUR模型是对两类资源异质性农户造林行为、管护行为、采伐投入行为的联立方程进行系统估计，为了便于与其他模型估计结果（XTREG）进行比较，本书将XTSUR回归3个方程参数估计结果分别放在表7-6、表7-7、表7-8。

7.4.1.1 资源异质性农户造林投入行为实证结果分析

商品林农户造林投入行为影响因素估计结果请参考表7-6。根据XTSUR模型估计结果：第一，林地确权的测量变量——确权林地比例对商品林农户造林投入行为在5%的置信水平显著正相关，说明集体林权制度改革有效激发了商品林农户营林投入积极性。第二，政府干预政策方面：①造林补贴政策的测量变量——造林补贴面积占比对商品林农户造林投入行为在1%的置信水平显著正相关。②政策性森林保险的测量变量——是否参加森林保险对商品林农户造林投入行为在1%的置信水平显著正相关，说明相比没有参加森林保险的商品林农户，参加森林保的商品林农户显著增加了造林投入。③林权抵押贷款的测量变量——林权抵押贷款政策认知评价系数对商品林农户在1%的置信水平显著负相关,说明相比不了解林权抵押贷款政策的农户,了解该政策的农户显著降低了造林投入。林权抵押贷款的标的物一般是已经造林的林地或林木——这可能是林权抵押贷款与造林投入行为显著负相关的原因。④林木采伐管理政策的测量变量——林木采伐限额管理政策认知评价系数对商品林农户的造林投入行为在1%的置信水平显著正相关,说明相比不了解林木采伐管理政策的商品林农户,了解该政策的商品林农户显著增加了造林投入。⑤林业科技服务政策的测量变量——是否接受林业科技服务的系数对商品林农户造林投入行为不显著。第三,控制变量方面:采伐面积占比、家庭劳动力数量、家庭收入、户主受教育程度等对商品林农户造林投入行为均有显著影响。在 XTREG 模型估计结果中,林地确权、政策性森林保险、采伐面积占比、家庭劳动力数量、家庭收入、户主受教育程度对商品林农户造林投入行为的影响效果被低估。

公益林农户造林投入行为影响因素估计结果请参考表7-6。根据 XTSUR 模型估计结果:第一,林地确权对公益林农户造林投入行为负相关、不显著。这一研究结果与 XTREG 模型估计结果一致。可能的原因是:公益林的主导功能定位决定着其生产周期比商品林要长,进而导致公益林农户的造林投入远低于商品林农户。第二,政府干预政策方面:①造林补贴政策的测量变量——造林补贴面积占比的系数对公益林农户造林投入行为在5%的置信水平显著正相关。②林木采伐管理政策的测量变量——林业采伐管理政策认知评价的系数对因变量在1%的水平显著正相关。说明相比不知道林木采伐管理政策的公益林农户,知道这一政策的公益林农户显著增加了造林投入。可能的原因是:尽管公益林采伐受限,但是非重点生态区位的公益林是可以按照相关要求进行采伐的。随着竹材采伐管制的全面放开,公益林农户竹材采伐权基本与商品林农户一致。公益林采伐管制放松的情况下,会促进公益林农户造林投入。③生态补偿、政策性森林保险、林权抵押贷款、林业科技服务等林业干预政策对公益林农户造林投入行为没有统计学意义上的显著影响。第三,控制变量方面:家庭劳动力数量对公益林农户造林投入行为显著正相关,采伐面积占比、家庭收入、户主受教育程度对因变量均无显著影响。在 XTREG 模型估计结果中,造林补贴的效应被低估,生态补偿、林木采伐管理政策的消极效应被高估,林业科技服务的政策正面影响被高估。

表7-6 资源异质性农户造林投入行为影响因素实证结果

类别	（1）商品林农户造林投入行为		（2）公益林农户造林投入行为	
	XTSUR	XTREG	XTSUR	XTREG
Ⅰ 林地确权				
确权林地比例	1.595** (2.19)	−5.454 (−1.20)	−3.780 (−0.70)	−2.905 (−0.56)
Ⅱ 政府干预				
造林补贴面积占比	45.42*** (29.75)	7.710** (2.52)	16.26** (2.00)	7.204 (1.28)
生态补偿政策认知评价			−1.817 (−0.52)	−3.554* (−1.70)
是否参与森林保险	1.580*** (3.18)	1.090 (0.53)	−0.449 (−0.07)	3.998 (0.92)
林权抵押贷款政策认知评价	−10.55*** (−22.18)	−7.794*** (−3.91)	−0.216 (−0.08)	1.587 (1.07)
林木采伐管理政策认知评价	8.017*** (12.80)	4.621* (1.89)	10.45*** (3.13)	−0.904 (−0.53)
是否接受林业科技服务	−0.0563 (−0.22)	−0.138 (−0.13)	2.298 (1.62)	1.445* (1.84)
Ⅲ 控制变量				
采伐面积占比	10.33*** (8.83)	3.458 (0.59)	−9.560 (−1.01)	−1.800 (−0.34)
家庭劳动力数量	0.635*** (5.07)	0.421 (0.72)	1.503** (2.03)	1.755*** (3.45)
家庭收入	−0.000 014 7** (−2.45)	−0.000 024 4 (−0.89)	−0.000 009 34 (−0.19)	−0.000 059 3*** (−2.91)
户主受教育程度	1.152*** (4.20)	0.282 (0.20)	0.530 (0.34)	1.427 (1.29)
地区控制变量	控制	控制	控制	控制
常数项		11.99* (1.88)		5.676 (0.80)
N	1 159	1 159	1 051	1 051

注：括号内为 *t* 的统计信息；* 表示 $p<0.10$，** 表示 $p<0.05$，*** 表示 $p<0.01$。

林地确权、政府干预对资源异质性农户造林投入行为的影响差异。根据表7-6，第一，林地确权对公益林农户造林投入行为没有显著影响，对商品林农户造林投入行为有显著影响。第二，政府干预政策方面：①造林补贴、林木采伐管理政策对两类资源异质性农户造林投入行为都有显著的正相关影响。②政策性森林保险、林权抵押贷款等政策对商品林农户造林投入行为有显著的影响，而对公益林农户没有显著影响。整体来看，林业干预政策对商品林农户造林投入行为的政策效应大于公益林农户。

7.4.1.2 资源异质性农户管护投入行为实证结果分析

商品林农户管护投入行为影响因素估计结果请参考表7-7。根据XTSUR模型估计结果：第一，林地确权的测量变量——确权林地比例的系数对商品林农户管

表7-7 资源异质性农户管护投入行为影响因素实证结果

类别	（1）商品林农户管护投入行为		（2）公益林农户管护投入行为	
	XTSUR	XTREG	XTSUR	XTREG
Ⅰ 林地确权				
确权林地比例	−35.57*** （−21.60）	−78.23*** （−5.96）	18.03*** （49.52）	−8.887 （−0.75）
Ⅱ 政府干预				
抚育补贴面积占比	16.24*** （4.26）	1.870 （0.09）	0.423*** （15.23）	0.0859 （0.07）
生态补偿政策认知评价			16.73*** （71.30）	7.026 （1.41）
是否参与森林保险	27.23*** （25.65）	13.49** （2.30）	−14.42*** （−33.38）	−0.405 （−0.04）
林权抵押贷款政策认知评价	1.550 （1.48）	−3.312 （−0.58）	−17.47*** （−95.71）	−8.001** （−2.24）
林木采伐管理政策认知评价	15.93*** （11.41）	2.469 （0.35）	6.219*** （28.85）	−5.161 （−1.27）
是否接受林业科技服务	0.832 （1.44）	−1.589 （−0.51）	1.283*** （13.97）	−1.056 （−0.54）
Ⅲ 控制变量				
造林面积占比	−15.72*** （−6.38）	−5.347 （−0.64）	18.54*** （29.47）	7.997 （0.59）
家庭劳动力数量	5.770*** （20.49）	4.746*** （2.81）	−1.010*** （−20.43）	−0.451 （−0.40）
家庭收入	−0.000 244*** （−18.77）	−0.000 344*** （−4.37）	−0.000 138*** （−43.91）	−0.000 118** （−2.43）
户主受教育程度	9.966*** （16.43）	−0.372 （−0.09）	8.358*** （79.30）	3.136 （1.37）
地区虚拟变量	控制	控制	控制	控制
常数项		94.46*** （5.12）		39.89** （2.46）
N	1159	1159	1051	1051

注：括号内为 t 的统计信息；* 表示 $p<0.10$，** 表示 $p<0.05$，*** 表示 $p<0.01$。

护投入行为在1%的置信水平显著负相关，这与研究假设不相符。可能的原因是：根据前文的描述性分析，在林改初期商品林农户对承包林地基本都进行了造林和幼林抚育管护后，商品林进入自然生长阶段，并不需要过多的人工管护。第二，政府干预政策方面：①抚育补贴的测量变量——抚育补贴面积占比的系数在1%的置信水平显著正向影响商品林农户管护投入行为。②政策性森林保险的测量变量——是否参与森林保险的系数对商品林农户投入行为在1%的置信水平显著正相关，即相比没有参与政策性森林保险的商品林农户，参与政策性森林保险的商品林农户显著增加了管护投入。③林权抵押贷款的测量变量——林权抵押贷款政策认知评价的系数对商品林农户管护投入行为不显著、正相关。④林木采伐管理政策的测量变量——林木采伐管理政策认知评价的系数在1%的置信水平对商品林农户管护投入行为显著正相关，即相比不了解林木采伐管理政策的商品林农户，了解商品林采伐管理政策的农户显著增加了管护投入。说明采伐限制并未对商品林农户管护投入行为产生消极影响。⑤林业科技服务对商品林农户管护投入行为不显著。第三，控制变量方面：造林面积占比、家庭劳动力数量、家庭收入、户主受教育程度等对商品林农户管护投入行为均有显著影响。在XTREG模型估计结果中，抚育补贴、林木采伐管理政策对商品林农户管护投入行为的影响被低估。

公益林农户管护投入行为影响因素估计结果请参考表7-7。根据XTSUR模型估计结果：第一，林地确权的测量变量——确权林地比例的系数对公益林农户管护投入行为在1%的置信水平显著正相关。说明林地确权到户促进了公益林农户的管护投入积极性。第二，政府干预政策方面：①抚育补贴的测量变量——抚育补贴面积占比的系数在1%的置信水平显著正向影响公益林农户管护投入行为。②生态补偿的测量变量——生态补偿政策认知评价的系数在1%的置信水平显著正向影响公益林农户管护投入行为。③政策性森林保险的测量变量——是否参与森林保险的系数在1%的置信水平显著负向影响公益林农户管护投入行为，说明相比不清楚政策性森林保险的公益林农户，清楚参加政策性森林保险的公益林农户显著降低了管护投入。实证结果说明清楚公益林政策性统保政策的公益林农户不进行林业管护的风险降低，从而导致森林保险与公益林农户管护投入行为显著负相关[①]。④林权抵押贷款的测量变量——林权抵押贷款政策认知评价的系数在1%的置信水

---

① 本书4.2.1节中解释了以公益林农户为对象的模型使用"是否参与森林保险"测量政策性森林保险变量的原因。

平显著负向影响公益林农户管护投入行为，即相比不了解林权抵押贷款政策的公益林农户，了解该政策的公益林农户显著降低了林业管护投入。说明限制公益林木、林地作为抵押标的显著消极影响了公益林农户管护投入行为。⑤林木采伐管理政策的测量变量——林木采伐管理政策认知评价的系数对公益林农户的管护投入在1%的置信水平显著正相关，即相比不了解林木采伐管理政策的公益林农户，了解该政策的公益林农户显著增加了管护投入。⑥林业科技服务的测量变量——是否接受林业科技服务的系数在1%的置信水平显著正向影响公益林农户管护投入行为，即相比没有接受林业科技服务的公益林农户，接受了林业科技服务的公益林农户显著提高了管护投入。第三，控制变量方面：造林面积占比、家庭劳动力数量、家庭收入、户主受教育程度等对公益林农户管护投入行为均有显著影响。在 XTREG 模型估计结果中，林地确权、抚育补贴、生态补偿、森林保险、林木采伐管理政策、林业科技服务对公益林农户管护投入行为的影响效果被低估。

林地确权、政府干预对资源异质性农户管护投入行为的影响差异。根据表7-7，第一，林地确权对公益林农户管护投入行为显著正相关，而对商品林农户管护投入行为显著负相关。第二，政府干预政策方面：①抚育补贴、林木采伐管理制度对两类资源异质性农户管护投入行为都有显著的正向影响；②森林保险显著正向影响商品林农户管护投入行为，显著负向影响公益林农户管护投入行为；③林权抵押贷款对公益林农户管护投入行为有显著的负向影响，而对商品林农户管护投入行为的影响不显著、正相关；④林业科技服务对公益林农户管护投入行为有显著的正相关影响，而对商品林农户管护投入行为不显著、正相关；⑤生态补偿对公益林农户管护投入行为有显著正相关影响。

7.4.1.3 资源异质性农户采伐投入行为实证结果分析

商品林农户采伐投入行为影响因素估计结果请参考表7-8。根据 XTSUR 模型估计结果：第一，林地确权的测量变量——确权林地比例的系数对商品林农户采伐投入行为负相关、不显著。说明林地确权到户并未显著促进商品林农户采伐投入行为。第二，政府政策干预方面，没有任何政策对商品林农户采伐投入行为有显著影响。可能的原因是：尽管商品林以发挥经济效益为主，但是生态安全一直是政府的优先目标，尽管政府鼓励商品林自主经营，但林改后政府并未鼓励商品林采伐，湖南省自2016年以来对样本区域进行了大规模的禁伐减伐，商品材采伐量不断下降。第三，控制变量方面：家庭林业投入显著负向影响商品林农户采伐投入行为，实际抚育林地占比、家庭劳动力数量、户主受教育程度等对因变量不显著。在 XTREG 模型估计结果中，林地确权、林权抵押贷款政策和林业合作组织的政策效益被高估。

表7-8 资源异质性农户采伐投入行为影响因素实证结果

类别	（1）商品林农户采伐投入行为		（2）公益林农户采伐投入行为	
	XTSUR	XTREG	XTSUR	XTREG
Ⅰ 林地确权				
确权林地比例	−0.278 （−0.06）	−5.754** （−2.35）	2.376 （0.86）	0.410 （0.24）
Ⅱ 政府干预				
生态补偿政策认知评价			1.907 （1.04）	0.228 （0.36）
林权抵押贷款政策认知评价	−0.240 （−0.08）	−2.727** （−2.32）	0.904 （0.58）	0.892* （1.78）
林木采伐管理政策认知评价	1.918 （0.52）	2.174 （1.56）	−0.338 （−0.20）	−0.861 （−1.58）
是否接受林业科技服务	0.287 （0.18）	−0.810 （−1.23）	0.699 （0.89）	−0.156 （−0.57）
是否加入林业合作组织	9.012 （1.59）	7.282** （2.55）	5.988 （0.62）	−0.604 （−0.28）
Ⅲ 控制变量				
实际抚育林地占比	−0.0945 （−0.01）	1.475 （1.23）	−10.06* （−1.65）	−0.133 （−0.08）
家庭劳动力数量	0.256 （0.33）	0.402 （1.26）	−0.222 （−0.55）	0.129 （0.82）
家庭林业总投入	−0.000 296*** （−14.86）	0.000 004 67 （0.35）	0.000 034 0 （0.31）	0.000 009 29 （0.40）
户主受教育程度	0.114 （0.07）	0.0173 （0.02）	1.257 （1.43）	0.126 （0.38）
地区虚拟变量	控制	控制	控制	控制
_cons 常数项		8.732** （2.55）		2.043 （0.96）
N	1 159	1 159	1 051	1 051

注：括号内为 t 的统计信息；* 表示 p< 0.10，** 表示 p< 0.05，*** 表示 p< 0.01。

公益林农户采伐投入行为影响因素估计结果请参考表7-8。根据 XTSUR 模型估计结果：第一，林地确权的测量变量——确权林地比例的系数对公益林农户管护投入行为不显著、正相关。第二，政府政策干预方面，没有任何林业政策对公益林农户采伐投入行为有显著影响。说明现有林业干预政策体系对公益林农户采伐行为缺乏统计学意义上的显著效果，存在较大的政策效率提升空间。第三，控制变量方面：实际抚育林地占比对公益林农户采伐投入行为有显著影响，家庭劳动力数量、家庭林业总投入、户主受教育程度对因变量没有显著影响。在XTREG模型估计结果中，林权抵押贷款对公益林农户采伐投入行为的政策效应被高估。

林地确权、政府干预对资源异质性农户采伐投入行为的影响差异。根据表7-8，第一，林地确权对两类资源异质性农户采伐投入行为影响方向相反，但都不显著。第二，政府干预政策对两类资源异质性农户采伐投入行为均无显著影响。

7.4.2 林业生产要素视角：资源异质性农户林业要素投入行为分析

根据前文的理论分析，本节主要从林业生产要素视角实证研究林地确权、政府干预对集体林区资源异质性农户林业要素投入行为的影响。首先，分别建立公益林农户和商品林农户林业资本要素投入行为和劳动要素投入行为的两个联立方程组，然后，采用三阶段最小二乘法（3SLS）进行系统估计。为了对比估计结果，本研究对数据还进行XTREG估计，通过Hausman检验采用固定效应（FE）或随机效应（RE）的估计方法。因三阶段最小二乘法（3SLS）是一种系统估计，其估计结果比单一方程估计的更有效，故本书主要对3SLS模型的估计结果进行解释，将其他计量模型作为对比参考。本节将资源异质性农户林业资本和劳动要素投入行为影响因素的估计结果分别放在表7-9和表7-10。

表7-9 资源异质性农户资本要素投入行为影响因素实证结果

类别	（1）商品林农户资本要素投入行为		（2）公益林农户资本要素投入行为	
	3SLS	XTREG	3SLS	XTREG
Ⅰ林地确权				
确权林地比例	−3 650.1*** （−3.01）	−5 326.9*** （−4.90）	307.2 （1.03）	318.4 （1.10）
Ⅱ政府干预				
造林补贴面积占比	−164.5 （−0.18）	340.7 （0.41）	−266.9 （−1.18）	−294.8 （−1.33）
抚育补贴面积占比	4 081.3 （1.64）	4 122.8* （1.82）	−14.83 （−0.38）	−14.71 （−0.38）
生态补偿政策认知评价			78.74 （0.69）	68.33 （0.61）
是否参与森林保险	−1 425.3** （−2.55）	−1 178.4** （−2.34）	−145.8 （−0.70）	−122.1 （−0.63）

续表7-9

类别	（1）商品林农户资本要素投入行为		（2）公益林农户资本要素投入行为	
	3SLS	XTREG	3SLS	XTREG
林权抵押贷款政策认知评价	701.4 (1.20)	1 251.1** (2.38)	71.35 (0.74)	71.23 (0.73)
林木采伐管理政策认知评价	−1 605.3** (−2.48)	−1 371.2** (−2.34)	26.76 (0.26)	31.04 (0.31)
是否接受林业科技服务	679.1* (1.81)	784.1** (2.31)	6.553 (0.11)	5.466 (0.10)
是否参加林业合作组织	5 559.5*** (4.24)	8 256.0*** (7.12)	72.82 (0.21)	94.02 (0.28)
Ⅲ 控制变量				
家庭劳动力投入量	22.95*** (14.48)	2.843*** (4.14)	1.837 (0.56)	1.168*** (3.04)
造林面积	−0.956 (−0.11)	−16.81* (−1.80)	2.648 (0.72)	4.120 (0.74)
实际抚育面积	−25.21*** (−7.70)	−11.43*** (−3.67)	8.091** (2.25)	7.303* (1.88)
家庭林业总收入	0.138*** (10.09)	0.237*** (19.30)	0.055 8*** (3.77)	0.058 8*** (20.30)
地区虚拟变量	控制	控制	控制	控制
常数项	3 179.3** (2.02)	4 421.7*** (3.11)	112.1 (0.32)	110.7 (0.32)
N	1 721	1 721	1 414	1 414

注：括号内为 t 的统计信息；* 表示 $p<0.10$，** 表示 $p<0.05$，*** 表示 $p<0.01$。

7.4.2.1 资源异质性农户林业资本要素投入行为实证结果分析

商品林农户林业资本要素投入行为影响因素估计结果请参考表7-9。根据三阶段最小二乘法（3SLS）估计结果：第一，林地确权的测量变量——确权林地比例的系数对商品林农户林业资本要素投入行为在1%的置信水平显著负相关。根据图7-11，商品林农户林业资本投入量从报告期2013年以后整体呈现显著下降趋势，这可能是该影响因素在3SLS模型中表现为显著负相关的原因。第二，政府干预政策方面：①造林补贴政策的测量变量——造林补贴面积占比系数对商品林农户林业资本投入行为不显著。②抚育补贴政策的测量变量——抚育补贴面积占比系数对商品林农户林业资本投入行为影响不显著。③政策性森林保险的测量变量——是否参与森林保险的系数对商品林农户林业资本要素投入行为在5%的置信水平显著负相关，说明相比没有参加森林保险的商品林农户，参加了森林保险的商品林农户显著降低了林业资本投入。④林权抵押贷款政策的测量变量——林权抵押贷款政策认知评价的系数对因变量正相关、不显著。⑤林木采伐管理政策的测量变量——林木采伐管理政策认知评价的系数对因变量在5%的置信水平显著负相关，即相比不了解商品林林木采伐管理政策的农户，了解这一政策的商品林农户显著降低了林业资本要素投入。尽管林改后政府对商品林林木采伐管理政策不断进行改革，完善商品林农户林木处置权，但这一管制政策依然消极影响了商品林农户林业资本要素投入。⑥林业科技服务的测量变量——是否接受林业科技服务的系数对因变量在10%的置信水平显著正相关。说明相比没有接受林业科技服务的商品林农户，接受了林业科技服务的商品林农户显著增加了林业资本要素投入。⑦林业合作组织的测量变量——是否加入林业合作组织的系数对因变量在1%的置信水平显著正相关，说明相比没有加入林业合作组织的商品林农户，加入林业合作组织的商品林农户显著增加了林业资本要素投入。第三，控制变量方面：家庭劳动力投入量、实际抚育面积、家庭林业总收入对商品林农户林业资本要素投入均有显著影响。XTREG模型估计结果中，抚育补贴、林权抵押贷款对商品林农户林业资本投入行为的影响被高估。

公益林农户林业资本要素投入行为影响因素估计结果请参考表7-9。根据三阶段最小二乘法（3SLS）估计结果：第一，林地确权的测量变量——确权林地比例的系数对公益林农户林业资本要素投入行为正相关、不显著。第二，政府干预政策方面：本研究关注的8个政策变量对公益林农户林业资本要素投入行为均没有统计学意义上的显著影响。林业扶持政策对公益林农户资本要素投入行为无显著影响的可能原因是：①公益林林木采伐利用受到限制，导致难以出现大规模的公益林造林和抚育，进而公益林农户难以享受到政府的造林补贴和抚育补贴等扶持政策。②在生态补偿标准一刀切、且低于林木采伐影子价格的情况下，生态补偿对公益林农户林业资本要素投入行为难以产生显著积极影响。③尽管湖南省为了保障公益林可持续经营、降低林业生产风险，对全省公益林进行了政策性统保，且各级政府保费补贴90%，但政策性森林保险通过基层林业站或县林业局代理完成投保程序，客观存在集体林区公益林农户信息不对称、保险理赔困难等原因，进而导致政策性森林保险政策难以真正实现其政策目标。④根据调查，林业科技服务主要针对造林、幼林抚育及林下种植养殖等进行，集体林区的林业合作组织主要是衔接原木生产与市场销售，公益林林木采伐利用受限，导致造林等生产环节规模受限，样本农户中接受林业科技服务、参加林业合作组织的公益林农户十分有限，这可能是林业科技服务和林业合作组织对公益林农户林业资本投入行为不显著的原因。林业管制政策对公益林农户资本要素投入行为无显著影响的可能原因是：①竹材采伐管制的全面放开、林区劳动力外出务工机会增加、生态环保意识提升等可能是林木采伐管制政策对公益林农户林业资本投入没有产生显著消极影响的原因。②林权抵押贷款在小规模商品林农户中并不普及，所以公益林农户没有感受到明显的差异，同时公益林生态补偿权质押试点、公益林农户林地面积普遍较小等可能是林权抵押贷款政策对公益林农户林业资本投入没有产生显著消极影响的原因。第三，控制变量方面：实际抚育面积、家庭林业总收入等都显著影响公益林农户林业要素投入行为。在 XTREG 模型估计结果中，林地确权和政府干预政策对公益林农户资本要素投入行为的影响方向和影响程度基本一致。

林地确权、政府干预对资源异质性农户林业资本要素投入行为的影响差异。根据表7-9，第一，林地确权对公益林农户林业资本要素投入行为影响不显著、正相关，但是对商品林农户林业资本要素投入行为显著负相关。第二，政府干预政策方面，林业扶持政策或管制政策对公益林农户林业资本要素投入行为均未产生显著影响。政策性森林保险、林木采伐管理政策、林业科技服务、林业合作组织等政策对商品林农户林业资本要素投入行为产生显著影响。说明现阶段政府林业政策对引导商品林农户林业资本要素投入行为产生了一定的作用，但是对公益林农户林业资本投入行为的引导存在较大政策效率提升空间。

7.4.2.2 资源异质性农户劳动要素投入行为实证结果分析

商品林农户劳动要素投入行为影响因素估计结果请参考表7-10。根据三阶段最小二乘法（3SLS）估计结果：第一，林地确权的测量变量——确权林地比例的系数对商品林农户林业劳动要素投入行为不显著、负相关。第二，政府干预政策方面，造林补贴、抚育补贴、政策性森林保险、林权抵押贷款、林木采伐管理政策、林业科技服务、是否加入林业合作组织等政策变量对商品林农户林业劳动要素投入行为均没有显著影响。第三，控制变量方面：家庭林业资本投入量、家庭林地面积等对商品林农户林业资本要素投入行为有显著影响。在 XTREG 模型估计结果中，是否加入林业合作组织对商品林农户林业劳动要素投入行为的影响被高估。

公益林农户劳动要素投入行为影响因素估计结果请参考表7-10。根据三阶段最小二乘法（3SLS）估计结果：第一，林地确权的测量变量——确权林地比例的系数对公益林农户劳动要素投入行为正相关、不显著。第二，政府干预政策方面，政策性森林保险的测量变量——是否参与森林保险的系数对公益林农户林业劳动要素投入行为在10%的置信水平显著正相关，说明相比没有参加政策性森林保险的公益林农户，参加了政策性森林保险的公益林农户显著增加了林业劳动的投入。造林补贴、抚育补贴、生态补偿、林权抵押贷款、林木采伐管理、林业科技服务、林业合作组织等政策对公益林农户林业劳动要素投入行为没有显著影响。第三，控制变量方面：家庭林业资本投入量、家庭林地面积等对公益林农户林业劳动要素投入行为有显著影响。XTREG模型估计结果与3SLS估计结果基本一致。

表7-10 资源异质性农户劳动要素投入行为影响因素实证结果

类别	（1）商品林农户劳动要素投入行为		（2）公益林农户劳动要素投入行为	
	3SLS	XTREG	3SLS	XTREG
Ⅰ 林地确权				
确权林地比例	−21.45 （−0.56）	−48.45 （−1.36）	18.09 （0.65）	30.29 （1.29）
Ⅱ 政府干预				
造林补贴面积占比	29.74 （1.09）	32.08 （1.19）	−3.514 （−0.18）	−1.351 （−0.08）
抚育补贴面积占比	64.32 （0.86）	89.93 （1.23）	0.753 （0.21）	0.166 （0.05）
生态补偿政策认知评价			−13.97 （−1.34）	−13.43 （−1.54）
是否参与森林保险	10.50 （0.63）	6.128 （0.37）	30.66* （1.70）	26.21* （1.73）
林权抵押贷款政策认知评价	3.440 （0.20）	6.973 （0.40）	−5.573 （−0.61）	−2.091 （−0.27）
林木采伐管理政策认知评价	13.91 （0.72）	9.073 （0.48）	3.585 （0.38）	3.179 （0.40）
是否接受林业科技服务	−2.471 （−0.22）	0.218 （0.02）	−1.446 （−0.27）	−3.127 （−0.69）
是否参加林业合作组织	61.42 （1.44）	99.24*** （2.60）	22.83 （0.73）	27.36 （1.04）
Ⅲ 控制变量				
林业资本投入量	0.004 75** （2.03）	0.000 256 （0.33）	0.069 5*** （20.54）	0.028 0*** （16.62）
家庭林地面积	0.566*** （10.70）	0.647*** （18.64）	0.198*** （2.88）	0.259*** （4.47）
家庭劳动力数量	−3.506 （−0.84）	−2.673 （−0.52）	−0.380 （−0.21）	0.183 （0.08）

续表7-10

类别	（1）商品林农户劳动要素投入行为		（2）公益林农户劳动要素投入行为	
	3SLS	XTREG	3SLS	XTREG
地区虚拟变量	控制	控制	控制	控制
常数项	20.41 （0.41）	41.22 （0.84）	−35.20 （−1.03）	−21.79 （−0.75）
N	1721	1721	1414	1414

注：括号内为 t 的统计信息；* 表示 $p<0.10$，** 表示 $p<0.05$，*** 表示 $p<0.01$。

林地确权、政府干预对资源异质性农户劳动要素投入行为的影响差异。根据表7-10，第一，林地确权对两类资源异质性农户劳动要素投入行为影响方向相反，但都不显著。第二，政策性森林保险对公益林农户劳动要素投入行为有显著积极影响，而其他林业政策对公益林农户劳动要素投入行为均无显著影响。造林补贴等7项林业政策对商品林农户林业劳动要素投入行为均无显著影响。研究结果表明林业政策对两类资源异质性农户劳动要素投入行为的影响十分有限。

7.5 本章小结

林业投入是林业生产的基本前提，是林业高质量、可持续发展的保障。本章主要从林业生产过程投入视角和林业要素投入视角两个维度，描述性分析了两类资源异质性农户林业生产要素投入行为的动态趋势及差异，并实证研究林地确权、政府管制对两类资源异质性农户林业生产投入行为的影响。主要研究结果如下：

根据数据描述性分析结果，第一，林业生产过程视角：①造林投入行为。公益林农户造林投入行为发生率和投入规模均呈现倒 U 形趋势特征，商品林农户造林投入行为发生率和投入规模均呈现倒 V 形趋势特征。商品林农户造林投入行为发生率和造林投入规模高于公益林农户，但二者皆在报告期2016年出现反转。②管护投入行为。两类资源异质性农户管护行为发生率较高、且十分贴近，出现交互领先趋势特征；商品林农户管护投入强度高于公益林农户，且超出幅度较大。③采伐投入行为。两类资源异质性农户采伐行为发生率呈现倒 U 形，采伐投入规模呈现两端小、中间大的趋势特征。整体来看，商品林农户采伐行为发生率和采伐投入强度高于公益林农户。第二，林业生产要素投入视角：①林业资本要素投入行为。两类资源异质性农户林业资本投入行为发生率较高且交替领先，公益林农户林业资本投入行为发生率比较平稳,而商品林农户林业资本投入行为发生率呈现倒 U 形,下降趋势明显。商品林农户林业资本投入规模远大于公益林农户,但商品林农户林业资本投入规模起伏较大且下降趋势明显,而公益林农户林业资本投入规模在低水平上相对平稳。②林业劳动要素投入行为。商品林农户林业劳动要素投入行为发生率略高于公益林农户,但两类资源异质性农户林业劳动要素投入行为发生率均在较高水平。商品林农户林业劳动投入规模高于公益林农户,且在较大波动中上升,而公益林农户劳动投入规模在相对低水平上比较平稳。

根据林业生产过程视角资源异质性农户投入行为实证结果(参考表 7-11),第一,林地确权对商品林农户造林投入行为有显著正向影响,却对管护投入行为有显著负向影响,对采伐投入行为无显著影响。林地确权对公益林农户管护投入行为有显著正向影响,对公益林农户的造林、采伐投入行为均无显著影响。第二,政府干预政策方面:①造林补贴对两类资源异质性农户造林投入行为均有显著积极影响。说明造林补贴政策能促进农户造林投入行为。②抚育补贴对两类资源异质性农户管护投入行为均有显著积极的影响。说明抚育补贴能促进农户管护投入行为。③生态补偿对公益林农户管护投入行为有显著积极影响,对公益林农户造林、采伐投入行为无显著影响。④政策性森林保险对商品林农户造林、管护投入行为有显著积极的影响;政策性森林保险对公益林管护投入行为有显著消极影响,对造林投入行为无显著影响。从政策性森林保险实施情况来看,湖南省对全省公益林进行了统保,商品林是否参与政策性森林保险主要取决于商品林农户的参保意愿;从政策性质来看,商品林和公益林的保费补贴额度不同,政策性森林保险实际上是一种林业补贴;从实证结果来看,政策性森林保险对促进商品林农户生产投入行为起到了积极的作用,但是对公益林农户生产投入行为的作用并不理想。⑤林权抵押贷款对商品林农户造林投入行为显著负相关,对管护、采伐投入行为无显著影响;林权抵押贷款对公益林农户管护投入显著负相关,对造林、采伐投入行为无显著影响。林权抵押贷款是解决集体林区农户林业发展资金困难的重要实践途径。根据实践调查访谈,因林业的跨周期、自然风险高等生产特征,银行等资金供给方对小规模农户实施林权抵押贷款十分谨慎,因信息不对称、申办手续复杂等使得林权抵押贷款的资金需求方(小规模农户)在申请林权抵押贷款时困难重重。故这一政策对两类资源异质性农户林业生产过程投入行为的积极效果并未显露出来。⑥林木采伐管理政策对促进公益林农户和商品林农户的造林投入行为和管护投入行为均有显著积极影响，对采伐投入行为均无显著影响。说明林改后的林木采伐管理体制改革极大地解决了集体林区农户的后顾之忧，两类资源异质性农户并不担心林木采伐利用问题。⑦林业科技服务对公益林农户管护投入行为有显著正向影响，对造林、采伐投入行为均无显著影响；林业科技服务对商品林农户造林、管护、采伐投入行为均无显著影响。⑧加入林业合作组织对两类资源异质性农户采伐投入行为均无显著影响。

表7-11 显著影响资源异质性农户林业生产过程投入行为的变量

类别	商品林农户林业生产过程投入行为			公益林农户林业生产过程投入行为		
	造林投入	管护投入	采伐投入	造林投入	管护投入	采伐投入
林地确权	＋	－			＋	
造林补贴	＋	变量未进入模型	变量未进入模型	＋	变量未进入模型	变量未进入模型
抚育补贴	变量未进入模型	＋	变量未进入模型	变量未进入模型	＋	变量未进入模型
生态补偿	变量未进入模型	变量未进入模型	变量未进入模型		＋	
政策性森林保险	＋	＋	变量未进入模型		－	变量未进入模型
林权抵押贷款	－			－		
林木采伐管理政策	＋	＋		＋	＋	
林业科技服务					＋	
林业合作组织	变量未进入模型	变量未进入模型		变量未进入模型	变量未进入模型	

注：根据表7-6、表7-7、表7-8实证结果整理获得。

根据林业生产要素视角资源异质性农户投入行为实证结果（参考表7-12），第一，林地确权显著负向影响商品林农户林业资本要素投入行为，对劳动要素投入行为无显著影响；林地确权对公益林农户林业资本、劳动要素投入行为均无显著影响。第二，政府干预政策方面：①造林补贴政策对两类资源异质性农户林业资本、劳动要素投入行为均无显著影响。②抚育补贴政策对两类资源异质性农户林业资本、劳动要素投入行为均无显著影响。③生态补偿政策对公益林农户林业资本、劳动要素投入行为无显著影响。④政策性森林保险对商品林农户林业资本要素投入行为显著负相关，对劳动要素投入行为无显著影响；政策性森林保险政策对公益林农户劳动要素投入行为有显著正相关影响，对资本要素投入行为无显著影响。⑤林权抵押贷款对两类资源异质性农户林业资本、劳动要素投入行为均无显著影响。⑦林木采伐管理政策对商品林农户林业资本要素投入行为显著负相关，对劳动要素投入行为不显著;林木采伐管理政策对公益林农户林业资本、劳动要素投入行为均无显著影响。⑧林业科技服务对商品林农户林业资本要素投入行为显著正相关,对劳动要素投入行为无显著影响;林业科技服务对公益林农户林业资本、劳动要素投入行为均无显著影响。⑨林业合作组织对商品林农户林业资本要素投入行为显著正相关,对劳动要素投入行为不显著;林业合作组织对公益林农户林业资本、劳动要素投入行为均无显著影响。

表7-12 显著影响资源异质性农户林业要素投入行为的变量

类别	商品林农户林业要素投入行为		公益林农户林业要素投入行为	
	资本	劳动	资本	劳动
林地确权	—			
造林补贴				
抚育补贴				
生态补偿	变量未进入模型	变量未进入模型		
政策性森林保险	—			+
林权抵押贷款				
林木采伐管理政策	—			
林业科技服务	+			
林业合作组织	+			

注:根据表7-9和表7-10实证结果整理获得。

实证结果说明林地确权、政府干预对公益林农户林业要素投入行为决策的影响十分有限,对商品林农户林业资本要素投入行为有一定的影响力,但是对商品林农户劳动要素投入行为的影响十分有限。同时,林地确权、政府干预政策对集体林区资源异质性农户林业资本要素投入行为的影响要大于林业劳动投入行为的影响。可能的原因是:商品林比公益林受到的采伐管制相对较少,林业扶持政策对商品林农户林业生产要素投入决策容易产生积极效果。同时,根据调查访谈发现,大部分集体林区农户主要是闲暇时投入林业劳动力,即投入林业生产的劳动力机会成本较低。因此,政府干预政策对农户林业劳动要素投入行为的影响较小。

第8章 集体林区资源异质性农户林业生产行为绩效研究

2008—2012年集体林权制度改革是我国林业制度变迁史上最重要的改革之一,基本实现了集体林地承包到户。林改通过确权到户的主体改革及配套改革政策体系构建了集体林权制度体系。新一轮集体林权制度变迁后,集体林权制度变迁绩效评价成为各方关注的焦点。现有研究文献主要基于"集体林权制度-林业绩效"框架评价林改绩效。然而,明晰的产权帮助林业微观经营主体进行交易时形成合理稳定的收益预期,从而减少交易中的不确定性,降低交易成本,激发农户林业生产热情。明晰的产权还能为它所支配的经济主体提供足够的激励动力。因此,农户林业生产行为是"制度与绩效"的内在传导媒介,对林改绩效的科学评价应该引入农户林业生产行为。同时,在林业分类经营管理体制下农户林业生产行为会产生异质性分化。鉴于此,本书首先阐释"集体林权制度-林业绩效"框架下的林权制度改革绩效,然后将农户林业生产行为引入"制度与绩效"框架,从宏观和微观两个层面描述性分析将农户林业生产行为绩效,并实证检验资源异质性农户林业生产行为对林业经济绩效和生态绩效的影响。

8.1 "集体林权制度-林业绩效"框架下的林改绩效评价

根据《中共中央 国务院关于全面推进集体林权制度改革的意见》(中发〔2008〕10号)中明确的改革目标——实现资源增长、农民增收、生态良好、林区和谐。因此,林改绩效评价的内容应该包括以下几个方面:第一,资源是否增长,主要指森林覆盖率、森林蓄积等方面森林资源的变化;第二,农户是否增收,主要指农户林业收入是否增加、林业税费负担是否减轻等;第三,生态是否得到保护,主要指农民造林面积、护林意识、森林灾害发生率与防治力等;第四,林区是否和谐,主要指林业产业发展、山林纠纷调处、林权管理服务体系建设等(罗必良，2013)。

8.1.1 资源增长

现有文献研究结果普遍认为集体林权制度改革后集体林区的森林资源数量增加、质量提高(李娅 等，2007；陈永富 等，2011)。从全国森林资源变动趋势评价林改后森林资源增长情况来看，根据表8-1和图8-1，中华人民共和国成立以来，前三次全国森林资源清查结果显示我国森林资源蓄积和森林覆盖率都出现明显下降波动后再上升，从1989—2003年(第四次至第六次全国森林资源清查结果)集体林权制度过渡期内森林资源蓄积量和森林覆盖率都趋于稳步上升，2003年第二轮集体林权制度改革开始后森林资源增长强势。根据第七次全国森林资源清查结果(2004—2008)，第七次全国森林资源清查比第六次全国森林资源清查的森林面积净增2 054.30万公顷，森林覆盖率上升2.15个百分点，森林蓄积净增11.23亿立方米。其中人工林面积净增843.11万公顷，人工林蓄积净增4.47亿立方米。根据第八次全国森林资源清查结果，第八次全国森林资源清查比第七次全国森林资源清查的森林面积增加1 223万公顷，增长6.26%，森林覆盖率上升1.27个百分点；森林蓄积增加14.16亿立方米，增长10.32%；森林每公顷蓄积量89.79立方米，增加3.91立方米。根据第九次全国森林资源清查结果(2014—2018)，全国森林面积22 044.62万公顷，森林覆盖率22.96%。全国活立木蓄积190.07亿立方米，森林蓄积175.60亿立方米。历年全国森林资源清查结果显示，林改后我国森林资源总体上呈现数量(含存量和增量)持续增加、质量稳步提升、生态功能不断增强的良好发展态势。

然而，也有文献持不同观点。尽管从第六次至第九次全国森林资源清查数据表明我国森林面积、森林覆盖率、森林蓄积等方面明显增加，有学者认为森林资源增长的主要原因是国家实施了退耕还林、天然林资源保护等林业重点工程(何文剑 等，2016b)。刘小强(2010)通过大量的实证研究认为林改对林区农户增收和林业生产投入意愿和规模的积极影响存在区域差异。

表8-1 我国森林资源变动趋势

年份	森林覆盖率/%	森林蓄积/亿立方米
中华人民共和国成立（1949）	12.50	90.28
第一次全国森林资源清查（1973—1976）	12.70	86.60
第二次全国森林资源清查（1977—1981）	12.00	90.30

续表8-1

年份	森林覆盖率	森林蓄积/亿立方米
第三次全国森林资源清查（1984—1988）	12.98	91.41
第四次全国森林资源清查（1989—1993）	13.92	106.70
第五次全国森林资源清查（1994—1998）	16.55	112.70
第六次全国森林资源清查（1999—2003）	18.21	124.56
第七次全国森林资源清查（2004—2008）	20.36	137.21
第八次全国森林资源清查（2009—2013）	21.63	151.37
第九次全国森林资源清查（2014—2018）	22.96	175.6

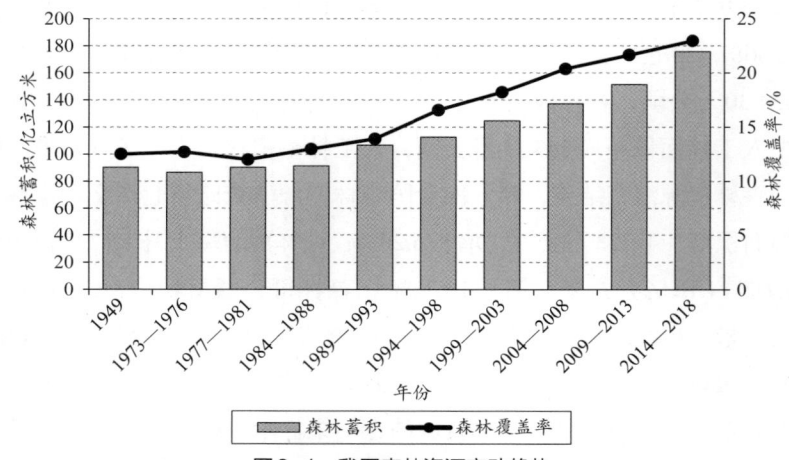

图8-1 我国森林资源变动趋势

8.1.2 农户增收

现有文献通过大量调查和实证研究认为林改后农户增收明显。李娅等（2007）运用参与式农村社会调查法研究了江西省林改效果，研究结果表明由于木材和毛竹市场价格上涨以及林业税费减少，林区农户总收入和林业收入大幅度提升。孔凡斌（2008，2009）运用大样本调查数据研究认为：林业税费改革、林业产业发展推动竹木市场价格上升，森林资源价格上升促进了林改后农户收入增长。刘伟平等（2009）的研究表明尽管林改使乡镇财政收入和村财收入减少了，但因木材价格上涨、林业税费减免使得农户林业收入显著增加。贺东航等（2010）基于全国17省30村的调查得出：林改后的产权激励激发了农户林业生产积极性，由于林改后实施的林业税费减免、林权流转等配套政策有效地促进农户林业收入增长加速、农户家庭林业收入比重提升、家庭林业收入结构优化。然而，也有文献实证研究认为林改赋予了林区农户林地承包经营权和林木所有权，但林改对促进农户林业收入增加、激励农户劳动和资本等生产要素投入的激励效应均无显著作用(王文烂，2009)。

为了准确反映新一轮集体林权制度改革对农户林业收入的影响，客观评价改革效果，2010年，原国家林业局经济发展研究中心、国家林业局发展规划与资金管理司等共同组成项目组，开展了对辽宁、福建、江西、云南、陕西5个省份的集体林改监测，2011年将监测范围进一步扩展到湖南、甘肃等7个省份。根据《集体林权制度改革监测报告(2010)》，报告期2009年样本农户户均林业收入是林改后的第一个峰值，林业收入占家庭总收入的32.56%，林地承包到户后，农户林业收入增长了1.96倍，林改产生的林业经济绩效十分明显(参考表8-2和图8-2)。然而，报告期2010—2011年户均林业收入下降到一万元以下，但林业收入占家庭总收入的比重一直维持在18%以上，报告期2012年后户均林业收入上升到1万元以上且比较平稳，但林业收入占家庭总收入的比重整体呈下降趋势。林业对样本农户家庭收入贡献率波动很大，报告期2009年林业对样本农户家庭收入贡献率达到44.2%，而在报告期2010年和报告期2011年，仅为13.32%和25.81%，报告期2012年，林业对样本农户家庭收入贡献率达到62.63%，报告期2013年出现负贡献率。

表8-2 报告期2009—2016年全国7省样本农户林业收入变动趋势

年份	样本户均林业收入/元	林业收入占家庭总收入/%	林业对样本农户家庭收入增长贡献率/%
2009	14 293.44	32.56	44.2
2010	8 996.96	18.96	13.32
2011	4 266.79	18.87	25.81
2012	12 504.81	19.5	62.63
2013	11 116.33	15.81	−22.71
2014	11 878.76	17.56	—
2015	11 027.01	16.69	—
2016	11 662.33	15.62	—

注：①数据资料从2010—2017年《集体林权制度改革监测报告》中整理获得。②表中数据的调查时间是2010—2017年，报告期是2009—2016年，其中2010年调查的样本农户总数量为2 212户，2011年调查的样本农户总数量为2 800户，2012年开始样本农户一直保持在3 500户。③样本户均林业收入是用样本农户家庭林业总收入除以样本农户数量。④林业对农户家庭收入贡献率指林改后样本农户林业收入的增加值占家庭总收入增加值的比重。

根据《集体林权制度改革监测报告(2017)》，与报告期2009年相比，报告期2016年户均林业收入增长了17.02%，年均增长2.27%。报告期2009—2016年，家庭其他生产经营收入增加了196.61%，年均增长16.80%；其他收入(主要来自林农的外出务工或者其他类经营收入)，增加了281.07%，年均增长21.06%，均远远高于林业收入增收。与家庭其他类收入相比，林业收入的增幅明显过低，远远落后于其他收入来源。

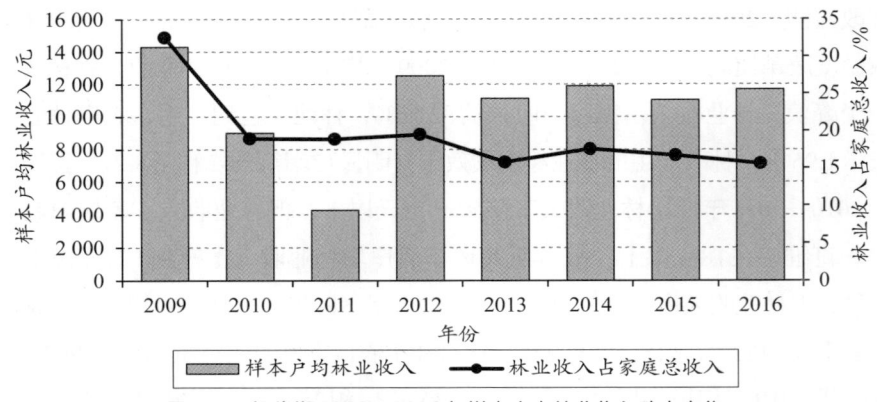

图8-2 报告期2009—2016年样本农户林业收入动态变化

从图8-2中可以更加直观地看出，样本户均林业收入在报告期2009—2012年有较大的起伏波动，报告期2012年以后有小幅的波动，整体趋势平稳。林业收入占家庭总收入的比重整体呈下降趋势，在报告期2010—2011年和报告期2012—2013年出现两次较大幅度的下跌。调查数据结果说明，集体林权制度改革中期以后农户家庭涉林收入增长乏力，与现有文献研究结果基本一致(刘炳薪 等，2019)。

8.1.3 生态保护

现有文献研究认为集体林权制度改革后集体林区生态保护得到加强，生态效益明显(裘菊 等，2007；杨杨 等，2018a)。本书从样本县整体生态保护和样本农户造林履责两个方面阐释林改后生态是否良好。根据2010—2017年《集体林权制度改革监测报告》数据(参考表8-3)，第一，营造林方面。林改后，报告期2009—2011年样本县营造林面积平稳增长，报告期2012—2013年呈现爆发式增长，其中报告期2012年营造林面积是报告期2011年的1.78倍。出现这种情况的主要原因是：新一轮林改确权到户后，样本县荒山荒(沙)地造林面积中农户造林所占比例呈现明显增长态势。2009年农户造林所占比例为21.24%，但是2012年达到39.31%，整体增长了18.07%。报告期2015年造林面积为1 952.3万亩,达到一个新的峰值。出现峰值的原因可能有:一是造林补贴面积上升;二是林改后鼓励林地经营权流转,涌现林业大户、家庭林场、农民林业专业合作社、林业企业等新型经营主体促进荒山荒(沙)地造林。第二,森林管护(含抚育)方面。根据《集体林权制度改革监测报告(2010)》,2009年幼林抚育568.32万亩,成林抚育150.28万亩,分别比林改前增长1.87倍和1.45倍。根据《集体林权制度改革监测报告(2012)》,2011年,样本县共发生森林火灾303次,比2010年减少了115次,下降了27.51%;病虫害防治面积391.70万亩,比2010年增长了32.54%。有3/4以上的样本农户认为,林改后本村森林管护和"三防"工作明显加强了,有近六成样本农户认为林改后山上野生动物增多了,1/3的农户认为林改后山区泥石流发生次数减少了。根据《集体林权制度改革监测报告(2015)》,2014年,样本县森林火灾受害面积4.14万亩,比2009年减少62.43%;森林病虫害发生面积310.88万亩,比2009年减少8.59%。有五成左右的样本农户认为当年本村的森林管护和"三防"工作加强了;超过五成的农户认为山上野生动物多了;三成以上的农户认为蓝天多了;两成左右的农户认为山区河水量增加了、泥石流减少了。

表8-3 报告期2009—2016年样本县造林面积、森林抚育面积动态趋势

年份	营造林面积/万亩	森林抚育面积/万亩
2009	411.66	718.60
2010	431.81	458.10
2011	485.70	493.74
2012	865.80	526.52
2013	657.62	332.80
2014	308.95	386.26
2015	1 052.30	286.94
2016	520.28	232.32

注:①数据资料从2010—2017年《集体林权制度改革监测报告》中整理获得。②营造林包括荒山荒地造林、更新造林、低产低效林改造等。

从图8-3中可以更加直观地看出,林改后样本县造林面积呈现上升-下降-上升的波动,森林抚育面积在林改后(报告期2009年)得到了极大的加强,随后呈现下降趋势。

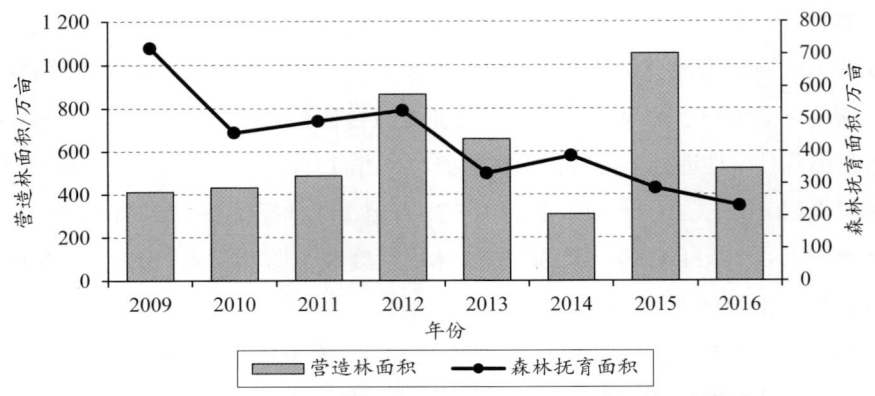

图8-3 报告期2009—2016年样本县造林、森林抚育面积动态趋势

8.1.4 林区和谐

林区和谐是一个整体的概念,很难从某一个具体指标或某一视角单独进行评价。现有文献通过农户满意度调查、林区经济发展、村民自治等方面综合评价了林改后林区和谐(孔祥智 等,2006;张红霄 等,2007;张蕾 等,2008;张红 等,2016)。本书从林区经济发展、林业产业发展、林权纠纷、林业管理服务等方面评价林区和谐。

(1)林区经济发展、林业产业发展方面。根据表8-4,集体林权制度改革跟踪监测项目课题组调查的70个样本县地区生产总值稳步上升,林业总产值逐年提高,农村居民年人均纯收入持续增加,在2016年接近1万元,生态公益林得到了保护,森林蓄积量持续增加。同时,为了促进集体林区产业发展,国家实施了一系列配套改革政策营造林区林业产业发展环境。根据《集体林权制度改革监测报告(2010)》,2009年50个样本县地区生产总值总计3 300.54亿元,比林改前增加了82.56%,年均增长8.97%。其中,林业总产值645.47亿元,比林改前增加了434.12亿元,增长了2.05倍,样本县林业产业发展共拉动当地经济增长14.65%。根据《集体林权制度改革监测报告(2017)》,截至2016年年底,全国集体林权流转林地2.67亿亩,林权抵押贷款年末贷款余额1 297.42亿元,建立县级以上林权管理服务机构超过1 900个,家庭林场、农民专业合作社等新型经营主体22.53万个,森林保险参保面积20.44亿亩等。林改监测数据结果说明,林改后林业产业发展迅速、森林蓄积量持续增加、林区农户收入增长明显。

表8-4　报告期2011—2016年70个样本县基本情况动态变化

年份	地区生产总值/亿元	林业产业总产值/亿元	农村居民年人均纯收入/(元·人$^{-1}$·年$^{-1}$)	集体林地面积/万亩	生态公益林面积/万亩	森林蓄积/万立方米
2011	6 026.17	1 165.14	5 559.05	17 299.43	7 147.25	61 739.68
2012	7 072.02	1 308.97	6 312.59	17 103.16	6 895.80	59 116.32
2013	7 717.43	1 415.91	7 200.62	17 198.66	6 722.34	/
2014	8 237.40	1 640.15	7 558.46	16 922.96	7 003.91	62 977.06
2015	8 278.89	1 654.60	8 481.17	16 894.62	6 606.53	64 814.98
2016	8 155.28	1 805.07	9 647.88	17 197.01	7 652.01	67 498.00

注：数据资料从2010—2017年《集体林权制度改革监测报告》中整理获得。

(2) 林权纠纷调处方面。集体林地承包经营纠纷调处是维护集体林区社会稳定、保障农民合法权益、巩固集体林权制度改革成果的重要保障，也是深化集体林权制度改革的重要任务。2016年原国家林业局发布了《国家林业局关于进一步加强集体林地承包经营纠纷调处工作的通知》（林改发〔2016〕38号）。根据《集体林权制度改革监测报告（2017）》，截至2016年年底，全国共发生林地承包经营纠纷42.04万件，已调处39.79万件，调处率为94.71%；截至2016年年底，70个样本县共发生承包经营权纠纷9.61万起，调处解决9.30万起，调处率达到96.77%，多数林权纠纷基本上做到当年发生，当年解决。与2009年相比，林权纠纷发生数量增长了32.37%，调处数量增长了35.60%，纠纷调处率提高了2.3%。各样本省、县高度重视林权纠纷调处工作，尤其是仲裁机构调处作用显著增强，农户对调处满意度明显提高。2016年样本农户对纠纷调处的总体满意度达到了38.30%，较2015年的35.71%提高了2.59%。2015年以来，林权纠纷调处呈现以下特点：一是调处专业化。强化仲裁体系建设，仲裁机构的调处作用日益增强。2016年经过仲裁机构调处的纠纷为8 580万件，占全部调处案件的13.95%，比2015年提高8.79%；全国林业承包经营纠纷调解仲裁机构已达633个，比2015年增加94个。二是调处法制化。集体林地承包经营纠纷调处考评工作已被单设一项列入《2016年综治工作（平安建设）考核评价实施细则》，纳入考核评价范围，考评对象为地方政府，采取以省（自治区、直辖市）自评自查为主、原国家林业局组织复核抽查的方式进行。一些样本地区构建了"乡村调解、县市仲裁、司法保障"的纠纷调查仲裁体系，以专门的机构、专业的人员来专门调处林权纠纷。三是调处组织化。根据《集体林权制度改革监测报告（2016）》，河南省商城县开展林权纠纷调处仲裁工作试点，全县所有乡镇和122个集体林地面积5 000亩以上的村均已明确1~2名林权管理服务员，成立了商城县林地承包经营纠纷仲裁委员会，乡镇成立了林地承包经营纠纷调解中心。

(3)林业管理服务方面。建设林权管理服务体系是深化林改的基础，也是实现林区和谐的重要环节。截至2016年年底，全国共有林权管理服务机构1 962个。与2009年相比，林权管理服务机构数量增加了1 492个，增长了3.17倍，年均增速22.65%。样本县林业公共服务机构数量共计668个。2015年，原国家林业局发布了《全国林权管理服务体系建设规划(2015—2020年)》，对全国林权管理服务体系建设进行了系统规划和总体布局，重点建设1 139个县级林权管理服务中心，加快各级林权管理服务机构能力建设、林权管理服务中心建设，全面提升基层林权管理和服务水平。在组织构架上，逐步建立以县级林权服务机构为重点的多级服务机构；在服务内容上，建立林权管理、流转交易和社会服务"三位一体"的综合服务平台。

总体来看，新一轮集体林权制度改革后集体林区在资源增长、农户增收、生态保护、林区和谐方面的绩效显著。然而，也有文献比较了集体林家庭经营和国有林经营绩效，研究结果显示以家庭产权制度为主导的集体林运行得并不理想，反而抑制了集体林经营管理水平的提高和集体林业的发展(刘璨，2008，2020)。有学者从林权制度实施的环境视角解释集体林发展仅靠将林地经营权确权到户并不能完全解决问题，产权制度的变迁需要配套制度的相应变革(张红霄 等，2007)，更重要的是林改后对林农林业生产经营行为的激励和引导(张建国，2011)。农户自身的异质性会导致对林改及林改政策的差异化认知和评价(骆耀峰 等，2013)。

虽然现有文献从"集体林权制度变迁-林业绩效"的框架做了大量的研究，但是科学客观评价林改绩效首先需要在逻辑上找到集体林权制度变迁影响林业绩效的内在路径。事实上，集体林权制度主体及配套改革对林业绩效的影响，是通过作用于林区农户林业生产行为来得以实现的，即集体林权制度变迁通过作用于农户林业生产行为影响林业绩效(蒋宏飞 等，2012；何文剑 等，2016c；李宁 等，2017)，但大多数研究并未深入探讨这一路径的内在"黑盒子"。

8.2 宏观视角：集体里林区农户林业生产行为绩效描述性分析

8.2.1 集体林权制度改革作用于农户造林行为

为了从全面、宏观、动态的视角阐释集体林权制度改革作用于农户造林行为如何影响林改绩效，本书搜集了2003—2017年集体林区主要省（自治区）（湖南省、湖北省、江西省、安徽省、浙江省、福建省、贵州省、广西壮族自治区、广东省和海南省）人工造林数据，请参考附录2。根据图8-4，自2003年以来集体林区人工造林动态趋势可以分为"降-升-相对平稳"三个阶段。第一阶段：2003—2007年，人工造林面积呈现明显下降趋势。这一阶段是新一轮集体林权制度改革的萌芽阶段，大部分集体林区尚处于改革的前期，考虑到林业的跨周期生产的自然特征，在林权明晰之前，农户造林行为存在一定的投入风险。因此，这一时间段林改对林区农户造林行为影响较弱，人工造林面积呈现下降趋势。第二阶段：2008—2012年，人工造林面积呈现明显上升趋势。这一阶段是新一轮集体林权制度主体改革完成阶段，基本实现了集体林权从集体向个体的过渡，清晰的林权对农户产生明显的产权激励效应，农户造林积极性提高，人工造林面积呈现明显的上升趋势。第三阶段：2013—2017年，人工造林面积相对平稳阶段。这一阶段人工造林面积虽然稍有波动，总体平稳增长。这一阶段是集体林权制度通过完善配套政策体系深化改革阶段，林业补贴、林业税费等配套改革政策不断落实和完善，明晰的产权、不断完善的林业生产外部环境（包括政策环境、市场环境等）促进农户积极的造林行为。

图8-4 2003—2017年集体林区主要省（自治区）人工造林面积

8.2.2 集体林权制度改革作用于农户管护行为

林业管护是实现林业生态价值和经济价值的重要生产环节。本书采集了2003—2017年主要集体林区省（自治区）林业管护数据（参考附录3），剖析集体林权制度改革作用于农户管护行为的影响效果。根据图8-5，自2003年以来集体林区林业管护动态趋势可以分为"相对平稳-直线上升"二个阶段。第一阶段：2003—2010年，林业管护面积整体比较平稳，这一时期集体林权制度改革处于萌芽和完成阶段。同时林业管护强度受到造林行为的影响，而这一时期林区造林面积整体处于下降时期。因此，这一阶段管护行为比较平稳。第二阶段：2011—2017年，林业管护面积呈现直线上升趋势，这一时期集体林权制度改革处于深化改革阶段，集体林区在产权激励下农户林业管护意愿增强、林业管护积极性高（何文剑 等，2016a；杨扬 等，2018a）。

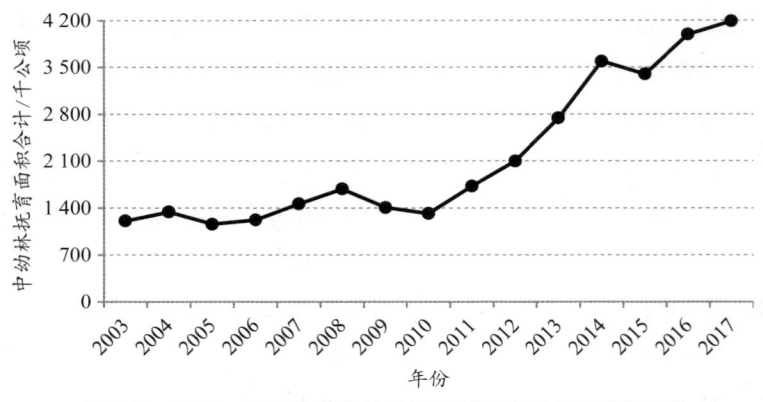

图8-5　2003—2017年集体林区主要省（自治区）森林管护面积

8.2.3　集体林权制度改革作用于农户采伐行为

本书用木材采伐量和竹材采伐量两个指标测量农户林业采伐行为，通过搜集2003—2017年集体林区主要省（自治区）林业采伐数据（参考附录4和附录5），剖析集体林权制度改革作用于农户采伐行为的效果。第一，木材采伐量。根据图8-6，2003—2017年期间木材采伐量呈现波动的上升趋势。其中2008年、2013—2014年采伐量出现峰值，2008年是开展集体林权制度改革确权到户的起始年份，因林木生产跨周期性特征，在集体林权重新分配之前可能存在林木集中采伐行为。为了避免乱砍滥伐，政府禁止林权改革期间的采伐，故2012年年底基本完成确权到户的林改主体改革后，2013—2014年再次呈现木材采伐高峰期。第二，竹材采伐量，根据图8-6，2003—2017年期间竹材采伐量呈现平滑的上升趋势。竹材生长周期短于木材，竹材的更新比林木快，且政府对竹材的管制程度弱于木材管制。因此集体林区竹材产量一直处于平稳上升趋势。

图8-6　2003—2017年集体林区主要省（自治区）木材、竹材采伐量

8.3 微观视角：集体林区资源异质性农户林业生产行为绩效描述性分析

大量文献、统计数据及调查数据研究分析结果都证实了我国新一轮集体林权制度改革作用于农户造林行为、管护行为、采伐行为，促进了林业经济绩效和生态绩效的明显提升。然而，现有林权制度下的林业绩效评估研究都无视或回避了一个重要前提——林业分类经营管理体制。集体林林权制度改革虽然完成了公益林、商品林林权从集体权益向个体权益的转变，但政府对公益林以发挥生态效益为主、商品林以发挥经济效益为主的功能定位并未改变，从而导致林改后农户林业经济效益优先与政府生态效益优先的经营目标冲突。一方面，林改确权产生的产权效应激发了商品林农户和公益林农户林业生产经营热情，产生较高的林业生态绩效和经济绩效；另一方面，政府对商品林和公益林的政策主导目标存在差异，在政府差异化目标导向下，资源异质性农户林业生产行为产生的林业绩效必然存在差异。鉴于此，本书将根据2012—2018年集体林权制度改革跟踪监测项目课题组在湖南省调查的500样本农户家庭林业收入及农户对村级林业生产、林业经济、生态环境等评价数据，进一步研究集体林权制度作用于资源异质性农户林业生产行为产生的经济、生态绩效及差异。

8.3.1 集体林区资源异质性农户林业生产行为的经济绩效及差异

集体林区资源异质性农户林业生产行为的林业经济绩效主要指商品林农户和公益林农户在林地确权、政府干预的激励和约束作用下，基于农户林业生产行

为而产生的家庭林业收入绩效。一般来说，农户家庭林业总收入主要包括：①用材林收入，主要包括木材收入和薪材收入；②竹林收入，主要包括竹材收入和竹笋收入；③经济林收入；④林下经济收入，主要包括林下种植收入、林下养殖收入、林下产品采集加工收入和森林景观利用收入；⑤涉林打工收入；⑥财产性收入，包括林地租赁、买卖青山等获得的收入；⑦转移性收入，包括各种林业补贴，如生态效益补偿、抚育补贴、种苗补贴、林业农机具补贴等；⑧其他收入。其中，用材林收入、竹林收入、经济林收入、林下经济收入主要在农户林业生产行为作用下直接产生；而涉林打工收入、财产性收入主要受到林区林业经济环境的影响；转移性收入主要受到政府林业补贴等相关扶持政策影响。

8.3.1.1 商品林农户林业生产行为的经济绩效

商品林农户家庭林业总收入方面，根据表8-5，商品林农户家庭林业总收入变化在整个监测期呈现向右倾斜的倒V形趋势特征。在报告期2011—2014年商品林农户家庭林业收入呈现稳步上升趋势，在报告期2014年达到倒V形的拐点和峰值6 762元/(户·年)；在报告期2015年商品林农户林业总收入均值下降至5 121元/(户·年)，报告期2016—2017年商品林农户家庭林业收入断崖式下跌至1 129~1 190元/(户·年)。对商品林农户家庭林业总收入趋势特征的理解，需要对各分项收入的变化趋势进一步剖析。

商品林农户各林业收入分项，根据表8-5，第一，用材林收入。①在报告期2011—2017年期间，商品林农户用材林收入变化在整个监测期内呈现波浪形特征。在报告期2011年、2014年、2015年，商品林农户用材林收入均值均超过1 000元/(户·年)，而在报告期2016—2017年，商品林农户用材林收入均值不足100元/(户·年)。②从用材林收入占比来看，报告期2011年、2015年商品林农户用材林收入占家庭总收入的比例超过20%，报告期2013—2014年，商品林农户用材林收入占比超过15%，而在报告期2016—2017年，商品林农户用材林收入占家庭总收入不到10%。报告期2016—2017年商品林农户用材林收入和用材林收入占比出现急剧萎缩的可能原因是：2016年湖南省纳入了天然林保护项目范围，为了响应国家"停伐、扩面、提标"等天然林保护政策，湖南省从2016年开始对集体林区天然商品林实施禁伐，并在当年启动了天然商品林管护补助项目。湖南省集体林区天然林以农户承包经营为主，天然商品林禁伐干预了商品林农户用材林采伐，进而影响其用材林收入。

表8-5 报告期2011—2017年商品林农户林业收入结构动态趋势

年份		2011	2012	2013	2014	2015	2016	2017
林业总收入	均值/(元·户$^{-1}$·年$^{-1}$)	3 976	5 695	5 974	6 762	5 121	1 129	1 190
（1）用材林收入	均值/(元·户$^{-1}$·年$^{-1}$)	1 030	710.2	978.0	1 168	1116	90.52	83.41
	占比/%	25.91	12.47	16.37	17.27	21.79	8.02	7.01
（2）竹林收入	均值/(元·户$^{-1}$·年$^{-1}$)	460.1	471.1	597.2	235.7	253.0	160.8	42.79
	占比/%	11.57	8.27	10.00	3.49	4.94	14.24	3.60
（3）经济林收入	均值/(元·户$^{-1}$·年$^{-1}$)	664.9	520.3	675.2	605.1	637.3	142.2	235.8
	占比/%	16.72	9.14	11.30	8.95	12.44	12.60	19.82
（4）林下经济收入	均值/(元·户$^{-1}$·年$^{-1}$)	119.9	806.3	550.3	715.5	588.4	175	126.6
	占比/%	3.02	14.16	9.21	10.58	11.49	15.50	10.64
（5）涉林打工收入	均值/(元·户$^{-1}$·年$^{-1}$)	972.1	1416	1221	1954	2127	175	290.9
	占比/%	24.45	24.86	20.44	28.90	41.53	15.50	24.44
（6）财产性收入	均值/(元·户$^{-1}$·年$^{-1}$)	184.3	2.382	43.83	0	0	46.46	89.52
	占比/%	4.64	0.04	0.73	0.00	0.00	4.12	7.52
（7）转移性收入	均值/(元·户$^{-1}$·年$^{-1}$)	383.8	1 156	1 338	1 917	359.0	282.1	211.4
	占比/%	9.65	20.30	22.40	28.35	7.01	24.99	17.76
（8）其他收入	均值/(元·户$^{-1}$·年$^{-1}$)	161.4	613.3	570.3	166.8	40.16	56.03	109.2
	占比/%	4.06	10.77	9.55	2.47	0.78	4.96	9.18

注：①占比指某一分项林业收入占商品林农户家庭林业总收入的比重。②为了更加客观、科学地反映样本农户的林业总收入及各分项收入均值，本书剔除2017—2018年沅陵县官庄镇太平埔村经济林收入(主要是茶叶)超过40万元的2个样本农户；剔除林下经济收入超过10万的4户样本农户。

第二，竹林收入。①商品林农户竹林收入均值呈现阶段式急剧下降趋势特征，报告期2011—2013年，商品林农户竹林收入均值稳步上升，约为460~600元/(户·年)；报告期2014—2015年，商品林农户竹林收入急剧下降，为235.7~253元/(户·年)；报告期2016—2017年，商品林农户竹林收入再一次急剧下降，为42.61~160.1元/(户·年)。②商品林农户竹林收入占比呈现波浪式趋势特征，但整体呈现下降趋势。报告期2011—2013年商品林农户竹林收入占比在8%~12%；报告期2014—2015年商品林农户竹林收入占比下降至3.49%~4.94%；报告期2016年竹林收入占比攀升至14.24%，这可能与2014年政府全面放开竹林采伐管制有关。然而，报告期2017年商品林农户竹林收入占比跌到谷底，仅为3.60%。整体来看，商品林农户竹林收入和竹林收入占比呈现比较大的波动起伏，这可能与政府对竹林管制干预放松及竹林市场价格波动有关。值得注意的是，在报告期2016年竹林收入占比（14.24%）超过商品林农户用材林收入占比（8.02%），在全国保护天然商品林、研究调查区域实施减伐禁伐三年行动的大背景下，政府全面放开竹林采伐管制，这可能是竹林收入超过用材林收入的原因。

第三，经济林收入。①从经济林收入均值来看，商品林农户经济林收入均值变化在整个监测期内呈现波浪式趋势特征，一共出现3个周期。周期Ⅰ：报告期2011—2013年，商品林农户经济林收入从664.9元/（户·年）下降到520.3元/（户·年），又上升到675.2元/（户·年）；周期Ⅱ：报告期2013—2015年，商品林农户经济林收入从675.2元/（户·年），下降到605.1元/（户·年），又上升到637.3元/（户·年）；周期Ⅲ：报告期2015—2017年，商品林农户经济林收入从637.3元/（户·年），下降到142.2元/（户·年），又上升到235.8元/（户·年）。②从经济林收入占比来看，在整个监测期间，商品林农户经济林收入占比呈现明显的波浪起伏，一共出现2个周期，整体呈现上升趋势。周期Ⅰ：报告期2011—2013年，商品林经济林收入占比从16.72%下降到9.14%，又上升到11.30%；周期Ⅱ：报告期2014—2017年，商品林经济林收入占比从11.30%下降到8.95%，稳步上升至19.82%。整体来看，经济林收入、经济林收入占比呈现周期性特征，是影响商品林农户林业总收入持续、稳定的重要因素。商品林农户经济林收入波动与林产品市场紧密相关，林产品价格波动可能是商品林农户经济林收入出现周期性波动的原因。

第四，林下经济收入。①从林下经济收入均值来看，商品林农户林下经济收入均值变化在整个监测期内呈现波浪式趋势特征，出现2个波动周期。周期Ⅰ：报告期2011—2013年，商品林农户林下经济收入从119.9元/（户·年）急剧上升到806.3元/（户·年），涨幅达到7.2倍，随后又下降到550.3元/（户·年）；周期Ⅱ：报告期2013—2017年，商品林农户林下经济收入从550.3元/（户·年），上升到715.5元/（户·年），然后下降到588.4元/（户·年），报告期2016—2017年，商品林农户林下经济收入再次大幅度下降到126.6~175元/（户·年）。②从林下经济收入占比来看，商品林农户林下经济收入占比呈现两个波动周期。周期Ⅰ：报告期2011—2013年，商品林农户林下经济收入占比从3.02%，飙升到14.16%，又下降到9.21%；周期Ⅱ：报告期2014—2017年，商品林农户林下经济收入占比从10.58%上升到15.50%，报告期2017年继续下将到10.64%。整体来看，在报告期

2012—2017年，商品林农户林下经济收入比较稳定，且达到林业总收入的10%左右，成为商品林农户十分重要的林业收入来源，但是在大的趋势特征下，在报告期2017年出现萎缩，但林下经济收入占比在报告期2016—2017年超过了用材林收入占比和竹林收入占比。

第五，涉林打工收入。尽管涉林打工收入与农户林业生产行为没有直接的关系，但是林改后的林业产业、林区经济发展直接促进和带动农户涉林打工。因此，集体林区资源异质性农户涉林打工收入也是衡量林改绩效的一个重要方面。①商品林农户涉林打工收入均值整体可分为两个阶段，根据表8-5，阶段Ⅰ：报告期2011—2015年，商品林农户涉林打工收入从972.1元/(户·年)逐年攀升至2 127元/(户·年)，在这一阶段，涉林打工收入成为集体林区商品林农户家庭的重要收入来源。阶段Ⅱ：报告期2016—2017年，商品林农户涉林打工收入均值断崖式下跌至175~290.8元/(户·年)，涉林打工收入在这一阶段的下降可能与大的林业经济环境相关。②从涉林打工收入占比来看，报告期2011—2015年，涉林打工收入占商品林农户林业总收入比例一直超过20%，在报告期2015年甚至达到41.53%，涉林打工收入成为商品林农户林业收入的主要来源。报告期2016年，商品林农户涉林打工收入占比急剧下降至15.50%；报告期2017年，商品林农户涉林打工收入恢复至24.44%。整体来看，商品林农户涉林打工收入在大部分的监测年份都占林业总收入20%以上，且超过了用材林收入、竹林收入、经济林收入、林下经济收入占比，说明涉林打工收入是集体林区商品林农户家庭的主要收入来源，同时也说明林改促进了林区产业经济发展，带动了林区农户就业、增收。

第六，财产性收入。①从财产性收入均值来看，报告期2011—2015年，商品林农户财产性收入持续下降，在报告期2014—2015年，财产性均值为0，即样本农户几乎没有林地租赁或买卖青山等收入。报告期2016—2017年，商品林农户财产性收入均值稍有上浮，但也低于100元/(户·年)。②从财产性收入占比来看，在报告期2011—2016年商品林农户财产性收入占比均低于5%，在报告期2014—2015年占比为0。整体来看，财产性收入对商品林农户林业总收入的贡献不大，同时也说明集体林区农户通过租赁等方式流转林地的情况不多，商品林农户对林地经营权流转比较保守。

第七，转移性收入。①从转移收入均值来看，商品林农户转移性收入呈现明显的倒U形特征。报告期2011—2014年，商品林农户家庭转移收入从383.8元/(户·

年),攀升到1 917元/(户·年),特别是报告期2012年比2011年上涨了2倍,根据本书前文中造林和管护行为描述性分析可知,这一阶段商品林农户造林和幼林管护强度较大,获得造林补贴、抚育补贴的样本农户较多,进而导致转移收入不断上升。报告期2015—2017年,商品林农户转移性收入从359元/(户·年),下降到211.4元/(户·年),这可能与林业生产周期长,大部分样本农户已经完成承包林地造林、幼林抚育有关。②从转移收入占比来看,除了报告期2011年、报告期2015年,其他监测期年份内,商品林农户转移性收入占家庭林业收入在20%左右,是家庭重要的林业收入来源。

第八,其他收入。根据调查访谈,其他收入主要包括林地受灾或者保险理赔收入等,整体来看,有其他林业收入的商品林农户样本极少。

8.3.1.2 公益林农户林业生产行为的经济绩效

公益林农户家庭林业总收入方面,根据表8-6,公益林农户家庭林业总收入变化在整个监测期内整体呈现V形趋势特征。报告期2011—2013年,公益林农户林业总收入均值从3 083元/(户·年),下降至1 531元/(户·年);报告期2014—2015年,公益林农户林业总收入反弹,上升至2 532~2 869元/(户·年);报告期2016—2017年,公益林农户林业总收入又下降到1 344元/(户·年)。对公益林农户家庭林业总收入趋势特征的理解,需要对各分项收入的变化趋势进一步剖析。

第一,用材林收入。①报告期2012—2014年,公益林农户用材林收入明显高于整个监测期其他年份,且呈现两个明显的峰值,即报告期2012年[用材林收入为288.8元/(户·年)],报告期2014年[用材林收入为326.9元/(户·年)]。而在报告期2011年、2015—2017年,公益林农户用材林收入均值不足50元/(户·年)。②从用材林收入占比来看,报告期2012—2014年,公益林农户用材林收入占比为7%~12%,其他年份不足2%。说明除了报告期2012—2014年,其他年份用材林收入对公益林农户林业总收入的贡献微乎其微,符合公益林以生态效益为主、采伐利用为辅的主导功能定位。

第二,竹林收入。①公益林农户竹林收入均值变化在整个监测期内呈现山峰状特征,整体略有上升。报告期2011—2014年,公益林农户竹林收入均值从18.28元/(户·年),逐步上升到203.6元/(户·年)。报告期2014—2017年,公益林农户竹林收入从203.6元/(户·年)下降到42.20元/(户·年)。②从竹林收入占比来看,报告期2011—2014年,公益林农户竹林收入占比从0.59%上升至7.10%。报告期2015—2017年，公益林农户竹林收入占比尽管下降，但比较平稳，保持在4%左右。整体来看，报告期2015年前，公益林农户竹林收入占比低于用材林收入占比，报告期2015年及以后，公益林农户竹林收入占比高于用材林收入占比。可能的原因是：一方面湖南省政府于2016年全面放开竹材采伐管制；另一方面政府不断加强对公益林木材采伐管制。

表8-6 报告期2011—2017年公益林农户林业收入结构动态趋势

年份		2011	2012	2013	2014	2015	2016	2017
林业总收入	均值/(元·户$^{-1}$·年$^{-1}$)	3 083	2 997	1 531	2 869	2 532	1 551	1 344
（1）用材林收入	均值/(元·户$^{-1}$·年$^{-1}$)	39.60	288.8	119.9	326.9	27.16	17.97	18.35
	占比/%	1.28	9.64	7.83	11.39	1.07	1.16	1.37
（2）竹林收入	均值/(元·户$^{-1}$·年$^{-1}$)	18.28	35.29	95.67	203.6	76.14	66.91	42.20
	占比/%	0.59	1.18	6.25	7.10	3.01	4.31	3.14
（3）经济林收入	均值/(元·户$^{-1}$·年$^{-1}$)	440.7	297.9	286.2	656.5	693.7	271.9	256.9
	占比/%	14.29	9.94	18.69	22.88	27.40	17.53	19.11
（4）林下经济收入	均值/(元·户$^{-1}$·年$^{-1}$)	1 432	880.9	355.2	389.6	609.8	192.6	138.3
	占比/%	46.45	29.39	23.20	13.58	24.08	12.42	10.29
（5）涉林打工收入	均值/(元·户$^{-1}$·年$^{-1}$)	385.1	829.3	151.1	646.5	632.7	293.1	298.2
	占比/%	12.49	27.67	9.87	22.53	24.99	18.90	22.19
（6）财产性收入	均值/(元·户$^{-1}$·年$^{-1}$)	51.72	16.24	0	0	0	2.304	0.466
	占比/%	1.68	0.54	0.00	0.00	0.00	0.15	0.03
（7）转移性收入	均值/(元·户$^{-1}$·年$^{-1}$)	715.3	621.4	463.2	517.6	486.9	705.8	582.1
	占比/%	23.20	20.73	30.25	18.04	19.23	45.51	43.31
（8）其他收入	均值/(元·户$^{-1}$·年$^{-1}$)	0	28.61	59.63	128.3	5.076	0	7.752
	占比/%	0.00	0.95	3.89	4.47	0.20	0.00	0.58

注：占比指某一分项林业收入占公益林农户家庭林业总收入的比重。

第三，经济林收入。①公益林农户经济林收入均值变化在整个监测期内呈现波浪形趋势特征。报告期2011—2013年，公益林农户经济林收入从440.7元/(户·年)逐步下降到286.2元/(户·年)；报告期2014—2015年，公益林农户经济林收入猛涨到693.7元/(户·年)，涨幅达到1.4倍；报告期2016—2017年，公益林农户经济林收入再一次下降到256.9元/(户·年)。②从经济林收入占比来看，公益林农户经济林收入占比变化在整个监测期内呈现波动趋势特征，但整体呈上升趋势。报告期2011年，公益林农户经济林收入占比仅为14.29%，报告期2012—2015年，公益林农户经济林收入占比从9.94%攀升至27.40%；报告期2016年公益林农户经济林收入占比下降到17.53%，报告期2017年又上升到19.11%。整体来看，经济林收入是公益林农户家庭林业收入的重要来源，经济林收入占比远远高于用材林收入占比和竹林收入占比。

第四，林下经济收入。①公益林农户林下经济收入变化在整个监测期内呈现波浪形趋势特征，整体呈现下降趋势。报告期2011—2013年，公益林农户林下经济收入均值从1 432元/(户•年)下降到355.2元/(户•年)；报告期2014—2015年，从389.6元/(户•年)上升到609.8元/(户•年)；报告期2016—2017年，公益林农户林下经济收入均值从192.6元/(户•年)再次下降到138.3元/(户•年)。②从林下经济收入占比来看，呈现两个明显的下降阶段。阶段Ⅰ：报告期2011—2014年，公益林农户林下经济收入占比从46.45%下降至13.58%；阶段Ⅱ：报告期2015—2017年，公益林农户林下经济收入占比从24.08%下降至10.29%。尽管公益林农户林下经济收入均值和占比都呈现下降趋势，但是林下经济依然是公益林农户家庭林业总收入的主要贡献来源之一，远超用材林收入、竹林收入和经济林收入。

第五，涉林打工收入。①公益林农户涉林打工收入均值变化在整个监测期内呈现周期波动性特征。周期Ⅰ：报告期2011—2013年，公益林农户涉林打工收入从385.1元/(户•年)上升至829.3元/(户•年)，又断崖式下跌至151.1元/(户•年)；周期Ⅱ：报告期2013—2017年，公益林农户涉林打工收入从151.1元/(户•年)，上升至646.5元/(户•年)，随后又下降至298.2元/(户•年)。②从涉林打工收入占比来看，公益林农户涉林打工收入占比变化在整个监测期内有一定的起伏波动，但整体比较平稳。除了报告期2011年、报告期2013年、报告期2016年公益林农户涉林打工收入占比低于20%以外，其他年份都高于20%。整体来看，涉林打工收入对公益林农户家庭林业总收入有比较持续、稳定的贡献。

第六，财产性收入。①公益林农户林地租赁、买卖青山的收入均值在整个监测期内都没有超过100元/(户•年)，特别是在报告期2013—2015年，财产性收入均值为0。②从财产性收入占比来看，在整个监测期内，财产性收入占比对公益林农户家庭林业总收入的贡献一直低于2%。说明财产性收入对公益林农户家庭林业总收入的贡献度不高。

第七，转移性收入。公益林农户以发挥生态效益为主，政府通过生态补偿等多种方式补贴公益林农户的经济损失。①从转移收入均值来看，报告期2011—2017年公益林农户转移性收入变化存在波动性，但整体比较平稳。②从转移性收入占比来看，公益林农户转移性收入变化占比存在波动，但整体呈上升趋势。报告期2011—2015年，公益林农户转移性收入占比在18%~30%浮动；报告期2016—2017年，公益林农户转移性收入达到45%左右。说明转移收入已经成为公益林农户家庭林业收入的主要贡献来源，这可能与研究区域对公益林全面禁伐、减伐的高强度政策干预有关。

第八，其他收入。除了报告期2013—2014年，其他年份其他收入均值和占比对公益林农户家庭林业总收入的贡献可以忽略不计。

8.3.1.3 集体林区资源异质性农户林业生产行为的经济绩效比较

(1) 资源异质性农户家庭林业总收入差异。根据图8-7，从整个监测期来看，两类资源异质性农户家庭林业收入都呈现下降趋势，商品林农户家庭林业总收入下降幅度远超过公益林农户。报告期2011—2015年，商品林农户家庭林业总收入明显高于公益林农户，且在2011—2013年两类资源异质性农户林业收入差距不断扩大；然而，报告期2016—2017年出现逆转，公益林农户家庭林业总收入略高于商品林农户，差距幅度不大。报告期2016—2017年公益林农户家庭林业总收入差距出现逆转的可能原因是：2016年湖南省加入天然林保护工程，政府对天然商品林禁伐，同时实施三年禁伐、减伐等强制干预林木采伐政策，进而导致商品林农户在2016—2017年用材林收入骤减，尽管公益林农户用材林收入在2016—2017年也在减少，但公益林生态补偿等林业补贴政策变化幅度不大，进而导致公益林农户家庭林业总收入损失幅度小于商品林农户。

图8-7 资源异质性农户家庭林业总收入

(2) 资源异质性农户用材林收入差异。第一，根据图8-8，①在整个监测期内，商品林农户用材林收入均高于公益林农户，且在报告期2011—2015年，商品林农户用材林收入与公益林农户用材林收入差距较大。②报告期2016—2017年，两类资源异质性农户用材林收入均出现大幅度下降趋势，这可能与湖南省强制干预林木采伐有关。第二，根据图8-9，①在整个监测期内，用材林收入对商品林农户林业总收入的贡献度(或占比)高于公益林农户。②在报告期2012—2014年，公益林农户用材林收入占比与商品林农户用材林收入占比的差距相对较小，其他年份的差距较大。整体来看，公益林农户的用材林收入、用材林收入占比都低于公益林农户，说明公益林农户的主要收入来源并非用材林收入或采伐收入，符合国家的林业分类经营定位。

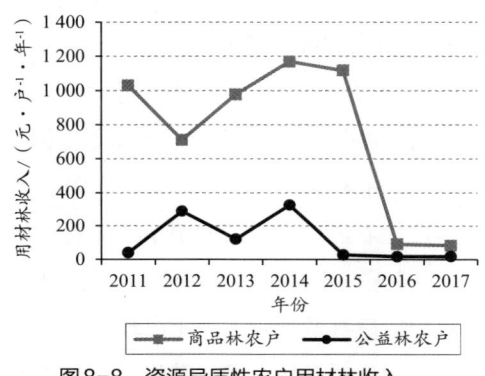

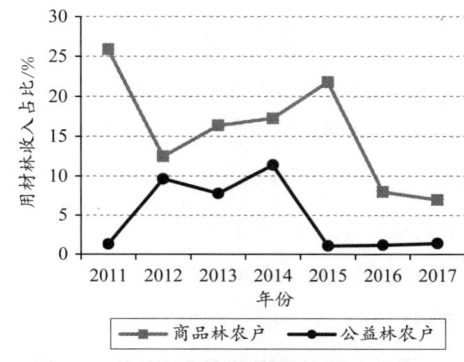

图8-8 资源异质性农户用材林收入

图8-9 资源异质性农户用材林收入占比

(3)资源异质性农户竹林收入差异。第一，根据图8-10，①在整个监测期内，两类资源异质性农户竹林收入变化都呈现一定的起伏，商品林农户竹林收入整体高于公益林农户，在报告期2017年接近重合。商品林农户竹林收入的峰值和拐点为报告期2013年，公益林农户竹林收入的峰值和拐点为报告期2014年。②报告期2011—2013年，商品林农户竹林收入远高于公益林农户。然而，报告期2014—2017年，两类资源异质性农户的竹林收入差距不断缩小，特别是在报告期2017年，两类资源异质性农户的竹林收入几乎相同。这可能与政府逐步放松对竹林采伐管制有关。第二，根据图8-11，①报告期2011—2013年，商品林农户竹林收入对林业总收入的贡献(占比)均高于公益林农户。然而，在报告期2014年第一次出现逆转，公益林农户竹林收入占比高于商品林农户。②报告期2015—2017年，商品林农户竹林收入占比依然高于公益林农户。整体来看，根据《国家林业局关于进一步改革和完善集体林采伐管理的意见》(林资发〔2014〕61号)要求，政府取消竹林采

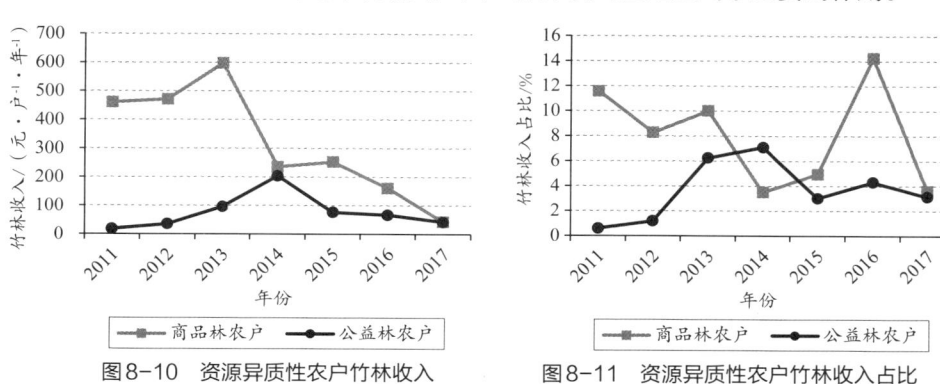

伐许可证制度，对缩小两类资源异质性农户竹林收入差距起到了重要的作用。

图8-10　资源异质性农户竹林收入

图8-11　资源异质性农户竹林收入占比

(4) 资源异质性农户经济林收入差异。第一，根据图8-12，①报告期2011—2013年，商品林农户经济林收入高于公益林农户。然而，报告期2014—2017年，公益林农户经济林收入反超商品林农户。②报告期2014—2017年，公益林农户经济林收入超过商品林农户的幅度不大，且都呈现下降趋势。第二，根据图8-13，报告期2011年、报告期2012年、报告期2017年两类资源异质性农户经济林收入占比的差距较小；报告期2013—2016年，公益林农户经济林收入占比幅度远高于商品林农户。整体来看，经济林收入是公益林农户家庭林业总收入的主要来源之一，两类资源异质性农户经济林收入及占比的差异幅度不断缩小。

图8-12　资源异质性农户经济林收入

图8-13　资源异质性农户经济林收入占比

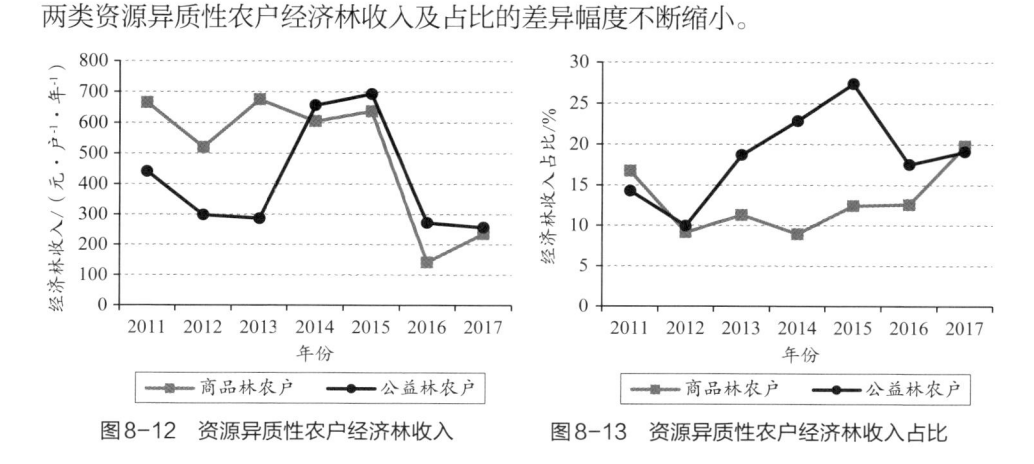

(5) 资源异质性农户林下经济收入差异。第一，根据图8-14，两类资源异质性农户林下经济收入呈交替领先趋势特征，最后基本持平。报告期2011—2012年，公益林农户林下经济收入高于商品林农户；报告期2013—2014年，商品林农户林下经济收入高于公益林农户；报告期2015—2017年，两类资源异质性农户林下经

济收入基本重合。第二，根据图8-15，林下经济收入对商品林农户家庭林业总收入的贡献度(占比)在整个监测期内比较平稳，林下经济收入对公益林农户家庭林业总收入的贡献度(占比)在整个监测期内呈现急剧下降趋势。整体来看，两类资源异质性农户的林下经济收入及占比越来越接近。

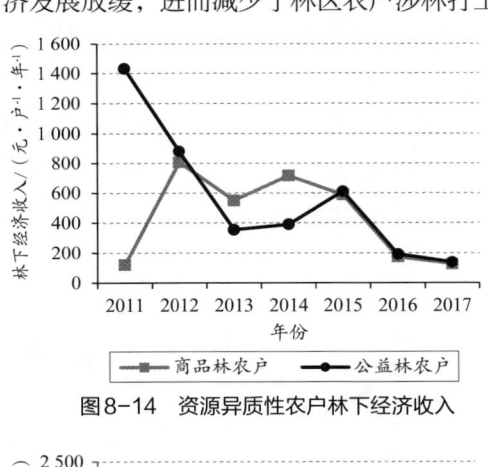

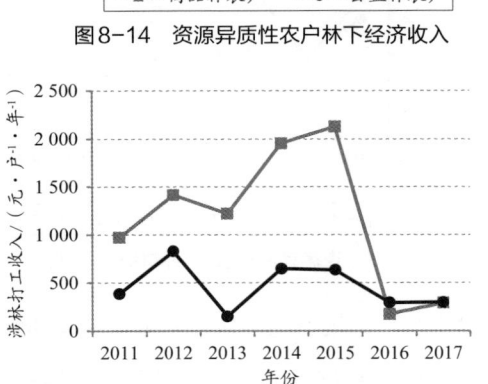

(6)资源异质性农户涉林打工收入差异。第一，根据图8-16，两类资源异质性农户涉林打工收入呈现交替领先趋势特征。报告期2011—2015年，商品林农户涉林打工收入远高于公益林农户。然而，报告期2016年出现反转，公益林农户涉林打工收入高于商品林农户，报告期2017年，两类资源异质性农户涉林打工收入基本持平。第二，根据图8-17，两类资源异质性农户涉林打工收入占比也呈现交替领先趋势，整体差距幅度较小。报告期2012年、报告期2016年，公益林农户涉林打工收入占比高于商品林农户，其他年份反之。整体来看，两类资源异质性农户涉林打工收入在报告期2015—2016年骤减，可能是受到政府强制干预林业生产的影响，林区产业经济发展放缓，进而减少了林区农户涉林打工的机会，两类农户涉林打工收入下降。

图8-14 资源异质性农户林下经济收入

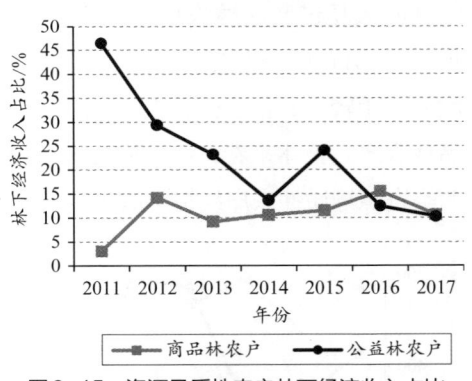

图8-15 资源异质性农户林下经济收入占比

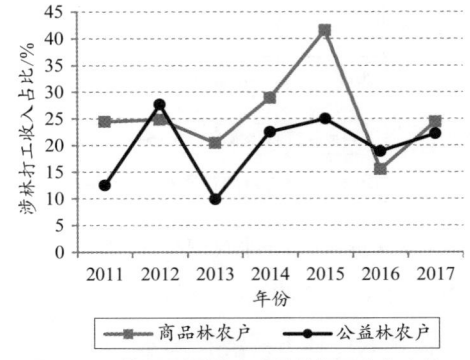

图8-16 资源异质性农户涉林打工收入

图8-17 资源异质性农户涉林打工收入占比

(7) 资源异质性农户财产性收入差异。第一，根据图8-18，商品林农户林业财产性收入呈现 W 形趋势特征，公益林农户财产性收入在林改初期持续下降，报告期2013年后基本为0。第二，根据图8-19，商品林农户林业财产性收入对家庭林业收入的贡献度(占比)呈现 W 形趋势特征，公益林农户财产性收入对家庭林业收入贡献度(占比)在林改初期持续下降，报告期2013年后基本为0。

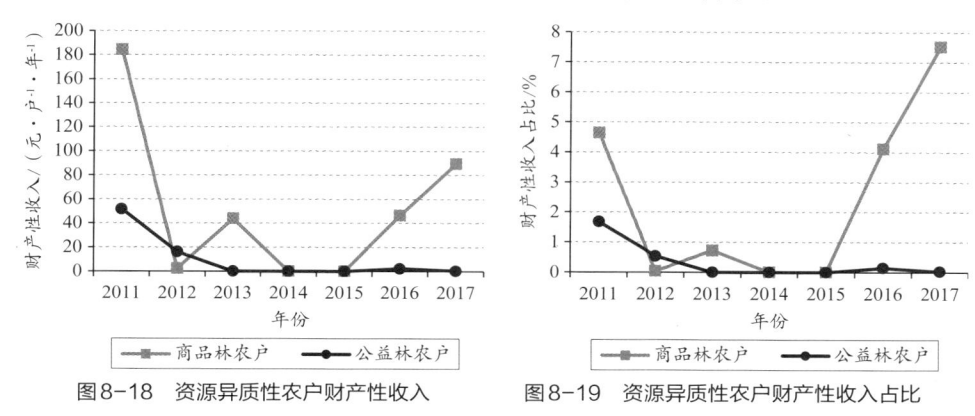

图8-18 资源异质性农户财产性收入

图8-19 资源异质性农户财产性收入占比

(8) 资源异质性农户转移性收入差异。第一，根据图8-20，①两类资源异质性农户转移性收入呈交替领先趋势特征。报告期2012—2014年，商品林农户转移性收入高于公益林农户，其他年份反之。②公益林农户转移性收入在整个监测期内比较平稳，商品林农户转移性收入在报告期2012—2014年远高于其他年份。可能的原因是：林改后政府为了鼓励集体林区农户发展油茶等经济林，根据湖南省林业局、湖南省发展和改革委员会、湖南省财政厅关于印发《湖南省油茶产业基地建设目标考核办法(试行)》(湘林造〔2012〕8号)的通知，新造油茶林补助不低于600元/亩，低改垦复补助不低于300元/亩，从第二年起新造油茶林抚育管理补助不低于100元/亩，连续补助2年。同时，林改后部分商品林农户在完成承包林地造林、抚育后也获得了造林补贴和抚育补贴等。第二，根据图8-21，报告期2014年，商品林农户转移性收入占比高于公益林农户，其他年份反之。特别是在报告期2016—2017年，公益林农户转移性收入占比幅度远高于商品林农户。整体来看，公益林农户的转移性收入比较平稳，商品林农户转移性收入起伏较大，这可能与政府林业补贴政策的影响有关。

图8-20 资源异质性农户转移性收入

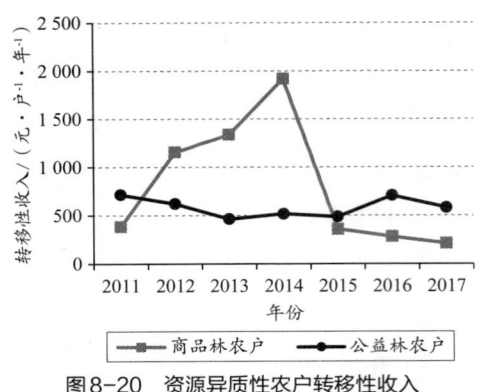

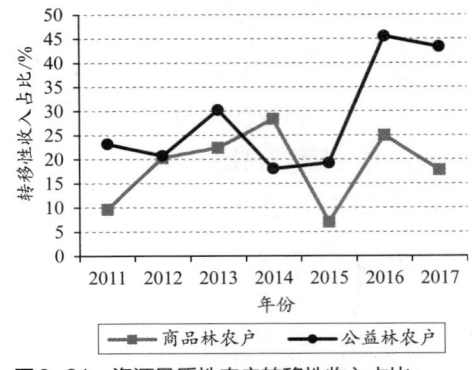

图8-21 资源异质性农户转移性收入占比

8.3.2 集体林区资源异质性农户林业生产行为的生态绩效及差异

集体林区资源异质性农户林业生产行为的生态绩效主要是指商品林农户和公益林农户在林地确权、政府干预的激励和约束作用下，基于农户林业生产行为产生的生态绩效。生态环境是一个区域概念，故生态绩效应该在一定区域内进行评价。根据实际调查，样本村普遍存在公益林区域或商品林区域特征，即处于公益林区域的样本村，农户一般都是公益林农户；处于商品林区域的样本村，农户一般都是商品林农户。故本书主要从农户对本村林业生产和生态环境评价两个方面选取测量指标评估林业生产行为的生态绩效。其中林业生产指标包括营造林、森林管护、村"三防"工作、基础设施建设；生态环境指标包括山上野生动物数量、山区泥石流次数、山区河流水量、蓝天数量。

8.3.2.1 商品林农户林业生产行为的生态绩效

(1) 林业生产方面。根据表8-7，第一，营造林方面。①监测期内平均六成以上商品林农户认为林改后村营造林增加，但是这一评价呈现两个稍有波动的阶段。第一阶段：报告期2011—2015年，认为本村营造林增加的商品林农户比例从79.87%下降到57.83%；第二阶段：报告期2016—2017年，认为本村营造林增加的商品林农户比例从2015年的57.83%上升到66.67%，随后又下降到58.44%。②在整个监测期内平均仅有约5.83%的商品林农户认为本村营造林减少，在报告期2014年、报告期2017年认为本村营造林减少的商品林农户比例分别为8.62%、11.69%。③在整个监测期内平均有25.61%的商品林农户认为本村营造林没有变化。整体来看，湖南省林改确权到户基本完成(2010年年底)后的三年内，约63%~80%的商品林农户认为本村营造林增加，说明大部分农户履行了对承包林地的造林履责。同时，因为林业的跨周期性特征，很多农户获得的承包林地上本来就有林木，不需要造林，这可能是有25%左右的商品林农户认为本村营造林没有变化的原因。因湖南省2016年开始实施三年禁伐减伐政策，因此在2014年部分农户进行了采伐，这可能是报告期2016年评价本村营造林增加的商品林农户比例再次增加的原因。第二，森林管护方面。①监测期内平均六成以上商品林农户认为林改后村森林管护增加，在整个监测期呈现先降后升的阶段特征。第一阶段：报告期2011年认为本村森林管护增加的商品林农户比例是71.75%；第二阶段：报告期2012—2015年，认为本村森林管护增加的商品林农户比例稳定在56%左右；第三阶段：报告期2016—2017年，认为本村森林管护增加的商品林农户比例在报告期2016年达到76.07%，是整个监测期的最高峰值，报告期2017年认为本村森林管护增加的商品林农户比例下降到65.37%。②在整个监测期内，仅有3%左右的商品林农户认为本村林改后森林管护减少，仅在报告期2014年、报告期2017年，认为本村森林管护减少的商品林农户比例略有上升。③在整个监测期内，约有30%的商品林农户认为本村森林管护没有变化。整体来看，大部分商品林农户认为林改后本村村民对承包林地进行了森林管护履责。第三，村"三防"工作。"三防"工作主要指森林防火、防森林病虫害、防乱砍滥伐。根据调查访谈，集体林区的"三防"工作主要由集体和个人共同完成，一般村里有村级护林员，当出现火灾等情况，由农户集体灭火。因林地承包到户，日常的森林病虫害、乱砍滥伐等管护工作主要由承包农户个人完成。①监测期内平均七成以上商品林农户认为林改后本村"三防"工作增加。报告期2011年，76.95%的商品林农户认为本村"三防"工作增加；报告期2012—2015年，认为本村"三防"工作增加的商品林农户从59.77%上升到69.08%；报告期2016—2017年，认为本村"三防"工作增加的商品林农户再次上升到80.77%，然后回落到65.80%。整体来看，认为本村"三防"工作增加的商品林农户趋势变化比较平稳。②在整个监测期内认为本村"三防"工作减少的商品林农户平均比例为2.5%。③在整个监测期内认为本村"三防"工作没变化的商品林农户平均比例为24%。第四，基础设施建设。课题组从2015年开始增加基础设施建设指标，获得了报告期2014—2017年的数据。在整个监测期内，平均有72.5%的商品林农户认为林改后本村基础设施增加了，平均有3.11%的商品林农户认为林改后本村基础设施减少，平均有21.94%的商品林农户认为本村基础设施没有变化。该数据说明林改后，大部分集体林区农户整体的林业生产经营环境得到改善，进而促进林业生产。

表8-7 报告期2011—2017年商品林农户对本村林业生产、生态环境增减变化评价

项目	年份	不知道		没变化		减少		增加	
		户数	占比/%	户数	占比/%	户数	占比/%	户数	占比/%
营造林	2011	13	4.22	47	15.26	2	0.65	246	79.87
	2012	16	6.25	59	23.05	10	3.91	171	66.80
	2013	6	2.79	62	28.84	10	4.65	137	63.72
	2014	10	4.31	70	30.17	20	8.62	132	56.90
	2015	13	5.22	82	32.93	10	4.02	144	57.83
	2016	7	2.99	54	23.08	17	7.26	156	66.67
	2017	9	3.90	60	25.97	27	11.69	135	58.44
	平均值	—	4.24	—	25.61	—	5.83	—	64.32
森林管护	2011	16	5.19	68	22.08	3	0.97	221	71.75
	2012	24	9.38	89	34.77	7	2.73	136	53.13
	2013	4	1.86	86	40.00	4	1.86	121	56.28
	2014	14	6.03	76	32.76	11	4.74	131	56.47
	2015	11	4.42	95	38.15	3	1.20	140	56.22
	2016	3	1.28	52	22.22	1	0.43	178	76.07
	2017	4	1.73	53	22.94	23	9.96	151	65.37
	平均值	—	4.27	—	30.42	—	3.13	—	62.18
村"三防"工作	2011	16	5.19	51	16.56	4	1.30	237	76.95
	2012	22	8.59	74	28.91	7	2.73	153	59.77
	2013	4	1.86	65	30.23	3	1.40	143	66.51
	2014	5	2.16	63	27.16	2	0.86	162	69.83
	2015	6	2.41	70	28.11	1	0.40	172	69.08
	2016	4	1.71	40	17.09	1	0.43	189	80.77
	2017	9	3.90	46	19.91	24	10.39	152	65.80
	平均值	—	3.69	—	24	—	2.5	—	69.82
基础设施建设	2014	8	3.45	70	30.17	5	2.16	149	64.22
	2015	5	2.01	48	19.28	3	1.20	193	77.51
	2016	2	0.85	36	15.38	1	0.43	195	83.33
	2017	8	3.46	53	22.94	20	8.66	150	64.94
	平均值	—	2.44	—	21.94	—	3.11	—	72.50

续表 8-7

项目	年份	不知道 户数	不知道 占比/%	没变化 户数	没变化 占比/%	减少 户数	减少 占比/%	增加 户数	增加 占比/%
山区野生动物数量	2011	59	19.16	67	21.75	53	17.21	129	41.88
	2012	45	17.58	81	31.64	41	16.02	89	34.77
	2013	20	9.30	67	31.16	45	20.93	83	38.60
	2014	47	20.26	57	24.57	41	17.67	87	37.50
	2015	10	4.02	84	33.73	26	10.44	129	51.81
	2016	36	15.38	80	34.19	16	6.84	102	43.59
	2017	49	21.21	62	26.84	56	24.24	64	27.71
	平均值	—	15.27	—	29.13	—	16.19	—	39.41
山区泥石流次数	2011	30	9.74	191	62.01	68	22.08	19	6.17
	2012	25	9.77	173	67.58	39	15.23	19	7.42
	2013	7	3.26	145	67.44	44	20.47	19	8.84
	2014	42	18.10	90	38.79	78	33.62	22	9.48
	2015	11	4.42	168	67.47	54	21.69	16	6.43
	2016	27	11.54	94	40.17	97	41.45	16	6.84
	2017	26	11.26	115	49.78	78	33.77	12	5.19
	平均值	—	9.73	—	56.18	—	26.90	—	7.20
山区河水流量	2014	37	15.95	112	48.28	29	12.50	54	23.28
	2015	9	3.61	101	40.56	18	7.23	121	48.59
	2016	13	5.56	91	38.89	18	7.69	112	47.86
	2017	28	12.12	77	33.33	50	21.65	76	32.90
	平均值	—	9.31	—	40.27	—	12.27	—	38.16
蓝天数量	2014	37	15.95	79	34.05	11	4.74	105	45.26
	2015	16	6.43	102	40.96	22	8.84	109	43.78
	2016	6	2.56	62	26.50	9	3.85	157	67.09
	2017	14	6.06	66	28.57	26	11.26	125	54.11
	平均值	—	7.75	—	32.52	—	7.17	—	52.56

(2) 生态环境方面。根据表 8-7，第一，山区野生动物数量。商品林农户对本村山区野生动物数量的评价数据整体比较平稳，起伏不大。整个监测期内平均有 39.41% 的商品林农户认为本村山区野生动物数量增加，监测期内平均约有 16% 的

商品林农户认为本村山区野生动物数量减少，平均有29.13%的商品林农户认为本村山区野生动物数量没有变化。说明林改后大部分地区林业生态环境在逐步得到改善。第二，山区泥石流次数。整个监测期内平均有26.90%的商品林农户认为本村山区泥石流发生次数减少，平均有56.18%的商品林农户认为本村山区泥石流发生次数没有变化，平均有7.20%的商品林农户认为本村山区泥石流发生次数增加。该数据说明林改后恶劣的生态环境得到改善。认为泥石流次数减少和没有变化的商品林农户比例超过80%，说明林改后自然灾害在逐步减少。第三，山区河水流量。课题组从2015年开始增加山区河水量指标，获得了报告期2014—2017年的数据。在整个监测期内平均有38.16%的商品林农户认为本村山区河水流量增加了，平均有12.27%的商品林农户认为本村山区河水流量减少，平均有40.27%的商品林农户认为本村山区河水流量没有变化。认为河水流量增加和没有变化的农户比例接近80%，说明林改后整体生态环境在逐步改善。第四，蓝天数量。课题组从2015年开始增加蓝天数量指标，获得了报告期2014—2017年的数据。在整个监测期内平均有52.56%的商品林农户认为林改后蓝天数量增加了，平均有7.17%的商品林农户认为蓝天数量减少了，平均有32.52%的商品林农户认为蓝天数量没有变化。认为蓝天数量没有变化和增加的农户达到85%以上，说明林改后整体生态环境逐步改善。

综上所述，林改后，绝大部分商品林农户认为本村承包林地造林、管护和"三防"等林业生产行为在增加。伴随着积极的林业生产行为，山区的泥石流发生次数减少、河水流量增加、蓝天数量增加，林区的林业生产基础设施建设越来越好。即商品林农户认为本村林业生产积极，林区的林业生产基础设施建设不断完善，林区生态环境得到改善。

8.3.2.2 公益林农户林业生产行为的生态绩效

（1）林业生产方面。根据表8-8，第一，营造林方面。①认为本村营造林增加的公益林农户在监测期内呈现阶段性减少趋势。阶段Ⅰ：报告期2011—2012年，认为本村营造林增加的公益林农户比例为75%~79.43%；阶段Ⅱ：报告期2013—2015年，认为本村营造林增加的公益林农户比例为52.28%~56.65%；阶段Ⅲ：报告期2016—2017年，认为本村营造林增加的公益林农户比例为48.62%~49.31%。②报告期2011年，仅有1个公益林农户认为本村营造林减少，说明林改后集体林区农户都积极完成了对承包林地的造林履责；报告期2012—2015年，认为本村营造林减少的公益林农户在4%左右；报告期2016—2017年，认为本村营造林减少的公益林农户在8%左右。林业的长周期属性决定着不需要所有农户都进行造林。同时湖南省禁伐、减伐的政府干预政策可能是公益林农户评价本村营造林持续减少的原因。③整个监测期内平均有32.08%的公益林农户认为本村营造林没有变化。可能的原因是：公益林的主导功能定位导致公益林生产周期比商品林长。第二，森林管护方面。①大部分的公益林农户认为本村森林管护在林改后增加，在整个监测期内认为本村森林管护增加的公益林农户平均为58.98%，在报告期2011年和2016年出现两个峰值，分别有70.86%、66.82%的公益林农户认为本村森林管护增加了。②在整个监测期内平均有2.74%的公益林农户认为本村森林管护减少了，特别是报告期2017年，持这一观点的公益林农户比例达到8.72%，其他年份持这一观点的公益林农户几乎可以忽略不计。③在整个监测期内认为本村森林管护没有变化的公益林农户平均比例为33.68%。整体来看，认为本村森林管护没有变化或增加的公益林农户比例达到90%以上。说明林改后集体林区农户的森林管护行为比较积极。第三，村"三防"工作。①在整个监测期内，平均有65.44%的公益林农户认为林改后本村"三防"工作增加了，在报告期2011年和报告期2016年出现两个峰值，认为本村"三防"工作增加的公益林农户比例分别达到76.57%、71.43%。②在整个监测期内，平均有2.38%的公益林农户本村"三防"工作减少了，这一评价主要出现在报告期2017年，其他年份几乎可以忽略不计。③在整个监测期内，平均有28.27%的公益林农户认为本村"三防"工作没有变化。整体来看，认为本村"三防"工作没有变化和增加的公益林农户比例超过90%，且在报告期2011—2012年认为本村"三防"工作增加的公益林农户比例较高，说明林改后集体林区农户管护行为积极。第四，基础设施建设。整个监测期内，平均有72.12%的公益林农户认为林区基础设施建设增加，平均有22.88%的公益林农户认为林区基础设施建设没变化，平均有2.77%的公益林农户认为林区基础设施建设减少。整体来看，约95%的公益林农户认为林改后林区基础设施增加或没变化，说明林改后，林业生产环境在不断改善。

(2)生态环境方面。根据表8-8，第一，山区野生动物数量。①在整个监测期内，平均有50.92%的公益林农户认为林改后本村山区野生动物数量增加，且呈现阶段性特征。报告期2011—2014年，认为本村山区野生动物数量增加的公益林农户从61.14%下降到44.44%；报告期2015—2017年，认为本村山区野生动物数量增加的公益林农户再次从64.97%下降到37.16%。②整个监测期内，平均有8.74%的公益林农户认为本村山区野生动物数量减少。③整个监测期内，平均有27.26%的公益林农户本村山区野生动物数量没有变化。整体来看，认为本村山区野生动物数量没有变化和增加的公益林农户比例约为80%，说明林改后林区生态环境状况在逐步改善。第二，山区泥石流次数。①在整个监测期内，平均有23.73%的公益林农户认为本村山区泥石流发生次数减少，特别是报告期2016—2017年，有30%~40%的公益林农户持这一评价。②在整个监测期内，平均有58.01%的公益林农户认为本村山区泥石流发生次数没有变化。③在整个监测期内，平均有6.26%的公益林农户认为本村山区泥石流发生次数增加。整体来看，认为本村山区泥石流次数没有变化和减少的公益林农户达到80%以上，说明林改后林区生态环境状况在逐步改善。第三，山区河水流量。在整个监测期内，平均有35.05%的公益林农户认为本村山区河水流量增加，平均有41.23%的公益林农户认为本村山区河水流量没有变化，平均有14.76%的公益林农户认为本村山区河水流量减少。整体来看，75%以上的公益林农户认为本村山区河水流量没有变化或增加，说明林改后林区生态环境状况在逐步改善。第四，蓝天数量。在整个监测期内，平均有51.10%的公益林农户认为蓝天数量增加，平均有31.65%的公益林农户认为蓝天数量没变化，平均有7.05%的公益林农户认为蓝天数量减少。整体来看，80%以上的公益林农户认为林改后蓝天数量没有变化或增加，说明林改后林区生态环境状况在逐步改善。

表8-8 报告期2011—2017年公益林农户对本村林业生产、生态环境增减变化评价

项目	年份	不知道		没变化		减少		增加	
		户数	占比/%	户数	占比/%	户数	占比/%	户数	占比/%
营造林	2011	4	2.29	31	17.71	1	0.57	139	79.43
	2012	13	6.91	26	13.83	8	4.26	141	75.00
	2013	7	3.45	73	35.96	8	3.94	115	56.65
	2014	17	7.87	77	35.65	7	3.24	115	53.24
	2015	7	3.55	78	39.59	9	4.57	103	52.28
	2016	4	1.84	88	40.55	18	8.29	107	49.31
	2017	6	2.75	90	41.28	16	7.34	106	48.62
	平均值	—	4.09	—	32.08	—	4.60	—	59.22
森林管护	2011	5	2.86	43	24.57	3	1.71	124	70.86
	2012	16	8.51	61	32.45	1	0.53	110	58.51
	2013	6	2.96	87	42.86	5	2.46	105	51.72

续表8-8

项目	年份	不知道		没变化		减少		增加	
		户数	占比/%	户数	占比/%	户数	占比/%	户数	占比/%
森林管护	2014	17	7.87	85	39.35	3	1.39	111	51.39
	2015	6	3.05	77	39.09	5	2.54	109	55.33
	2016	11	5.07	57	26.27	4	1.84	145	66.82
	2017	4	1.83	68	31.19	19	8.72	127	58.26
	平均值	—	4.59	—	33.68	—	2.74	—	58.98
村"三防"工作	2011	4	2.29	35	20.00	2	1.14	134	76.57
	2012	16	8.51	60	31.91	1	0.53	111	59.04
	2013	12	5.91	68	33.50	6	2.96	117	57.64
	2014	10	4.63	66	30.56	4	1.85	136	62.96
	2015	1	0.51	60	30.46	2	1.02	134	68.02
	2016	7	3.23	54	24.88	1	0.46	155	71.43
	2017	5	2.29	58	26.61	19	8.72	136	62.39
	平均值	—	3.91	—	28.27	—	2.38	—	65.44
基础设施建设	2014	4	1.85	53	24.54	4	1.85	155	71.76
	2015	4	2.03	45	22.84	1	0.51	147	74.62
	2016	5	2.30	39	17.97	1	0.46	172	79.26
	2017	6	2.75	57	26.15	18	8.26	137	62.84
	平均值	—	2.23	—	22.88	—	2.77	—	72.12
山区野生动物数量	2011	19	10.86	33	18.86	16	9.14	107	61.14
	2012	29	15.43	61	32.45	13	6.91	85	45.21
	2013	23	11.33	63	31.03	20	9.85	97	47.78
	2014	36	16.67	57	26.39	27	12.50	96	44.44
	2015	9	4.57	45	22.84	15	7.61	128	64.97
	2016	35	16.13	52	23.96	9	4.15	121	55.76
	2017	36	16.51	77	35.32	24	11.01	81	37.16
	平均值	—	13.07	—	27.26	—	8.74	—	50.92
山区泥石流次数	2011	26	14.86	105	60.00	41	23.43	3	1.71
	2012	24	12.77	132	70.21	20	10.64	12	6.38
	2013	6	2.96	148	72.91	38	18.72	11	5.42
	2014	35	16.20	118	54.63	47	21.76	16	7.41
	2015	11	5.58	130	65.99	39	19.80	17	8.63

续表8-8

项目	年份	不知道		没变化		减少		增加	
		户数	占比/%	户数	占比/%	户数	占比/%	户数	占比/%
山区泥石流次数	2016	21	9.68	91	41.94	89	41.01	16	7.37
	2017	48	22.02	88	40.37	67	30.73	15	6.88
	平均值	—	12.01	—	58.01	—	23.73	—	6.26
山区河水流量	2014	30	13.89	98	45.37	36	16.67	52	24.07
	2015	7	3.55	68	34.52	11	5.58	111	56.35
	2016	19	8.76	80	36.87	46	21.20	72	33.18
	2017	21	9.63	105	48.17	34	15.60	58	26.61
	平均值	—	8.96	—	41.23	—	14.76	—	35.05
蓝天数量	2014	43	19.91	79	36.57	11	5.09	83	38.43
	2015	14	7.11	66	33.50	32	16.24	85	43.15
	2016	13	5.99	48	22.12	1	0.46	155	71.43
	2017	17	7.80	75	34.40	14	6.42	112	51.38
	平均值	—	10.20	—	31.65	—	7.05	—	51.10

综上所述，公益林农户认为林区林业生产积极，本村山区的泥石流次数减少、河水流量增加、蓝天数量增加，林区的林业生产基础设施建设越来越完善。

8.3.2.3 集体林区资源异质性农户林业生产行为的生态绩效比较

(1)林业生产方面比较。根据表8-7和表8-8，因绝大部分样本农户在对林区林业生产评价时选择增加或选择没变化，因此，本书主要从增加和没变化两个方面比较两类资源异质性农户对本村林业生产的评价。

第一，营造林方面。根据图8-22，报告期2011—2012年评价本村营造林增加的商品林农户比例略低于公益林农户比例；报告期2013—2017年评价本村营造林增加的商品林农户比例持续高于公益林农户比例。根据图8-23，仅在报告期2012年评价本村营造林没有变化的商品农户比例高于公益林农户比例，其他监测年份反之。说明商品林农户整体造林行为比较积极，这可能与商品林主导功能定位有关，也与样本村、样本农户公益林面积小于商品林面积的实际情况有关。

第二，森林管护方面。根据图8-24，仅在报告期2012年评价本村森林管护增加的公益林农户比例高于商品林农户，其他监测年份反之。根据图8-25，仅在报告期2012年，评价森林管护没变化的公益林农户比例低于商品林农户，其他年份反之。比较结果说明样本村农户对商品林的森林管护程度要略高于公益林，公益林农户对本村森林管护的评价相对平滑。

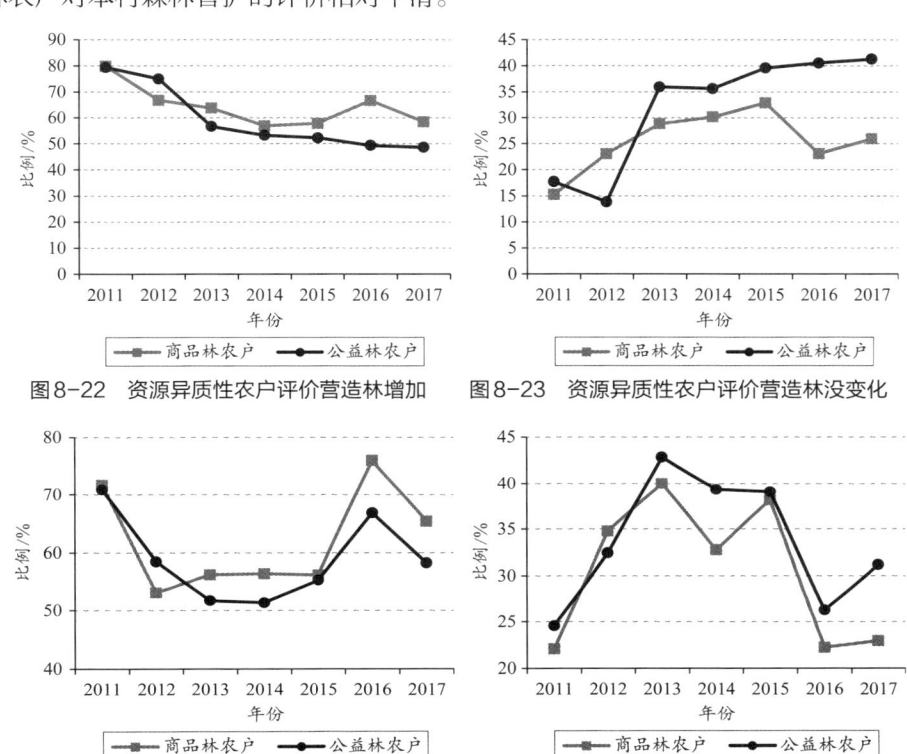

图 8-22　资源异质性农户评价营造林增加

图 8-23　资源异质性农户评价营造林没变化

图 8-24　资源异质性农户评价森林管护增加

图 8-25　资源异质性农户评价森林管护没变化

第三，村"三防"工作。根据图 8-26，报告期 2011—2017 年，评价村"三防"工作增加的商品林农户比例均高于公益林农户比例。根据图 8-27，报告期 2011—2017 年评价村"三防"工作没变化的公益林农户比例均高于商品林农户。说明样本村对商品林区域的"三防"工作重视程度要略高于公益林区域。

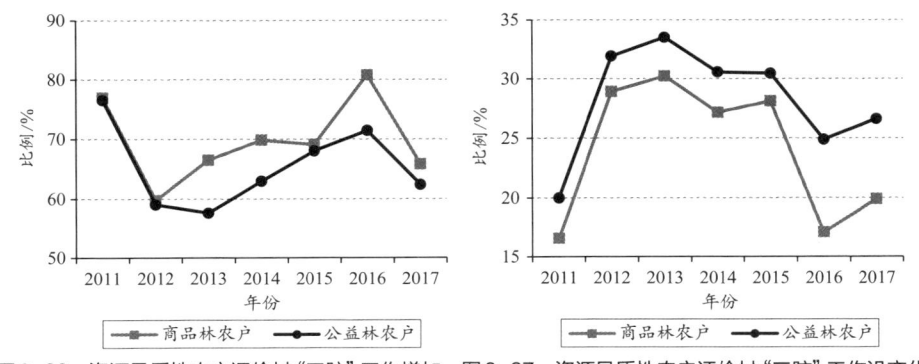

图 8-26　资源异质性农户评价村"三防"工作增加

图 8-27　资源异质性农户评价村"三防"工作没变化

第四，基础设施方面。根据图8-28，报告期2014年评价本村基础设施增加的公益林农户比例高于商品林农户比例，其他监测年份反之；根据图8-29，报告期2014年评价本村基础设施没变化的商品林农户比例高于公益林农户，其他监测年份反之。图8-28和图8-29说明商品林区的基础设施变化整体要优于公益林区。

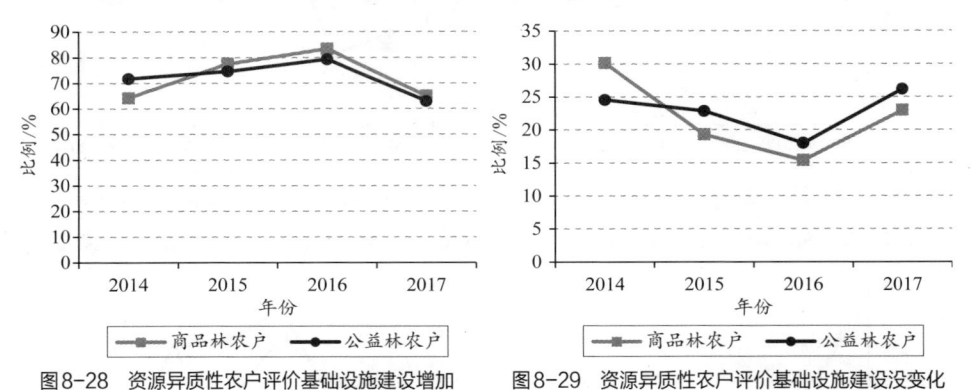

图8-28 资源异质性农户评价基础设施建设增加　　图8-29 资源异质性农户评价基础设施建设没变化

(2)生态环境方面比较。

第一，山区野生动物数量方面。根据图8-30，报告期2011—2017年评价本村山区野生动物数量增加的公益林农户持续高于商品林农户比例；根据图8-31，报告期2012年、报告期2014年评价本村山区野生动物数量没变化的商品林农户略低于公益林农户，其他监测年份反之。说明林改后公益林区的野生动物数量增加普遍高于商品林区。

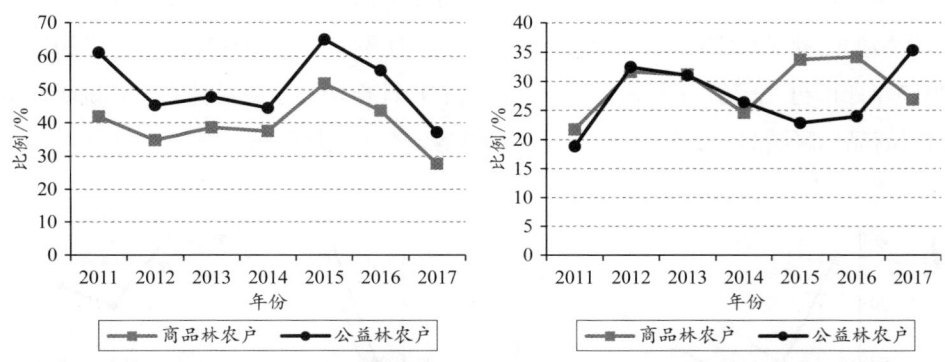

图8-30 资源异质性农户评价野生动物数量增加　　图8-31 资源异质性农户评价野生动物数量没变化

第二，山区泥石流次数方面。根据图8-32，报告期2011年评价本村山区泥石流发生次数减少的公益林农户比例高于商品林农户比例，其他监测年份反之。说明林改后商品林区泥石流灾害降低，生态环境变好。根据图8-33，评价本村山区泥石流发生次数没变化的商品林农户比例和公益林农户比例交替领先，并不断趋同。

第三，山区河水流量方面。根据图8-34，报告期2014—2015年评价本村山区河水流量增加的公益林农户比例高于商品林农户比例；报告期2016—2017年评价本村山区河水流量增加的公益林农户比例低于商品林农户比例。根据图8-35，报告期2014—2016年，评价本村山区河水流量没变化的商品林农户比例高于公益林农户比例，报告期2017年反之。说明随着林改后商品林区域林业生产发展，生态环境不断得到改善。

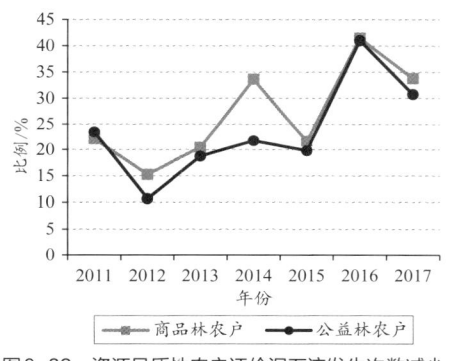

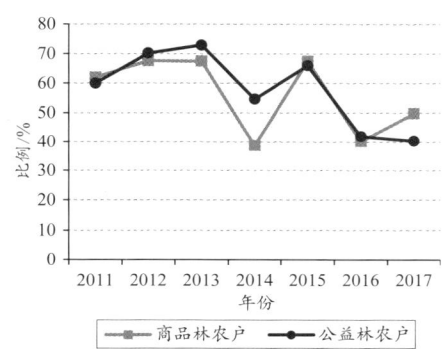

图8-32 资源异质性农户评价泥石流发生次数减少　　图8-33 资源异质性农户评价泥石流发生次数没变化

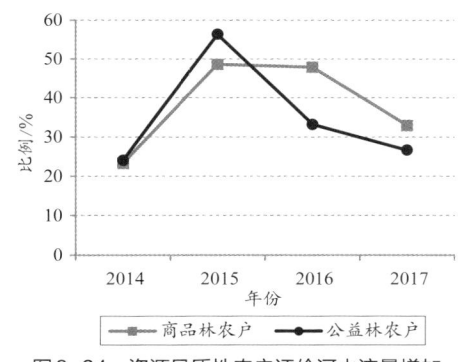

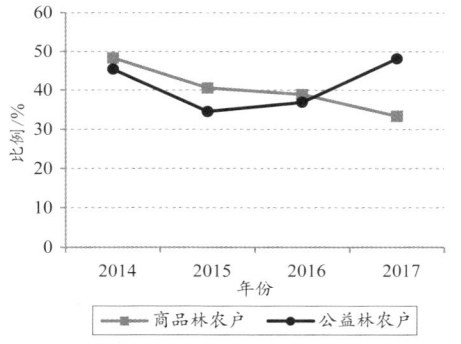

图8-34 资源异质性农户评价河水流量增加　　图8-35 资源异质性农户评价河水流量没变化

第四，蓝天数量方面。根据图8-36，报告期2016年评价蓝天数量增加的公益林农户比例高于商品林农户，其他监测年份反之。整体来看，两类资源异质性农户的评价曲线比较接近。根据图8-37，评价蓝天数量没有变化的商品林农户比例和公益林农户比例交替领先，整体来看，评价蓝天数量没变化的商品林农户比例在降低。

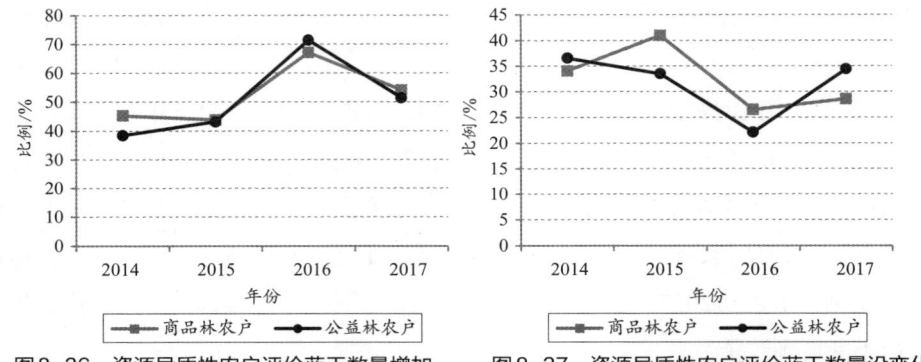

图 8-36　资源异质性农户评价蓝天数量增加　　　图 8-37　资源异质性农户评价蓝天数量没变化

8.4　集体林区资源异质性农户林业生产行为对林业绩效的实证分析

8.4.1　构建计量模型

根据前文的分析，林业绩效主要包括经济绩效和生态绩效，为了检验资源异质性农户林业生产行为对林业经济绩效和生态绩效的影响，构建以下联立方程组：

$$\begin{cases} Economic_{ijt} = a_{0jt} + a_{1jt}zaolin_{jt} + a_{2jt}guanhu_{jt} + a_{3jt}caifa_{jt} + \alpha_{4jt}Z_{jt} + \varepsilon_{ijt} \\ Eco\log y_{ijt0} = \beta_{1jt} + \beta_{jt}zaolin_{jt} + \beta_{jt}guanhu_{jt} + \beta_{jt}caifa_{jt} + \beta_{jt}Z_{jt} + \varepsilon_{ijt} \end{cases} \quad (8-1)$$

式(8-1)中，$Economic$、$Ecology$ 分别表示因变量：林业经济绩效、林业生态绩效，其中，林业经济绩效主要指农户家庭林业总收入，林业生态绩效主要指农户所在村或林区的生态绩效，将蓝天数量、山区河水流量、山区泥石流、山区野生动物数量等生态指标加总获得。$Zaolin$、$guanhu$、$caifa$ 分别表示本研究的关键解释变量：造林行为、管护行为和采伐行为，分别用样本农户造林投入工日、管护投入工日、采伐投入工日进行测量。Z 表示控制变量集，$\forall i=1,2$，分别表示公益林农户和商品林农户，j 表示样本农户，t 表示时间，α、β 为联立方程的待估参数。

8.4.2　估计方法

本研究构建的理论计量模型是联立方程组，采用的是面板数据，计量估计方法采用 XTSUR。XTSUR 是多方程面板似不相关回归，使用随机效应估计非面板数据，基于广义最小二乘法（gl）和最大似然（ML）程序构造一个多步（逐步）算法。因此本书主要采用 XTSUR 模型对资源异质性农户林业生产行为对经济、生态绩效影响的二个联立方程进行系统估计。

8.4.3 数据来源

本研究的数据来自集体林权制度改革跟踪监测项目课题组在湖南省调查的500个样本农户的固定观测数据，调查时间为2012—2018年，报告期为2011—2017年。其中，部分林区生态绩效评价数据是从2014年开始获得，因此在数据描述性分析和实证研究中这一部分的数据只涉及报告期2013—2017年。

8.4.4 实证结果分析

本研究首先采取面板似不相关回归模型系统估计公益林农户林业生产行为对其经济绩效、生态绩效的影响，实证结果参考8-9的第2列；然后采用面板似不相关回归模型系统估计商品林农户林业生产行为对其经济绩效、生态绩效的影响，实证结果参考表8-9的第3列。

公益林农户林业生产行为对其经济绩效的影响。根据表8-9，第一，公益林农户造林行为对其经济绩效影响为正、不显著。第二，公益林农户管护行为对其经济绩效影响为正、不显著。第三，公益林农户采伐行为对其经济绩效在1%的置信水平显著正相关。实证结果表明，采伐行为显著促进公益林农户经济绩效。说明集体林权制度改革以来，政府在保障公益林生态效益的同时，实施的一系列"放管服"政策，使得采伐行为成为公益林农户经济绩效的重要来源。

公益林农户林业生产行为对林区生态绩效的影响。根据表8-9，公益林农户造林行为、管护行为、采伐行为均在1%的置信水平对生态绩效显著正相关。说明公益林农户林业生产行为有效地发挥了公益林生态绩效，同时公益林农户的采伐行为在发挥经济绩效的同时，提升了公益林质量，进而产生了显著正向的生态绩效。

商品林农户林业生产行为对其经济绩效的影响。根据表8-9，第一，商品林农户造林行为对其经济绩效在10%的置信水平显著负相关，说明商品林造林需要一定的造林成本。第二，商品林农户管护行为对其经济绩效在1%的置信水平显著正相关。第三，商品林农户采伐行为对其经济绩效在1%的置信水平显著正相关。实证结果表明，商品林农户造林行为产生生产成本，进而负向影响其经济绩效。而商品林农户管护行为和采伐行为显著正向影响其经济绩效。

商品林农户林业生产行为对其生态绩效的影响。根据表8-9，第一，商品林农户造林行为对林区生态绩效在1%的置信水平显著正相关。第二，商品林农户管护行为对林区生态绩效在1%的置信水平显著正相关。第三，商品林农户采伐行为对林区生态绩效在1%的置信水平显著负相关。实证结果表明，商品林农户造林行为、管护行为对林区生态绩效均有显著积极的影响，但是采伐行为对林区生态绩效产生显著消极影响。因此，针对商品林农户的采伐行为，政府一方面应该督促其及时在采伐迹地更新造林，另一方面应加强对商品林农户大规模采伐行为的监管，在保障生态安全的前提下进行采伐。

表8-9 资源异质性农户行为对绩效影响的实证结果

项目	（1）公益林农户经济绩效	（2）商品林农户经济绩效
造林行为	10.74	−42.54*
	（0.83）	（−1.90）
管护行为	1.431	95.970***
	（0.23）	（21.69）
采伐行为	153.5***	313.7***
	（2.73）	（11.21）
地区控制变量	244.5***	−29.65
	（4.57）	（−0.23）
	（1）公益林农户生态绩效	（2）商品林农户生态绩效
造林行为	0.020 8***	0.014 3***
	（3.42）	（4.05）
管护行为	0.011 20***	0.004 83***
	（3.77）	（6.29）
采伐行为	0.142 0***	−0.013 8***
	（5.41）	（−3.09）
地区控制变量	1.299***	0.979***
	（46.36）	（24.10）
	848	946

注：括号内为 t 的统计信息；* 表示 $p<0.10$，** 表示 $p<0.05$，*** 表示 $p<0.01$。

资源异质性农户林业生产行为对其经济、生态绩效影响的差异。根据8-9，第一，经济绩效方面。公益林农户采伐行为直接影响其经济绩效，而造林行为、管护行为对其经济绩效没有统计学意义上的显著影响；商品林农户造林行为对其经济绩效显著负相关，管护行为、采伐行为均对其经济绩效有显著正向影响。第二，生态绩效方面。公益林农户造林行为、管护行为、采伐行为均对林区生态绩效有显著正相关影响；商品林农户造林行为、管护行为对林区生态绩效有显著正相关影响，采伐行为对林区生态绩效有显著负相关影响。实证结果表明资源异质性农户林业生产行为产生的绩效存在差异。

8.5 本章小结

本章综合利用宏观、区域和微观林业生产经营主体三个层面的数据评价了集体林权制度改革绩效。首先，从"林业制度-林业绩效"的框架直接评价集体林权制度改革绩效；然后，为了打开"制度与绩效"这一"黑盒子"，引入农户林业生产行为，从宏观和微观视角剖析集体林权制度作用于农户林业生产行为对林业绩效的影响，分析和比较了集体林权制度作用于两类资源异质性农户林业生产行为产生的经济绩效和生态绩效。最后，实证检验了两类资源异质性农户林业生产行为对其经济绩效和生态绩效的影响。主要研究结果如下：

"集体林权制度-林业绩效"框架的评价：林改后全国森林资源存量和增量都表现出明显的增长趋势；林改完成后农户家庭林业收入整体比较平滑，但林业收入对家庭总收入的贡献度不断降低，农户家庭涉林收入增长缺乏长期驱动力；林改后农户对承包林地造林、抚育的履责度较高，林区生态保护良好；林改后林业产业总产值逐年增长、林权纠纷调处科学及时、林权管理服务体系不断完善。

宏观视角，引入农户林业生产行为后的林业绩效评价：明晰的林权及配套政策体系促进了集体林区农户的造林行为，进而在实现森林资源增长、改善生态环境等林改目标上取得了阶段性的成效；集体林权制度改革及配套改革政策体系有效地促进了集体林区农户管护行为，进而在实现提高森林资源质量、降低林业经营风险、保障农户林业收入等林改目标上取得了阶段性的成效；集体林权制度改革及配套改革政策体系作用于农户采伐行为产生的林业绩效：一方面，林改及配套改革政策体系促进了农户采伐行为，从而提高了集体林区木材供给能力，增加了农户林业收入；另一方面，长期稳定的林权使农户农采伐更加理性，避免了乱砍滥伐，保障了生态安全。

微观视角，资源异质性农户林业生产行为的林业经济绩效和生态绩效评价：第一，林业经济绩效方面，商品林农户家庭林业收入超过公益林农户，且差距不断扩大，报告期2016—2017年出现逆转，但逆转的收入差距幅度不大。从林业收入分项来看：①用材林收入。在整个监测期内商品林农户用材林收入和用材林收入占比都高于公益林农户，但商品林农户用材林收入在整个监测期内波动性幅度较大，特别是报告期2016—2017年出现断崖式下跌，公益林农户用材林收入相对比较平稳。②竹林收入。在整个监测期内商品林农户竹林收入高于公益林农户，在报告期2014年之前两类资源异质性农户竹林收入不断扩大，报告期2014年之后两类资源异质性农户竹林收入不断靠近。③经济林收入。报告期2014年之前，商品林农户经济林收入在一定差距水平高于公益林农户；报告期2014年之后，公益林农户经济林收入急剧上升、且反超商品林农户，但反超幅度不大，两类资源异质性农户经济林收入都开始下降。④林下经济收入。两类资源异质性农户林下经济收入交替领先，在报告期2015—2017年基本持平。林下经济收入对公益林农户家庭林业收入贡献比较平稳，而对商品林农户家庭林业收入贡献急剧下降。⑤涉林打工收入。两类资源异质性农户涉林打工收入变化趋势基本相同，在报告期2016年之前，商品林农户涉林打工收入远高于公益林农户，报告期2016—2017年出现逆转，逆转幅度不大。⑥财产性收入。商品林农户林业财产性收入和收入占比均呈现W形趋势特征，公益林农户林业财产性收入和收入占比在林改初期持续下降，报告期2013年后基本为0。⑦转移收入。两类资源异质性农户转移性收入交替领先。在整个监测期内，公益林农户转移性收入比较平稳，商品林农户转移性收入起伏较大。报告期2012—2014年，商品林农户转移性收入高于公益林农户，其他年份反之。说明政府对商品林的补贴扶持政策整体强于公益林。第二，林业生态绩效方面。本书主要从农户对林业生产和生态环境评价两个方面、八个指标进行评估。①林业生产方面，两类资源异质性农户对本村营造林、森林管护、"三防"工作、基础设施建设的增加、没变化评价趋势基本一致，但评价营造林、森林管护、"三防"工作、基础设施建设增加的商品林农户比例整体要高于公益林农户比例，评价本村营造林、森林管护、"三防"工作、基础设施建设没变化的商品林农户低于公益林农户。②生态环境方面，对本村山区野生动物数量增加的评价，公益林农户比例明显高于商品林农户；对本村山区泥石流发生次数减少的评价，商品林农户比例持续高于公益林农户比例；对本村山区河水流量、蓝天数量增加的评价，两类资源异质性农户出现交替增加的特征。说明林改后商品林农户积极的林业生产行为使得商品林区自然灾害减少、生态环境变好。同时，由于林改后公益林农户积极的林业生产行为，公益林区的生态环境在原有的基础上进一步改善，生态环境质量不断趋好。

实证检验资源异质性农户林业生产行为对其经济绩效和生态绩效的影响。第一，两类资源异质性农户林业生产行为对其经济绩效和生态绩效的影响存在显著差异。第二，公益林农户采伐行为显著正向影响其经济绩效，而公益林农户其他生产行为对其经济绩效均为显著影响；公益林农户造林行为、管护行为、采伐行为均对林区生态绩效产生显著正向影响。第三，商品林农户造林行为显著负向影响其经济绩效，而管护行为、采伐行为显著正向影响其经济绩效；商品林农户造林行为、管护行为显著正向影响林区生态绩效，而商品林农户采伐行为显著负向影响林区生态绩效。

第9章 完善集体林区林业政策体系建议

为引导和激励集体林区资源异质性农户林业生产行为提供针对性的对策建议是本书的落脚点。林地确权到户后，一方面，农户作为理性林业生产主体，以利润最大化为主导目标；另一方面，政府为了实现社会福利最大化，以分类经营、生态优先为主导目标。在林业分类经营管理和林地面积双重约束下，促进公益林农户和商品林农户林业生产行为以提高生态绩效和经济绩效是集体林区林业可持续发展的根本。根据本书的实证研究，林地确权、政府干预对两类资源异质性农户林业生产行为的影响尚存在较大的政策效率提升空间。因此，本书试图通过完善林业分类经营管理政策体系，分类引导集体林区商品林农户和公益林农户林业生产行为，从而提升集体林业生态绩效和经济绩效。基于前文的研究结果，本章在提出进一步明晰和保护两类资源异质性农户林权的基础上，着重从林业分类经营管理视角完善商品林和公益林的林业政策体系以刺激两类资源异质性农户林业生产行为。

9.1 进一步明晰和稳定林权，加强资源异质性农户林权保护

明确森林权属、加强产权保护，是加强生态保护、促进生态文明建设的重要基础性制度。林地确权是影响集体林区资源异质性农户林业生产行为的重要因素，从本书研究结果来看，一方面，根据对两类资源异质性农户造林、管护、采伐行为描述性分析，林地确权后两类资源异质性农户都积极地完成了造林、管护履责，未出现乱砍滥伐行为，但实证研究结果表明林地确权对两类资源异质性农户的造林、管护和采伐行为均无显著影响。说明林权明晰在短期内能有效激励资源异质性农户林业生产行为，但缺乏持续性。另一方面，林地确权显著增加了农户选择公益林林种意愿。同时，林地确权对商品林农户造林投入行为显著正相关、管护

投入行为显著负相关、资本要素投入行为显著负相关,对商品林农户其他投入行为无显著影响;林地确权对公益林农户管护投入行为显著正相关,对公益林农户其他投入行为无显著影响。说明林权明晰对两类资源异质性农户林业投入行为的影响存在一定的差异。因此,建议政策制定者在充分考虑商品林和公益林主导功能的前提下,进一步明晰公益林和商品林林权边界,加强对两类资源异质性农户的林权保护。

9.1.1 维持林业产权的持续与稳定

林业产权制度是各种林业生产关系的核心,是各项林业政策的基石。生产周期最短的速生丰产林一般需要15年左右才能成材,其他林种的生产周期更长。林木生长的跨周期性特征决定着林业生产过程需要长期、大量的投入。因此,维持持续稳定的林业产权制度,增强农户的林权安全感,才能真正激发农户林业生产投入的积极性。同时,林业产权制度是否持续、稳定、可靠也与农户采伐行为密切相关。因木材是农户家庭林业收入的主要来源之一,在林业产权持续稳定的情况下,农户的林业采伐行为会遵循采伐经济周期,越来越趋向理性,一旦林业产权政策不稳定或农户对林业产权政策的持续性持怀疑态度,必然会造成大规模的乱砍滥伐。因此,本书认为维持持续稳定的林业产权制度,同时发展林下经济等促进林区经济发展和农户增收,才能真正遏制农户的短期行为,保障国家生态安全。

9.1.2 加强资源异质性农户权属保护

为了解决确权到户后林地细碎化问题,实现林业适度规模经营,2014年以来我国逐步建立了集体林地所有权、承包权、经营权分置运行机制,逐步形成集体林地集体所有、家庭承包、多元经营的格局。但是,为了维护生态环境、保护生态安全,中央或地方政府经常通过强制的行政手段干预商品林和公益林林业生产经营决策,比如强制对公益林和商品林封山育林,限制木材采伐量等。然而,林地确权后两类资源异质性农户应该合法享有法律规定的林权。因此,加强资源异质性农户权属保护:一方面,在引导和推进林地适度规模经营的进程中,应该尊重两类资源异质性农户持续经营林业或流转林地、林木经营权的意愿,加强对农户林业承包权和经营权的保护;另一方面,在保护生态环境的过程中(比如天然商品林停伐、公益林全面禁伐等),应该向农户购买生态服务产品或支付相应补偿。加强对资源异质性农户林业承包权和经营权的保护,充分发挥商品林的经济效益和公益林的生态效益，缓解政府分类经营、生态优先目标与农户经济效益优先目标的矛盾。

9.1.3 建立林权纠纷调处响应机制

权属不明晰、林权纠纷会抑制资源异质性农户林业生产行为。进一步明晰林权不仅包括清晰界定公益林和商品林林权边界，还包括在林权交易过程中和林权交易后不同林业经营主体的林权边界。在三权分置制度背景下，林权纠纷可以分为承包权纠纷和经营权纠纷。第一，承包权纠纷。对于农户与集体的承包权纠纷，应通过技术手段进一步明晰承包到户集体林地的四至边界，逐步调节和消除承包权纠纷。对于林业经营主体之间的纠纷，一方面，对承包到户的集体林地，要将林权证书发放到户，由农户持有；另一方面，对联户承包的集体林地，要将林权份额量化到户，鼓励建立股份合作经营机制。第二，经营权纠纷。根据《中华人民共和国农村土地承包法》，农户获得承包林地的承包经营权后，可采取转包、出租、入股等方式流转林地经营权和林木所有权。在流转过程中由于合同不规范等问题容易引发承包权纠纷，一方面，应该规范林地流转程序，引导林地流转主体签订标准化的林权流转合同，并在当地林权交易中心进行备案登记，办理林地经营权证书；另一方面，县级以上地方人民政府要加强对农村林地承包经营纠纷调解和仲裁工作的指导，制定纠纷调解仲裁人员培训计划，加强法律法规和政策培训，建立林权纠纷调处响应机制。

9.2 基于科学开发利用的原则引导商品林农户林业生产行为

根据2019年修订的《中华人民共和国森林法》第五十一条："商品林由林业经营者依法自主经营。在不破坏生态安全的前提下，可以采取集约化经营措施，合理利用森林、林木、林地，提高经济效益。"因此，在保障生态安全的前提下，应引导商品林农户通过积极的林业生产行为科学开发利用商品林，实现更好的林业经济效益。

9.2.1 在保障生态安全的前提下，进一步放松商品林采伐管制

根据本书的实证研究结果，相比不了解林木采伐管理政策的商品林农户，了解此政策的农户有显著积极的采伐行为，且商品林农户采伐行为对林区生态绩效显著负相关。同时，林木采伐限制对商品林农户造林行为产生显著消极影响。根

据林业分类经营管理思想，发挥经济效益是商品林的主导功能，也是商品林农户的主要林业经营目标。竹材、木材是商品林农户的主要采伐收入来源，林改后政府不断完善商品林农户的林木处置权，保障商品林农户的收益权。一方面，政府全面放开了对竹林的采伐管制，农户采伐竹林不需要再申办采伐证、运输证等；另一方面，2019年修订的《中华人民共和国森林法》对林木采伐管理制度按照"放管服"的精神进行了相关改革，政府取消了木材运输许可制度，下放采伐限额审批权，调整采伐许可证核发范围。然而，商品林也具有生态效益，采伐商品林也会产生负外部性，2019年修订的《中华人民共和国森林法》规定商品林可以采取包括皆伐在内的采伐方式，但应严格控制皆伐方式，并按照规定完成更新造林。

尽管政府不断放松对商品林的采伐管制，但是商品林农户的林木处置权和林木收益权等依然受到一定程度的政策限制。一方面，商品林农户依然要申请采伐证才能合法采伐；另一方面，尽管政府基层林木采伐管理部门不断改革采伐指标的分配制度，尽可能满足商品林农户采伐需求，但是采伐限额制度依然制约着木材采伐量。因此，在保障生态安全的前提下，借鉴美国等发达国家私有林林木采伐登记制度，进一步放松商品林采伐管制，赋予商品林农户完全的林木处置权，才能从根本上保障其林木收益权。

9.2.2 建立商品林生态补偿机制，保障商品林农户权益

商品林是林业发挥基础产业部门功能的主要组成部分。为了放活经营权、落实处置权和保障收益权，林改以来政府对商品林林木采伐限额管理制度、采伐指标分配制度等进行了改革，下放采伐限额审批权，调整采伐许可证核发范围，农户采伐林木不需要再办理木材运输许可证。然而，林木采伐管理制度对商品林农户林业生产行为的干预依然存在。一方面，要充分发挥商品林经济效益应遵循林木最佳采伐经济周期，然而林木采伐限额制度遵循"采伐量小于生长量"的基本原则，没有考虑到林木最佳采伐经济周期，进而可能导致商品林农户采伐收入损失；另一方面，为了保障生态安全，政府单方面采取减伐、停伐商品林或强制对商品林进行封山育林等措施，干预了商品林农户林业经营自主权，影响其经济绩效。

保障生态安全是一切林业政策的前提。政府通过采伐限额政策干预商品林农户采伐行为，导致商品林农户经济损失。然而，政策没有给予商品林生态补偿的相关规定。因此，应建立商品林生态补偿机制。一方面，生态安全是政府放松商

品林采伐管制的前提，建立商品林生态补偿机制能避免商品林主导功能目标与保障国家生态安全的政府政策目标冲突；另一方面，建立商品林生态补偿机制弥补商品林农户林业生产行为受限产生的经济损失。商品林生态补偿内容：一是商品林农户依法申请采伐指标未被批准时，应根据经济损失，由政府或林业主管部门支付相应补偿费；二是政府基于生态安全或生态环境保护等目的对商品林采取封山育林等措施，政府应该按照公益林的补偿标准对商品林农户进行相应补偿以弥补商品林农户经济损失。

9.2.3 完善商品林金融政策体系，促进商品林经济发展

集体林区农户林业生产资金匮乏，林业第一产业生产周期长、风险高、见效慢等，是集体林林区林业生产可持续发展的主要障碍。2008—2012年新一轮集体林权制度改革主体改革"林地确权"完成后，为了降低商品林生产经营风险、盘活森林资源存量，实现资源变资产，解决林业融资难、融资贵的难题，我国搭建了"森林保险－林权抵押贷款－林权收储"为主线的商品林金融政策体系。然而，根据调查访谈，林业金融政策体系的金融保障功能尚存在较大的提升空间。

9.2.3.1 全面推广商品林森林保险，促进商品林农户林业生产行为

森林保险具有抗自然风险功能和抗金融风险功能（森林保险是申请林权抵押贷款的前置条件），对降低商品林农户林业生产经营风险、获取林权抵押贷款均有重要作用。我国目前的森林保险市场以政策性森林保险为主。在集体林区，一方面，政府对公益林进行了政策性统保，从中央到地方财政给予的保费补贴率为90%；另一方面，商品林保险尚处于自由发展阶段，从中央到地方财政给予的保费补贴率为55%。根据文献研究和实践调查，商品林森林保险在集体林区并未完全推开，森林保险抗自然风险和抗金融风险的功能作用并未完全展现出来，森林保险产品存在险种单一、费率统一、理赔复杂、定损难等问题，难以满足商品林农户降低林业风险的需要（王珺 等，2014；宋烨 等，2019）。

根据本书实证研究结果，政策性森林保险对商品林农户造林、管护行为有显著的促进作用。政策制定者可以从以下几个方面进行商品林森林保险供给侧改革以全面推广商品林森林保险促进农户林业生产行为：第一，培育商品林森林保险市场。商品林与公益林的市场主导功能不同，商品林农户拥有比较完整的林业生产经营自主权，有更强烈的林业生产经营风险意识和融资需求。因此，以"低保

费、低保额、保成本、广覆盖"为原则(蒋凡 等，2018)的森林保险运行机制不适合商品林农户的保险需求，应根据商品林农户森林保险需求市场设计和实施相应的商品林森林保险市场运行机制。第二，丰富和优化森林保险产品。根据文献研究结果，政策性森林保险大部分产品特征对商品林农户森林保险需求负相关(曹兰芳 等，2020b)，说明政策性森林保险产品并不能完全满足商品林农户的森林保险需求。因此，丰富和优化森林保险产品，才能更好地满足商品林农户抗自然风险和抗金融风险的需求。第三，建立和完善银保合作机制，不断完善商品林森林保险抗金融风险功能。第四，因森林保险标的的特殊性，单个商品林农户难以独立购买森林保险，购买森林保险成为一种集体行动。因此，应加大商品林森林保险的宣传力度，促进商品林森林保险的全面推广，从而降低商品林经营风险。

9.2.3.2　林权收储职能前置，加快实践商品林林权抵押贷款

林权抵押贷款是解决集体林区融资困难的重要实践途径。然而，根据实际调查访谈，集体林区商品林林权抵押贷款普及面并不宽。根据本书实证研究，林权抵押贷款对农户造林行为、管护行为等并没有显著影响。商品林林权抵押贷款难以落地实施的主要原因是：一方面，集体林区有融资需求的商品林农户因为缺乏申请林权抵押贷款条件(没有购买森林保险等)或缺乏林权抵押贷款相关政策信息和经验，难以直接通过抵押林地、林木向银行等金融单位申请到林权抵押；另一方面，银行等金融单位难以管理和处置抵押物，导致金融单位不愿意开展林权抵押贷款业务或在林权抵押过程中要求抵押农户提供其他附加条件，比如湖南省平江县要求申请林权抵押贷款的农户由两名公务员担保，湖南省衡阳县要求申请林权抵押贷款的农户同时提供银行流水和固定资产抵押等。因此，在现有林业金融政策体系下，形成了林权抵押贷款供需双方均有意向，但难以实践的局面。即商品林农户想抵押贷款，贷不到款；银行等金融单位追逐高效益、低风险，不敢林权抵押贷款。

要破解当前林业金融困局，首先要解决金融供给方的后顾之忧，才能从根本上为林业金融需求方——商品林农户打通林权融资渠道。银行等金融单位追逐高利润、低风险，不愿意开展林权抵押贷款的主要原因是：一是林权抵押贷款评估中，缺乏国家或地方统一的林地、林木等资产评估分级标准，进而导致林权资产评估和不良资产处置缺乏行业标准，实践困难；二是因林地比较偏远、生产周期长、风险大等特征，林权抵押贷款产生的不良资产变现困难。因此，本书提出以

下林业金融供给侧改革政策建议：

第一，将林权收储职能前置，由政府、林业部门、农业政策银行等单位共同筹建林权收储担保金融企业(平台)。林权收储担保金融企业(平台)担任林权抵押贷款需求方、供给方及接收不良资产第三方金融单位的桥梁。林权收储担保金融企业(平台)直接向农户等需求方提供林权抵押贷款，代替农户等需求方成为银行的目标客户，产生的林权抵押不良资产通过竞拍等市场方式向第三方金融机构转移。

第二，建立林权收储评估等级标准。林权抵押贷款及林权收储的主要实践困难是林地、林木缺乏统一的评价标准，由林业部门、金融部门等协作建立林权收储评估等级标准，可促使林权收储担保金融企业(平台)的服务更加精准，降低金融供需双方的风险。

第三，林权收储担保补助政策。林权收储担保金融企业(平台)产生的不良资产应该通过竞拍等方式流转到第三方金融机构或个人。无法流转的不良资产，中央财政、林业部门应该出台相应的补偿政策，按照相应的损失补偿林权收储担保金融企业(平台)。

第四，在全面推广商品林森林保险的前提下，加大对商品林农户林权抵押贷款政策宣传，简化商品林农户林权抵押贷款的手续，引导商品林农户通过正式渠道获取林业资本。

9.2.4 拓宽商品林生产补贴范围，激发商品林农户林业生产积极性

现有商品林生产补贴主要包括造林补贴、抚育补贴两个方面。根据本书的实证研究：第一，造林补贴、抚育补贴对商品林农户造林行为、管护行为和林业生产投入行为均有显著影响，说明林业补贴政策能起到降低农户林业经营成本、激励农户积极从事林业生产经营的作用。第二，从商品林林种选择意愿来看，相比经济林林种，林业补贴政策显著消极影响农户选择用材林林种。同时，原国家林业局集体林权制度改革跟踪监测项目课题组在湖南省的农户林业政策需求排序结果显示：营造林补贴、中幼林抚育补贴在商品林农户政策需求的前列，说明商品林农户对林业生产补贴政策充满期待。然而，从林业生产补贴政策实施来看，林业生产补贴并未全部覆盖集体林区，一方面政府为了降低行政成本(包括监督成本、交易成本等)，林业生产补贴更加偏向林地规模较大的商品林农户，小规模商品林农户难以获得造林补贴和抚育补贴；另一方面为了扶持本地特色经济林产业，政府给予经济林(比如油茶)较高的造林补贴和抚育补贴，用材林等林种的生产补贴相对较低或较少。

商品林具有显著正外部性,在建设生态文明、实施乡村振兴战略的过程中有不可或缺的作用。尽管中央财政造林补贴和抚育补贴资金在增加,但目前能获得造林补贴和抚育补贴的小规模商品林农户依然不多。鉴于此,本书认为商品林生产补贴可以仿效农地补贴政策,每年按一定标准普及林业生产补贴。同时,扩大林业生产补贴政策的宣传渠道和力度,让更多的小规模商品林农户了解并享受到林业生产补贴政策,从而有效激发商品林农户林业生产积极性。

9.2.5 加强林业科技服务体系建设,提升商品林农户林业生产经营能力

林业科技是提高集体林区林业生产投入产出效率的重要方面。根据本书的实证研究,林业科技服务显著激励了商品林农户林业生产行为(造林意愿、管护意愿、采伐意愿和采伐规模等)。根据实践调查,向商品林农户提供林业科技服务的主要是基层林业部门(主要是林业站或县林业局等),以发放传单资料或培训等形式提供林业科技服务。本书建议从以下几个方面加强我国林业科技服务体系建设,以提升商品林农户林业生产经营能力,激发其林业生产积极性:

第一,提供与商品林农户需求相匹配的林业科技服务。随着林地确权和商品林农户林业生产经营决策权的不断完善,无论是向商品林农户提供哪些林业科技服务,还是以哪种形式提供都应该与商品林农户的需求相匹配。在调研中发现,农户主要对林下经济、经济林等短期内有效增收的林业科技服务十分感兴趣。因此,扩大林业科技服务的受众面,提供商品林农户需求相匹配的林业科技服务是当务之急。

第二,增强基础林业科技服务供给能力。通过组织林业专家、科技人员深入集体林区林业生产一线开展技术指导服务活动,定点帮扶农户。根据林业科技服务人员的技术特长,将林业科技服务人员派送到合适的林区,采取集中培训、弹性培训、上门培训等多种方式开展林业科技服务。

第三,提升林业科技服务推送力度和速度。通过报刊、广播、电视及网络等多种形式,加大宣传林业科技服务力度,宣传各地涌现出来的好做法、好经验,将林业科技服务以最快的速度向集体林区推送,激发商品林农户林业生产积极性。

9.2.6 培育林业新型经营主体,发挥商品林适度规模生产经营优势

新一轮林改确定了以家庭承包经营为主的林业生产方式,通过确权到户激发商品林农户林业生产积极性。然而,林地细碎化导致商品林生产规模不经济,工

商资本难以投资发展和建设林业。根据《国家林业局关于规范集体林权流转市场运行的意见》(林改发〔2016〕100号)和《国家林业局关于加快培育新型林业经营主体的指导意见》(林改发〔2017〕77号),国家鼓励和引导社会资本积极参与林业建设,在依法自愿有偿的前提下,推进林地适度规模流转,优化劳动力、资金、技术等生产要素配置,培育一批具有一定规模的林业经营主体和林产品生产基地,推进林地适度规模经营和集约生产,不断提高林地效率。

新型林业经营主体包括林业专业大户、家庭林场、农民林业专业合作社、林业龙头企业和专业化服务组织。本书主要讨论了林业专业合作社这一种新型经营主体。根据本书的分析和研究,林业合作组织通过降低交易成本,促进商品林农户合理的采伐行为,进而提升商品林农户林业收入。因此,构建以家庭承包经营为基础,以林业专业大户、家庭林场、农民林业专业合作社、林业龙头企业和专业化服务组织为重点的商品林新型林业经营主体是发挥商品林适度规模生产经营优势的根本。建议如下:

第一,积极扶持林业合作社和林业专业大户。鼓励农户按照依法自愿有偿原则,通过流转集体林地经营权,扩大林业经营规模,发展规模适度的林业合作社或成为林业专业大户。

第二,大力发展家庭林场。鼓励以家庭成员为主要劳动力、以经营林业为主要收入来源、具有相对稳定的林地经营面积和有林业经营特长的林业专业大户发展成为家庭林场。引导家庭林场开展与自身劳动力数量、经营管理能力、技术装备水平、投融资能力相匹配的适度规模经营。

第三,培育壮大林业龙头企业,促进林业产业转型升级。以科技为依托,以市场为导向,以效益为中心,运用国家林业产业政策鼓励和引导工商资本到集体林区培育和建设林业。鼓励林业龙头企业通过"公司+合作社+农户+基地""公司+农户+基地"等经营模式与农户构建紧密利益联结机制,充分发挥龙头企业的带动作用。

9.3 基于保护为主、利用为辅的原则引导公益林农户林业生产行为

公益林是政府保障和维护国家生态安全的屏障。根据2019年修订的《中华人民共和国森林法》第四十九条:"国家对公益林实施严格保护。县级以上人民政府林业主管部门应当有计划地组织公益林经营者对公益林中生态功能低下的疏林、

残次林等低质低效林,采取林分改造、森林抚育等措施,提高公益林的质量和生态保护功能。"根据本书集体林区农户林种选择意愿研究结果,仅有一成农户愿意选择公益林,在公益林农户中,有85%左右的公益林农户有意愿改变林种,选择商品林。因此集体林区生态公益林确权到户后,如何缓解公益林农户林权私益与生态公益的矛盾、合理引导公益林农户林业生产行为是完善当前林业政策体系的重点。

9.3.1 严格采伐管理,规范合理利用

新一轮集体林权制度改革中,集体公益林与商品林一并完成了确权到户,由农户家庭承包经营。为了保障公益林发挥生态效益的主导功能,政府对公益林的采伐管制比商品林更加严格,从中央到地方政府对国家级、省级、市(县)级公益林都有明确的采伐更新管理办法。根据本书的实证研究,林木采伐管理政策对公益林农户造林行为产生显著消极影响,对公益林农户管护行为没有产生显著的消极影响,显著促进了公益林农户采伐行为。同时,公益林农户采伐行为对其经济绩效和生态绩效均有显著正向影响。研究结果表明,严格的采伐管制消极影响了公益林农户的造林积极性,也可能造成非理性的采伐行为。然而,消除公益林木采伐管制消极影响的关键在于如何解决公益林农户林业经济效益目标优先与政府生态目标优先的冲突。因此,一方面要严格保护公益林以充分发挥公益林生态效益,维护生态安全。同时通过确定合理生态补偿标准弥补公益林农户的经济损失,保障公益林农户的收益权。另一方面要规范合理利用公益林。为了提高森林经营质量,调动公益林农户林业生产经营的积极性,在严格遵守国家有关规定、符合公益林生态区位保护要求、不影响公益林生态功能前提下,可以合理利用公益林林木资源,适度开展林下经济、挖掘森林景观资源开展森林旅游等。

9.3.2 确定科学的生态补偿标准,优化生态补偿机制

对公益林实施严格保护会限制公益林农户的林权,在公益林和商品林都确权到户的情况下导致两类资源异质性农户同权不同利。因此,需要通过一种利益诱导机制解决公益林的经济价值目标和生态价值目标冲突,激发公益林农户林业生产积极性,生态补偿正是这样一种利益诱导机制。然而,根据本书的实证研究结果,生态补偿不仅没有促进公益林农户造林行为、管护行为、投入行为等,反而对公益林农户林业生产行为产生显著消极影响。现有文献研究普遍认为当前生态

补偿标准低于公益林农户受偿期望值是公益林农户林业生产积极性不高的原因(唐钊,2018)。因此,生态补偿标准如何确定,生态补偿怎么补,生态补偿资金来源等问题成为解决公益林农户与政府经营目标冲突的根本。

第一,生态补偿(或购买)标准问题。根据实践调查,样本公益林农户普遍认为当前225元/公顷的生态补偿标准不足以弥补公益林采伐管制所产生的经济损失,也不足以购买公益林产生的生态服务价值。这一调查结果与现有文献研究结果一致。本书认为确定生态补偿(或购买)标准应该以市场为导向,根据公益林木采伐收入的影子价格确定补偿(或购买)标准。以湖南省、江西省、广西壮族自治区等南方重点集体林林区为例,常见的杉木用材林年均收入达1 200元/公顷,毛竹林年均收入达750元/公顷(吴萍,2012),生态补偿(或购买)标准应该以林木影子价格为基准确定,只有公益林农户获得不低于全社会平均的林业生产投入要素回报率,才能从根本上满足公益林农户的补偿期望值。同时,根据林地生态功能差异、林木生长周期差异、农户生计能力差异等实施差异化的生态补偿(购买)标准,缩小公益林与商品采伐收入差距,保障公益林农户的收益权。

第二,生态补偿机制问题。为了解决集体林区公益林生态公益和林权私益,林区经济发展与生态保护,改善林区农户家庭生计等问题,学术界形成了两种具有代表性的观点:一是基于庇古理论的政府生态补偿,政府直接向农户发放生态补贴;二是基于科斯理论的市场生态补偿,政府通过市场购买生态服务(徐丽媛,2018)。现有公益林生态补偿政策实践主要是通过政府直接给公益林农户发放生态补偿方式为主,普遍存在效率低下和瞄准性差问题,通过市场购买方式更能保证生态服务的供给质量。因此,为弥补公益林采伐管制产生的经济损失,根据林业生产投入要素的市场平均机会成本购买公益林农户生态服务产品是完善生态补偿机制的重要途径。同时,公益林农户的生计问题应该纳入生态补偿机制设计考虑的范畴,当前生态补偿标准下的现金补偿方式对公益林农户生计影响有限,有必要探索多元化的公益林生态补偿方式,帮助公益林农户全面提高生计水平。比如实施生态补偿权质押等帮助公益林农户获得林业生产经营资本。通过探索多元化的生态补偿方式,帮助林区农户全面提高生计水平,促进林区资源增长和农户增收。

第三,生态补偿资金来源问题。充足的生态补偿资金是解决政府与公益林农户林业经营目标冲突的关键。1998年修正《中华人民共和国森林法》时,规定"国家设立森林生态效益补偿基金"。2004年,中央建立森林生态效益补偿基金,对提供生态效益的防护林和特种用途林进行补偿。2019年修订后的《中华人民共和国森林法》没有保留森林生态效益补偿基金，而是进一步健全了森林生态效益补偿制度，加大对公益林的保护支持、完善重点生态功能区转移支付、指导地区间横向生态效益补偿。我国目前的生态效益补偿资金都来自本级预算和上级转移支付，中央财政设立的林业改革发展专项资金，支出方向包括了森林生态效益补偿，形成了固定的资金来源渠道。然而，生态补偿资金主要来自政府财政支出，补偿资金来源单一。因此，在进一步完善森林生态效益补偿制度的基础上，政府应该引导公益林生态价值市场化，通过多种途径解决生态补偿资金来源。

9.3.3 构筑和完善公益林金融服务体系

我国林业要走向生态与经济协调发展的道路、解决政府与公益林农户林业经营目标冲突，就必须要构筑和完善公益林金融服务体系。目前，我国政府对全国的公益林每年进行政策性统保，以降低公益林农户林业生产经营风险，保障公益林的可持续经营。然而，根据《中国银监会 国家林业局关于林权抵押贷款的实施意见》（银监发〔2013〕32号）等，公益林林地、林木禁止作为林权抵押贷款标的物。即政府对公益林经营风险采取了防控政策，但是没有向公益林农户提供融资渠道。资本短缺本就是集体林区林业生产、经济发展的主要障碍因素，构筑和完善集体林区林业正式金融体系是引导公益林农户积极林业生产行为的重要政策保障。鉴于此，本书提出以下对策建议：

第一，加大公益林政策性森林保险统保政策宣传，增强公益林农户林业生产信心。《中国人民银行 财政部 银监会 保监会 林业局关于做好集体林权制度改革与林业发展金融服务工作的指导意见》（银发〔2009〕170号）、《中国保监会 国家林业局关于做好政策性森林保险体系建设促进林业可持续发展的通知》（保监发〔2009〕117号）明确提出开展由中央财政提供保费补贴的政策性森林保险业务，并在湖南省、福建省、江西省试点。2011年政策性森林保险试点工作在湖南等九省（区）展开。2014年，公益林政策性森林保险统保覆盖全国。根据本书的实证研究，政策性森林保险对促进公益林农户造林行为、管护行为等有显著作用。然而，根据实践调查，政策性森林保险的保费为1.6元/亩，从中央到地方对公益林的保费补贴率达到90%，为了降低保费收缴工作的行政成本，一般由县财政或村集体代缴剩余保费的10%，从而导致部分公益林农户不知道家庭承包的公益林已经购买了森林保险，信息不对称导致公益林农户对林业生产缺乏信心或安全感。因此，大力宣传公益林政策性森林保险统保政策，对突出公益林生产经营优势、增强公益林农户林业生产信心有重要意义。

第二，实践公益林生态补偿权质押，开发公益林融资渠道。政府明确禁止以公益林作为林权抵押贷款标的，然而根据本书的实证研究，这一政府管制政策并未给公益林农户林业生产行为产生显著的消极影响。可能的原因是以小规模农户为对象的林权抵押贷款并未开展起来，在公益林农户林地规模远远小于商品林农户的情况下，有意愿、有能力申请林权抵押贷款的公益林农户极少，甚至很多公益林农户并不清楚公益林不能作为林权抵押贷款的抵押物。实践中，公益林投融资政策保障不足，林业融资难，通过发展林下经济、生态旅游等提高公益林农户林业收入的途径缺乏投入资金。因此，在保障公益林发挥生态效益主导功能不动摇的前提下，开发公益林融资渠道十分迫切。本书认为应通过以公益林农户的生态补偿权为质押标的，向银行等金融单位获取林业发展资金，满足公益林农户的融资需求。同时，生态补偿权是一种转移支付，以生态补偿权为抵押标的物，大幅降低了银行等金融单位的业务风险，从而实现供需双方效益最大化。

9.3.4 普及公益林生产补贴，提高公益林农户林业收入

林业生产跨周期、自然风险高，公益林采伐受到严格管制等因素，导致公益林农户缺乏林业生产投入信心。林业生产补贴（主要包括造林补贴和抚育补贴）可以降低公益林农户林业生产成本，弱化采伐管制产生的消极影响，增加公益林农户林业生产信心。根据本书的研究，造林补贴、抚育补贴对公益林农户造林行为、管护行为有显著的促进作用。然而，根据本书第8章资源异质性农户林业绩效比较分析结果，报告期2012—2014年，商品林农户转移性收入（含造林补贴、抚育补贴）高于公益林农户转移性收入（含造林补贴、抚育补贴和生态补偿），说明政府对商品林农户林业生产扶持程度并不比公益林农户低，或者林业生产补贴并没有普及到集体林区公益林农户。在生态补偿不能弥补公益林农户经济损失的情况下，公益林农户因林地规模偏小又享受不到林业生产补贴，进而导致公益林农户林业收入双重受损，进一步加剧公益林农户与政府林业经营主导目标冲突。因此，普及公益林生产补贴，促进公益林农户林业收入来源多元化才能从根本上解决这一矛盾。鉴于此，本书提出以下对策和建议：

第一，普及小规模公益林农户林业生产补贴。因为林业生产补贴资金并未覆盖全部造林或抚育林地面积，为了降低行政成本，实践调查发现林业生产补贴政策在具体实施中更加偏向拥有大规模林地的农户家庭。根据本书的数据分析，商品林农户家庭林地规模是公益林农户家庭林地规模的2倍左右，导致未覆盖全部林业生产林地的生产补贴资金进一步流向商品林农户。大部分小规模公益林农户在采伐受限的同时，并未享受到林业生产补贴，进一步影响公益林农户林业生产积极性。小规模农户是我国集体林区当前绝对占优的林业经营主体，调动普通公益林农户的林业生产积极性，才能保障公益林发挥更好的生态效益。因此，林业生产补贴的对象应该兼具规模户和普通户，建立"特惠+普惠"的林业生产补贴政策体系。同时，扩大林业生产补贴政策的宣传渠道，让更多的公益林农户了解并享受到林业生产补贴，从而激励公益林农户林业生产行为。

第二，拓展林业收入来源，提高公益林农户家庭林业收入绝对值。根据本书的研究，在报告期2011—2017年，公益林农户家庭林业总收入整体呈下降趋势，且在报告期2011—2015年，商品林农户家庭林业总收入明显高于公益林农户，尽管报告期2016—2017年出现逆转，商品林农户家庭林业总收入略低于公益林农户家庭林业总收入，但收入差距幅度不大。研究结果表明，商品林产生的经济效益高于公益林，或者政府补贴（主要指生态补偿等）没有明显缩小公益林与商品林经济效益差距。因此，在公益林经济绩效低于商品林的现实情况下，要调动公益林农户林业生产积极性，必须提高公益林农户家庭林业收入，即把蛋糕做大，满足各利益主体的效益最大化需求。具体的建议如下：一是普及公益林采伐限制和采伐许可要求，对已经放开采伐管制的竹林引导合理采伐，对符合采伐要求的公益林公平公正分配采伐指标，避免偷伐盗伐等情况。二是政府应通过鼓励发展林下经济、开发生态旅游、培育林业新型经营主体等方式，促使林业收入多元化，提高公益林农户家庭林业收入，以缓解不同主体间经济效益与生态效益矛盾。从本书研究结果来看，涉林打工收入、林下经济收入、经济林收入在公益林农户家庭林业收入中的比重不断增大，需要进一步维持和巩固，特别是对具有短、平、快特点的林下经济和经济林需进一步发展和引导。

9.3.5 提升和完善公益林林业科技服务体系

根据本书的研究，林业科技服务对公益林农户造林行为、采伐行为等有显著的促进作用。根据林业分类经营管理制度，公益林以发挥生态效益功能为主。因此，通过林业科技服务作用于公益林农户林业生产行为提高林业生态绩效，从而提升公益林林业科技服务的政策效果。具体政策建议如下：

第一，加大林业科技投入，提高科技储备，培养和储备林业科技人才，从而提高公益林林业科技服务贡献率。公益林生态绩效关系到国家生态安全和生态环境治理，只有提高林业科技投入，才能提高公益林科技储备。具体建议如下：一方面，政府应该着重培养和储备一批科研技术人员，有效地解决林业生态建设和产业发展中的重大关键技术问题，增强林业科技创新能力；另一方面，持续不断地培训科技服务人员，倡导科技服务人员深入林区推广和传播林业科技，提高科技成果转化率，从而提高公益林生态环境治理效果、提升公益林生态绩效。同时，加强对公益林护林员的培训，提高林业科技的应用和推广力度。

第二，完善公益林科技管理体制和运行机制。随着我国经济的发展，21世纪以来我国通过不断地增加公益林面积以维护国家生态安全。根据实践调查，对于被划分为公益林的集体林区，林业主管部门主要通过封山育林、限制或禁止公益林农户采伐等政策措施保护生态环境。然而，公益林发挥的生态效益值受到外部生长环境、生命周期、林业生产要素投入等的影响，低质低效公益林并不能有效发挥生态效益。生态保护并不等于将公益林封山育林，完全不开发利用也不一定有利于提高生态绩效，在林业科技的引导下合理投入林业生产要素才能提高林业生态绩效。因此，应调整和完善公益林科技管理体制和运行机制，采取切实有效的科技措施，引导公益林农户合理科学地经营管理公益林，合理改造低质低效公益林，从而提高公益林生态治理和生态保护功能。

第 10 章 研究结论与展望

根据林业分类经营原则，我国将林业分为公益林和商品林。公益林是政府保障和维护国家生态安全的屏障，商品林是我国林业产业发展的基石，主要承担向社会供给木材等林产品的责任。集体林区是培育森林资源的重要基地，是维护国家生态安全的重要基础。2008 年以来，新一轮集体林权制度改革促使集体林业焕发出新的生机，集体林区商品林和公益林完成了确权到户的主体改革。然而，受到林业分类经营管理政策体系的差异化管理，两类资源异质性农户林业生产行为可能呈现不同的特征规律。为了探索两类资源异质性农户林业生产行为规律，本书以林种选择、林业生产行为（造林、管护、采伐）、林业生产投入行为（生产过程投入和林业要素投入）、行为绩效的逻辑逐步研究探索了两类资源异质性农户林业生产行为动态特征及差异，实证研究了林地确权、政府干预对两类资源异质性农户林业生产行为的影响及差异，剖析了两类资源异质性农户林业生产行为的经济绩效和生态绩效及差异。最后本书提出在加强对两类资源异质性农户林权保护的基础上，通过分类管理、差异化引导集体林区两类资源异质性农户林业生产行为，从而提高集体林区林业生态绩效和经济绩效。

10.1 主要研究结论

本书综合运用了统计年鉴数据、农户调查数据及《中国森林资源报告》《集体林权制度改革监测报告》《湖南省林业发展报告》等数据描述性分析了集体林区农户林种选择意愿，资源异质性农户造林行为、管护行为、采伐行为、林业生产投入行为及行为绩效的动态特征趋势及差异。并在理论分析和研究假设的基础上，实证研究了林地确权、政府干预等对两类资源异质性农户林业生产行为的影响及差异。主要研究结论如下：

第一，集体林区农户林种选择意愿方面。

(1)描述性分析结果方面，九成以上的样本农户选择商品林；选择商品林的农户中，五成以上农户选择经济林，约三分之一的农户选择用材林，约十分之一的农户选择竹林。从资源异质性农户林种选择意愿来看，84.18%的公益林农户选择商品林，仅有3%的商品林农户选择公益林；选择商品林的公益林农户约70%进一步选择经济林林种，约23%选择用材林林种，而选择商品林的农户对用材林和经济林的选择占比均为40%左右。研究结果表明，我国集体林区农户对商品林和公益林林种选择意愿有明显的不均衡性。商品林与公益林的经济效益差异可能是农户林种意愿出现明显的绝对占优偏好的原因。

(2)实证研究结果方面，①从二分类林种选择意愿实证研究结果来看，进一步加强林地确权和林业补贴政策干预(包括造林补贴、抚育补贴和生态补偿)对促进集体林区农户选择公益林有显著的积极影响。随着我国社会经济的发展，生态文明建设已经成为我国国家战略中不可或缺的组成部分，政府通过不断扩大生态公益林的面积和范围以保障生态安全。然而集体林区九成以上的农户愿意选择经营商品林，可能会导致承包公益林林地的农户产生消极的林业生产行为。实证研究结论的意义在于，政府可以通过进一步明晰林地产权、增加公益林的补贴从而激发农户对公益林经营管护热情，从而缓解政府以生态功能为主导的林业生产经营目标与农户以经济功能为主导的林业生产经营目标之间的冲突。②从商品林林种选择意愿实证结果来看，以经济林林种为对比组，林业补贴政策显著降低了农户选择用材林林种意愿；政策性森林保险、林业科技服务显著降低了农户选择竹林林种意愿。我国木材市场存在严重的供需不平衡，一半以上的木材依赖进口，大力发展用材林是满足我国木材消费市场的重要途径。然而，一半以上的农户偏好选择能带来短、平、快林业产出的经济林林种。实证研究结论的意义在于，进一步完善林地确权，加强对用材林的林业扶持能引导农户对用材林林种的生产积极性，从而缓解我国木材市场的供给不足问题。

第二，资源异质性农户造林行为及差异方面。

(1)描述性分析结果方面，林改以来两类资源异质性农户造林行为呈现L形动态趋势，即在林改初期，两类农户都表现出积极的造林热情，随后造林行为发生率和造林面积急剧下降后保持相对平稳趋势。整体来看，商品林农户造林行为发生率和造林面积均高于公益林农户，由于政府政策干预，在报告期2016年出现逆转。研究结果说明林改后样本农户对承包林地造林履责积极，但是造林热情并不持续。一方面这可能与林业生产跨周期特征有关，低造林现象属于正常情况；另一方面可能与政府政策干预有关。

(2)实证研究结果方面，①林地确权对两类资源异质性农户造林行为没有统计意义上的显著性。②造林补贴、政策性森林保险、林业科技服务等林业扶持政策对两类资源异质性农户造林行为有不同程度显著影响；林木采伐管制政策对商品林农户造林规模有显著消极影响，而对公益林农户造林行为没有产生消极影响；生态补偿政策显著消极影响公益林农户造林行为。同时，林权抵押贷款政策、林业合作组织对两类资源异质性农户造林行为均无显著影响。研究结果表明，林地确权的短期效应明显，长期效应减弱；大部分林改配套政策都在显著发挥作用，但也存在较大政策效应提升空间。

第三，资源异质性农户管护行为及差异方面。

(1)描述性分析结果方面，林改以来两类资源异质性农户管护行为都呈现倾斜的L形趋势特征，即实际抚育管护面积、管护面积占家庭林地面积比例等指标在林改初期较高，随着时间推移不断下降并保持低水平平稳；报告期2012年后，两类农户对需要管护的林地100%进行了管护；在整个监测期内，商品林农户的管护强度要高于公益林农户。研究结果说明，林改以来，两类资源异质性农户都较好地完成了承包林地林业管护履责。

(2)实证研究结果方面，①林地确权对两类资源异质性农户管护行为均无显著影响。②抚育补贴政策、政策性森林保险、林业合作组织等林业扶持政策对两类资源异质性农户管护行为有不同程度的显著积极影响；林木采伐管制政策并未对商品林农户管护行为产生消极影响，林权抵押贷款、林木采伐管制政策并未对公益林农户管护行为产生消极影响；生态补偿政策显著消极影响公益林农户林业管护意愿和管护行为。研究结果说明大部分林业扶持政策发挥着显著积极的政策效应，林业管制政策在统计学意义上并未对两类资源异质性农户管护行为产生消极影响。然而，生态补偿政策不仅没有促进公益林农户管护行为，反而有显著消极影响。研究结果表明，生态补偿、林业科技服务、政策性森林保险等政策依然存在较大的政策效率提升空间。

第四，资源异质性农户采伐行为及差异方面。

(1)描述性分析结果方面，商品林农户的采伐面积、木材和竹材采伐量均高于公益林农户。林改初期，两类资源异质性农户都表现出积极的采伐行为，林改确权到户基本完成后，两类资源异质性农户采伐面积和林木采伐量不断呈现下降趋势；报告期2016年受到政府采伐管制，两类样本农户平均林木采伐量为0；因政府对竹林采伐管制的全面放开，竹林采伐表现出周期性特征。研究结果表明，集体林区在新一轮林改中和林改后并未出现乱砍滥伐现象，农户反而收敛了采伐强度。

(2)实证研究结果方面，①林地确权对两类资源异质性农户采伐行为均无显著影响。②林木采伐管制、林业科技服务、林权抵押贷款对两类资源异质性农户采伐行为都有显著影响，影响方向相同；政策性森林保险、林业合作组织仅对商品林农户采伐行为有显著影响，对公益林农户采伐行为无显著影响；生态补偿、生态补偿与林权抵押贷款的交互项对公益林农户采伐行为均无显著影响。

第五，资源异质性农户林业生产投入行为及差异方面。

本书从林业生产过程和林业要素两个视角对资源异质性农户林业生产投入行为进行了描述分析和实证检验。

(1)从林业生产过程视角来看，①描述性统计分析结果方面：公益林农户造林投入行为和采伐投入行为均呈现倒U形趋势特征，管护投入行为发生率较高且平稳上升，管护投入规模在监测期内出现明显的峰尖；商品林农户造林投入行为和采伐投入行为均呈现倒V形趋势特征，管护投入行为发生率与公益林农户十分接近且交互领先，管护投入规模在更高的水平与公益林农户趋势相同。②实证研究结果方面：林地确权对商品林农户造林投行为、管护投入行为有显著影响，林地确权对公益林农户管护行为有显著影响。政府干预对商品林农户生产过程投入行为方面，造林补贴政策、政策性森林保险、林权抵押贷款、林木采伐管理政策对商品林农户造林投入行为有显著影响；抚育补贴政策、政策性森林保险、林木采伐管理政策对商品林农户管护投入行为有显著影响；没有政策对商品林农户采伐投入行为有显著影响。政府干预对公益林农户生产过程投入行为方面，造林补贴政策、林木采伐管理政策对公益林农户造林投入行为有显著积极影响；抚育补贴政策、政策性森林保险、林权抵押贷款、林木采伐管理政策、林业科技服务、生态补偿对公益林农户管护投入行为有显著影响；没有政策对公益林农户采伐投入行为有显著影响。特别值得注意的是，生态补偿显著激励了公益林农户管护投入行为，说明生态补偿正在逐步发挥其积极的政策效应。实证研究结果表明，现有林业政策对两类资源异质性农户采伐投入行为均无显著影响，一方面可能是现有政策存在效率提升空间，另一方面更可能是地方政府直接禁伐、限伐干预抑制了林业政策效应。

(2) 从林业要素投入视角来看，①描述性统计分析结果方面：商品林农户劳动要素投入行为(含行为发生率和投入规模)有明显上升趋势，资本投入行为(含行为发生率和投入规模)有下降趋势；公益林农户林业资本要素投入行为和劳动要素投入行为在整个监测期都相对比较平稳，资本要素投入行为和劳动要素投入行为发生率分别在报告期2016和报告期2015年反超商品林农户。比较来看，两类资源异质性农户劳动要素投入行为发生率呈现上升趋势，商品林农户林业资本要素投入行为和劳动要素投入规模在整个监测期内都高于公益林农户。②根据实证研究结果：林地确权显著消极影响商品林农户资本要素投入行为，对其他行为均无显著影响。政府干预对商品林农户林业要素投入行为方面，政策性森林保险、林木采伐管理政策、林业科技服务、林业合作组织对商品林农户林业资本要素投入行为有不同方向的显著影响；没有政策对商品林农户劳动要素投入行为有显著影响。政府干预对公益林农户林业要素投入行为方面，没有林业政策对公益林农户林业资本要素投入行为有显著影响；政策性森林保险对公益林农户劳动要素投入行为有显著积极影响。整体来看，现有林业政策体系在对公益林农户资本要素投入行为、劳动要素投入行为和商品林农户劳动要素投入行为的促进作用上有较大的政策提升空间。

第六，集体林权制度改革绩效评价。

(1) 本书首先采用"集体林权制度－林业绩效"框架，从林改目标四个方面(资源增长、农户增收、生态保护、林区和谐)直接评价集体林权制度改革绩效，研究认为：林改后集体林区森林资源总量和增量增长趋势明显；家庭林业总收入比较平稳，但林改对农户家庭林业总收入增长缺乏长期驱动力；林区生态环境保护良好；林区林业产业不断促进林区经济增长和农户增收，林权纠纷调处及时，林权管理服务体系不断完善。

(2) 为了打开"林业制度－林业绩效"这一"黑盒子"，引入农户林业生产行为评价林改绩效，研究认为，明晰的林权及林改配套政策体系激励了集体林区农户造林行为，实现了森林资源增长、改善生态环境等林改目标；明晰的林权及林改配套政策体系激励了集体林区农户管护行为，提高了森林资源质量、降低了林业经营风险、保障了农户林业收入；明晰的林权及林改配套政策体系激励了集体林区农户理性的采伐行为，提高了集体林区木材供给能力、增加了农户林业收入，同时避免了乱砍滥伐，保障了生态安全。

（3）分析和比较了集体林权制度作用于两类资源异质性农户林业生产行为产生的经济绩效和生态绩效，研究认为：①林业经济绩效方面，报告期2011—2015年，商品林农户家庭林业总收入超过公益林农户，且差距不断扩大，虽然报告期2016—2017年出现逆转，但是逆转的收入差距幅度不大。报告期2011—2016年，商品林农户用材林收入、竹林收入明显高于公益林农户；两类资源异质性农户经济林收入、林下经济收入、涉林打工收入、转移性收入在整个监测期内交替领先；商品林农户财产性收入不具有连续性，公益林农户林业财产性收入可以忽略不计。②林业生态绩效方面，本书主要从农户对本村林业生产和生态环境评价两个方面，选取8个指标评价林业生产行为产生的生态绩效。林业生产评价方面，报告期2011—2012年，评价本村营造林、森林管护、"三防"工作增加的公益林农户比例高于商品林农户，之后出现逆转；评价本村基础设施增加的商品林农户比例整体高于公益林农户。整体来看，两类资源异质性农户评价本村林业生产增加的比例差距较小、趋势基本一致。生态环境方面，评价本村山区野生动物数量增加的公益林农户比例明显高于商品林农户；评价本村山区泥石流发生次数减少的商品林农户比例持续高于公益林农户比例；评价本村山区河水流量、蓝天数量增加的两类资源异质性农户比例出现交替领先的趋势特征。说明林改后两类资源异质性农户积极的林业生产行为使得集体林区自然灾害减少、生态环境变好。同时，商品林农户对生态环境的改善有更强烈的感受。

（4）实证检验资源异质性农户林业生产行为对其经济绩效和生态绩效的影响。第一，两类资源异质性农户林业生产行为对其经济绩效和生态绩效的影响存在显著差异。第二，公益林农户采伐行为显著正向影响其经济绩效，而公益林农户其他生产行为对其经济绩效均无显著影响；公益林农户造林行为、管护行为、采伐行为均对林区生态绩效产生显著正向影响。第三，商品林农户造林行为显著负向影响其经济绩效，而管护行为、采伐行为显著正向影响其经济绩效；商品林农户造林行为、管护行为显著正向影响林区生态绩效，而商品林农户采伐行为显著负向影响林区生态绩效。

10.2 研究局限与未来研究方向

本书利用宏观、区域统计年鉴数据及微观林业经营主体的调查数据探索了集体林区资源异质性农户林业生产行为规律，在理论和实践层面具有一定的贡献，对深化集体林权制度改革、完善林业分类管理体制下的林改配套政策体系、促进生态文明建设、实现乡村振兴等都有很强的政策含义。然而，受限于自身的学术视角、能力及研究条件，一些研究结论可能需要进一步的论证和完善，遗憾之处也为未来的研究指明了方向。

第一，在数据获取方面，本书在考察农户林种选择意愿时，主要利用了集体林权制度改革跟踪监测项目课题组2015年获得的7个样本省3 500户农户问卷调查数据；在考察资源异质性农户造林行为、管护行为、采伐行为及投入行为时；本书采用了集体林权制度改革跟踪监测项目课题组在湖南省2012—2018年的入户调查数据；在评价集体林区资源异质性农户林业生产行为绩效时，本书综合利用了统计年鉴数据和微观调查数据。然而，集体林权制度改革对农户林业生产行为的影响是一个深远、长期的过程，且林业生产周期一般在10年以上。尽管本书主要使用了2012—2018年的入户调查数据实证研究农户林业生产行为及差异，但观测时间还没有达到一个完整的林业生产周期，且本书部分研究为截面数据，这可能导致本书的研究结果可能存在偏差。在未来的研究中，希望能继续采集集体林区资源异质性农户数据信息，在更长的时间里来观测资源异质性农户林业生产行为规律及差异。

第二，在变量选择和测量上，本书使用3个主观评价变量作为政府干预政策的测量变量。正如前文所述，由于农户自身特征和林业生产跨周期特征，使得部分农户没有参与或不清楚政策。例如，本书用林木采伐管理政策认知评价测量林木采伐管理政策。此外，受数据的限制，对林地特征(比如坡度、有无林道等)、木材价格等方面考虑较少。因此，未来研究中可以更多引入客观变量和外部环境变量进一步考察集体林区资源异质性农户林业生产行为规律。

第三，研究内容方面，本书主要考察了林种选择意愿、造林行为、管护行为、采伐行为及林业生产投入行为等集体林区资源异质性农户最基本的林业生产行为。国家为了促进集体林区经济发展和农户增收，鼓励发展林下经济，故探索资源异质性农户林下经济生产行为规律也具有重要的价值和意义。因林下经济包含林下种植、林下养殖、森林生态景观等，林下经济产品特征及生产周期差异较大，受限于研究精力和资源，本书没有详细展开对两类资源异质性农户林下经济生产行为规律的探索，这将是未来深化本书研究的一个重要方向。

　　第四，本书主要以湖南省为研究区域考察资源异质性农户林业生产行为规律。湖南省是集体林区的典型代表，但集体林权制度改革是一场全国范围内的改革，因此，在结论进行推广时仍需谨慎。在未来的研究中，希望能扩大研究区域范围，更全面地研究集体林区资源异质性农户林业生产行为规律。

附　录

附录1　中国集体林权制度变迁主要政策目录

发布年份	发布部门	文件名称
1950	中央人民政府	《中华人民共和国土地改革法》
1951	中央人民政府政务院	《中央人民政府政务院关于节约木材的指示》
1951	中共中央	《中共中央关于农业生产互助合作的决议（草案）》
1955	国务院	《农业生产合作社示范章程草案》
1958	国务院	《关于把小型的农业合作社适当地合并为大社的意见》
1958	中共中央	《中共中央关于在农村建立人民公社问题的决议》
1961	中共中央	《中共中央关于确定林权、保护山林和发展林业的若干政策规定（试行草案）》
1979	中共中央	《中共中央关于加快农业发展若干问题的决定》
1979	全国人民代表大会常务委员会	《中华人民共和国森林法(试行)》
1980	中共中央	《关于进一步加强和完善农业生产责任制的几个问题》
1981	中共中央、国务院	《中共中央、国务院关于保护发展林业若干问题的决定》
1984	中共中央、国务院	《中共中央　国务院关于深入扎实地开展绿化祖国运动的指示》
1985	中共中央、国务院	《中共中央、国务院关于进一步活跃农村经济的十项政策》
1987	中共中央、国务院	《关于加强南方集体林区森林资源管理,坚决制止乱砍滥伐的指示》
1993	林业部	《林地管理暂行办法》
1995	国家体制改革委员会、林业部	《林业经济体制改革总体纲要》
1998	全国人民代表大会常务委员会	《中华人民共和国森林法》（1998年修正）
1999	国家林业局	《国家林业局关于开展全国森林分类区划界定工作的通知》
2003	中共中央、国务院	《中共中央　国务院关于加快林业发展的决定》
2008	中共中央、国务院	《中共中央　国务院关于全面推进集体林权制度改革的意见》
2009	中国人民银行、财政部、银监会、保监会、国家林业局	《中国人民银行　财政部　银监会　保监会　林业局关于做好集体林权制度改革与林业发展金融服务工作的指导意见》

续表

发布年份	发布部门	文件名称
2009	国家林业局	《关于促进农民林业专业合作社发展的指导意见》
2009	国家林业局	《关于切实加强集体林权流转管理工作的意见》
2011	国家林业局	《林业发展"十二五"规划》
2013	中国银监会、国家林业局	《中国银监会 国家林业局关于林权抵押贷款的实施意见》
2013	国家林业局	《国家林业局关于进一步加强集体林权流转管理工作的通知》
2013	中共中央、国务院	《中共中央国务院关于加快发展现代农业进一步增强农村发展活力的若干意见》
2014	国家林业局	《国家林业局关于进一步改革和完善集体林采伐管理的意见》
2015	中共中央、国务院	《关于加大改革创新力度加快农业现代化建设的若干意见》
2015	农业部、中央农村工作领导小组办公室、国土资源部和国家工商行政管理总局	《农业部 中央农办 国土资源部 国家工商总局关于加强对工商资本租赁农地监管和风险防范的意见》
2015	中共中央国务院	《中共中央 国务院关于加快推进生态文明建设的意见》
2015	财政部、农业部	《财政部 农业部关于调整完善农业三项补贴政策的指导意见》
2015	国务院	《关于开展农村承包土地的经营权和农民住房财产权抵押贷款试点的指导意见》
2015	国务院办公厅	《国务院办公厅关于推进农村一二三产业融合发展的指导意见》
2015	国家林业局	《国家林业局关于严格保护天然林的通知》
2016	财政部	《财政部关于取消、停征和整合部分政府性基金项目等有关问题的通知》
2016	国家林业局	《国家林业局关于进一步加强集体林地承包经营纠纷调处工作的通知》
2016	国务院办公厅	《国务院办公厅关于健全生态保护补偿机制的意见》
2016	国家林业局	《林业发展"十三五"规划》
2016	国家林业局	《国家林业局关于规范集体林权流转市场运行的意见》
2016	农业部、国家林业局	《农村土地承包经营纠纷仲裁法律文书示范文本》
2016	国务院办公厅	《国务院办公厅关于完善集体林权制度的意见》
2017	国家林业局	《国家林业局关于加快培育新型林业经营主体的指导意见》
2018	国家林业和草原局	《国家林业和草原局关于进一步放活集体林经营权的意见》

附录2 2003—2018年主要集体林区省(自治区)人工造林面积

单位：千公顷

年份	2003	2004	2005	2006	2007	2008	2009	2010
浙江省	22.11	20.95	20.34	11.37	6.21	6.89	19.38	13.00
安徽省	194.51	54.36	36.10	3.40	27.08	27.51	53.34	28.47
福建省	16.58	16.31	24.22	23.35	35.45	32.81	33.26	29.13
江西省	219.75	58.10	47.59	63.60	147.58	234.60	209.02	170.88
湖北省	315.48	162.49	177.95	65.91	105.71	111.46	129.97	119.08
湖南省	409.58	333.77	136.48	134.53	59.54	64.01	99.04	178.15
广东省	48.02	39.96	18.34	7.31	5.29	8.37	16.05	91.95
广西壮族自治区	277.97	170.70	123.97	119.28	120.64	120.83	118.97	125.34
海南省	75.21	35.39	32.38	23.62	13.28	17.29	19.38	14.17
贵州省	360.28	170.15	132.18	78.05	81.68	60.62	90.49	72.71
合计	1 939.48	1 062.19	749.54	530.42	602.46	684.39	788.9	842.88
年份	2011	2012	2013	2014	2015	2016	2017	2018
浙江省	36.54	34.47	30.31	26.72	20.99	12.84	8.45	7.462
安徽省	23.37	32.16	162.49	150.87	146.00	91.38	56.67	55.718
福建省	212.72	98.04	100.19	44.35	33.92	10.30	8.09	6.517
江西省	141.69	127.03	141.04	130.75	141.68	94.93	89.41	88.556
湖北省	145.91	140.17	165.65	168.87	186.02	171.74	162.33	143.803
湖南省	235.82	236.49	188.68	229.61	215.73	197.45	186.09	188.114
广东省	121.64	94.92	119.08	133.22	118.46	100.66	80.74	85.178
广西壮族自治区	132.21	124.44	133.51	117.99	100.76	82.41	54.58	46.828
海南省	10.91	17.73	12.83	8.80	10.24	8.33	4.63	2.657
贵州省	98.72	70.40	256.25	233.36	329.51	228.14	584.55	205.917
合计	1 159.53	975.85	1 310.03	1 244.54	1 303.31	998.18	1 235.54	830.75

附录3 2003—2018年主要集体林区省(自治区)森林管护面积

单位：千公顷

年份	2003	2004	2005	2006	2007	2008	2009	2010
浙江省	103.19	112.59	85.81	76.66	89.66	133.45	80.01	80.74
安徽省	314.66	326.35	239.58	345.00	389.35	349.84	328.72	310.65
福建省	87.14	98.64	81.90	55.90	88.14	78.21	37.62	62.38
江西省	56.37	69.71	48.36	79.10	78.72	116.33	176.08	125.18
湖北省	212.66	239.52	198.55	180.22	255.01	354.27	278.96	158.56
湖南省	165.10	199.41	220.27	192.48	190.56	197.72	112.59	206.31
广东省	111.67	142.49	93.99	104.58	103.09	148.13	112.82	136.50
广西壮族自治区	108.11	98.73	124.30	139.05	190.97	174.31	219.27	180.47
海南省	18.81	18.61	—	—	6.76	18.86	8.16	6.73
贵州省	29.24	34.98	65.04	48.32	67.26	110.58	53.91	51.20
合计	1 206.95	1 341.03	1 157.80	1 221.31	1 459.52	1 681.70	1 408.14	1 318.72
年份	2011	2012	2013	2014	2015	2016	2017	2018
浙江省	131.64	139.87	225.15	232.00	235.73	126.47	101.98	128.62
安徽省	344.62	317.87	166.67	512.55	560.67	621.59	616.56	553.838
福建省	68.23	186.72	161.31	211.34	335.95	293.51	372.77	393.977
江西省	190.18	163.14	217.82	178.11	379.16	394.62	381.46	378.118
湖北省	220.57	284.68	417.98	442.49	116.05	217.30	405.78	273.258
湖南省	327.50	279.61	342.42	405.80	362.82	375.40	466.93	473.406
广东省	99.27	225.42	348.95	478.86	577.51	715.33	509.69	504.606
广西壮族自治区	231.75	387.38	497.04	614.47	498.00	831.96	869.92	860.744
海南省	38.53	41.05	71.35	222.46	21.45	12.09	61.73	49.226
贵州省	70.70	71.76	290.67	287.58	307.33	400.00	400.00	400.00
合计	1 722.99	2 097.50	2 739.36	3 585.66	3 394.67	3 988.27	4 186.82	4 015.793

附录4 2003—2018年主要集体林区省(自治区)木材采伐量

单位：万立方米

年份	2003	2004	2005	2006	2007	2008	2009	2010
浙江省	204.24	177.67	175.27	185.36	190.28	302.44	196.56	198.21
安徽省	278.83	280.33	327.51	397.21	408.87	405.91	373.76	458.19
福建省	518.33	582.34	627.88	660.41	702.38	757.46	635.27	684.57
江西省	354.24	459.07	503.17	483.03	491.56	610.23	339.79	340.74
湖北省	107	122.45	160	192.59	195.11	221.13	219.07	221.1
湖南省	412.1	463.88	488.45	628.76	664.33	875.44	546.12	557.6
广东省	308.24	342.55	362.15	385.43	454.35	509.48	524.78	654.91
广西壮族自治区	444.84	488.1	503.26	649.93	779.65	1 114.85	963.62	1 270.36
海南省	70.65	59.29	70.04	73.82	73	101	153.3	95.75
贵州省	29.25	32.78	55.01	105.42	128.4	213.32	130.48	181.1
合计	2 727.72	3 008.46	3 272.74	3 761.96	4 087.93	5 111.26	4 082.75	4 662.53

年份	2011	2012	2013	2014	2015	2016	2017	2018
浙江省	176.26	156.93	154.37	136.77	123.68	108.18	95.99	123.42
安徽省	494.85	495.63	477.54	465.52	457.96	447.27	434.13	450.50
福建省	563.26	570.74	572.27	575.05	496.99	575.83	524.06	580.22
江西省	290.28	286.63	266.91	259.61	232.16	228.01	233.18	257.00
湖北省	292.15	258.66	251.93	227.47	227.13	193.11	200.42	209.76
湖南省	599.93	467.12	474.92	478.21	262.75	273.75	327.62	286.07
广东省	735.51	759.86	809.15	841.47	790.83	756.01	793.5	859.91
广西壮族自治区	1 525.92	1 668.12	2 288.03	2 302.76	2 105.72	2 686.55	3 059.21	3 174.82
海南省	111.24	111.57	122.33	134.86	124.47	150.12	174.2	198.41
贵州省	194.08	215.43	180.86	191.36	175.28	165.18	248.55	278.25
合计	4 983.48	4 990.69	5 598.31	5 613.08	4 996.97	5 117.54	6 090.86	6 418.36

附录5 2003—2018年主要集体林区省（自治区）竹林采伐量

单位：万根

年份	2003	2004	2005	2006	2007	2008	2009	2010
浙江省	10 086.37	10 411.65	11 706.08	13 469.78	13 093.24	16 179.14	15 660.68	16 810.58
安徽省	3 981.29	3 993.85	6 314.97	6 317.64	6 449.27	6 869.69	8 363.72	9 383.87
福建省	22 245.99	23 163.25	25 847	28 536.1	32 511	33 900	38 520	41 386
江西省	4 472.37	4 953.37	6 043.19	6 750.9	11 406.81	10 755.45	7 423.01	6 198.69
湖北省	5 301.11	5 828.66	3 015.68	4 042.43	4 496.77	2 791.55	2 480.17	2 615.56
湖南省	7 064.34	7 691.25	10 889.56	9 666.42	15 497.62	6 637.54	7 343.33	6 029.2
广东省	7 159.01	8 425.01	11 179.55	9 973.35	10 012.9	9 792.84	12 645.9	13 252.03
广西壮族自治区	17 378.81	17 967.47	19 638.64	20 670.29	21 160.32	22 544.58	24 202.26	26 292.03
海南省	1 114.26	216.86	994.18	967.96	291.93	348.79	348.2	1 615.94
贵州省	195.95	341.32	310.48	362.42	839.2	725.47	1 233.13	415.4
合计	78 999.5	82 992.69	95 939.33	100 757.29	115 759.06	110 545.05	118 220.40	123 999.30

年份	2011	2012	2013	2014	2015	2016	2017	2018
浙江省	18 681.15	19 345.86	19 923.62	20 512.31	19 744.69	21 184.9	20 826.25	20 246.48
安徽省	10 110.57	11 496.28	12 914.63	14 887.1	15 724.15	16 029.32	15 724.72	15 631.74
福建省	45 360	51 401	56 888	67 387	71 532	74 677	84 883	91 928.00
江西省	7 077.4	7 813.43	16 169.8	19 683.94	18 550.57	18 436.12	19 077.14	21 365.64
湖北省	2 836.02	3 009.45	3 297.3	3 414.41	3 123.76	3 827.69	3 825.89	3 744.01
湖南省	6 997.92	7 099.05	6 874.67	5 942.83	6 398.59	14 089.79	16 257.52	19 802.07
广东省	12 803.64	13 409.07	13 509.65	14 474.66	12 753.7	16 931.14	20 401.24	22 264.36
广西壮族自治区	28 327.53	28 775.06	34 655.89	44 992	52 627.28	50 600.73	52 331.62	63 609.76
海南省	1 383.77	2 125.34	1 513.78	1 155.63	829.48	785.25	959.86	860.94
贵州省	584.25	648.52	653.94	740.17	1 657.09	3 835.66	4 080.07	1 907.80
合计	13 4162.25	145 123.06	166 401.28	193 190.05	202 941.31	220 397.65	238 367.31	261 360.80

参考文献

◎ HO P, 2008. 谁是中国土地的拥有者？制度变迁、产权和社会冲突 [M]. 北京：社会科学文献出版社.

◎ FAVSTMANN M, 杨馥宁, 公培臣, 等. 土地收益的期望价值估算研究：无林地及未成熟林分的价值估算 [J]. 林业经济, 2007(6)：72-77.

◎ 柏方敏, 2004. 农户参与造林因素分析 [D]. 北京：中国农业大学.

◎ 蔡娟, 2016. 集体林改背景下甘肃省农户林业投入行为影响因素研究 [D]. 北京：北京林业大学.

◎ 苍靖, 2003. 环境保护约束下农户生产模型的研究 [J]. 商业研究 (11)：162-163.

◎ 曹兰芳, 曾玉林, 宋璇, 2020a. 林权限制、生态补偿对公益林农户林业管护行为的影响分析：基于湖南省连续 7 年的观测数据分析 [J]. 农村经济 (1)：112-119.

◎ 曹兰芳, 彭城, 文彩云, 等, 2020b. 集体林区异质性农户森林保险需求及差异研究：基于湖南省 500 户农户面板数据 [J]. 农业技术经济 (5)：82-92.

◎ 曹兰芳, 王立群, 曾玉林, 2014. 农户林改配套政策主观价值判断对生产经营决策行为影响 [J]. 农村经济 (5)：56-60.

◎ 曹兰芳, 王立群, 曾玉林, 2015. 林改配套政策对农户林业生产行为影响的定量分析：以湖南省为例 [J]. 资源科学, 37(2)：391-397.

◎ 曹兰芳, 王立群, 曾玉林, 2016. 林改配套政策对异质性农户林业生产投入行为影响研究：以湖南省为例 [J]. 经济体制改革 (2)：89-94.

◎ 曹兰芳, 尹少华, 曾玉林, 等, 2017. 资源异质性农户林业生产投入决策行为及差异研究：以湖南省为例 [J]. 中南林业科技大学学报, 37(12)：174-179.

◎ 陈杰, 李桂芹, 2011. 提高集体林权制度改革后森林经营管理水平的探讨 [J]. 林业科技, 36(2)：59-62.

◎ 陈俊, 2013. 林业可持续发展下的林权制度改革探讨 [J]. 台湾农业探索 (2)：28-31.

◎ 陈秋华，1994. 试论集体林经营主体的运行特征和行为规范 [J]. 林业经济问题 (2)：21-24.

◎ 陈秋华，黄阳发，刘伟平，等，1994. 集体林经营机制转换的难点及其对策分析 [J]. 林业经济问题 (4)：25-29.

◎ 陈业强，石广明，2017. 湖南省生态补偿实践进展 [J]. 环境保护 (5)：55-58.

◎ 陈永富，陈幸良，陈巧，2011. 新集体林权制度改革下森林资源变化趋势分析 [J]. 林业经济 (1)：44-49.

◎ 程宝栋，印中华，2014. 中国对非木材产业梯度转移问题分析 [J]. 国际贸易 (3)：22-25.

◎ 程云行，2004. 南方集体林区林地产权制度研究 [D]. 北京：北京林业大学.

◎ 池泽新，2003. 农户行为的影响因素、基本特点与制度启示 [J]. 农业现代化研究，24(9)：368-371.

◎ 崔建远，1995. "四荒"拍卖与土地使用权：兼论我国农用权的目标模式 [J]. 法学研究 (6)：29-35.

◎ 戴芳，王爱民，2009. 林种选择对林业协调发展的影响：河北省例证 [J]. 重庆社会科学 (10)：33-36.

◎ 高岚，2005. 林业经济管理学 [M]. 北京：中国林业出版社.

◎ 高明，徐天祥，欧阳天治，2013. 农户行为的逻辑及其政策含义分析 [J]. 思想战线，39(1)：147-148.

◎ 高晓龙，林亦晴，徐卫华，等，2020. 生态产品价值实现研究进展 [J]. 生态学报，40(1)：24-33.

◎ 高昕，2019. 乡村振兴战略背景下农户绿色生产行为内在影响因素的实证研究 [J]. 经济经纬，36(3)：41-48.

◎ 贡佳萍，2010. 全国森林抚育补贴试点正式启动 [J]. 中国林业 (2)：1.

◎ 郭斌，陈本文，2019. 我国西部地区新一轮集体林权改革的绩效评价及制度完善研究：基于重庆市数据分析的展开 [J]. 改革与战略，35(3)：28-34.

◎ 郭中兴，王章平，1999. 集体林股份制深化改革的探讨 [J]. 林业经济问题 (6)：56-58.

◎ 韩喜平，2001. 关于中国农民经济理性的纷争 [J]. 吉林大学学报 (社会科学版)(5)：22-29.

◎ 韩耀，1995. 中国农户生产行为研究 [J]. 经济纵横 (5)：29-33.

◎ 何文剑，徐静文，张红霄，2016a. 森林采伐管理制度的管制强度如何影响林农采伐收入[J]. 农业技术经济(9)：104-118.

◎ 何文剑，徐静文，张红霄，2016b. 森林采伐限额管理制度能否起到保护森林资源的作用[J]. 中国人口资源与环境，26(7)：128-136.

◎ 何文剑，张红霄，2014a. 林权改革、产权结构与农户造林行为：基于江西、福建等5省7县林改政策及415户农户调研数据[J]. 农林经济管理学报，13(2)：192-200.

◎ 何文剑，张红霄，汪海燕，2014b. 林权改革、林权结构与农户采伐行为：基于南方集体林区个重点林业县（市）林改政策[J]. 中国农村经济(7)：81-96.

◎ 何文剑，张红霄，徐静文，2016c. 森林采伐限额管理制度能否起到保护森林资源的作用：一个文献综述[J]. 中国农村观察(2)：84-93.

◎ 贺东航，田云辉，2010. 集体林权制度改革后林农增收成效及其机理分析：基于17省300户农户的访谈调研[J]. 东南学术(5)：14-19.

◎ 洪自同，郑金贵，2012. 农业机械购置补贴政策对农户粮食生产行为的影响：基于福建的实证分析[J]. 农业技术经济(11)：41-48.

◎ 侯一蕾，2015. 林权改革对森林生态系统的波及：闽省例证[J]. 改革(11)：86-94.

◎ 胡豹，2004. 农业结构调整中农户决策行为研究：基于浙江、江苏两省的实证[D]. 杭州：浙江大学.

◎ 胡长清，邹冬生，宋敏，2013. 湖南省生态公益林补偿现状及其机制探讨[J]. 农业现代化研究，34(2)：202-205.

◎ 黄斌，2010. 采伐管理制度约束条件下的农户森林经营行为研究[D]. 福州：福建农林大学.

◎ 黄巧萍，刘芳芳，卢素兰，等，2020. 林改配套政策参与度及满意度对农户林业生产行为的影响[J]. 武夷学院学报，39(6)：25-30.

◎ 黄锡生，陈宝山，2019. 生态文明视野下采伐许可制度变革探究：兼论《中华人民共和国森林法》的修改[J]. 干旱区资源与环境，33(10)：47-52.

◎ 贾治邦，2006. 集体林权制度改革给我们的几点启示[J]. 林业经济(6)：5-8.

◎ 江华，胡品平，徐正春，等，2007. 森林限额采伐制度的经济学分析[J]. 林业经济问题(3)：253-256.

◎ 蒋凡，王永富，秦涛，等，2018. 福建省森林保险的现实困境及化解途径[J]. 林业经济(7)：93-99.

◎ 蒋海，张道卫，2001. 林业投资的激励机制与产权制度安排[J]. 农业技术经济(1)：

8-14.

◎ 蒋宏飞, 姜雪梅, 2012. 集体林区农户收入不平等状况分析: 基于辽宁省林改农户调查数据 [J]. 林业经济 (2): 17-22.

◎ 金珂丞, 王忠诚, 2016. 湖南省林业补贴政策实施中存在的问题及对策: 基于资兴市和平江县的调查 [J]. 中南林业科技大学学报(社会科学版), 10(5): 39-44.

◎ 康小兰, 朱述斌, 刘滨, 2014. 林改政策对不同资源禀赋林农的营林造林行为影响与作用机理研究: 以江西省为例 [J]. 林业经济问题, 34(1): 31-37.

◎ 柯水发, 2007. 农户参与退耕还林行为理论与实证研究 [D]. 北京: 北京林业大学.

◎ 柯水发, 2013. 林业政策学 [M] 北京: 中国林业出版社, 2013.

◎ 柯水发, 李周, 郑艳, 等, 2010. 中国造林行动的就业效应分析 [J]. 农业经济问题 (3): 98-103.

◎ 柯水发, 温亚利, 2005. 中国林业产权制度变迁过程、动因及利益关系分析 [J]. 绿色中国 (20): 29-32.

◎ 孔凡斌, 2008. 集体林权制度改革绩效评价理论与实证研究: 基于江西省2 484户林农收入增长的视角 [J]. 林业科学, 44(10): 132-141.

◎ 孔凡斌, 杜丽, 2009. 新时期集体林权制度改革政策进程与综合绩效评价: 基于福建、江西、浙江和辽宁四省的改革实践 [J]. 农业技术经济 (6): 96-105.

◎ 孔凡斌, 阮华, 廖文梅, 2020. 林业社会化服务供给对贫困农户林地投入产出影响分析 [J]. 林业经济问题, 40(2): 129-137.

◎ 孔凡斌, 钟海燕, 潘丹, 2019. 不同规模农户环境友好型生产行为的差异性分析 [J]. 农业经济与管理 (4): 26-36.

◎ 孔祥智, 郭艳芹, 李圣军, 2006. 集体林权制度改革对村级经济影响的实证研究: 福建省永安市15村调查报告 [J]. 林业经济 (10): 17-21.

◎ 李炳坤, 叶兴庆, 2006. 以林权制度改革促进林业健康快速发展: 福建深化集体林权制度改革取得明显成效 [J]. 林业经济 (10): 14-16.

◎ 李桦, 姚顺波, 刘璨, 等, 2015. 新一轮林权改革背景下南方林区不同商品林经营农户农业生产技术效率实证分析 [J]. 农业技术经济 (3): 108-120.

◎ 李俊杰, 2005. 森林采伐限额执行中存在的主要问题及对策 [J]. 林业资源管理 (3): 19-22.

◎ 李宁, 何文剑, 仇童伟, 等, 2017. 农地产权结构、生产要素效率与农业绩效 [J]. 管理世界（3）：44-62.

◎ 李娅，姜春前，严成，等，2007.江西省集体林区林权制度改革效果及农户意愿分析：以江西省永丰村、上芫村、龙归村为例[J].中国农村经济（12）：54-61.

◎ 李周，2008.林权改革的评价与思考[J].林业经济（9）：3-8.

◎ 林海，2003.农民模仿行为的经济学分析[J].理论学刊（6）：47-49.

◎ 林毅夫，1998.小农与经济理性[J].经济研究（3）：31-33.

◎ 刘炳薪，文彩云，温亚利，等，2019.农户家庭收支视角的我国集体林权制度改革成效实证分析：基于2010—2015年7省林改监测面板数据[J].世界林业研究，32(2)：108-112.

◎ 刘璨，2005.社区林业制度绩效与消除贫困研究：效率分析与案例比较[M].经济科学出版社.

◎ 刘璨，2008.南方集体林区的家庭经营制度及其绩效[J].改革（5）：80-88.

◎ 刘璨，2020.改革开放以来集体林权制度改革的分权演化博弈分析[J].中国农村经济（5）：21-38.

◎ 刘璨，黄和亮，刘浩，等，2019.中国集体林产权制度改革回顾与展望[J].林业经济问题，39(2)：113-127.

◎ 刘璨，李周，张敏新，等，2015a.我国集体林产权制度演化及绩效研究进展[J].林业经济（2）：3-12，63.

◎ 刘璨，于法稳，2007.中国南方集体林区制度安排的技术效率与减缓贫困：以沐川、金寨和遂川3县为例[J].中国农村观察（2）：16-40.

◎ 刘璨，张永亮，刘浩，等，2015b.集体林权制度改革及配套改革农户意愿与行动研究：基于长期农户大样本数据[J].林业经济（12）：3-13.

◎ 刘璨，朱文清，刘浩，2013.林业"三定"制度安排对我国南方集体林区森林资源影响的测度与分析[J].制度经济学研究（12）：104-140.

◎ 刘克春，2006.农户农地流转决策行为研究[D].杭州：浙江大学.

◎ 刘拓.深化集体林改 加快产业发展 服务乡村振兴[N].中国绿色时报，2018-02-14(1).

◎ 刘伟平，陈钦，2009.集体林权制度改革对农户林业收入的影响分析[J].福建农林大学学报（哲学社会科学版），12(5)：33-36.

◎ 刘小强，2010.我国集体林产权制度改革效果的实证研究[D].北京：北京林业大学.

◎ 龙新毛, 张向前, 2005. 对森林采伐限额管理制度改革的探讨 [J]. 林业资源管理 (1): 14-17, 25.

◎ 卢迈, 戴小京, 1987. 现阶段农户经济行为浅析 [J]. 经济研究 (7): 68-74.

◎ 陆文明, LANDELL-MILLS N, 刘金龙, 2002. 中国私营林业政策研究 [M]. 北京: 中国环境科学出版社: 56.

◎ 罗必良, 2005. 新制度经济学 [M]. 太原: 山西经济出版社.

◎ 罗必良, 2013. 集体林权制度改革: 广东的实践与模式创新 [M]. 北京: 中国农业出版社.

◎ 骆耀峰, 刘金龙, 张大红, 2012. 集体林权改革的基层解构实践逻辑研究: 基于江西婺源的观察 [J]. 中国农业大学学报 (社会科学版), 29(3): 142-152.

◎ 骆耀峰, 刘金龙, 张大红, 2013. 基于异质性的集体林权制度改革林农获益差别化研究 [J]. 西北农林科技大学学报 (社会科学版), 3(5): 109-116.

◎ 骆友生, 张红宇, 1995. 家庭承包责任制后的农地制度创新 [J]. 经济研究 (1): 69-80.

◎ 梅雨晴, 沈月琴, 张晓敏, 等, 2017. 采伐限额制度改革背景下农户木材采伐行为影响因素分析 [J]. 浙江农林大学学报, 34(4): 751-758.

◎ 孟记住, 沈月琴, 梅雨晴, 2016. 森林采伐限额制度对林农经营行为的影响因素分析: 基于浙江省农户调研数据的实证 [J]. 林业经济问题, 36(6): 501-506, 512.

◎ 诺思, 1994. 制度、制度变迁与镜及绩效 [M]. 上海: 上海三联书店.

◎ 潘丹, 陈寰, 孔凡斌, 2019.1949 年以来中国林业政策的演进特征及其规律研究: 基于 283 个涉林规范性文件文本的量化分析 [J]. 中国农村经济 (7): 89-108.

◎ 庞淼, 2012. 突破流转与经营制度障碍的政策思考: 以四川省集体林权改革为例 [J]. 经济体制改革 (4): 76-79.

◎ 钱杭, 2005. 什么是农民? [J]. 社会观察 (12): 3-4.

◎ 乔方彬, 黄季焜, 罗泽尔, 1998. 林地产权和林业的发展 [J]. 农业经济问题 (7): 23-29.

◎ 秦涛, 顾雪松, 邓晶, 等, 2014a. 林业企业的森林保险参与意愿与决策行为研究 [J]. 农业经济问题 (10): 95-102.

◎ 秦涛, 顾雪松, 李佳怡, 等, 2017a. 森林保险财政补贴政策文献评述与研究展望 [J]. 农林经济管理学报, 16(3): 310-315.

◎ 秦涛, 田治威, 潘焕学, 2017b. 我国森林保险保费补贴政策执行效果、存在的主要

问题与建议 [J]. 经济纵横（1）：105-110.

◎ 秦涛，于衍衍，2014b. 我国农林业财政补贴政策比较研究 [J]. 河南社会科学，22(10)：84-88.

◎ 裘菊，孙妍，李凌，等，2007. 林权改革对林地经营模式影响分析：福建林权改革调查报告 [J]. 林业经济（1）：23-27.

◎ 荣庆娇，刘璨，2014. 集体林产权制度改革对农户生产要素配置的影响分析 [J]. 农村经济（7）：63-68.

◎ 沈国舫，2001a. 从"造林学"到"森林培育学"[J]. 科技术语研究，2(2)：33-34.

◎ 沈国舫，2001b. 森林培育学 [M]. 北京：中国林业出版社：9.

◎ 沈月琴，汪浙锋，吕秋菊，2011. 竹林经营投入产出及最优资源配置研究 [J]. 林业经济评论，1(1)：115-120.

◎ 盛文萍，甄霖，肖玉，2019. 差异化的生态公益林生态补偿标准：以北京市为例 [J]. 生态学报，39(1)：45-52.

◎ 石志恒，崔民，2020. 个体差异对农户不同绿色生产行为的异质性影响：年龄和风险偏好影响劳动密集型与资本密集型绿色生产行为的比较 [J]. 西部论坛，30（1）：111-119.

◎ 史清华，2000. 农户经济增长与发展趋势、影响因素及其对策 [J]. 农业经济问题（11）：51-53.

◎ 宋洪远，1994. 经济体制与农户行为：一个理论分析框架及其对中国农户问题的应用研究 [J]. 经济研究（8）：22-28，35.

◎ 宋烨，彭红军，2019. 我国森林保险市场发展现状及制约因素与对策研究综述 [J]. 世界林业研究，32(2)：71-77.

◎ 谭世明，2009. 制度变迁视角下集体林权制度改革与现代林业发展研究：以湖北为例 [D]. 武汉：华中农业大学.

◎ 谭世明，杨威，孙云逸，2010. 集体林权制度改革与变迁路径研究 [J]. 求实（10）：44-48.

◎ 谭世明，张俊飚，2008. 集体林权制度改革研究述评 [J]. 湖北社会科学（6）：76-78.

◎ 唐钊，2018. 集体公益林林农养护收益研究 [J]. 理论月刊（9）：151-155.

◎ 田明华，张卫民，陈建成，2003. 我国森林采伐限额政策评价 [J]. 中国人口·资源与环境，13(1)：118-120.

◎ 田淑英, 2010. 集体林权改革后的森林资源管制政策研究 [J]. 农业经济问题 (1)：90-95.

◎ 田淑英, 李瑶, 董玮, 等, 2017. 我国林业生态经济的内涵演进、发展路径与实践模式探究 [J]. 林业经济 (8)：71-76.

◎ 万志芳, 李明, 2007. 森林采伐管理制度综述 [J]. 河南林业科技, 27(1)：18-20.

◎ 汪丽, 贺勇, 2018. 湖南省 2015 年度中央财政森林抚育补贴实施情况调查与分析 [J]. 中南林业调查规划, 37(1)：56-61.

◎ 王刚, 宋维明, 陈建成, 2013. 集体林权制度改革对农户林业投入影响研究 [J]. 林业经济评论 (140)：1-8.

◎ 王洪玉, 2009. 产权制度安排对农户森林经营决策的影响研究：以辽东地区为例 [D]. 沈阳：沈阳农业大学, 2009.

◎ 王洪玉, 翟印礼, 2009. 产权制度安排对农户造林投入行为的影响：以辽宁省为例 [J]. 农业技术经济 (2)：62-68.

◎ 王珺, 冷慧卿, 2014. 基于公顷网格尺度的森林火灾风险区划与保险定价研究 [J]. 管理世界 (9)：42-47.

◎ 王莉娟, 陈秉谱, 2014. 基于博弈分析的甘肃省集体林改后农户对生态公益林的管护积极性研究 [J]. 中国农学通报, 30(10)：62-67.

◎ 王文烂, 2009. 集体林权制度改革对农民林业收入的影响 [J]. 林业科学, 45(8)：141-146.

◎ 王奕淇, 李国平, 延步青, 2019. 流域生态服务价值横向补偿分摊研究 [J]. 资源科学, 41(6)：1013-1023.

◎ 王雨涵, 王兰会, 2015. 林改后农户林木采伐意愿的影响因素研究 [J]. 中国人口·资源与环境, 25(增刊2)：309-312.

◎ 吴乐, 孔德帅, 靳乐山, 2019. 中国生态保护补偿机制研究进展 [J]. 生态学报, 39(1)：1-8.

◎ 吴萍, 2011. 生态补偿立法的思考 [J]. 江西社会科学 (10)：148-153.

◎ 吴萍, 2012. 我国集体林权改革背景下的公益林林权制度变革 [J]. 法学评论 (2)：83-89.

◎ 吴伟光, 袁春, 丁毅, 2017. 集体林区农户造林状况及其影响因素分析 [J]. 农林经济管理学报, 16(1)：114-119.

◎ 吴叶，张红霄，2015. 行政地役权的国外立法实践对我国林木采伐管理制度改革的启示 [J]. 林业经济（1）：32-39.

◎ 肖兴威，2007. 森林采伐更新管理 [M]. 北京：中国林业出版社.

◎ 谢和生，李智勇，2010. 集体林权制度改革下林农合作组织研究综述 [J]. 林业经济（12）：35-39.

◎ 谢屹，温亚利，公培臣，2009. 集体林权制度改革中农户流转收益合理性分析：以江西省遂川县为例 [J]. 林业科学，45(10)：134-140.

◎ 徐晋涛，2018. 中国集体林权改革回顾及其绩效评价 [EB/OL].[2018-03-28][2021-09-01].http://www.forestry.gov.cn/lgs/374/20180328/1091053.html.

◎ 徐晋涛，孙妍，姜雪梅，等，2008. 我国集体林区林权制度改革模式和绩效分析 [J]. 林业经济（8）：27-38.

◎ 徐丽媛，2018. 生态补偿中政府与市场有效融合的理论与法制架构 [J]. 江西财经大学学报（4）：111-122.

◎ 徐婷婷，李桦，2016. 集体林权配套改革非农就业地理距离与农户林业投入行为：基于9省18县面板数据的验证 [J]. 林业经济问题，36(5)：399-405.

◎ 徐薇，1998. 农业产业化与农户生产行为 [J]. 天府新论（1）：43-47.

◎ 杨超，宋维明，2015. 林权改革条件的林农选择：营林行为与营林规模 [J]. 改革（11）：77-85.

◎ 杨磊，2018. 我国林业分类经营的现状与对策研究 [D]. 杨凌：西北农林科技大学.

◎ 杨铭，2017. 林地产权稳定性对农户林业生产投入的影响研究 [D]. 杭州：浙江农林大学.

◎ 杨萍，张红霄，彭晓民，等，2013. 集体林权制度改革对农户造林意愿的影响：基于江西省6个案例村农户调查 [J]. 西北农林科技大学学报（社会科学版），13(3)：58-66.

◎ 杨仙艳，2019. 造林补贴政策对农户造林行为的影响研究 [D]. 福州：福建农林大学.

◎ 杨扬，李桦，薛彩霞，2018a. 林地产权安全对农户林业管护行为的影响研究：来自南方集体林区浙江、江西省林农的调查 [J]. 农业技术经济（7）：51-63.

◎ 杨扬，李烨，薛彩霞，等，2018b. 林业产权、市场环境对农户不同生产环节林业投入的影响：来自集体林改试点省福建林农的调查 [J]. 资源科学，40(2)：427-438.

◎ 尹航，徐晋涛，2010. 集体林区林权制度改革对木材共给影响的实证分析 [J]. 林业经济，49(4)：27-30，49.

◎ 雍文涛, 1992. 林业分工论 [M]. 北京: 中国林业出版社.

◎ 于艳丽, 李桦, 姚顺波, 2017. 林权改革、市场激励与农户投入行为 [J]. 农业技术经济 (10): 93-105.

◎ 曾庆君, 宋日清, 杨柏林, 等, 2006. 森林抚育中有关问题的探讨 [J]. 林业科技 (4): 18-19.

◎ 詹姆斯·C.斯科特, 2001. 农民的道义经济学: 东南亚的反叛与生存 [M]. 程立显, 等译. 南京: 译林出版社.

◎ 张道卫, 2001. 为什么中国的许多林地不长树 [J]. 管理世界 (3): 141-146.

◎ 张道卫, 皮尔森, 2013. 林业经济学 [M]. 北京: 中国林业出版社.

◎ 张海鹏, 2010. 集体林业产权制度改革绩效评价: 研究综述 [J]. 林业经济 (2): 39-44.

◎ 张海鹏, 徐晋涛, 2009. 集体林权制度改革的动因性质与效果评价 [J]. 林业科学, 45(7): 119-126.

◎ 张寒, 刘璨, 刘浩, 2017. 林地调整对农户营林积极性的因果效应分析: 基于异质性视角的倾向值匹配估计 [J]. 农业技术经济, 2017(1): 37-51.

◎ 张红, 周黎安, 徐晋涛, 等, 2016. 林权改革、基层民主与投资激励 [J]. 经济学(季刊), 2016, 5(3): 845-868.

◎ 张红霄, 2015. 集体林产权制度改革后农户林权状况研究: 基于国家政策法律、林改政策及农户调研数据 [J]. 林业经济 (1): 16-22.

◎ 张红霄, 张敏新, 刘金龙, 2007. 集体林权制度改革: 林业股份合作制向均山制的制度变迁: 周源村案例分析 [J]. 中国农村经济 (12): 47-53.

◎ 张红宇, 2001. 中国农村土地制度变迁的政治经济学分析 [D]. 重庆: 西南农业大学.

◎ 张会儒, 唐守正, 2007. 森林生态采伐研究简述 [J]. 林业科学, 43(9): 83-87.

◎ 张建国, 1998. 福建省集体林改革的再探讨 [J]. 林业经济问题 (3): 1-3.

◎ 张建国, 2004. 森林经营: 林业建设的当务之急 [J]. 绿色中国 (4): 14-15.

◎ 张建国, 2011. 关于林改和森林经营问题的认识 [J]. 林业经济问题, 31(3): 189-190.

◎ 张蕾, 奉国强, 崔平, 2002. 南方集体林业产权问题研究 [J]. 林业经济 (3): 37-40.

◎ 张蕾, 文彩云, 2008. 集体林权制度改革对农户生计的影响: 基于江西、福建、辽宁和云南4省的实证研究 [J]. 林业科学 (8): 74-79.

◎ 张林科, 王明科, 王军, 2016. "绿色宝鸡" 创建中林种及树种选择探讨 [J]. 现代农业科技（16）：176.

◎ 张敏新，肖平，1995. "四荒"拍卖的思考[J]. 林业经济问题（3）：1-5.

◎ 张文婷，吕杰，宁金萍，2011. 集体林权改革背景下农户林地流转影响因素分析[J]. 沈阳农业大学学报（社会科学版），13(1)：23-27.

◎ 张旭峰，吴水荣，宁攸凉，2015. 中国集体林权制度变迁及其内在经济动因分析[J]. 北京林业大学学报（社会科学班），14(1)：57-63.

◎ 张旭锐，高建中，2020. 集体林区农户生计资本对其收入的影响研究：基于公益林和商品林农户的实证对比[J]. 干旱区资源与环境，34(6)：35-41.

◎ 张怡，2015. 农户花生生产行为分析：基于河南、山东两省44县（市）731份农户调查数据[J]. 农业技术经济，2015(3)：91-98.

◎ 张英，陈绍志，2015. 产权改革与资源管护：基于森林灾害的分析[J]. 中国农村经济（10）：15-27.

◎ 张英，宋维明，2017. 集体林权制度改革对农户采伐行为的影响[J]. 林业科学，48(7)：161-169.

◎ 张自强，2020. 农户林地流转的减贫效应研究：基于粤、浙、皖3省的农户调查[J]. 农业技术经济（2）：45-58.

◎ 赵冠楠，金世华，蒋峰，等，2011. 后退耕时代：成果管护行为、意愿与激励机制研究[J]. 中国人口·资源与环境，21(增刊2)：143-147.

◎ 赵树丛，2013. 中国林业发展与生态文明建设[J]. 行政管理改革（3）：16-21.

◎ 朱文清，张莉琴，2019a. 集体林地确权到户对农户林业长期投入的影响：从造林意愿和行动角度研究[J]. 农业经济问题（11）：32-44.

◎ 朱文清，张莉琴，2019b. 新一轮集体林地确权对农户林业长期投入的影响[J]. 改革，299(1)：109-121.

◎ 朱臻，徐志刚，沈月琴，等，2019. 非农就业对南方集体林区不同规模林农营林轮伐期的影响[J]. 自然资源学报，34(2)：236-249.

◎ 左孝凡，王翊嘉，苏时鹏，2018. 不同产权视角下农户经营行为对森林结构的影响：来自福建省634户农户的实证研究[J]. 资源开发与市场，34(9)：1185-1190.

◎ BRUNETTE M, CABANTOUS L, COUTURE S, et al., 2013. The impact of governmental assistance on insurance demand under ambiguity: a theoretical model and an experimental test[J]. Theory & decision, 2: 153-174.

◎ CUBBAGE F, DONAGH P M, BALMELLI G, et al., 2014. Global timber investments and trends, 2005-2011[J]. New Zealand journal of forestry science, 44: 230-245.

◎ HYBERG B T, HOLTHAUSEN D M, 1989. The behavior of non-industrial private forest landowners[J]. Canadian journal of forest research, 19: 1014-1023.

◎ KANT S, 2003. Extending the boundaries of forest economics[J]. Forest policy and economics, 5(1): 31-39.

◎ MACHADO J A R, BACHA C J C, 2020. Economic profitability analysis of reforestation with native trees: the state of São Paulo's case[J]. Revista de economia e sociologia rural, 40(3): 581-604.

◎ ROYLE N J, HARTLEY I R, PARKER G A, 2004. Parental investment and family dynamics: ineractions between theory and empirical tests[J]. Population ecology, 46: 231-241.

◎ SONWA D J, WALKER S, NASI R, et al., 2011. Potential synergies of the main current forestry effort and climate change mitigation in Central Africa[J]. Sustain sic, 6: 59-67.

◎ XIE Y, GONG P C, HAN X, et al., 2014. The effect of collective forestland tenurereform in China: does land parcelization reduce forest management intensity?[J]. Journal of forest economics, 20(2): 126-140.

◎ YOUNG R A, REICHENBACH M R, 1987. Factors influencing the timber harvest intentions of nonindustrial private forest owners[J]. Forest science, 33(2): 381-393.

◎ ZHANG D W, OWIREDU E A, 2007. Land tenure, market, and the establishment of forest plantations in Ghana[J]. Forest policy and economics, 9: 602-610.

◎ ZHANG D, FLICK W, 2001. Sticks, carrots, and reforestation investment[J].Land economics, 77(3): 443-456.

◎ ZHANG D, PEARSE P H, 1996. Differences in silvicultural investment under various types of forest tenure in British Columbia[J]. Forest science, 42(4): 442-449.

◎ ZHANG D, PEARSE P H, 1997. The influence of the form of tenure on reforestation in British Columbia[J]. Forest ecology and management, 98: 239-250.

◎ ZHANG D, PEARSE P H, 2011. Forest resource economics[M].Vancouver: UBC Press.

◎ ZHANG, STENGER A, HAROU P, 2015. Policy Instruments for Developing Planted forests: theory and practices in China, the U.S., Brazil, and France[J]. Journal of forest economics, 21: 223-237.